THE SPIRIT OF CHRIST

앤드류 머레이의 성령론

그리스도의 영

KB192254

세계
기독교
고전

30

THE SPIRIT OF CHRIST

앤드류 머레이의 성령론

그리스도의 영

앤드류 머레이 | 강연준 옮김

CH북스
크리스천
다이제스트

차례

6

주 해

서문

옛 시대의 신자들은 하나님을 뵈었고, 그분을 알았으며, 함께 동행하였다. 또 하늘의 하나님과 교제하고 있다는 의식이 분명하고도 충일했을 뿐 아니라 그들과 그들의 삶이 하나님을 기쁘시게 한다는 확신을 믿음을 통하여 지니고 있었다.

하나님의 아들이 이 땅에 오셔서 성부를 계시하신 것은, 하나님과의 교제관계와 그분의 돌보심을 더욱 분명하게 확증하고 하나님의 모든 자녀의 영원한 분깃으로 삼고자 하신 것이었다. 하나님의 아들이 영광의 보좌에 올라가신 것은, 성부와 성자의 천국의 복된 삶을 안에 지니고 계신 성령을 우리 마음 속에 보내셔서, 우리로 하여금 하나님의 능력을 통하여 하나님과 교제하는 복된 삶을 누리게 하려는 것이었다. 거기에 참여한 각 사람마다 하나님과 개인적으로 교통하는 삶을 살게 되리라는 것은 새 언약의 한 표지였다. "그들이 다시는 각기 이웃과 형제를 가리켜 이르기를 너는 여호와를 알라 하지 아니하리니 이는 작은 자로부터 큰 자까지 다 나를 알기 때문이라 내가 그들의 악행을 사하고 다시는 그 죄를 기억하지 아니하리라."

성령 안에서 하나님과 개인적으로 교제하는 것과 하나님을 아는 지식을 갖는 것은 죄사함의 열매였다. 하나님 자신의 아들의 영은 성자의 구속 사역과 똑같이 거룩한 사역을 하시도록 우리의 마음에 보내심을 받았다. 성령은 우리의 생명을 치우고 권능 있으신 그리스도의 생명으로 바꾸어서, 하나님의 아들로 하여금 거룩하고도 분명하게 우리에게 임재하게 하신다. 이것은 성부께서 신약성경의 독특한 복으로서 약속하신 바이다. 삼위일체 하나님과의 교제는 이제 우리 속에 있게 되었으니, 성령께서는 성자를 우리 속에 계시하시며 또한 그분을 통하여 성부를 계시하신다.

그 누구도 부인하지 못할 것은, 이렇게 하나님과 동행하고 하나님 안에서 사는 삶을 성부께서 신자들을 위해 예비해 놓으셨음을 알고 있는 사람이 별로 없다는 사실이다. 게다가 이런 실패의 원인이 무엇인가 검토해 보려는 사람도 거의 없다. 또한 널리 인정되는 바와 같이, 그 전능하심을 통하여 이 내적인 계시를 주시는 성령에 대해서 교회는 마땅히 깨닫고 있어야 할 만큼 충분히 깨닫고 있지 못하다. 그분이 하나님의 계획과 약속 가운데 갖고 계신 그 현저한 위치를 우리의 설교와 행함 속에서는 갖고 있지 못하다. 성령에 대한 우리의 신앙고백은 정통교리에 부합하며 또 성경적인 것이지만, 신자들의 삶과 말씀사역과 세상에 대한 교회의 증언 속에서는 성령의 임재와 능력에 대하여 말씀이 약속하시고 하나님의 계획이 요구하는 바에 합당한 자리를 내어드리지 않고 있다.

이처럼 대단히 바람직하지 못한 상황을 자각하고서, 이 상황에 대한 하나님의 생각과 이로부터 탈피하는 길을 알고자 진지하게 구하는 이들이 많이 있다. 어떤 이들은 자신들의 삶에 대해서, 마땅히 그렇게 되어야만 하고 또 그렇게 될 수 있는 그 삶의 모습이 아니라고 느낀다. 많은 이들이 자신들의 삶 전체가 높은 수준으로 명백하게 고양되었던 영적 부흥의 특정한 시기를 되돌아 볼 수 있다.

자신들로 하여금 계속 믿음을 유지하도록 하실 이가 바로 구주이심을 깨달았을 때, 구주의 임재하심이 가져다주는 기쁨과 힘은 당분간은 매우 실재적이고 복된 것이었다. 그러나 그것은 지속되지 않았고, 헛된 노력과 서글픈 실패만 낳으며 점차 낮은 상태로 침체되고 말았다. 많은 사람들은 그 불운이 어디에 자리잡고 있는 것인지 알기 원한다. 그 대답은 거의 의심할 여지없이 다음과 같다. 즉, 그들은 자신들 안에 내주하시면서 자신들로 하여금 항상 예수를 바라보게 하고, 신뢰하게 하시는 성령을 자신들의 삶의 힘과 신앙의 능력으로 알지 못했거나 혹은 높여드리지 않았던 것이다. 그들은 날마다 성령을 겸손하게 경외하면서 그분이 육의 권세로부터 자신들을 구원해 주시고 그들 속에서 성부와 성자의 놀라운 임재를 지속시켜 주시기를 고대한다는 것이 어떤 것인지 알지 못한다.

훨씬 많은 사람들, 즉 하나님의 소중한 자녀들 중 수많은 사람들은 넘어지기와 일어서기를 끝없이 반복하는 그런 삶이 아니라, 더욱 생기 있는 삶을 아직까지 일시적으로나마 경험해 보지도 못했다. 그들은 부흥회나 사경회와는 상관없이 살아왔으며, 그들이 받는 가르침은 전적인 헌신의 문제에서는 별다른 도움이 되지 못한다. 그들의 주변 환경은 영적인 생명이 성장하기에 적합하지 않다. 많은 이들이 하나님의 뜻에 따라서 살아가려는 진지한 열망을 가질 때도 있을 것이다. 그러나 그들이 하나님과 동행하고 그분을 기쁘시게 할 만한 전망은 거의 밝아지지 않았다. 그들은 하나님의 자녀들로서의 상속권 중에 가장 좋은 부분, 즉 그리스도 안에서 성부의 사랑으로 주시는 가장 귀한 은사를 알지 못하는데, 그것은 그들 안에 거하시고 그들을 인도하시는 성령의 은사이다.

만약 하나님께서, "너희는 너희가 하나님의 성전인 것과 하나님의 성령이 너희 안에 계시는 것을 알지 못하느냐"라고 하신 말씀을 그의 사랑하시는 이 자녀들에게 전해 주고 또한 그들이 자기들 속에 모시고 있는 성령이 하실 수 있는 영화로운 사역이 어떤 것인지 말해 주도록 나를 보내신다면 나는 정말 그것을 말할 수 없이 큰 특권으로 여길 것이다. 할 수만 있다면 나는 모든 고결한 영혼마다 예수께서 내주하시고 임재하시는 그 충만한 계시의 기쁨으로 들어갈 수 있는 거룩하고 단순한 길을 설명할 것이다. 나는 내 어눌한 말을 통해서나마 성령께서 하나님의 여러 자녀들을 소생케 하시어 하나님의 생각과 진리와 사랑과 권능이 그들의 마음 속에 들어가서 빛을 발하게 해 주시기를 하나님께 겸손히 구하였다. 내 말이 그 표현하는 바 놀라운 사랑의 은사를 복된 현실과 체험으로 가져오기를 고대한다. 그것들은 곧 성령이 주시는 삶이요 기쁨인데, 그들이 여태껏 그들 위에 멀리 계신 분으로만 알고 있었던 예수를 그들 안으로 가까이 모셔오고 영화롭게 하시는 분이 성령이시기 때문이다.

아직 한 가지 더 원하는 것이 있다. 내가 두렵고도 가장 겸손하게 말하고자 하는 것은, 진리의 영의 가르치심과 인도하심, 즉 홀로 모든 것을 가

12

르치는 그 기름부음이 우리 교회의 신학에서 실제적 의미로 인정받지 못하고 있다는 것이다. 그러나 그것은 거룩한 하나님이 요구하시는 것이며 우리 구주께서 성령으로 하여금 하게 하신 것이다. 교사와 목사, 성경학자, 저술가과 사역자 등 교회의 지도자들이 하나님의 말씀과 그리스도의 교회에 관한 모든 것에서 성령께서 사도행전의 교회에서 차지하셨던 그 가장 높은 영광의 자리를 그분께 내어드려야만 한다는 것을 충분히 인식한다면 그분의 거룩한 임재의 증표와 표지들이 더욱 분명해질 것이며 그분의 능하신 사역이 더욱 밝히 나타날 것이다. 지금까지 기록한 것이 우리 이스라엘 백성의 지도자들에게도 정말 영원한 열매를 맺기 위해서 불가결한 요건, 즉 영존하시는 영의 능력으로 충만해야만 한다고 하는, 쉽사리 간과되는 진리를 상기하도록 도움을 주리라는 소망이 주제넘은 것이 아니기를 기대한다.

나는, 지성인과 문화인들 그리고 학문적인 신학자들이 기대하는 바, 이런 저술은 학문적인 수준과 사고력과 표현력을 지녀야만 한다는 것을 잘 알고 있다. 여기에 대해서는 나는 감하 나설 수가 없다. 그렇지만 이 글을 읽을지도 모를 이 존경하는 형제들에게 감히 청하기는 적어도 이 책을, 많은 사람들이 빛을 갈구하여 마음으로부터 부르짖는 메아리요, 또 많은 사람들이 대답을 고대하며 묻는 질문들의 한 표현으로 간주해 주십사 하는 것이다. 많은 사람들이 교회의 마땅한 모습에 대한 그리스도의 말씀과 그 실제 상태가 서로 부합하지 않는다고 깊이 느끼고 있다.

모든 신학적 질문들 가운데 하나님의 완전한 계시와 구속의 사역만큼 우리를 하나님의 영광으로 깊숙하게 인도할 뿐 아니라 우리의 일상 생활에서 더욱 강하고 생명력이 있으며 실제적인 중요성을 지닌 것은 없다. 즉 그것은 그리스도께서 영존하시며 전능하신 주님으로 다스리게 하심으로써, 하나님의 성령이 하나님의 자녀들의 마음 속에 어떤 방식으로 그리고 어느 정도로 내주하시고, 채우시며, 거룩하고 아름다운 성전으로 만드시는가 하는 질문이다. 그 질문에 대한 해답은 우리의 신학 전체를 영원한 생명이신 하나님에 대한 지식으로 변화시킨다.

우리는 가능한 모든 형태의 신학을 부족함 없이 가지고 있다. 그러나 우리의 저술과 설교와 사역에도 불구하고 무엇인가 결여된 것이 있는 것 같다. 높은 곳에서 내려오는 능력이 결여된 것은 아닌가? 그리스도에 대한 우리의 사랑과 그분을 위한 우리의 수고에도 불구하고, 우리는 그분이 보좌에 오르시면서 가장 바라시던 것을 우리가 가장 열망하는 것으로 삼지 않았다는 것 그것이 아닐까? 그분의 심중에 있던 그것은 성령의 능력으로 옷 입기를 고대하던 제자들이 자신들이 체험한 주님의 임재하심의 능력 속에서 주님에 대하여 증언할 수 있도록 하시는 것이었다. 신자들의 삶, 말과 글로써 이루어지는 말씀사역, 그리고 교회가 행하는 모든 사역들 속에서 하나님의 성령께서 완전히 인정을 받으시는 것을 보기 위하여 자신들의 삶을 바치는 많은 사람들을 하나님께서 우리의 신학자들 가운데에서 일으키시기를!

나는 연합을 구하는 새로운 기도제목에 깊은 관심을 가지고 주목해 왔다. 그리스도인들의 삶과 가르침이 점점 더 성령의 지배를 받게 하소서. 나는, 기도자들이 더 분명한 응답을 받지 못하는 이유들과 풍성한 응답을 받기 위한 참다운 준비에 주의를 돌리게 하는 것이 이 합심 기도의 첫 축복들 가운데 하나가 될 것이라고 믿는다. 이 주제와 관련하여 독서하고, 신자들의 생활을 관찰하고, 그리고 개인적으로 체험하면서 나는 한 가지 생각에 깊은 감동을 받았다. 그것은 우리 자신을 통하여 우리들 주위에서 성령께서 능하신 역사를 이루시기를 간구하는 기도에 강력한 응답을 받으려면 그분이 모든 신자들 속에 내주하신다는 사실이 더욱 확실하게 인정되고 실천되어야만 한다는 것이다. 우리는 우리 속에 성령을 모시고 있다. 작은 것에 충성된 자만이 더 큰 것을 받을 것이다. 먼저 우리 자신을 성령께서 인도하시도록 내어드리고 우리 속에 그분이 임재하심을 고백할 때 그리고 신자들이 자신의 일상 생활 가운데 그분의 인도하심을 깨닫고 받아들이게 될 때, 하나님께서는 그분의 능하신 사역들을 더욱 많이 우리에게 맡기실 것이다.

우리가 우리의 생명이며 우리들 속에서 다스리시는 그분의 능력에 자신을 전적으로 내어드린다면, 그분도 그 자신을 우리에게 내어주시고, 우리를 더욱 완전하게 소유하시며, 우리를 통하여 일하실 것이다.

한 가지 바라는 것은 다음의 한 진리를 분명하게 하고 새기기 위하여 내가 기록한 것을 주님께서 사용해 주시는 것이다: 우리는 성령을 알되, 그분이 내주하시는 생명이라는 것을 알아야만 한다. 성령이 내주하신다는 인식이 새 사람의 의식에서 한 부분을 이룰 때까지, 살아있는 믿음과 경배하는 믿음으로 그 내주하심을 받아들이고 귀하게 여겨야 한다. 성령이 나를 소유하시는 것이다. 이런 믿음 가운데 비록 가장 작은 일에도 삶 전체를 그분이 인도하시도록 내어드려야 하며, 육체의 일이나 자기의 일은 십자가에 못박아야 한다. 우리가 우리 자신을 전적으로 하나님의 처분에 맡기고서 이런 믿음 가운데 그분의 거룩한 인도와 사역을 기다린다면, 우리의 기도를 반드시 들어주신다. 교회에서 뿐만 아니라 우리가 감히 소망을 가질 수 없는 세상에서도 성령의 능력이 작용하고 드러날 것이다. 성령께서는 오로지 자신을 위해 전적으로 따로 마련된 그릇을 요구하신다. 그분은 우리 주 그리스도의 영광을 밝히 드러내시기를 기뻐하신다.

나는 사랑하는 믿음의 동료들 모두를 성령의 가르치심에 위탁한다. 우리 모두가 그분의 사역을 배울 때, 모든 것을 가르치시는 그 기름부음에 참여하는 자가 될 수 있을 것이다.

앤드류 머리

제 1 장

새 영, 그리고 하나님의 영

또 새 영을 너희 속에 두고 새 마음을 너희에게 주되 … 또 내 신을 너희
속에 두어 … (겔 36: 26-27).

하나님께서는 두 개의 큰 시대 속에서 자신을 계시해 오셨다. 옛 시대는
언약과 예비의 시대이며, 새 시대는 성취와 소유의 시대이다. 이 두 시대의
차이에 상응하게, 하나님의 영은 이중적인 사역을 하신다. 구약에서 하나
님의 영은 사람들 위에 임하시고 특별한 시기에 특별한 방법으로 일하시
는데, 그것은 위에 계시면서, 밖에서, 그리고 안에서 일하시는 방법이다. 신
약에서 성령은 사람들 안으로 들어오시고 그들 안에 내주하시며, 안에서,
밖에서, 그리고 위를 향해서 일하신다. 전자의 경우에 하나님의 영은 전능
하시고 거룩하신 분이며, 후자의 경우에 예수 그리스도의 성부의 영이다.

성령의 이중적 작용의 차이에 대하여, 구약성경의 완결과 함께 전자의
사역이 그쳤고 새 시대에는 더 이상 예비 사역이 없다고 여겨서는 안 된
다. 결코 그렇지 않다. 옛 시대에도 하나님의 영의 내주하심에 대한 복된
예견이 있었던 것과 마찬가지로, 이제 신약 속에서도 그 이중적 사역은 계
속되고 있다. 지식과 믿음과 신실함이 없다면 오늘날의 신자라도 성령의
사역에 대한 구약의 한계를 넘어서지 못할 것이다. 참으로 하나님의 모든
자녀들은 내주하시는 성령을 받았다. 그럼에도 불구하고 그는 언약의 전반

부밖에 체험하지 못할 수도 있다. 우리는 거듭남과 함께 새 영을 받았다. 그러나 우리는 우리들 안에 살아계신 인격으로서의 하나님 자신의 영에 대하여 거의 알지 못할 수도 있다. 죄와 의를 깨닫게 하여 회개와 믿음 그리고 새 삶으로 이끄시는 성령의 사역은 예비적 사역일 뿐이다. 성령의 특별한 섭리의 절정은 그분이 신자의 마음 속에 인격적으로 거룩하게 내주하셔서, 거기서 성부와 성자를 계시하신다는 것이다. 그리스도인들이 이것을 이해하고 기억할 때만 그리스도 예수 안에서 그들을 위해 예비된 복을 남김없이 요구할 수 있을 것이다.

에스겔의 말씀에서 놀랍게도 우리가 발견하는 것은, 하나님께서 당신의 영을 통하여 내려주시는 이중의 복이 하나의 약속 안에 들어있다는 것이다. 첫 번째 복은, '내가 새 영을 너희 속에 둔다'는 것이다. 이것은 즉, 하나님의 영의 사역을 통하여 사람 자신의 영이 새로워지고 새 활력을 얻게 된다는 것이다. 이것이 이루어지고 나서 두 번째 복이 있는데, 그 새 영 안에 거하시도록 '내 신을 너희 속에 둔다'는 것이다. 하나님께서는 자신이 거하시려고 하는 곳에 그 처소를 만드셔야만 한다. 생령을 아담에게 불어넣으시기 전에 하나님은 먼저 육신을 창조하셨다. 하나님께서 이스라엘 가운데 내려오셔서 좌정하시기 전에 성막과 성전이 건축되고 완공되어야만 했다. 이와 같이, 하나님 자신의 영이 우리 안에 거하시기 위한 필수 조건으로서 하나님은 우리에게 새 마음을 주시고 새 영을 우리 속에 두시는 것이다.

다윗의 기도에서 동일한 대조를 발견할 수 있다. 먼저, '하나님이여 내 속에 정한 마음을 창조하시고 내 안에 정직한 영을 새롭게 하소서'라고 했으며, 그리고 나서, '주의 성신을 내게서 거두지 마소서'라고 했다. '성령으로 난 것은 영이니'라는 말씀에 나타난 것을 보자. 여기에서, 성령은 낳고 새 영은 그로부터 태어난다. 그러므로 그 둘은 또한 구분되는 것으로서, '성령이 친히 우리 영과 더불어 우리가 하나님의 자녀인 것을 증언하시나니'라고 하는 것이다. 우리의 영은 새롭게 되고 거듭난다. 하나님의 영은 우리의 영 안에 내주하시지만 그와 구별되고, 그 안에서 그와 함께 그를 통하여 증거하신다.

이 구분을 분간하는 것이 중요하다는 것은 쉽게 알 수 있다. 그러고나면 거듭남과 성령의 내주하심 사이의 참된 관계를 이해할 수 있을 것이다. 전자는 성령께서 우리로 하여금 죄를 확실히 깨닫게 하고, 회개와 그리스도를 믿는 믿음으로 이끌며, 새로운 성품을 나누어 주시는 사역이다. 하나님께서는 성령을 통하여 이렇게 약속을 성취하신다. '내가 새 영을 너희 속에 둘 것이다.' 신자는 이제 하나님의 자녀로서 성령이 거하시도록 정돈된 성전이다. 믿음으로 요구할 때, 약속의 후반부도 전반부만큼이나 확실하게 성취된다. 그러나 신자가 오로지 거듭남에만, 그리고 자신의 영 안에서 새롭게 된 것에만 시선이 빼앗겨 있다면, 그는 삶의 기쁨과 그에게 주어진 능력을 차지하지 못할 것이다. 그러나 새로운 성품보다 더 좋은 것이 있으며, 안에 있는 성전보다 더 좋은 것이 있다는 하나님의 약속을 그가 받아들일 때, 그리고 그의 안에 거하시는 성부와 성자의 영이 있다는 하나님의 약속을 받아들일 때, 거룩하고 복된 경이의 광경이 활짝 열린다. 그의 한 가지 큰 소망은 이 성령을 올바르게 아는 것이 되는데, 즉 성령께서 어떻게 일하시고 무엇을 요구하시는지, 성령의 내주하심과 더불어 우리들 안에서 나타나는 하나님의 아들의 계시를 어떻게 완전히 체험할 수 있는지 아는 것이며, 이는 성령께서 베푸시는 사역이다.

이런 의문이 제기될 수 있다. 즉, 하나님의 약속의 두 부분이 어떻게 성취되는가? 그것들은 동시적으로 이루어지는가 아니면 연속적으로 이루어지는가? 대답은 매우 단순하다. 하나님 편에서 볼 때 그 이중적 은사는 동시에 주시는 것이다. 성령은 나뉘어지지 않았다. 하나님께서는 성령을 주실 때 당신 자신을 주시며 자기의 전부를 주신다. 오순절이 바로 그러했다. 삼천 명이 회개와 믿음으로 새 영을 받았으며, 같은 그날 세례를 받고 그들의 믿음에 대한 하나님의 인치심으로 성령의 내주하심을 받았다. 그들 위에 임하신 성령께서는 사도들의 말씀을 통하여 무리 가운데 강하게 역사하셔서 기질과 마음과 영을 바꾸셨다. 그들 안에서 활동하는 이 새 영의 능력으로 그들이 믿고 고백할 때, 그들 안에 거하시는 성령의 세례를 받게 된 것이다.

오늘날도 하나님의 영이 강하게 운행하실 때, 그리고 교회가 성령의 능력 안에 살아있을 때, 교회를 통하여 낳으신 그 자녀들은 그리스도인의 삶을 처음 시작하면서부터 뚜렷하게 알 수 있는 성령의 인치심과 내주하심을 받는다. 그러나 성경이 우리에게 알려 주는 것은, 설교자의 자질이나 혹은 회중의 믿음에 의해서 좌우되는 어떤 상황이 있을 수 있으며, 그런 상황에서는 약속의 두 부분이 그리 강하게 연결되지 않는다는 것이다. 빌립의 설교를 듣고 회심한 사마리아의 신자들이 그런 경우이며, 바울이 에베소에서 만난 회심자들이 또한 그런 경우이다. 그들에게 있어서, 사도 자신들의 체험이 그대로 반복되었다. 제자들은 주께서 돌아가시기 이전에 이미 거듭난 사람들로 간주되지만, '그는 또 너희 속에 계시겠음이라'고 하신 약속이 성취된 것은 오로지 오순절 때였다. 신구약 성경에서와 마찬가지로 성령의 은혜가 두 가지 분리된 표현으로 나타난다. 그들에게서 볼 수 있는 일은 우리 시대에도 여전히 일어날 수 있다.

교회에서 영적인 삶의 기준이 쇠락할 때, 그리고 말씀 설교에서도 신자들의 간증에서도 성령의 내주하심에 대한 영광스런 진리가 분명하게 선포되지 않을 때, 하나님께서 자기의 영을 내려주시는 곳이라 할지라도 성령을 단지 거듭남의 영으로만 이해하고 체험할 것이다. 내주하시는 그분의 임재는 여전히 불가사의로만 남을 것이다. 하나님께서 그리스도의 영을 은사로 주실 때에는, 내주하시는 성령으로서 그의 온전하신 전부를 단 한 번만 주신다. 그러나 신자들은 단지 믿음이 미치는 분량만큼 그분을 받아서 갖게 된다.[1]

---

1) 외적으로 나타내심으로써 사람에게 행하시는 성령의 예비적 작업과 성령께서 사람 속에 실제로 거하심 사이의 구별이 그리스도인의 의식에서 거의 사라져버린 것 같다 — 프레더릭 고데(Frederic Godet)의 요한복음 14:17 주석

"성령은 사람들 내부의 인격적 소유가 되시기 전 즉, 그들 속에 거하시기 전에, 먼저 사람들 위에서나 안에서가 아니라 말과 행위 속에서 사역하신다. 우리는 성령의 내적 사역과 내주하심을 항상 구분해야만 한다" — 요한 토비아스 베크, 『기독교 윤리학 강의』(Johann Tobias Beck, *Vorlesungen der christliche Ethik*)

성령은 성부와 성자와 동등하신 거룩한 위격으로서, 그분을 통해서만 성부와 성자를 참으로 소유하고 알 수 있으며, 그분 안에서만 교회가 그 아름다움과 복을 지닐 수 있음에도 불구하고, 그분이 합당한 평가를 받고 있지 못한 것이 교회에서의 일반적인 인식이다. 종교개혁은 하나님이 사람을 시인하실 때 사람의 의를 그 근거로 삼는다고 하는 끔찍한 오해로부터 그리스도의 복음을 회복하였고, 하나님의 은총의 자유를 옹호하였다. 그러한 기반 위에 건축할 책무와 예수의 영이 내주하셔서 풍성한 은총으로 신자들에게 무슨 일을 행하실 것인지 논의를 진전시킬 책무는 그 다음 시대들에 위임되었다. 교회는 이미 받은 것에만 너무 만족하여 고착되었고, 성령께서 인도하시고 거룩하게 하시고 굳세게 하시는 능력 가운데 신자들 각 사람에게 어떤 분이 되어 주실 것인가 하는 모든 가르침은 우리의 복음적 가르침과 삶 속에서 마땅히 차지해야 할 자리를 아직 차지하지 못하였다.[2] 다수의 신실한 그리스도인들이 젊은 지성인 신자 한 사람이 말했던 이 고백에 수긍할 것이다. "제 생각에 저는 성부와 성자의 사역을 이해하고 그것들을 향유하고 있습니다. 그러나 성령께서는 어느 자리에 계신지 잘 모르겠습니다."

권능의 하나님께서 자신의 교회에 성령의 강한 역사를 이루실 것이라고 주장하는 모든 이들, 그리고 하나님의 자녀마다 '새 영을 너희 속에 두고 또 내 신을 너희 속에 두어'라고 하신 그 이중의 약속이 자기 속에서 성취됨을 입증할 것이라고 주장하는 모든 이들 편에 우리도 가담하자. 우리가 성령의 내주하심이라는 경이로운 복을 이해하여, 우리의 가장 깊은 존재 전체가 성부의 사랑과 예수의 은혜의 완전한 계시를 향하여 활짝 열리도

---

2) 교회의 역사를 살펴볼 때, 선택된 증인들이 교회를 깨우침으로써, 그리고 숨겨져서 잊혀진 보화를 하나님의 자녀들에게 갖다줌으로써 그분을 기쁘시게 할 때까지, 성경에 분명하게 계시된 수많은 진리들이 단지 소수의 고립된 그리스도인들 이외에는 알려지지도 인정받지도 못한 채 수세기 동안이나 잠자고 있었다는 것에 주목하게 된다. 심지어 종교개혁 이후에도 얼마나 오랫동안 성령과 그분의 회심 사역과 신자들 속에 내주하심의 교리가 거의 잊혀지다시피 했는가! — 아돌프 사피르, 『주님의 기도』 (Adolph Saphir, *The Lord's Prayer*)

록 기도하자.

"너희 속에! 너희 속에!" 우리의 본문에서 두 번 반복되는 이 말씀은 "내가 나의 법을 그들의 속에 두며 그들의 마음에 기록하여"라고 하시고[3] 또한 "나를 경외함을 그들의 마음에 두어 나를 떠나지 않게 하고"라고 하신 새 언약의 핵심어들 가운데 하나이다. 하나님께서는 사람의 마음을 자신의 거처로 창조하셨지만, 죄가 들어가서 그것을 더럽혔다. 사천 년 동안 하나님의 영은 소유를 되찾기 위하여 애쓰고 일하셨다. 그리스도께서 성육신하시고 속죄하셔서 구속사업을 완성하시고 하나님의 나라를 세우셨다. 예수께서는 이렇게 말씀하셨다, "하나님의 나라가 너희에게 가까이 왔다; 하나님의 나라는 너희 안에 있느니라." 우리가 새 언약의 성취를 기대해야 하는 곳은 안에서이다. 언약은 법령에 관한 것이 아니라 생명에 관한 것이다. 영생의 능력 안에서 하나님의 법과 하나님을 경외함이 우리 마음 속에 주어지게 되었다. 그리스도의 영 자신이 우리 생명의 능력으로서 우리 속에 거하시게 되었다. 갈보리와 부활과 보좌에서 뿐만 아니라, 우리의 마음 속에서도 승리하신 그리스도의 영광을 볼 수 있게 되었다. 그분의 구속의 실재와 영광의 참된 표현이 우리 속에 나타나게 되었다. 우리 속에, 우리의 가장 깊은 곳에, 언약궤에 피를 뿌리는 장소인 숨겨진 성소가 있다. 언약궤 안에는 내주하시는 성령께서 항상 살아있는 글로 쓰신 법이 들어있고, 그곳에 성령을 통하여 성부와 성자께서 지금 오셔서 거하신다.

나의 하나님! 이 이중의 복을 주심을 인하여 감사합니다. 내 안에 당신을 위하여 거룩한 성전을 지으신 것, 내 안에 새 영을 주신 것을 인하여 감사합니다. 그리고 더욱 놀랍고도 거룩한 현존 즉, 내 안에 거하시고 거기서 성부와 성자를 계시하시는 당신의 영을 인하여 감사합니다.

나의 하나님! 기도하오니, 내 눈을 열어서 당신의 사랑의 신비를 보게

---

3) 영어로 within이라고 옮겨진 낱말은 전치사가 아니라 이곳과 시 5:9과 시 49:11 등에 표현된 것과 같이 '속,' '마음 속'의 의미이다.

하소서. '너희 속에'라고 하신 당신의 말씀이 저를 당신의 겸손하심 앞에서 두려워 떨도록 맞아들이게 하시고, 내 영이 참으로 당신의 영이 거하시기에 합당한 상태를 유지하는 것이 저의 한 가지 소망이 되게 하소서. 그 말씀이 저를 거룩한 신뢰와 기대 속으로 들어올리게 하셔서, 당신의 약속이 가리키는 모든 것을 바라고 요구하게 하소서.

나의 아버지시여! 당신의 영이 내 속에 거하심을 인하여 감사합니다. 기도하오니, 성령의 내주하심이 능력 있게 하시고, 당신과 살아있는 교제 속에 있게 하시며, 항상 그의 임재하심과 영광의 주 예수의 내주하심을 증거하는 새로운 기름부음이 되게 하소서. 내 안에 그분이 거룩하게 임재하심을 깊이 경외하고, 그가 행하시는 모든 것을 기쁘게 체험하면서 매일 살아가게 하소서. 아멘.

요 약

1. 많은 사람들이 그리스도 안에 거하고, 그리스도처럼 걸어가고, 그리스도 안에서 거룩하게 살아가려는 노력을 하다가 실패하는 이유를 여기서 알 수 있지 않은가? 하나님께서 그들로 하여금 그렇게 해낼 수 있도록 놀랍게 그리고 전적으로 충분하게 공급해 주신다는 것을 그들은 완전히 깨닫지 못하고 있다. 그들은 성령께서 자신들 안에서 일하실 것이라는 분명한 믿음의 확신을 갖고 있지 않다. 우리에게 새 영을 주신 하나님께서 또한 그 자신의 영도 우리 속에 주신다는 약속을 확실하게 이해할 수 있는 모든 것을 위에서 찾아야 한다.

2. 그 차이는 매우 중요하다. 내 속에서 행하시는 하나님의 사역은 내게 주신 새 영이다. 나와 함께 거하시는 살아계신 인격이신 하나님 자신은 내게 주신 하나님의 영이다. 한 부유한 친구가 내가 살 집을 지어 주었지만 나는 여전히 가난하고 힘없는 사람으로 남아있는 것과, 부유한 친구 자신이 와서 나와 함께 살면서 내게 필요한 모든 것을 채워 주는 것 사이에는 너무나 큰 차이가 있다!

3. "이 성전의 건축가이자 거주자로서 성령을 주셨다. 우리는 그분이 건축할 때까지는 거주할 수 없고, 그분은 자신이 거주할 수 있도록 건축하신다" — 하우(Howe)

4. 집과 거주자는 서로 조화되어야 한다. 내가 이 거룩한 손님을 더 잘 알수록, 나는 그분이 뜻하시는 대로 정돈하고 꾸미시도록 내 가장 깊은 것을 그에게 드려서, 겸허한 두려움과 경외심으로 더 잘 맞이할 것이다.

5. 성령은 성부와 성자의 가장 깊은 자아이다. 내 영은 나의 가장 깊은 자아이다. 성령은 그 깊은 자아를 새롭게 하시고, 그 안에 거하시고, 그것을 채우신다. 그분과 나의 관계는 그분과 예수의 관계와 같아서, 나라는 인격체의 생명 바로 그것이다. 나는 거룩한 침묵과 경외함으로 맞이하며 말할 것이다: "내 아버지여! 당신의 성령이 내 속에, 바로 나 자신 속에 거하심을 인하여 감사합니다."

제2장

성령세례

요한이 또 증언하여 이르되 나도 그를 알지 못하였으나 나를 보내어 물로 세례를 베풀라 하신 그이가 나에게 말씀하시되 성령이 내려서 누구 위에든지 머무는 것을 보거든 그가 곧 성령으로 세례를 베푸는 이인 줄 알라(요 1:32-33).

   세례자 요한은 그리스도의 인격에 대하여 두 가지를 설교했다. 그 하나는, 그분이 세상 죄를 지고 가는 하나님의 어린양이라는 것이다. 다른 하나는, 그분이 자기 제자들에게 성령과 불로써 세례를 주시리라는 것이었다. 어린양의 피와 성령세례는 그의 신앙고백과 설교의 두 가지 핵심 진리였다. 그것들은 참으로 나눌 수 없는 것들이다. 머릿돌인 보혈과 모퉁잇돌인 성령이 충분히 선포되지 않는다면, 교회는 능력 있게 일할 수도 없고 승귀하신 주님께 영광을 돌릴 수도 없다.
   심지어 성경을 자신들의 지표로서 진지하게 받아들이는 사람들 사이에서조차도 이러한 선포가 항상 이루어지지는 않았다. 성령의 세례와 내주하심과 인도하심이라고 하는 더욱 내면적인 영적 진리에 대해서 설교하는 것보다는, 하나님의 어린양에 대하여, 그분의 고난과 속죄에 대하여, 그분을 통한 용서와 평화에 대하여 설교하는 것이 인간의 이해력으로 파악하기가 더욱 쉬우며, 그의 감정에 더욱 신속하게 영향을 미칠 수 있다. 피를 쏟으신 것은 땅 위에서 일어난 일로서, 가시적이고 외견적인 일이며, 예표들이 있었기 때문에, 완전히 이해가 불가능한 것은 아니었다. 성령을 부으신 것은 하늘에서 일어난 일로서, 신적인 것이며 감추어진 비밀이다. 피를 흘리신 것은 불경건하고 반역하는 자들을 위한 것이었으나, 성령의 은사는 충실하고 순종적인 제자를 위한 것이었다. 교회의 생활이 주님께 열성적으로 헌신하는 것이 아닐 때, 구속과 사죄에 대한 설교와 믿음에 비하여 성령세례에 대한 설교와 믿음이 그 입지가 좁다는 것은 놀랄 일이 아니다.

그렇지만 하나님께서 그렇게 의도하신 것은 아니었다. 구약의 약속은 우리들 속에 거하시는 하나님의 영에 대하여 말씀하셨다. 선구자 요한은 그런 혈통의 뒤를 이었고, 동시에 속죄의 어린양에 대해서 설교하되, 우리가 어느 정도까지 구속받게 될 것인가 그리고 하나님의 높은 목표가 우리 안에서 어떻게 성취될 것인가를 반드시 함께 전하였다. 죄는 악행이요 책망거리일 뿐만 아니라 부정한 것이요 죽음이었다. 그것은 하나님의 돌보심을 잃어버리게 했을 뿐만 아니라 우리를 하나님과의 교제에 합당치 않게 만들어 버렸다. 그런데 이 교제 없이는 사람을 창조한 그 놀라운 사랑이 충족될 수 없었다. 하나님은 당신 자신을 위하여 우리, 즉 우리의 마음과 애정, 우리의 깊은 인격성, 바로 우리 그 자체를 소유하시기를 정말로 원하셨고, 우리는 그분의 사랑이 깃들일 집이요 그에게 예배할 성전이었다. 요한의 설교는 구속의 시작과 끝을 모두 포함하고 있었다. 어린양의 피는 하나님의 성전을 깨끗하게 하기 위한 것이었으며, 마음 속에 있는 그분의 보좌를 회복하기 위한 것이었다. 하나님의 마음과 사람의 마음을 모두 만족스럽게 할 수 있었던 것은 다름아닌 성령의 세례와 내주하심이었다.

성령세례가 뜻하는 바에 대해서는 예수께서 친히 본보기를 보여 주셨다. 예수께서는 오로지 자신이 받은 것을 주려고 하셨다. 성령께서 자기 위에 머무셨으므로, 그분은 성령으로 세례를 줄 수 있었다. 성령께서 내려오시고 그분 위에 머무신 것은 무엇을 뜻하는가? 그분은 성령으로 말미암아 나셨다. 그분은 성령의 능력으로 거룩한 아이와 청년으로 자라났다. 그분은 죄 없이 성인이 되었고 지금 회개의 세례를 자원함으로써 모든 의를 완성하고자 요한에게 오셨다. 그리고 이제 그분의 순종에 대한 보상으로서 그리고 자신을 그토록 성령의 지배하심에 맡긴 것을 인정하시는 성부의 인치심으로서 그분은 천국생명 권세의 새로운 교통을 부여받으신다. 지금까지 그분이 체험하신 것을 넘어서서, 성부의 내주하시는 임재와 권능이 그분을 사로잡고 자신의 사역을 감당할 수 있게 한다. 예수께서는 이전의 그 어느 때보다 더욱 분명하게(눅 4:1, 14, 22) 성령의 인도하심과 능력을 소유하게 된다. 그분은 이제 성령과 권능으로 기름부음을 받는다.

그러나 비록 그 자신이 세례를 받으셨음에도 불구하고, 아직은 친히 다른 사람에게 세례를 베풀 수 없다. 세례시에 받은 권능 가운데, 그분은 우선 시험을 당하고 그것을 이겨야 한다. 그분은 순종을 배우고 고난을 당하며, 영원하신 성령을 통하여 그 자신을 하나님과 하나님의 뜻에 제물로 바쳐야만 하는 것이다. 그러고 난 다음에야, 그에게 속한 모든 자들에게 세례를 베풀 능력과 함께, 순종에 대한 보상으로서 새로이 성령을 받을 것이다 (행 2:32).

우리는 성령세례가 어떤 것인지 예수에게서 볼 수 있다. 그것은 우리로 하여금 하나님께로 돌이키게 하고, 거듭나게 하며, 하나님의 자녀로 살고자 노력하게 하는 은총이 아니다. 예수께서 요한의 예언을 제자들에게 상기시키셨을 때(행 1:4), 그들은 이미 이런 은총을 받은 사람들이었다. 그들의 성령세례는 그 이상의 것이었다. 그들에게 성령세례는 영광을 받으신 주님께서 하늘에서 다시 오셔서 그들의 마음 속에 거하시는 임재이며 그분의 새 생명의 능력에 그들이 함께 참여하는 것이었다. 그들에게 성령세례는 영광의 보좌에 계신 예수와 살아있는 교제를 나누는 기쁨과 권능의 세례였다. 그들이 더 받게 될 지혜와 용기와 성결함의 모든 것은 이것에 뿌리를 두고 있었다. 성령은 예수의 세례시에 그분을 성부의 권능 및 임재와 묶어 준 살아있는 줄이며, 성령이 예수에 대해서 가졌던 관계는 제자들에 대해서도 동일하였다. 성령을 통하여 성자는 자신을 나타내셨고, 그분을 통하여 성부와 성자는 제자들과 함께 거하셨다.

"성령이 내려서 누구 위에든지 머무는 것을 보거든 그가 곧 성령으로 세례를 베푸는 이인 줄 알라." 이 말씀은 요한뿐만 아니라 우리에게도 주신 말씀이다. 성령세례가 뜻하는 것이 무엇인지, 누구에게 어떻게 그것을 받을 것인지 알기 위해서, 우리는 성령이 내려서 머무는 그 사람을 보아야만 한다. 우리는 성령으로 세례를 받는 예수를 보아야 한다. 우리는 그분이 어떻게 그 세례를 원했으며, 그것을 어떻게 준비했는지, 어떻게 자신을 그것에 위탁했는지, 그리고 그 권능 가운데 어떻게 죽음을 당하고 또 다시 살아났는지 이해하려고 노력해야 한다. 예수께서는 우리에게 주셔야 하는 그것을 먼저 받으셨으며 그 자신이 친히 그것을 소유하셨다. 그분 자신이 받아서 획득하신 것이 곧 우리 모두를 위한 것이다. 그분은 그것을 바로 우리의 것으로 만드실 것이다. 누군가의 위에 성령이 머무시는 것을 우리가 보면, 바로 그분이 성령으로 세례를 베푸시는 분이다.

이 성령세례에 대하여 대답하기가 어려울 뿐 아니라 많은 사람들이 서로 달리 대답하는 질문들이 제기된다. 오순절에 성령을 부어 주신 것이 약속의 완전한 성취였는가? 그것은 갓 생겨난 교회에 단 한 번 주어진 유일한 성령세례였는가? 혹은, 제자들에게(행 4장), 사마리아인들에게(행 8장), 고넬료의 집에 있던 이방인들에게(행 10장), 그리고 에베소에서 만난 열두 명의 제자들에게 성령이 오신 것으로 보아, 그는 너희에게 성령으로 세례를 베푸시리라고 하신 말씀이 또한 개별적으로도 성취되는 것으로 간주해야 하지 않는가? 거듭난 신자들 각자에게 주어진 성령의 인치심을 성령세례 받은 것으로 간주할 수 있는가? 또는, 어떤 이들이 말하듯이, 분명하고도 확정적인 복은 추후에 받는 것인가? 복은 단 한 번 주어지는가 아니면 반복적으로 갱신되는가? 우리가 연구를 계속해나갈 때 이와 같은 난제들을 풀 수 있는 빛을 하나님의 말씀 속에서 발견할 것이다.[1] 그러나 애초에 우리는 이러한 사항들에 주의를 빼앗기지 않는 것이 중요하며, 그런 것들은 결국 사소한 것들이다. 우리는 하나님께서 성령세례의 설교로부터 배우게 하신 큰 영적 학습에 우리의 온 마음을 집중해야만 한다. 거기에는

---

1) 주해 1의 각주 1)을 참고하라.

특별히 두 가지 학습이 있다.

첫 번째로, 이 성령세례는 예수 사역의 면류관이요 절정이며, 우리에게는 그것이 필요하고 우리가 진정한 그리스도인의 삶을 살기 위해서 그것을 갖고 있다는 것을 알아야만 한다. 거룩한 예수께서는 그것이 필요하셨다. 그리스도의 충실하고 순종적인 제자들에게 그것이 필요했다. 그것은 성령의 거듭나게 하시는 사역 이상의 것이다. 그것은 그리스도의 인격적 영이 스스로 우리 속에 현존하시는 것이며, 모든 대적들 위로 높임을 받으신 바와 같이 그분의 영광된 성품의 권능으로 마음 속에 거하시는 것이다. 그것은 그리스도 예수의 생명의 영이 죄와 사망의 법에서 우리를 해방하는 것이며 그리스도께서 대속하신 죄로부터 자유로 이끄시는 개인적 체험이다. 거듭난 사람들 중 너무나 많은 이들에게 그것은 단지 그들 편에 유리하도록 기록되어 있는 복일 뿐이며, 그들은 그것을 소유하지도 향유하지도 못하고 있다. 그것은 매일 당하는 위험에 임하여 담대하도록 우리를 채워 주고, 세상과 모든 대적에 대하여 승리하게 하는 능력의 두루마기이다. 그것은 하나님께서 '내가 그들 가운데 거하며 두루 행하여'라고 하신 약속 안에서 의도하셨던 바를 성취하는 것이다.

그분은 성령으로 세례를 베푸신다는 영화로운 생각으로 우리의 영혼이 충만하게 찰 때까지, 하나님의 사랑이 우리를 위해 마련하신 모든 것을 다 보여 주시도록 아버지께 간구해야 할 것이다.

두 번째로, 세례를 베푸시는 이는 예수이시다. 이 세례는 우리가 이전에 이미 받은 것인데 단지 좀 더 잘 이해하고 싶은 것일 뿐이라고 여기거나 혹은 우리가 아직도 여전히 받아야만 하는 것이라고 여기거나 간에, 다음에 있어서는 모두가 동의한다. 세례받는 사람의 삶이 인정받고, 유지되고, 새로워질 수 있으려면, 예수와 교제하고 그분께 붙어 있고 그분께 순종해야 한다는 것이다. 예수께서 말씀하셨다. "나를 믿는 자는 그 배에서 생수의 강이 흘러나오리라." 우리에게 필요한 한 가지는 내주하시는 예수 안에서 믿음의 삶을 사는 것이다. 생수는 확실하게 거침없이 흘러나올 것이다. 믿음은 새로운 성품이 가진 본능으로서, 거룩한 음식과 음료를 분별하고

먹게 한다. 모든 신자들 속에 내주하시는 성령의 능력 안에서, 성령으로 충만하신 예수께 의지하고, 사랑과 순종으로 그분을 따라야 한다. 세례를 베푸시는 분은 바로 예수이시다. 그분과 사귀고, 그분께 헌신하고, 그분이 자신의 전부를 우리에게 주셨으며 또 주시리라는 확신을 갖고서, 성령세례가 뜻하는 바로 그것을 주시도록 예수께 기대해야 한다.

그렇게 할 때 우리는 특별히 한 가지를 기억해야 할 것이다. 지극히 작은 것에 충성된 사람이 더 많은 것을 다스리게 된다는 것이다. 성령의 사역에 대하여 이미 받았고 이미 알고 있는 것에 충실해야 한다. 하나님의 거룩한 성전으로서 자신을 경외심을 가지고 바라보아야 한다. 당신 안에 계신 성령의 세미한 음성을 기다리고 귀를 기울여야만 한다. 보혈로 정결하게 된 양심에 특히 귀를 기울여야 한다. 단순한 어린아이와 같은 순종으로써 그 양심을 가장 깨끗하게 유지해야 한다. 자신이 어떻게 할 수 없다고 느끼는 무의식적 범죄가 당신의 마음 속에 많을 수도 있다. 늘 그래왔던 것처럼 타락의 본성은 자범죄를 통하여 더욱 힘을 얻게 되므로 매우 겸손해야 한다.

그러나 당신의 의도적 행위에서는, 주 예수께서 보시기에 기뻐하실 만한 모든 것을 아는 대로 행하겠노라고 날마다 그분께 아뢰라. 실패할 때에는 양심의 책망을 받으라. 그러나 다시 돌아와서 하나님 안에서 소망을 갖고 다음과 같이 새로이 서원하라. "하나님께서 제게 원하시는 것을 아는 대로 행하겠습니다." 당신의 길을 인도하시도록 매일 아침 겸손하게 간구하고 기다리라. 성령의 음성을 더 잘 알게 될 것이며, 그분의 힘을 느낄 것이다. 예수께서는 제자들을 세례준비반에서 삼 년 동안 가르치셨으며, 그 후에 복을 주셨다. 그분의 충실하고 순종적인 제자가 되라. 성령이 그 위에 머무시며 성령으로 충만한 예수를 신뢰하라. 그러면 당신도 또한 성령세례의 충만한 복을 받기에 합당하도록 준비를 갖추게 될 것이다.

송축받으실 주 예수여! 성령으로 세례를 베푸시고자 보좌에 오르신 당신께 내 전심을 다하여 경배합니다. 내가 당신께 무엇을 소망해야 할 것인지 올바로 알 수 있도록 당신의 영광 가운데 당신 자신을 보여 주소서.

성령을 충만하게 받기 위하여 무엇을 준비해야 하는지 당신을 통하여 보았사오니 당신을 송축합니다. 오 주여, 나사렛에서 당신의 사역을 준비하시는 동안에도 성령께서 항상 당신과 함께 계셨습니다. 그럼에도 모든 의를 이루시기 위하여, 그리고 당신이 오셔서 구원하고자 하신 그 죄인들과 교제하시기 위하여, 그들이 받는 세례에 동참하셔서 당신 자신을 내놓으셨을 때, 당신은 성부께서 새롭게 부어 주시는 성령을 받으셨습니다. 당신에게 그것은 성부의 사랑의 인치심이었고, 그분의 내주하심을 계시하신 것이며, 그분의 섬김의 능력이었습니다. 그리고 성부가 당신께 행하셨던 그 일을, 성령이 내려와 위에 머무시는 당신이 이제 우리를 위해서 행하십니다.

거룩하신 주님! 성령께서 또한 내 속에도 계시니 당신을 송축합니다. 그러나, 당신께 간구하오니, 당신이 약속하신 만큼 차고 넘치게 주시옵소서. 성령께서 내 마음 속에 하늘 보좌 위에서처럼 영광스럽고 능하신 당신의 임재를 끊임없이 계시하게 하소서. 주 예수여, 성령으로 저에게 세례를 베푸시고, 저를 채워주소서. 아멘.

요 약

1. 하나님께서 베푸시고 일하시는 모든 것은 영생의 능력에 있다. 그래서 우리는 매일 이 세상의 복된 빛 속에서 예수를 우러러 볼 수 있다. 그분은 성령으로 세례를 베푸신다. 그분은 각각 새로운 필요에 따라, 보혈로 정결하게 하시고 성령으로 세례를 베푸신다.

2. 세례자 요한이 설교한 이중적 진리가 우리의 믿음 속에서 분리됨 없이 결합되어 있도록 해야 한다. 예수는 세상의 죄를 지고 가는 어린양이며, 예수는 기름부음 받은 자로서 성령으로 세례를 베푸시는 분이다. 그분이 부어 주실 성령을 받은 것은 오로지 그분의 피를 부으셨기 때문이다. 십자가를 선포할 때 성령께서 일하신다. 내가 모든 죄를 씻기는 보혈을 믿고,

피와 함께 양심을 뿌리며 나의 하나님 앞으로 걸어갈 때, 나는 기름부음 받을 수 있다. 피와 기름은 동행한다. 내게는 그 둘 모두가 필요하다. 나는 보좌에 앉으신 어린양이신 한 분 예수에게서 그 두 가지를 다 얻는다.

제 3 장

성령 안에서 예배함

아버지께 참되게 예배하는 자들은 영과 진리로 예배할 때가 오나니 곧 이때라 아버지께서는 자기에게 이렇게 예배하는 자들을 찾으시느니라. 하나님은 영이시니 예배하는 자가 영과 진리로 예배할지니라(요 4:23-24).

하나님의 성령으로 봉사하며 그리스도 예수로 자랑하고 육체를 신뢰하지 아니하는 우리가 곧 할례파라(빌 3:3).

예배는 사람이 누릴 수 있는 최고의 영광이다. 사람은 하나님과 교제하기 위하여 창조되었다. 가장 숭고한 표현은 교제의 예배에 대한 것이다. 묵상과 기도, 사랑과 믿음, 굴복과 순종 등 모든 형태의 경건 생활은 예배에서 그 절정을 이룬다. 하나님께서 그 거룩하심과 영화로우심과 사랑에서 어떠한 분이신지 알고, 내가 죄악의 피조물로서 그리고 성부의 구속받은 자녀로서 어떤 존재인가 깨달을 때, 나는 예배 가운데 나의 전 존재를 가다듬고 나 자신을 하나님께 내어놓게 된다. 나는 그분에게 합당한 경배와 영광을 돌린다. 하나님께 가장 참되게, 가장 온전하게, 가장 가까이 다가가는 길은 바로 예배이다. 경건한 삶의 모든 감정과 모든 섬김은 그 안에 포함된다. 예배하는 것은 사람에게 허락된 것 가운데 최고의 것이다. 거기서는 하나님이 전부이시기 때문이다.

예수께서는 자신의 오심과 함께 새로운 예배가 시작될 것이라고 우리에게 말씀하신다. 이방인들과 사마리아인들이 예배라고 부른 모든 것들 그리고 하나님의 율법의 잠정적인 계시에 따라 유대인들이 예배라고 알고 있던 것들조차도 전적으로 그리고 뚜렷하게 새로운 것, 즉 영과 진리로 드리는 예배에 자리를 양보할 것이다. 이것은 그분이 성령을 주심으로써 시작된 예배이다. 이제 이것만이 성부를 기쁘시게 하는 예배이다. 우리는 특히 이 예배를 드리기 위하여 성령을 받았다. 성령의 사역에 대한 우리의 공부를 시작하는 마당에 우리가 품어야 할 복된 생각은, 우리가 영과 진리로 예배하는 것을 성령께서 우리 속에서 가장 큰 목표로 삼고 계신다는 것이다. "아버지께서는 자기에게 이렇게 예배하는 자들을 찾으시느니라." 이를 위하여 그분은 자기 아들과 성령을 보내셨다.

영으로. 하나님께서 사람을 생령으로 창조하셨을 때, 그 인격과 의식의 자리이자 기관인 혼은 한편으로는 몸을 통하여 외부의 가시적 세계와 연결되었고, 한편으로는 영을 통하여 비가시적이고 신적인 것과 연결되었다. 혼은 하나님과 그분의 뜻에 연결됨으로써 영혼에 양보를 하든지 혹은 몸과 가시적인 것들의 유혹에 양보를 하든지 결정해야만 했다. 타락을 통하여 혼은 영의 다스림을 거부하고 그 욕망에 따라 몸의 종이 되었다. 사람은 육체가 되었고, 영은 다스리도록 정해진 자리를 잃어버리고 휴면 중인 능력에 불과하게 되었다. 그것은 더 이상 지배하는 법칙이 아니라 발버둥치는 포로일 뿐이었다. 그리고 영은 이제 혼과 몸의 생명을 함께 일컫는 이름인 육이 죄에 굴복할 때 그 반대편에 서 있다.

바울은 영에 속한 사람과 대조하여 거듭나지 않은 사람에 대해서 말할 때(고전 2:14), 그를 심적, 혼적, 혹은 육적인 몸이라고 부르는데, 그것은 단지 자연적 생명을 지니고 있을 뿐이다. 혼의 생명은, 거룩하신 성령의 새롭게 하심과는 별도로, 우리의 모든 도덕과 지성적 기능을 포함하며, 그것들은 하나님의 일을 지향하게 될 수도 있다. 혼은 육체의 권세 아래 있으므로, 사람이 '육체가 되었다,' 즉 '육체이다' 라고 일컬어진다. 몸은 육과 뼈로 이루어지고, 육은 특별히 감각을 부여받은 부분으로서 이를 통하여 우리가 외부세계의 자극을 받아들이므로, 육은 인간의 본성을 상징한다. 육은 감각세계의 지배를 받게 되었다. 그리고 혼 전체는 이렇게 육체의 권세 아래 서게 되었으므로, 성경에서는 혼의 모든 속성은 육에 속한 것이며 그 권세 아래 있는 것이라고 말씀하신다. 그래서 경건과 예배에서, 그 출발점이 되는 두 가지 원리들은 대조적이다. 육체의 지혜가 있고 영의 지혜가 있다(고전 2:12; 골 1:9). 하나님께 봉사하는 데에, 육체 안에서 신뢰하고 육체 안에서 영광을 돌리는 봉사가 있고, 영으로써 섬기는 봉사가 있다(빌 3:3-4; 갈 6:13). 육체의 생각이 있고 영의 생각이 있다(골 2:18; 1:9). 육체의 뜻이 있고 성령으로 일하시는 하나님의 뜻이 있다(요 1:13; 빌 2:13). 육체가 할 수 있는 능력에 속한 것이어서 육체의 만족이 되는 예배가 있고(골 2:18, 23), 하나님께 영으로 하는 예배가 있다. 예수께서 오셔서 우리의 가장 깊은 곳에 새 영을 주시며 또 그 안에 하나님의 성령을 주심으로써, 우리 안에서 가능하게 해 주시고 실현시켜 주신 예배가 바로 이 예배이다.

영과 진리로. 영으로 하는 그 예배는 진리로 하는 예배이다. "영으로"라고 하신 말씀이 외적인 예식과 대비하여 내면적인 것을 뜻하는 것이 아니라, 사람의 자연적 능력이 해낼 수 없는 것을 하나님의 영이 우리 속에서 사역하심으로써 이루시는 영적인 것을 뜻하는 것과 마찬가지로, "진리로"라는 말씀도 진심이나 솔직함, 정직함을 뜻하지 않는다. 구약의 성도들은 모든 예배에서 하나님께서 중심의 진실한 마음을 찾으신다는 것을 알았다. 그들은 정직하게 전심을 다하여 하나님을 찾았고, 그럼에도 그들은 예수께서 육체를 찢으시고 우리에게 가져다주신, 영과 진리로 하는 예배에 이르지 못했다. 여기서 진리란 하나님에 대한 예배가 내포하는 모든 본질과 실체이며, 그 요구와 약속 안에서 그것을 현실로 소유하는 것이다. 요한은 예수께 대하여 아버지의 독생자의 영광이요 은혜와 진리가 충만하더라고 말했다. 그는 덧붙이기를 율법은 모세로 말미암아 주어진 것이요 은혜와 진리는 예수 그리스도로 말미암아 온 것이라고 말했다. 우리가 거짓에 반대되는 진리를 취한다면 모세의 율법은 예수의 복음처럼 참된 것이 된다. 그것들은 모두 하나님으로부터 온 것이다. 그러나 우리가, 율법은 장차 올 좋은 일의 그림자로 주어졌다는 말과 그리스도는 우리에게 사물 자체, 즉 그들의 본질을 주셨다는 말이 뜻하는 바를 이해한다면, 우리는 그분이 어떻게 진리로 충만하셨는지 알 수 있다. 그분 자신이 진리요, 실재요, 생명이요, 우리에게 나누어 주신 하나님의 사랑과 능력이기 때문이다. 그러면 또한 우리는, 그리스도 자신이 살아가신 삶과 하나님과 사귀셨던 교제의 방식대로 하나님의 능력을 실재로서 향유하면서, 진리로 예배하는 것이 반드시 영으로 예배하는 것임을 알게 될 것이다. 이러한 하나님의 능력은 성령께서 우리 속에 계시하시고 지속되게 하시는 것이다.

참다운 예배자는 영과 진리로 하나님께 예배한다. 모든 예배자가 다 참다운 예배자는 아니다. 대단히 진지하고 정직한 예배이지만 영과 진리로 하는 예배가 아닌 경우도 많이 있을 수 있다. 전심을 다 하고, 깊은 감동을 느끼고, 의지가 강하게 용솟음침에도 불구하고, 하나님의 진리에 속한 영적인 예배라고는 거의 말할 수 없는 경우가 있다. 성경적 진리에 강하게 결부되어 있음에도 불구하고, 하나님의 사역에서 오는 것이 아니라 사람의 노력에서 오는 지배적 행위를 통한 예배가 있을 수 있는데, 그것은 하나님이 찾으시는 바, 그리스도께서 주신 예배, 성령이 호흡하시는 예배가 아니다. 영이신 하나님과 영으로 가까이 다가온 예배자 사이에는 일치와 조화와 통일성이 있다. 성부는 이와 같이 자신에게 예배할 이들을 찾으신다. 무한하시고 완전하시며 성부 자신이신 성령은 그 자녀 안에 있는 영에게 반드시 어떤 반영을 만드신다. 이렇게 할 수 있는 이는 오로지 우리 속에 내주하시는 하나님의 영뿐이시다.

우리가 영과 진리로 예배하는 자, 참된 예배자가 되려고 애쓴다면, 우선 우리에게 필요한 것은 우리가 육으로 예배하는 결과에 처해 있다는 위기를 인식하는 것이다. 우리는 믿는 자로서 두 가지 본성을 가지고 있다. 그 하나는 자연적인 부분으로서, 그 자체를 떠밀어서 하나님을 예배하는 데 필요한 일을 하게 하는 것이다. 다른 하나는 영적인 부분으로서, 아직도 매우 연약하며 어쩌면 그 완전한 통제법을 알지 못하고 있는 부분이다. 우리는 하나님의 말씀을 연구하는 일을 기쁘게 생각할 것이며, 거기에 계시된 놀라운 사상에 감동을 받을 것이다. 그러나, 로마서 7:22에서 볼 수 있는 것처럼, 우리의 의지는 속사람을 따라서 하나님의 법을 즐거워 하지만 그 법을 행하는 데 무력하고, 또 하고 싶어도 순종하고 예배하는 데 무력하다.

우리는 생명을 얻기 위해서 혹은 예배를 드리기 위해서 똑같이 성령이 필요하다. 그리고 이렇게 우리에게 필요한 성령을 받기 위해서는, 무엇보다도, 육은 침묵해야 한다. 모든 육체는 여호와 앞에 잠잠하라. 아무 육체도 하나님 앞에서 자랑하지 말라. 성부께서는 이미 베드로에게 예수께서 그리스도이신 것을 계시하셨으나, 그는 십자가를 생각하지는 못했다. 그는 하나님의 일을 생각하지 못했고 사람의 일을 생각했다. 하나님의 일에 대한 우리 자신의 생각, 올바른 감정을 일깨우고 북돋우려는 노력, 예배할 수 있는 우리 자신의 능력 이 모든 것은 내려 주셔야만 하는 것이다. 하나님께 다가가려면 성령께 확실하고도 잠잠하게 굴복해야만 한다. 우리 마음대로 어느 때나 성령께서 사역하게 한다는 것이 얼마나 불가능한 것인지 알게 될 때, 우리가 영으로 예배하기 위해서는 영으로 살아가야 한다는 것을 배울 것이다. "만일 너희 속에 하나님의 영이 거하시면 너희가 육신에 있지 아니하고 영에 있나니." 성령께서 내 속에 거하시고 다스리시므로, 나는 영에 있고, 영으로 예배할 수 있다.

"아버지께 참되게 예배하는 자들은 영과 진리로 예배할 때가 오나니 곧 이때라 아버지께서는 자기에게 이렇게 예배하는 자들을 찾으시느니라." 그렇다. 성부께서는 그런 예배자들을 찾으신다. 그리고 그분이 찾으시는 것을 발견하신다. 그분 자신이 우리를 불러내시기 때문이다. 우리가 그런 예배자들이 되게 하시려고 자기 아들을 보내셔서 잃어버린 자들을 찾게 하시고 구원하게 하셨을 뿐만 아니라, 또한 찢어진 육체의 휘장을 지나 안으로 들어가서 영으로 그분을 예배하는 예배자가 되도록 이 구원을 주셨다. 그리고 나서 자기 아들의 영이신 그리스도의 영을 보내셔서 그리스도 자신이셨던 진리와 실재를 우리 안에 거하게 하셨다. 그분의 실제적 임재는 우리 안에 그리스도가 살아가셨던 바로 그 삶을 전해 준다. 하나님을 송축하라! 그때가 왔으니 곧 지금이다. 우리는 바로 그 순간을 살고 있다. 참된 예배자들이 영과 진리로 아버지께 예배할 바로 그때이다. 아버지께서 그런 예배자를 찾으신다는 그 한 가지 이유 때문에 성령을 주셨고 우리 속에 내주하게 하셨다. 우리는 그것을 이룰 수 있고, 참된 예배자들이 될 수 있다는 확신 가운데 기뻐해야 할 것이다. 그것은 곧 성령을 주셨기 때문이다.

거룩한 두려움과 경외심으로, 그분이 우리 속에 거하신다는 것을 깨달아야 한다. 겸손하게 육체를 잠잠하게 하고 우리 자신을 그분의 인도와 가르침에 맡겨야 한다. 하나님 앞에서 믿음 가운데 그분이 일하시기를 기다려야 한다. 그리고 이러한 예배를 실행해야 한다. 성령의 사역이 의도하는 것에 대한 모든 새로운 통찰이나 그분의 내주하심에 대한 믿음의 훈련이나 혹은 그분의 사역에 대한 체험이, 오로지 성부께만 경배하는 예배와, 그분께만 돌리는 찬양과 감사와 영광과 사랑으로 결실을 맺도록, 그것도 가장 찬란한 형태로 결실을 맺도록 해야만 할 것이다.

하나님, 당신은 영이시니, 당신께 예배하는 자들이 영과 진리로 예배하게 하소서. 당신의 이름을 송축하옵니다. 당신께서는 자기 아들을 보내셔서 우리를 구원하게 하시고 우리가 성령 안에서 예배할 수 있게 해 주셨습니다. 그리고 당신의 영을 보내셔서 우리 안에 거하게 하시고 우리를 거기에 합당하게 하셨습니다. 그래서 이제 우리는 아들을 통하여 그리고 성령 안에서 아버지께 나아갑니다.

거룩하신 하나님, 부끄럽게 고백하옵건대, 우리의 예배가 얼마나 육체의 권세와 뜻에 따른 것이었는지요. 이러한 예배를 통하여 우리는 당신을 욕되게 했고, 당신의 영을 탄식하게 했으며, 우리 자신의 혼에 헤아릴 수 없는 해를 끼쳤나이다. 오 하나님, 이 죄를 용서하시고 이 죄로부터 구원하여 주소서. 구하오니, 우리를 가르치셔서 진정코 진정코 영과 진리로만 당신께 예배하게 하소서.

우리 아버지시여, 당신의 성령께서 우리들 속에 거하시옵니다. 간구하오니, 당신의 그 큰 영광에 따라 성령을 통하여 우리에게 힘을 주시어서, 우리의 속사람이 진정한 영적 성전이 되고 거기서 영적 희생제사가 쉼없이 드려지게 하소서. 우리를 가르치사, 당신의 임재하심 앞에 나아갈 때마다 자아와 육체는 죽게 내어주는 법을 알게 하시고, 또한 내주하신 성령께서 우리 안에서 당신이 받으실 만한 예배와 믿음과 사랑을 그리스도를 통하여 이루시도록 기다리고 맡기게 하소서. 또한 매일매일 온 교회가 영과 진리로 당신께 드리는 예배를 찾고 얻고 드리게 하소서. 예수 그리스도의 이름으로 구하옵니다. 아멘.

요약

1. 성령을 주신 목적은 예배를 통하여 가장 완전하게 달성되며, 성령이 성령되심은 예배를 통하여 가장 온전하게 입증된다. 만약 성령 임재의 의식과 능력이 내 안에서 더욱 강하게 되기를 소원한다면, 예배해야 한다. 성령께서 우리를 예배에 합당하게 만드시고, 예배는 우리를 성령께 합당하게 만든다.

2. 예배는 기도일 뿐 아니라 그분의 거룩한 임재에 부복하는 경배이다. 흔히 아무 말 없이 그들은 머리 숙여 경배하였다(출 12:27; 느 8:6). 그리고 장로들은 엎드려 경배하였다(계 5:14). 또 단지 아멘과 할렐루야로만 경배하기도 했다(계 19:4).

3. 심지어 신자들 안에서도 영으로 드리지 않는 예배가 매우 많이 있다. 개인예배와 가족예배 그리고 공중예배에서, 성령께서 우리를 하늘을 향하여 들어올리시기를 거의 혹은 전혀 기다리지 않고 너무나 성급하게 하나님의 현존 앞에 들어간다! 하나님이 받으실 만한 예배에 우리를 합당하게 만드는 것은 오직 성령의 임재와 능력이다.

4. 영에 가장 큰 장애물은 육체이다. 영적 예배의 비결은 바로 육이 죽는 것이며, 그것을 십자가의 저주스런 죽음에 내어주는 것이다. 우리는 육체의 행위를 가장 경계하면서, 성령의 생명과 능력이 자아의 생명과 힘에 대치하도록 겸손과 확신을 가지고 기다려야 한다.

5. 우리의 예배는 우리의 삶처럼 될 것이다. 성령께서 우리의 예배를 고양하시게 된다면, 그분은 반드시 우리의 일상적 삶을 인도하시고 다스리신다. 하나님의 뜻과 그분의 임재에 순종하는 삶이 우리를 예배에 합당하게 만든다. 하나님께서 우리로 하여금 영과 진리로 드리는 것이 아닌 예배의 범위와 그 죄악성과 그 무능력함을 깊이 느끼게 하시기를!

6. 예배를 위하여 성령을 주셨다. 예배의 자세에서 이 책에 기록된 사상을 배우고 겸손히 경외하면서 하나님을 기다려야 할 것이다. "내 혼아, 하나님 앞에 잠잠하라."

제 4 장

성령과 말씀

살리는 것은 영이니 육은 무익하니라 내가 너희에게 이른 말은 영이요
생명이라 주여, 영생의 말씀이 주께 있사오니 우리가 누구에게로 가오
리이까(요 6:63, 68).
그가 또한 우리를 새 언약의 일꾼 되기에 만족하게 하셨으니 율법 조문
으로 하지 아니하고 오직 영으로 함이니 율법 조문은 죽이는 것이요 영
은 살리는 것이니라(고후 3:6).

　찬양 받으실 우리 주님께서는 자신을 생명의 떡이라고 말씀하셨고, 자기
의 살과 피는 영생의 양식과 음료라고 이르셨다. 여러 제자들에게 그 말씀
은 이해하기 어려운 것이었다. 예수께서는 성령이 오시고 그들이 성령을
받은 다음에야 그 말씀을 분명히 깨닫게 되리라고 말씀하신다. 주님은 살
리는 것은 영이니 육은 무익하니라. 내가 너희에게 이른 말은 영이요 생명
이라고 하셨다.
　"살리는 것은 영이니라" 하신 말씀과 이에 부합하여 "영은 살리는 것이
니라"고 한 사도 바울의 말씀 속에서 우리는 영을 가장 가까이 정의할 수
있다. (고전 15:45의 살려 주는 영을 참조하라.) 성령은 자연의 영역에서
나 은총의 영역에서나 생명을 부여하는 제일원리로서 언제나 먼저 행동하
신다. 이것을 굳게 붙드는 일이 가장 중요하다. 인치심과 거룩하게 하심과

조명하심과 강건하게 하심 등 그분이 신자 속에서 하시는 사역은 여기에 그 뿌리를 박고 있다. 그분을 알고, 그분께 영광을 돌리며, 그분께 자리를 내어드리고, 그분을 영혼의 내적 생명으로서 대망할 때 그분의 은혜의 사역들을 체험할 수 있다. 이것들은 다른 것이 아니라 생명의 당연한 결과물이다. 생명의 능력 안에서 그것들을 향유할 수 있다.

"살리는 것은 영이니." 주님께서는 육을 영에 대조하셨다. 그분은 이르시기를 "육은 무익하니라" 하셨다. 그분은 죄악의 근본이 되는 육을 말씀하신 것이 아니다. 종교적 측면에서, 그것은 자연 상태의 사람이나 혹은 신자라 하더라도 성령께 맡기지 못하는 이가 하나님을 섬기고자 하거나 혹은 거룩한 것을 알고 그것을 소유하고자 할 때 사용하는 능력이다.

그 모든 노력에도 불구하고 성격상 헛된 것일 수밖에 없음을 주님께서는 이렇게 지적하신다, "무익하니라." 그것들은 충분하지 않은 것들이다. 그것들은 우리가 영적 실재, 즉 거룩한 것 그 자체에 도달하는 데 쓸모가 없다. 바울이 죽이는 율법 조문과 영을 대조한 것도 같은 의미였다. 율법 시대 전체는 바로 율법 조문과 육의 시대였다. 그 시대는 분명히 영화로운 한 시대였으며 이스라엘이 가진 특권은 매우 큰 것이었지만, 그럼에도 불구하고 그것은 바울이 '영광되었던 것이 더 큰 영광으로 말미암아 이에 영광될 것이 없으나'라고 말한 것과 같다. 그리스도께서도 그 육신를 찢으심으로써 육의 시대가 가고 그 대신 성령의 시대가 오기까지 육체로 계신 동안에는 말씀으로써 제자들을 원하시던 모습으로 만들지 못했다. "살리는 것은 영이니 육은 무익하니라."

주님은 자신이 방금 하셨던 말씀과 거기에 포함된 영적 진리를 가리켜 특별히 이렇게 말씀하신다. "내가 너희에게 이른 말은 영이요 생명이라." 주님은 제자들에게 두 가지를 가르쳐 주시고자 한다. 우선, 참으로 그 말씀은 능력을 가진 살아있는 씨앗으로서, 그 능력은 그 말씀을 받아 마음에 품는 사람들 속에서 싹트고 돋아나, 그 생명력을 확증하고 그 뜻을 드러내며, 거룩한 능력을 입증한다. 주님은 제자들이 단번에 그것을 다 이해하지 못하더라도 그들이 실망하지 않기를 원하셨다. 그분의 말씀은 영이며 생명이다. 그 말씀은 이해를 위한 것이 아니라 생명을 위한 것이다. 그 누구도 감히 상상할 수 없을 만큼 높고 깊은 성령의 권능이 임하면 말씀은 생명의 근원 그 자체의 요소가 된다. 말씀 스스로가 하나님의 활동력을 효과적으로 사용하여 진리를 이루는 거룩한 생명을 지니며, 그 진리는 말씀을 받아들이는 사람들의 체험 속으로 드러난다. 둘째로, 그 결과로서 주님의 이 말씀은 자신을 받아줄 영적 본성이 필요하다. 씨앗은 적합한 토양을 요구한다. 씨앗에 생명이 있는 것처럼 토양에도 생명이 있어야 한다. 말씀은 생각이나 감정 혹은 의지만으로 받아들일 수 있는 것이 아니라 이 모두를 통하여 생명으로 받아들여야 한다. 그 생명의 중심은 사람의 영적 본성이며, 영적 본성의 음성은 양심이다. 말씀의 권위가 그곳에서 인정되어야만 한다. 그러나 이것조차도 충분하지는 않다. 양심은 통제할 수 없는 세력들에 에워싸인 포로로서 사람 속에 거하고 있다.

하나님께로부터 오시는 분, 그리스도께서 데려오신 분이 곧 성령이시며, 그는 우리의 생명이 되시고 말씀을 받아서 우리의 생명으로 동화시키시면서, 우리들 속에서 하나님과 그리스도를 진리와 능력이 되게 하실 것이다.

송축 받으실 성령의 사역을 연구하면서 우리는 이 복된 진리를 분명하고도 굳세게 붙잡도록 큰 주의를 기울여야 한다. 이 진리가 우리로 하여금 좌로나 우로나 치우치지 않게 할 것이다. 이 진리가 우리로 하여금 말씀 없이 성령의 가르치심을 맛보거나 성령 없이 말씀의 가르침을 터득할 수 있으리라는 망상을 갖지 않게 할 것이다.

한편으로 우리는 우로 치우치는 우를 범하는데, 이는 말씀은 없이 성령의 가르침만 구하는 것이다. 성삼위일체에 있어서 말씀과 성령은 언제나 서로의 안에 계시며, 성부와 하나가 되신다. 그것은 하나님의 영감된 성경 말씀과 다르지 않다. 성령은 모든 시대마다 하나님의 생각을 기록된 말씀으로 나타내셨고, 바로 그 목적으로 우리 마음에 지금도 살아 계시며, 거기서 말씀의 능력과 뜻을 계시하신다. 당신이 성령으로 충만하고자 한다면, 말씀으로 충만해져야 한다. 성령의 거룩한 생명이 당신 안에서 강건하게 자라나고 당신 본성의 모든 부분에서 성령이 능력을 획득하시기 원한다면,

42

그리스도의 말씀이 당신 안에 풍성하게 거하도록 해야 한다. 생각나게 하시는 직무를 성령께서 성취하셔서, 적시에 상기하도록 하시며 예수께서 말씀하신 것을 당신의 필요에 정확하게 적용해 주시기 원한다면, 당신 안에 그리스도의 말씀이 머물게 해야 한다.

성령이 삶의 매 상황마다 하나님의 뜻을 계시하셔서, 외견상 상반된 명령과 원리들 가운데 당신이 마땅히 행해야 할 바를 실수 없이 정확하게 선택하게 하시고 당신에게 필요한 그분의 뜻을 생각나게 하시기 원한다면, 성령께서 사용하시기에 좋도록 당신 안에 말씀이 살아있게 해야 한다. 영원한 말씀을 당신의 빛으로 삼고자 한다면, 성령께서 기록된 말씀을 당신의 마음에 옮겨 적으시도록 해야 한다. "내가 너희에게 이른 말은 영이요 생명이라." 말씀을 취하고 소중히 여겨야 한다. 성령께서는 말씀을 통해서 살리시는 권능을 행사하시기 때문이다.[1]

다른 한편으로 우리는 좌로 치우치는 우를 더욱 자주 범한다. 당신 안에 계신 성령께서 말씀의 생명을 받아서 내적 생명에 적합하게 하시기까지는 말씀이 당신 안에서 그 생명을 펼쳐 보이시리라고 행여 한 순간이라도 생각하지 말라. 성경 읽기와 성경 공부와 말씀 설교가 주된 목표로 삼고서 너무나 애쓰는 것이 바로 말씀의 의미에 도달하는 것 아닌가? 사람들은 만약 그들이 그 의미를 바르고 정확하게 알기만 하면 그 자연적 결과로서 말씀이 가져다주시고자 하는 복이 올 것이라고 생각한다. 그러나 전혀 그렇지 않다. 말씀은 씨앗이다. 모든 씨앗에는 과육이 있고 그 안에 생명이 숨겨져 있다. 누구든지 가장 귀하고도 완전한 씨앗의 유형적 덩어리를 얻을 수 있다. 그러나 씨앗이 적합한 토양 속에서 햇볕과 물에 접촉하지 않으면 그 생명은 자라날 수 없다. 우리는 성경의 말씀과 교리를 매우 지적이고도 진지하게 파악하면서도 그 생명과 능력에 대해서는 거의 알지 못

---

1) 에베소서 5:18-19과 골로새서 3:16을 주의 깊게 비교하여, 그리스도인의 삶에서 기쁨에 찬 교제가 동일한 언어로 기록되어 있으면서도 한편으로는 성령충만으로 말미암고 다른 한편으로는 말씀의 충만으로 말미암는 것을 보라. 성령을 구하는 만큼 말씀을 구하고, 말씀을 구하는 만큼 성령을 구해야 할 것이다.

할 수도 있다. 우리가 우리 자신과 교회에 깨우쳐야 할 것은, 옛 시대에 성령의 감동하심을 받은 거룩한 사람들이 대언한 성경말씀은 오직 바로 그 동일한 성령의 가르침을 받는 거룩한 사람들만이 이해할 수 있다는 사실이다. 내가 너희에게 이른 말은 영이요 생명이라 하고 말씀하신 것은, 말씀을 깨닫고 나누어 받음에 대하여 "살리는 것은 영이니 육은 무익하니라" 하신 말씀과 같기 때문이다. 즉, 살리는 것은 우리들 안에 있는 생명의 영이기 때문이다.

그리스도 당시의 유대 역사가 우리에게 가르쳐 주는 중요한 교훈들 중에 하나가 이것이다. 그들은 하나님의 말씀과 그를 영화롭게 하는데 대한 열심이 그들 스스로 생각하기에도 유별났다. 그러나 그 모든 열심은 하나님의 말씀을 인간적으로 해석한 것임이 드러났다. 예수께서 그들에게 말씀하셨다. "너희가 성경에서 영생을 얻는 줄 생각하고 성경을 연구하거니와 이 성경이 곧 내게 대하여 증언하는 것이니라. 그러나 너희가 영생을 얻기 위하여 내게 오기를 원하지 아니하는도다." 그들은 참으로 성경이 그들을 영생으로 이끌 줄로 믿었다. 그러나 그들은 성경이 그리스도에 대해서 증언하는 것은 보지 않았다. 그래서 그들은 그리스도에게 오려고 하지 않았다. 그들은 그들의 생명이 되시는 하나님의 영의 조명과 능력으로써 하지 아니하였고 자신들의 인간적 이해의 관점과 능력으로써 성경을 연구했고 받아들였다. 성경을 읽고 많이 아는 많은 신자들이 삶에 연약한 것은, 인간적 이해력이 아무리 총명하고 진지한 것이라 해도 그것은 무익하며, 살리는 분은 성령이심을 알지 못하기 때문이다. 그들은 성경에서 영생을 얻는다고 생각한다. 그러나 그들은 성령의 능력 속에 살아계셔서 그들의 생명이 되시는 그리스도에 대해서는 거의 알지 못한다.

필요한 것은 아주 단순하다. 즉 살리시는 성령이 없이 기록된 말씀을 다루려고 하는 시도를 단호하게 거부하는 것이다. 성령에 대한 필요성과 약속을 깨닫지 못하고서 절대로 성경을 우리 손이나 정신 혹은 입으로 취하지 말아야 한다. 먼저, 당신 안에 성령의 역사를 주시고 새롭게 해 주시도록, 조용히 예배하는 가운데 하나님을 바라보아야 한다. 그리고 나서, 정신만이 아니라 당신 안의 생명이 열려서 말씀을 받아들이도록, 조용히 믿음 가운데 당신 자신을 당신 안에 거하는 능력에 맡기고 그분을 기다려야 한다. 성령으로 하여금 당신의 생명이 되시게 하라. 그리스도의 말씀은 참으로 영이요 생명이다. 밖에서 들어오는 양식인 말씀을 맞이하러 안에서 나아오는 영과 생명에게 그리스도의 말씀은 참된 영과 생명이 된다.

송축 받으실 주님의 가르치심을 따라서 성령에게로 나아갈 때, 주님의 말씀이 영이요 생명인 것과 마찬가지로, 성령은 우리의 생명의 영으로 우리들 속에 반드시 거하신다는 것이 더욱 분명해질 것이다. 하나님의 영은 반드시 우리의 깊은 개인적 생명이 되실 것이다. 생각과 감정 혹은 의지보다 더 깊은 곳, 이 모든 것들의 근원이며 그 생기의 동인인 바로 그곳에 하나님의 영이 반드시 계실 것이다. 우리가 이것들보다 더욱 깊이 찾아 들어가면, 살아계신 하나님의 말씀 속에 있는 생명의 영에 비길 수 있는 것은 아무것도 없다는 것을 알게 된다. 우리가 우리들 속 보이지 않는 깊이에 숨겨진 생명 안에 계신 성령께서 그분의 살리시는 능력으로 말씀을 받아서 계시하시고 우리의 생명 바로 그것으로 만들어 주시기를 기다린다면, 우리는 살리는 것은 영이니라고 하신 말씀의 의미를 진정으로 알게 될 것이다. 우리는 영이요 생명인 말씀이 우리 안에 거하시는 영과 생명을 만나야 한다는 것과 그때에야 비로소 말씀이 그 의미를 보여 주고 그 본질을 나누어 주며 그 거룩한 능력과 충만함을 이미 우리 안에 있는 영에게 넘겨준다는 것이 얼마나 바르고 적절한 것인지 알게 될 것이다.

오 나의 하나님! 내주하시는 성령의 놀라운 은사로 인하여 또 다시 감사를 드립니다. 그리고 다시 한 번 겸손히 간구하옵기는 그분이 제 안에 계시다는 것과 그분이 행하시는 거룩한 역사가 얼마나 큰 것인지 참으로 깨닫게 하소서.

기도하옵건대, 특별히 나를 가르치사, 성령께서 내 안의 거룩한 생명을 성장하게 하시는 생명력이요 능력이시며, 하나님께서 원하시는 데까지 제가 성장할 수 있게 하시는 보증이 되심을 믿게 하소서. 이것을 알게 될 때,

내 안에 계신 생명의 영이신 성령께서 어떻게 내 영으로 하여금 생명의 떡이신 말씀에 주리게 하실 것인지, 말씀을 받아서 동화시키시며 참으로 생명과 능력으로 만드실 것인지 이해할 것이옵니다.

나의 하나님! 영과 생명이신 당신의 말씀을 인간적인 사고력와 육적인 정신력을 가지고 파악하려고 들었사오니 나를 용서하소서. 육은 무익하다는 사실을 배우는데 너무나 더뎠습니다. 이제 그것을 배우기를 갈망하옵니다.

오, 나의 하나님! 당신의 말씀 한마디 한마디가 너무나 깊고 영적이라는 것과 영적인 것은 오로지 영적으로만 분별할 수 있다는 것을 내가 깨달을 수 있도록 당신의 지혜의 영을 주시고 성령의 능한 역사를 허락하소서. 당신의 말씀을 접할 때 언제나 육체와 육체의 생각을 부인하고, 말씀을 일깨우시는 성령의 내적 역사를 겸손과 믿음으로 기다리게 하소서. 또한 당신의 말씀을 묵상할 때마다, 믿음과 순종 가운데 그것을 지킬 때마다, 영과 진리로 하게 하시고, 생명과 능력으로 하게 하소서. 아멘.

요약

1. 한 책을 이해하자면 독자는 저자가 사용하는 바로 그 동일한 언어를 알아야만 한다. 또 많은 경우에 그는 저자가 저술한 것과 동일한 정신을 어느 정도 가져야 한다. 우리가 성경을 이해하기 위해서는 옛날 거룩한 사람들로 하여금 그것을 쓰게 하신 그 동일하신 분, 곧 우리 안에 내주하시는 성령이 필요하다.

2. 영원한 말씀과 영원한 성령은 나뉠 수 없다. 창조의 말씀과 창조의 영도 그러하다(창 1:2-3; 시 33:6). 구속 사역에서 말씀과 영도 그러하다(요 1:1-3, 14, 33). "내가 너희에게 이른 말은 영이요"라고 기록된 말씀에서도 그러하다. 사도들이 설교한 말씀에서도 그러하다(살전 1:5). 우리가 읽고 묵상하는 말씀에서도 그러함에 틀림없다. 하나님의 숨으로 나온 말씀이 분명히 밖으로부터 오는 것처럼, 하나님의 숨으로 나온 영은 안으로부

터 나아와 말씀을 만나는 것이 틀림없다.

3. 말씀은 씨앗이다. 씨앗은 숨겨진 생명을 지니고 있는데, 그 생명은 자리잡고 자라날 살아있는 토양이 필요하다. 말씀은 거룩한 생명을 지니고 있다. 말씀은 자연적인 생각이나 의지로만 받아들이는 것이 아니라, 하나님의 영이 거하시는 새 영으로 받아들이는 것임을 알아야 한다.

4. 나는 말씀의 능력과 진리는 예수와의 살아있는 교제관계에 달려있다는 것을 더욱 더 분명히 알게 된다. 그리스도인의 삶에서 승리하지 못하고 실패하는 일이 왜 그렇게 자주 일어나는가? 그것은 성령의 능력과는 상관없이 진리를 붙잡으려고 하기 때문이다. 다음 두 가지를 믿도록 하나님의 도우심을 원한다. 말씀은 거룩한 영과 능력으로 충만하며, 강하게 역사할 수 있다. 마찬가지로 마음도 거룩한 영을 가지고 있어서, 그분을 통하여 살아있는 말씀이 살아있는 능력 안으로 받아들여진다. 생명은 성령의 능력 안에 있다.

제 5 장

성령과 영광 받으신 예수

나를 믿는 자는 성경에 이름과 같이 그 배에서 생수의 강이 흘러 나오리
라 하시니 이는 그를 믿는 자들이 받을 성령을 가리켜 말씀하신 것이라
(예수께서 아직 영광을 받지 않으셨으므로 성령이 아직 그들에게 계시
지 아니하시더라) (요 7:38-39).

여기서 우리 주님은, 그에게로 와서 마시는 자, 즉 그를 믿는 자는 결코
목마르지 아니할 뿐만 아니라, 그들 스스로 생명과 복의 생수가 흘러나오
는 샘이 될 것이라고 약속하신다. 요한은 이 말씀을 기록하면서, 그 약속은
성령을 부어 주실 그때까지 성취되기를 기다려야 할 하나의 예견이라고
설명한다. 그는 이런 지연에 대해서 두 가지 이유를 제시한다. "예수께서
아직 영광을 받지 않으셨으므로 성령이 아직 주어져 있지 아니하시더라."
이 구절에서 그냥 '성령이 아직 있지 아니하시더라' 라고 표현하는 것이
이상하게 들리므로, '주어져'(given)라는 낱말을 삽입하였다(저자가 사용
한 영역 성경은 이 구절을 "for the Holy Ghost was not yet given," 즉,
"성령이 아직 주어져 있지 않음이었더라"라고 옮겼다. 그러나 유력한 헬라
어 원문 성경 사본들 중 몇몇을 제외한 다수의 사본들은 이 구절에서 영
어의 'given,' 즉, '주어져'에 해당하는 낱말 없이 "성령이 아직 있지 아니
하더라"라고만 기록하고 있다. 아울러 대다수 유력한 헬라어 원문 사본들

에는 우리말 성경에서 '그들에게'라고 옮긴 낱말도 역시 없다는 것에 유의하라 — 역자 주). 그러나 원문의 표현을 있는 그대로 받아들이면, 우리는 성령이 예수께서 영광 받으실 때까지 오지 않으신 실제적 의의를 제대로 이해하게 될 것이다.

우리는 하나님께서 자신을 이중으로 계시해 오시는 것을 보았다. 첫째는 구약의 하나님으로서였으며, 그 다음에는 신약의 아버지로서였다. 우리는 영원 전부터 성부와 함께 계셨던 성자께서 육체가 되셨을 때 어떻게 존재의 새로운 단계에 들어가셨는지 안다. 그분이 다시 하늘로 돌아가셨을 때에도 여전히 그분은 하나님의 바로 그 동일하신 독생자이셨지만, 그럼에도 불구하고 전적으로 동일한 분은 아니었다. 그분은 이제 또한 사람의 아들로서 죽은 자들 가운데 처음으로 살아나신 이가 되셨으며, 스스로 완전하게 하시고 거룩하게 하신 영광의 인성으로 덧입으셨기 때문이다. 이와 같이, 오순절에 성령을 부어 주신 것은 참으로 새로운 것이었다. 구약을 통하여 그분은 항상 하나님의 영 혹은 주의 영이라고 불렸고 성령은 아직 그의 고유한 이름이 아니었다.[1] 그분의 고유한 이름이 사용된 경우는 그리스도의 길과 그분이 쓰실 몸을 예비하면서 성령이 하셔야 하는 사역과 관련된 경우들 뿐이다(눅 1:15, 35). 오순절에 성령을 쏟아 부어 주실 때, 그분은 영광을 받으신 예수의 영으로 오셨고, 성육신하시고 십자가에 죽으시고 높임을 받으신 그리스도의 영으로 오셨으며, 하나님의 생명 그 자체만으로서가 아니라 인간 그리스도 예수의 인성 속에 들어가 일체를 이룬 그 생명의 담지자요 전달자로서 오셨다. 그분은 특히 이런 자격으로서 거룩한 영, 성령이란 이름을 지니고 계시다. 하나님께서는 거룩하시되 또한 내주하시는 분으로서 거룩하시기 때문이다.

이 영은 육체이신 예수 안에 거하셨고 역시 육체인 우리들 안에도 거하실 수 있으므로, '성령이 아직 계시지 않았다'고 하는 것은 이 영에 대하

---

1) 구약성경에서 성령이라고 번역한 경우들 가운데, 예를 들어 스티어(Stier)가 그의 주석에서 옮기듯이, 그것에 부합하는 히브리어 표현인 '그의 거룩함의 영'에 해당하는 경우는 오직 세 구절(시 51:11; 사 63:10, 11)밖에 없다.

여 분명히 문자적으로 옳은 말이다. 영광을 받으신 예수의 영, 하나님의 아들이 되신 사람의 아들의 영, 바로 그분은 예수께서 영광을 받기 전에는 계실 리가 없었다.

이렇게 생각할 때, 왜 그분이 하나님의 영으로서만 우리 속에 거하도록 보냄 받으신 것이 아니라 예수의 영으로서 보냄 받으셨는지 그 이유를 더 잘 알 수 있다. 죄는 하나님의 율법에 대한 우리의 관계를 훼방할 뿐만 아니라 하나님 자신에 대한 관계도 훼방한다. 우리는 하나님의 돌보심과 함께 하나님의 생명을 잃어버렸다. 그리스도는 율법과 그 저주로부터 사람을 구원하러 오셨을 뿐만 아니라, 인간의 본성 그 자체를 하나님의 생명과 교제하도록 이끌고, 우리로 하여금 하나님의 성품에 참여하는 자가 되도록 하기 위해서 오셨다. 그분은 사람에게 하나님의 능력을 행사함으로써 이 일을 행하신 것이 아니라, 자유롭고 도덕적이며 가장 참다운 인간적인 발전의 경로를 통하여 행하셨다. 몸소 그 자신이 육체가 되신 다음, 그 육체를 거룩하게 하시고 하나님의 영이 내주하시기에 적합하고도 자원하는 거처로 만드셔야만 했다. 이를 이루신 뒤에, 그분은 죽음으로 죄의 저주를 짊어지시고 그 자신을 우리들 속에서 열매 맺을 종자로 내어 주셔야만 했다 (이것은 저차원적 형태의 생명이 고차원적 형태의 생명으로 향상될 수 있으려면 썩어서 죽어야 한다는 법칙에 맞는 것이다). 부활하시고 승천하심으로 영광을 받으신 후에 그분의 본성으로부터 그분의 영, 즉 그분의 인간적 생명의 영이 나와서 거룩하신 하나님과 연합을 이루고 영광을 받으셨으니, 이것은 우리로 하여금 그분이 그 자신과 그의 영광된 생명에 대하여 몸소 이루시고 획득하신 모든 것을 나눠 받도록 하시려는 것이었다. 그분의 대속하심에 힘입어, 사람은 이전에는 결코 갖지 못했던, 하나님의 영과 그분의 내주하심에 합당한 권리와 명분을 갖게 되었다.

그분이 우리를 위하여 스스로 완전해지셨으므로, 그는 이제 이전에는 없던 것, 곧 동시에 인간적일 뿐만 아니라 신적이기도 한 생명을 전해 주실 수 있었다. 그 이후로 성령은, 이전에 하나님의 인격적 생명이었던 것과 마찬가지로, 또한 사람의 인격적 생명이 되실 수 있었다. 성령은 하나님 자신 안에서 인격적 생명의 동인인 것과 마찬가지로 하나님의 자녀들 속에서도 역시 그러하다. 하나님의 아들의 영은 이제 우리 마음 속에서 아빠, 아버지라고 부르짖는 영이 되실 수 있다. 이러한 영에 대하여 예수께서 아직 영광을 받지 않으셨으므로 "성령이 아직 그들에게 계시지 아니하시더라" 하신 말씀은 전적으로 옳다.[2]

그러나 이제, 하나님을 송축할 것은, 예수께서 영광을 받으셨고, 지금은 영광 받으신 예수의 영이 계시며, "나를 믿는 자는 성경에 이름과 같이 그 배에서 생수의 강이 흘러나오리라" 하신 약속이 성취되었다. 예수께서 영광 받으실 때에 일어난 그 위대한 거래는 이제 영원한 현실이 되었다. 그리스도께서 우리의 인성, 우리의 육체, 가장 신성한 것 안으로 들어오셨을 때, 거기서 일어난 일에 대해서 베드로는 이렇게 전한다, "하나님이 오른손으로 예수를 높이시매 그가 약속하신 성령을 아버지께 받아서 너희가 보고 듣는 이것을 부어 주셨느니라." 우리 대신 그리고 우리를 위하여, 사람으로서 그리고 사람의 대표로서, 그분은 거룩한 하나님의 완전한 영광 속으로 받아들여졌고, 그분의 인성은 거룩한 영을 담고 또한 분배해서 내어 주는 용기가 되었다.

성령은 신인의 영, 즉 실제로 하나님의 영이시면서 동시에 참으로 사람의 영으로서 내려오실 수 있게 되었다. 그는 영광 받으신 예수의 영으로서 내려오셔서, 예수를 믿고, 그분의 인격적 생명의 영과 그분의 인격적 임재를 믿으며, 아울러 신자 자신의 개인적 생명의 영을 믿는 모든 이들 속에 계실 수 있게 되었다. 예수께서 보좌에 앉으시고 전에 없이 영광스러운 새 존재의 단계로 들어가심에 따라, 예수 안에서 하나님과 사람의 완전한 연합이 이루어지고 완성된 것처럼, 이제 성령의 생명과 사역 속에서 새로운 시대가 개시되었다. 이제 그분이 내려오셔서 하나님과 사람의 완전한 연합을 증언하실 수 있다. 그분은 우리의 생명이 되심으로써 그 연합을 나눠 받게 하신다. 영광 받으신 예수의 영이 이제야 계신다. 예수께서는 그분을

---

2) 주해 2와 주해 7을 참고하라.

부어 주셨고, 우리는 복락의 강물로 우리들 속으로 흘러들고, 우리를 통하여 흐르며, 우리로부터 흘러나가는 그분을 받았다.

예수를 영화롭게 함과 그의 영이 흘러나옴은 밀접하게 연관되어 있다. 그 둘은 살아있는 유기적 연합으로 불가분 연결되어 있다. 우리가 하나님의 영뿐만 아니라 그때까지 계시지 않았으나 지금은 계시는 이 그리스도의 영, 곧 영광 받으신 예수의 영을 받으려 한다면, 특히 영광 받으신 예수와 신실하게 사귀어야 한다. 우리는 십자가와 그 사죄를 믿는 신앙에 만족하고 있을 것이 아니라 인성 안에 영광과 거룩한 능력을 지닌 새 생명을 알기 위해 구해야 하며, 영광 받으신 예수의 영은 바로 그 생명의 증언자요 담지자가 되기로 하신 분이다. 이것은 세세에 감추어져 있던 비밀이었지만, 이제 우리들 안에 있는 그리스도이신 성령께서는 그분이 어떻게 육체를 입고 있는 우리들 속에서 거룩한 생명으로서 실제로 살 수 있는지 알려 주셨다.

우리가 가장 큰 개인적 관심을 가지고 알고 이해하고자 하는 것은, 예수께서 영광을 받으신다는 것, 인성이 하나님의 생명과 영광을 갖는다는 것, 예수께서 영광 받으실 때까지는 성령이 없었다는 것 등이 무슨 뜻인가 하는 것이다. 우리가 이것을 이해하는 것이 중요한 이유는 언젠가 우리가 그분을 영광 중에 뵙고 그 영광에 참여할 것이기 때문만이 아니라, 바로 지금 우리가 매일매일 그 안에서 살고 있기 때문이다. 우리가 성령과 영광 받으신 주님의 생명을 갖기를 원하는 만큼 성령은 우리에게 계실 수 있다.

"이는 그를 믿는 자들이 받을 성령을 가리켜 말씀하신 것이라. 예수께서 아직 영광을 받지 않으셨으므로 성령이 아직 그들에게 계시지 아니하시더라." 하나님을 찬송할지로다! 예수께서 영광을 받으셨다. 이제 영광 받으신 예수의 영이 계시며, 우리는 그분을 받았다. 구약에서는 하나님의 단일성만 계시되었으므로, 성령에 대해서는 항상 하나님의 영으로만 그리고 하나님의 역사하시는 능력으로만 거론되었다. 그분은 아직 지상의 인격으로는 알려지지 않았다. 신약에서는 삼위일체가 계시되었고, 오순절에 성령께서 우리들 속에 거하시는 인격으로 내려오셨다. 이것은 예수 사역의 결실로서, 우리는 이제 지상에서 성령의 인격적 임재를 경험한다. 그리스도 예수 안에 제이위의 위격이신 성자께서 오셔서 성부를 계시하셨고, 성부가 그의 안에 거하시고 말씀하셨다. 그와 같이, 제삼위의 위격이신 성령께서 오셔 서 성자를 계시하시고, 그의 안에 성자께서 거하시며 우리들 안에서 역사 하신다. 이 영광은, 성자께서 성부를 영화롭게 하셨으므로, 성부께서도 인 자를 영화롭게 하셨던 바로 그 영광이다.

그분의 이름으로 그분을 통하여 성령께서 인격으로 내려오셔서 신자들 안에 거하시고 영광 받으신 예수를 그들 안에서 현존하시는 실재로 만드 신다. 그분은, 예수께서 그에 대하여 말씀하신 바, 누구든지 그를 믿는 사 람마다 다시 목마르지 않을 것이며 그 사람에게서는 생수의 강이 흘러나 오리라 하셨던 바로 그분이시다. 오직 이분만이 영혼의 목마름을 해갈시키 시고, 그 영혼으로 하여금 다른 이를 살리는 샘이 되게 하신다. 이는 영광 받으신 예수의 임재를 계시하는 성령께서 인격적으로 내주하시는 것이다.

"나를 믿는 자, 그에게서는 생수의 강이 흘러나오리라." 이것은 성령에 대해서 말씀하신 것이다. 여기서 다시 우리는 하나님의 모든 보화를 여는 복된 열쇠 얻게 되는데, 그것은 바로 '나를 믿는 자' 라는 말씀이다. 성령으 로 세례를 베푸시는 이는 영광 받으신 예수이다. 그를 믿어야 한다. 여기서 약속된 모든 복을 갈망하는 사람이라면 오로지 믿어야만 한다. 그분을 믿 어야만 하는 것은, 그분은 참으로 영화로우신 분이며, 그분은 거룩한 영광 의 능력 가운데 계시고, 그 가운데 행하시고 또 행하고자 하신다는 것이다. 그의 영광의 풍성하심에 따라 하나님께서는 이제 우리 안에서 역사하신다. 그분이 자신의 성령을 주셨다는 것과 지상에서 우리들 속에 성령께서 인 격적으로 임재하신다는 것을 믿어야 한다.

하늘에 계신 예수의 영화로우심과 우리 마음 속에 계신 성령의 능력이 이 신앙으로써 불가분 연결된다. 예수와 교제하는 가운데 그 강물이 점점 더 세차고도 가득하게 우리 안으로 그리고 우리 밖으로 흐를 것이다. 그렇 다. 예수를 믿어야 한다. 그러나 한 가지를 기억해야 할 것이다. 즉, 이런 일들을 생각하고 이해하고 확신하고 그 완전한 통찰을 얻고 즐거워하는 것, 이 모든 것들이 다 필요하긴 하지만, 그 자체가 곧 믿음은 아니라는 것이다. 믿음은 새롭게 된 본성의 능력으로서, 자기를 버리며 또 그에 대해서 죽음으로써, 거룩하신 분, 하나님, 그리고 영광 받으신 그리스도께서 오셔서 차지하시고 역사하실 자리를 마련하는 것이다. 예수를 믿는 믿음은 영적 침묵과 부족함에 겸손히 굴복하고, 자아는 아무것도 가진 것이 없다는 것과 다른 분, 곧 보이지 않는 영이 이제 오셔서 그 인도자가 되셨고 그 힘과 생명이 되셨다는 것을 깨닫는 것이다. 예수를 믿는 믿음은, 자신이 예수께 시중들 때 그분이 강물이 넘쳐흐르게 하시리라고 온전히 확신하고서 그분께 잠잠히 굴복하는 것이다.

요약

1. 그리스도 안에는 그분이 임금으로서 지닌 영화로운 상태보다 더 앞서서, 종으로서 지니신 육체의 비천한 상태가 있었다. 두 번째 상태로 그분을 이끈 것은 첫 번째 상태에서 그가 보이셨던 신실하심이었다. 그리스도의 영광에 참여하기를 고대하는 모든 신자들은 먼저 그분이 자기를 부인하신 것을 신실하게 따를 일이다. 때가 차면 성령께서 그분 안에 있는 영광을 계시하실 것이다.

2. 그리스도의 영광은 특별히 그분의 고난, 즉 십자가의 죽음의 열매이다. 나를 위해 그리스도께서 십자가에 죽으셨고 내가 그리스도와 함께 십자가에 못박혔다는 십자가의 죽음의 이중적 측면에 내가 참여할 때, 성령께서 영광 받으신 그리스도를 계시하심에 마음이 열리게 된다.

3. 나를 만족하게 할 수 있는 것은 주님이 영화로우신 그때에 영화로운 생각과 감정을 갖는 것에 있지 않다. 내 개인적 생명 속에서, 그분의 생명을 영광 가운데 내 생명과 연합시키는 거룩한 능력에서, 내 안에서 영화롭게 되신 이는 그리스도 자신이시다. 이것만이 그분의 마음과 내 마음을 만족하게 할 수 있다.

4. 다시 말하거니와, 하나님께 영광을 돌리자! 영광 받으신 분의 영, 이

영이 내 안에 계시다. 그분은 내 가장 깊은 생명을 차지하고 계신다. 그분
의 은혜를 통하여 나는 자아와 죄의 길로부터 생명을 되찾을 것이며, 그분
이 모든 것을 차지하시고 내 마음을 예비하시며 내 안에서 나의 주님을
영화롭게 하시리라는 분명한 확신 속에서 기다리고 예배할 것이다.

제 6 장

성령의 내주하심

내가 아버지께 구하겠으니 그가 또 다른 보혜사를 너희에게 주사 영원토
록 너희와 함께 있게 하리니 그는 진리의 영이라. 세상은 능히 그를 받지
못하나니 이는 그를 보지도 못하고 알지도 못함이라. 그러나 너희는 그
를 아나니 그는 너희와 함께 거하심이요 또 너희 속에 계시겠음이라(요
14:16-17).

"너희 속에 계시겠음이라." 이 단순한 말씀 속에서 우리 주님은 성령의
내주하심에 대한 놀라운 비밀을 알려 주신다. 그것은 그분의 구속 사역의
열매요 면류관이 될 것이었다. 사람이 창조된 것은 이것을 위함이었다. 성
령께서 지난 시대를 통하여 사람들과 함께 보람없는 수고를 해 오신 것은
마음에 대한 하나님의 지배권, 바로 이것을 위함이었다. 예수께서 살아오
셨고 또 이제 죽으려 하신 것은 이것을 위함이었다. 이것이 아니라면 하나
님의 목표와 그분 자신의 사역은 완성되지 못했을 것이다. 이것이 없었기
에, 송축 받으실 주님이 제자들과 더불어 행하신 사역이 그토록 효과가 없
었던 것이다. 그때까지 주님이 그들에게 그것을 말씀하시지 않은 것은 그
들이 그것을 이해하지 못하리라는 것을 아셨기 때문이다. 그러나 그 마지
막 날 밤, 시간이 다 찼을 때, 그분은 제자들에게 거룩한 비밀을 보여 주셨
다. 예수께서 그들을 떠날 때, 제자들은 그분이 육체로 임재하시는 것보다

56

더 큰 복으로 보상받으리라는 것이다. 다른 분이 그분 대신 오셔서, 그들과 함께 머무시고 그들 안에서 영원토록 거하실 것이다. 그분은 그들 안에 거하시면서 그들로 하여금 그분 자신뿐만 아니라 그들의 주님과 그들의 아버지를 받아들이도록 예비하실 것이다. "너희 속에 계시겠음이라."

우리 아버지께서는 그 자신을 이중적으로 계시하셨다. 자기 아들을 통하여 자신의 거룩한 형상을 계시하시며 그분을 사람들 앞에 세우셔서 그들로 하여금 자신들의 마음과 생명 안으로 그분을 받아들임으로써 그분처럼 되도록 그들을 초청하셨다. 그분의 영을 통하여 자신의 거룩한 능력을 보내 주시고, 우리들 안으로 들어가서 안으로부터 우리를 예비하시어 성자와 성부를 받아들이도록 하신다. 성령을 시여하시는 것은 내적 생명을 시여하시는 것이다. 말씀, 곧 아들을 시여하시는 것은 사람을 하나님의 형상으로 창조하심으로써 시작되었고, 예수께서 육체로 나타나시기까지 모든 예비 단계를 통하여 계속되었다. 이것은 외적인 것이요 예비적인 것이었다.

때때로 성령의 특별하고도 능한 역사가 있었지만, 내주하심은 없었고, 사람은 아직 성령 안에 계신 하나님의 거처가 되지 않았다. 이것은 여전히 이루어져야만 할 과제였다. 영원한 생명은, 사람의 존재와 의식 속에 들어가서 스스로 인간의 의지와 생명의 모양으로 덧입음으로써, 사람의 생명 그것이 되어야 했다. 하나님이 하나님이신 것은 성령을 통하여 그런 것과 마찬가지로, 또한 성부와 성자의 인격성이 근거와 자각을 갖는 동인이 곧 이 성령인 것과 마찬가지로, 이 하나님의 생명의 영이 이제 우리들 속에 계시게 되었다. 그분은 하나님의 완전한 내재하심으로 우리와 함께 계시게 되었으니, 성자 안에 계신 성부처럼 그리고 성부 안에 계신 성자처럼, 우리들 안에 거하시게 되었다. 거룩한 공경심으로 그분께 예배하고 경배하며 그 능한 은총을 받아야 할 것이다.

거룩하신 주님이 여기서 약속하시는 것을 완전히 이해하고 체험하려면, 우리는 무엇보다도 그분이 하나님의 내주하심에 대해서 말씀하고 계시다는 것을 기억해야 한다. 하나님은 거하시는 곳 어디에서나 자신을 숨기신다. 그분이 자연 속에 스스로를 숨기실 때, 대다수의 사람들은 거기서 그분을 발견하지 못한다. 그분이 옛 시대에 성도들을 만나실 때 그분은 연약한 인간의 모습 속에 자신을 숨기셨으므로, 흔히 그분이 가시고 난 다음에야 그들은 '여호와께서 과연 여기 계시거늘 내가 알지 못하였도다'라고 말했다.[1] 송축받으실 성자께서 하나님을 계시하게 되셨으나, 그는 고운 모양이나 풍채도 없이 마른 땅에서 나온 뿌리처럼 오셨고, 그분 자신의 제자들조차도 때로는 그에게 실족하였다. 사람들은 항상 하나님의 나라가 눈에 보이는 모습으로 임할 줄로 기대한다. 그 나라는, 하나님께 바쳐지고 그분을 위해 예비된 마음에 하나님께서 자기계시의 능력으로 알려 주실 때에만 받을 수 있는 비밀이란 것을 그들은 알지 못하고 있다. 그리스도인들은 성령을 주시겠다는 약속이 그들의 주의를 끌 때마다 언제나, 그분의 인도하심을 어떻게 알 수 있을까, 그분의 살리심을 어떻게 느끼게 될까, 그분의 거룩하게 하심을 어떻게 자신들의 뜻과 행동 속에서 분간할 수 있을까 하는 것들에 대하여 어떤 개념을 형성하려 들기가 쉽다. 그들은 생각과 감정과 의지보다 더 깊이, 그리고 이것들이 자리잡고 있는 혼보다도 더 깊이 즉, 하나님께로부터 온 영이 있는 깊은 곳에 성령께서 오셔서 거하신다는 것을 상기할 필요가 있다.

그러므로 이 내주하심은 무엇보다도 먼저, 그리고 모든 것에 대해서 두루, 믿음으로써 분간해야 하는 것이다. 비록 내가 그의 활동에 대한 작은 증거조차 보지 못할 때도, 나는 조용히 그리고 경건히 그분이 내 안에 거하고 계심을 믿을 일이다. 그런 믿음 가운데 나는 평안히 신뢰하면서 그분께서 활동하시기를 기대하고 기다릴 일이다. 그런 믿음 가운데 나는 매우 단호하게 나 자신의 지혜와 힘을 부인하고, 어린아이와 같이 자기를 포기하고 그분께서 일하시도록 의지해야만 한다. 그분은 처음에 너무나 미세하고도 눈에 띄지 않게 활동하시므로 그것이 그분의 활동인지 분간하기 어렵다. 그 활동은 양심의 음성이나 잘 알고 있는 어떤 성경적 진리의 소리

---

1) 성막이나 성전에서 하나님은 어둠 가운데 거하셨다. 그분은 거기 계셨으나 휘장 뒤에 계셨고, 사람들은 그분을 믿고 두려워했으나 그분을 뵐 수는 없었다.

58

로 나타날 수도 있다. 이때가 곧 주님의 약속과 아버지의 은혜를 믿음으로써 굳게 붙잡을 때이며, 성령이 안에 거하시고 인도하시리라는 것을 신뢰할 때이다. 그런 믿음 가운데 계속하여 나의 존재를 온통 그분의 다스림과 지배에 내어드려야 하며, 그분의 음성에 가장 부합하는 것을 어김없이 행해야 한다. 그런 믿음과 그런 신실함 가운데 나의 영혼은 그분의 음성을 더 잘 알아듣도록 준비를 갖출 것이다. 깊이 숨겨진 곳으로부터 그분의 능력이 움직여 생각과 의지를 제어하실 것이며, 마음 속 깊은 곳에 내주하심은 더욱 확장되어 그분의 충만하심에 이를 것이다.[2]

믿음은, 신성한 존재가 아무리 천하고 그럴듯하지 않게 차리고 있다 해도, 그것을 알아볼 수 있는 우리 영적 본성의 한 가지 능력이다. 이것이 하나님으로서 영광 중에 계신 성부와 성부의 현현으로서의 성자에 대하여 진실일진대, 우리의 연약함으로 덧입으시고 그 속에 스스로를 숨기신, 보이지 않는 하나님의 생명능력인 성령에 대해서는 얼마나 더 진실이겠는가! 우리는 성부를 믿는 믿음을 더욱 북돋우고 훈련해야 할 터인데, 성자를 통해서 주시는 아버지의 한 가지 은혜는 바로 우리 마음 속에 계신 성령이시다. 또한 우리는 성자를 믿는 믿음을 직시해야 하는데, 그분의 인격 전체와 사역과 영광은 내주하시는 성령의 은사에 집중된다. 이와 마찬가지로, 보이지 않는 분, 때로 느낄 수 없는 이 강한 능력의 거룩한 현존에 대한 우리의 믿음이 더욱 강하게 자라나야 할 것이다. 그분은 살아계신 인격이시며, 우리의 연약함 속으로 내려오셨고 그 자신을 우리의 왜소함 가운데 숨기셔서, 우리로 하여금 성부와 성자의 거처가 되기에 합당하게 만드셨다. 우리는 영광을 받으신 우리 주님을 경배하고 예배함으로써, 우리의 믿음의 증표로 모든 기도자들에게 내려 주시는 그분의 놀라운 응답을 구하고 붙들어야 할 것이다. 성령께서 너희 속에 계시겠음이라 하신 말씀은 우리 하나님을 더욱 깊이 알게 되고, 더욱 친밀하게 교제하며, 더욱 풍성한 복을 누릴 것이라는 약속이다.

---

2) 주해 3을 참고하라.

성령의 내주하심을 올바로 이해하는 것이 매우 중요하다는 것은 우리 주님의 고별강화 속에서 그것이 차지하는 위치로 보아 분명하다. 요한복음 14장과 이어지는 두 장에서 그분은 성령에 대해서 더 직접적으로 말씀하시기를, 가르치는 분이요 증언하는 분이며, 그를 대리하는 분이요 그를 영화롭게 하는 분이며, 그리고 세상을 책망하는 분이라고 하신다. 동시에 그분은 그 자신과 성부의 내주하심에 대한 말씀과 포도나무와 그 줄기의 연합에 대한 말씀 그리고 제자들이 기도 안에서 누릴 평안과 기쁨과 능력에 대한 말씀을 성령이 오실 그날과 연관 지으신다. 그러나 이 모든 것 이전에 그에 대한 한 가지 조건이자 유일한 원천으로서 "그는 너희 속에 계시겠음이라" 하고 약정하신다. 우리가 성령이 우리에게 해 주실 모든 것들에 대해서 알거나 혹은 그분을 전적으로 의지한다고 고백하여도, 주님께서 첫 자리에 두신 것을 분명하게 인식하지 못하고 그에 대해 타당한 시각을 갖지 못한다면, 그것은 우리에게 유익이 되지 않는다. 성령께서 우리의 교사이자 힘이 되실 수 있는 것은 오직 그분이 내주하시는 영이시기 때문이다. 교회와 신자가 그는 너희 속에 계시겠음이라 하신 주님의 약속을 받아들이고 그 믿음의 제어 아래 살아갈 때, 송축 받으실 성령에 대한 우리의 참된 관계가 회복될 것이다. 그분은 주도권을 잡으시고 영감을 주실 것이다. 그분은 그분의 거처로 자신을 내어드린 자를 능력있게 채우시고 그에게 은총을 주실 것이다.

서신서들을 주의 깊게 연구하면 이것을 확신할 수 있을 것이다. 바울은 고린도 교인들에게 편지하면서 통탄스럽고 끔찍한 죄악에 대하여 그들을 책망해야만 했다. 그렇지만 그는 가장 연약한 자와 가장 신실하지 못한 신자를 포함하여 모든 이들에게 말한다, 너희가 하나님의 성전인 것과 하나님의 성령이 너희 안에 계시는 것을 알지 못하느냐? 만약 이것을 믿는다면, 이 진리를 하나님이 의도하신 그 자리에 둔다면, 그것은 새롭고 거룩한 삶의 동기가 될 뿐만 아니라 그 능력이 되리라는 것을 바울은 확신하고 있다. 퇴보하는 갈라디아 교인들에게 다음과 같이 말하는 것 이상의 항변은 없다: 그들은 믿음의 설교를 통하여 성령을 받았다. 하나님은 그의 아들의 영을 그들의 마음 속에 보내셨다. 그들은 성령에 의하여 그들 안에 생명을 지녔다. 만약 그들이 이것을 이해하고 믿기만 하면, 그들은 또한 성령을 따라 행하게 될 것이다.

우리는 다음에 동의해야 한다. 내주하심의 의미가 우리에게 전적으로 완전하게 분명해질 때, 그것은 전능한 능력만이 이룩하고 지속할 수 있는 신적 실재라는 것을 우리가 인정할 때, 우리가 겸손히 엎드려 자신을 비우고 굴복하고 믿고 경배하면서 그는 너희 속에 계시겠음이라 하신 약속을 받아들이며 그에 따라 살아갈 때, 성부께서는 기꺼이 예수를 위하여 우리로 하여금 그것을 풍성하게 체험하도록 해 주실 것이다. 우리는 참된 제자의 삶의 시작과 비밀과 능력이 내주하시는 성령에 있음을 알게 될 것이다.

송축 받으실 주 예수여! 성령께서 너희 속에 계시겠음이라 하신 당신의 귀한 말씀을 인하여 내 영혼이 당신을 송축합니다. 내가 겸손하게 그것을 다시 시인하오며 그 완전하고 복된 의미를 가르쳐 주시기를 당신께 구하옵니다.

나 자신과 하나님의 모든 자녀들을 위해 구하오니, 당신의 사랑이 우리에게 얼마나 가까이 다가오려 하시는지, 그리고 당신께서 얼마나 완전하고도 친근하게 당신 자신을 우리에게 주려 하시는지 볼 수 있게 하소서. 당신께서는 우리들 속에 당신의 처소를 마련하시고, 우리들 속에서 우리 삶의 생명으로서 거하심으로써만 만족하실 수 있사옵니다. 이 목적을 위하여 당신의 영광으로부터 성령을 우리의 마음 속으로 보내셔서, 우리의 존재 깊은 곳에 살아계시고 활동하시며 우리에게 당신 자신을 계시하게 하셨나이다. 거룩한 구주시여, 당신의 교회로 하여금 너무나 많이 감추어지고 잊혀졌던 이 진리를 보게 하셔서, 그것을 체험하고 그것을 능력있게 증언하도록 하소서. 참된 신자들마다 당신의 영의 내주하심과 인도하심을 얻게 하셔서, 교회의 지경에서 두루 기쁜 소리가 들리게 하소서.

나의 주여, 또한 자아로부터 탈피하는 믿음의 삶을 가르치사 당신의 영 안을 통하여 내 속에서 당신의 역사를 이루실 때까지 당신을 바라게 하소서. 언제나 그리스도의 영이 내 안에 거하신다는 사실을 거룩하고도 겸손하게 의식하는 삶을 살게 하소서.

내가 겸손과 침묵 속에 이 거룩한 비밀 앞에 엎드리오니 나의 하나님, 나의 주 예수여, 당신의 영이 내 안에 거하시옵니다. 아멘.

요약

1. 하나님의 아들이 죄악된 육체의 모습으로 오셨다는 것, 말씀이 육신이 되셨다는 것, 그리고 그분이 우리의 본체 안에 거하신다는 것, 이 얼마나 큰 신비인가? 신성의 비밀은 크다. 그러나 하나님의 영이 죄악된 육체인 우리들 속에 거하신다는 것은 얼마나 큰 비밀인가! 하나님께서 이 비밀의 풍성한 영광을 알게 하신 그들은 복되다 — 그리스도가 너희 속에 있다.

2. 혼은 은총의 증거와 평강의 근거를 찾고자 자기 자신의 생각과 감정과 의도를 내적으로 성찰하려 한다. 이것은 불건전하며 비신앙적이다. 그것은 그리스도에게서 눈을 떼어 자아에게로 돌린다. 그러나 내부로 눈을 돌리면서도 동시에 가장 고상한 믿음의 행습 중에 하나인 경우가 있다. 그것은, 그 자신에게서 볼 수 있는 모든 것들에 대해서는 눈을 감고, 가장 깊은 곳에 새 영이 있으며, 그 안에는 지금 그리스도의 영이 거하신다는 것을 믿음 가운데 깨닫고자 하는 것이다. 이런 믿음으로 그 자신을 성령께서 새롭게 하시도록 내어드리고, 내주하시는 성령께서 영혼의 모든 기능을 거룩하게 하고 인도하시도록 맡긴다. 그러한 내적 성전을 자각하지 못하고 거룩한 침묵 가운데 날로 새로워지는 그 거주자를 자각하지 못한다면, 성령께서 자신의 영을 통하여 강하게 역사하시도록 구하는 분명한 믿음의 기도가 불가능하거나, 예수께서 안에서 흘러나오는 생수의 강을 주시리라는 확신이 불가능하다.

3. 너희 속에! 너희 속에! 네 가장 깊은 곳에! — 이것은 하나님의 약속이다. 하나님께 감사하라. 그의 거룩한 성령께서 내 안에 거하신다!

4. 성전에 들어갈 때 우선 지녀야 할 생각은 바로 경외심이다. 즉, 머리에 쓴 것을 벗어야 한다. 마찬가지로, 성령의 전이신 내 속에 그분이 거하신다는 사실과 연관하여 우선적이고도 변치 않아야 할 생각도 그 거룩한 존전에서의 깊은 경외심과 두려움이다.

5. "그는 너희와 함께 거하심이요 또 너희 속에 계시겠음이라." 그분은 교회와 함께 항구적으로 거하시며 또한 그는 모든 신자들 속에 친밀하게 거하신다는 두 가지 생각을 확고하게 견지하자.

제 7 장

순종하는 자에게 주신 성령

너희가 나를 사랑하면 나의 계명을 지키리라. 내가 아버지께 구하겠으니 그가 또 다른 보혜사를 너희에게 주사 영원토록 너희와 함께 있게 하리니 그는 진리의 영이라 세상은 능히 그를 받지 못하나니 이는 그를 보지도 못하고 알지도 못함이라. 그러나 너희는 그를 아나니 그는 너희와 함께 거하심이요 또 너희 속에 계시겠음이라(요 14:15-17).
우리는 이 일에 증인이요 하나님이 자기에게 순종하는 사람들에게 주신 성령도 그러하니라 하더라(행 5:32).

이 말씀들이 나타내는 진리에 대하여 종종 다음과 같은 의문이 제기된다. 어떻게 이런 일이 가능한가? 우리에게 필요한 것은 성령께서 우리를 순종하게 만드시는 것이다. 우리는 우리 자신에게서 너무나 많은 불순종을 발견하고 안타까워하며, 달라지기를 갈망하기 때문에 성령의 능력을 소망한다. 그런데 어떻게 그럴 수 있는가? 구주께서는 아버지께서 성령을 주시고 우리가 성령을 받는 조건으로 순종을 요구하신다.

만약 우리가 여러 차례 보았던 것을 기억한다면 이 어려움은 해결된다. 즉, 구약과 신약에 상응하는 하나님의 영의 이중적 현현이 있다는 것이다. 구약에서 그분은 예수 그리스도의 아버지이신 하나님을 더욱 높은 수준으로 계시하기 위한 길을 예비하는 하나님의 영으로서 사역하신다. 이 사역의 과정에서 그분은 그리스도의 제자들 속에서 회심과 믿음을 주시는 영으로서 사역하셨다. 그들이 받기로 되어 있던 것은 더욱 고상한 것으로서, 높은 곳으로부터 능력을 전해 주시는 영광 받으신 예수의 영이요, 또 그분의 완전한 구원의 체험이었다. 지금은 모든 신자들이 신약의 경륜 아래 있으며, 그들 안에 계신 영은 그리스도의 영이시지만, 아직도 여전히 두 개의 시대에 상응하는 것이 있다.

성령의 사역에 대한 지식이 적은 곳이나 교회 혹은 개인 속에서 그분의 사역이 미약한 곳에서는 신자들조차도 자신들 안에서 그분의 예비 사역 이상을 체험하지 못할 것이다. 그분이 그들 속에 계시지만 영광 받으신 주님의 영이신 그의 능력 있는 모습을 알지 못한다. 그분은 그들 안에 계시면서 그들로 하여금 순종하는 자가 되도록 하신다. 그들이 성령의 이러한 초보적 사역에 순종하여 그리스도의 계명을 지킬 때에만, 영광 중에 계신 예수의 대리자요 계시자이신 그분의 분명한 내주하심을 더욱 높은 수준에서 체험하도록 이끌림 받을 것이다. "너희가 나를 사랑하면 나의 계명을 지키리라. 내가 아버지께 구하겠으니 그가 또 다른 보혜사를 너희에게 주시리라."

그 교훈은 우리가 아무리 주의 깊게 연구해도 지나치지 않다. 낙원에서, 하늘의 천사들과, 그리고 하나님 자신의 아들조차도, 오직 순종을 통해서만 거룩하신 분과의 관계를 유지할 수 있었고 그분의 사랑과 생명을 더욱 가깝게 체험할 수 있도록 보장받을 수 있었다. 계시된 하나님의 뜻은 그분의 감추어진 완전성과 존재의 표현이다. 우리의 뜻을 하나님이 소유하시고 그 기뻐하시는 대로 사용하시도록 완전히 내어드리기까지, 그분의 뜻을 받아들이고 행함으로써만 우리는 그분의 존전에 들어가기에 합당한 자가 된다. 하나님의 아들도 그렇지 않았는가? 삼십 년 동안의 거룩한 겸손과 순종의 삶 이후에 우리가 이와 같이 하여 모든 의를 이루는 것이 합당하니라 하신 완전한 헌신의 말씀을 하시고 그의 백성들의 죄를 위한 세례를 자청하셨을 때에야 비로소 성령으로 세례를 받으셨다. 성령은 그분의 순종으로 인하여 오셨다. 또한 그분이 고난을 통한 순종을 체득하고 십자가에 죽기까지 복종하셨을 때 비로소 아버지께로부터 성령을 다시 받아서(행 2:33) 그의 제자들에게 부어 주셨다. 그분의 몸인 교회의 성령 충만은 순종에 대한 보상이다. 머리 되신 분을 통해 계시된 성령 강림의 법칙은 몸을 이루는 모든 구성원들에게 유효하다. 순종은 성령의 내주하심에 대한 불가결한 조건이다. "너희가 나를 사랑하면 나의 계명을 지키리라. 내가 아버지께 구하겠으니 그가 또 다른 보혜사를 너희에게 주시리라."

그리스도 예수는 성령이 오실 길을 예비하러 오셨다. 더 정확히 말하자면, 육체를 입고 외적으로 강림하신 것은 내주하시겠다고 하신 하나님의 약속을 성취하러 성령을 통해서 내적으로 강림하시기 위한 준비였다. 외적인 강림은 생각과 감정을 통하여 혼에 호소했으며, 혼도 그와 마찬가지였다. 외적으로 강림하신 그리스도를 영접하고, 사랑하며, 그에게 순종했을 때만 내적이고 더욱 친밀한 계시를 받을 수 있었다. 개인적으로 예수와 절친하고, 개인적으로 그분을 주님으로 영접하여 사랑하고 순종하는 것이 성령 세례를 위한 제자들의 준비였다. 지금도, 양심의 소리에 온유하게 귀를 기울이고 예수의 명령을 지키고자 신실하게 노력하는 것이 주님을 향한 우리의 사랑을 증명하는 것이며 성령충만을 위하여 우리 마음을 예비하는 것이다. 우리가 얻는 것이 목표에 미달할 수도 있다. 우리가 하려고 하는 것을 하지 못한다고 인정해야 할 수도 있다. 그러나 주님의 뜻에 전심으로 굴복하고 그분의 영이 인도하심에 대하여 우리가 이미 얻은 바대로 신실하게 순종하는 것을 그분이 보신다면, 완전한 은혜가 허락될 것을 확신할 수 있을 것이다. 본문 말씀들은 교회가 성령의 임재와 능력에 대하여 그토록 깨닫지 못하는 두 가지 이유를 암시한다. 사랑의 복종이 성령충만보다 우선해야 하지만, 우리는 성령충만이 뒤따라 오도록 기다려야만 한다는 것을 이해하지 못한다. 순종하기 전에 성령충만을 바라는 것은, 순종이 이미 성령충만의 표시라고 여기는 것 이상으로 잘못된 것이다.

순종은 성령세례에 선행해야 한다. 세례자 요한은 예수가 성령과 불로 세례를 베푸실 참된 세례자라고 선포했다. 예수는 그의 제자들을 이 세례의 후보자로 삼아 삼 년 동안의 훈련 과정을 밟게 했다. 먼저, 예수께서는 그들을 개인적으로 친밀하게 하셨다. 또한 그들로 하여금 그분을 위해서 모든 것을 버리도록 가르치셨다. 스스로를 그들의 주님으로 부르셨고, 말씀하신 것을 행하도록 가르치셨다. 그리고 고별강화에서 모든 영적인 복의 단 한 가지 조건으로서 그분의 명령에 순종할 것을 몇 번이고 말씀하셨다. 그리스도께서 이 순종이란 낱말을 현저하게 강조하셨음에도 불구하고 교회가 그렇게 하지 않았다는 것은 우려할 만한 일이다. 자기 의의 위험 그리고 값없이 주시는 은혜를 더하게 하는 방법 등에 대한 그릇된 견해들, 죄의 권세, 높은 수준의 성결을 받아들이기를 거부하는 육체의 본성 등이 그 원인이 되어 왔다.

은혜의 자유과 신앙의 단순성은 선포되어온 반면, 순종과 성결의 절대적 필요성은 동등하게 역설되지 않았다. 성령이 충만한 사람만이 순종할 수 있다는 것이 일반적인 생각이었다. 우리가 깨달아야 할 것은 순종이 첫 걸음이라는 것이며 — 성령세례, 즉 우리 안에서 우리를 통하여 능한 역사를 이루시는 내주자이신 영광 받으신 주님의 완전한 계시, 그것은 하나님이 하실 몫이다 — 그분은 순종하는 자에게 임재하신다. 양심의 모든 명령과 주께 합당하게 행하여 범사에 기쁘시게 하라고 하신 말씀의 모든 훈계에 전적으로 충성하는 것이 성령으로 충만한 삶, 즉 마음 속에 주님이 머물러 임재하심을 성령께서 증언하실 수 있는 삶으로 가는 통행권이라는 것을 이해하지 못했던 것이다.

이 진리를 무시한 데 대한 당연한 결과로 그와 짝을 이루는 다음의 진리도 함께 잊혀졌다: 순종하는 자는 성령충만을 기대해야 하며, 기대할 것이다. 성령의 실제적이고 분명하며 활동적인 내주하심에 대하여 순종하는 자들에게 주신 약속에 대하여 많은 그리스도인들이 알지 못하고 있다. 우리는, 이미 우리들 안에 계신 성령을 힘입어 일어서서 순종하지 못하는 대신 — 순종은 실로 가능하고 필요하다 — 우리 불순종에 대해 후회하면서, 그리고 성령의 능력을 소유하지 못한 것과 성령께서 우리를 복종시키시기를 기도하지 못한 데 대해 애석해 하면서 인생의 많은 부분을 허비한다. 성령은, 성부께서 예수 안에서 일하신 것과 마찬가지로 순종하는 자들 안에서 예수께서 큰 일을 행하시도록, 지속적으로 실재하는 예수의 임재를 그들에게 주시려고, 순종하는 자들에게 특별히 보내심을 받았다는 사실은 거의 숙고되지 않았다. 우리는 우리의 모범이신 예수의 삶의 의미를 이해하지 못하고 있다. 능력과 영광의 감춰진 영적 생명을 준비하시면서 예수께서는 육체적으로 얼마나 분명하게 겸손한 순종의 삶을 사셨던가!

이 내적 생명에 대하여 우리는 영광 받으신 예수의 영이 베푸시는 은사를 받는 자가 된다. 그러나, 그 은사에 내적인 인격으로 참여하는 데에, 우리는 그분이 우리에게 예비해 주신 길을 걸어야만 한다. 우리는 육체를 십자가에 못박음으로써 우리 안에서 하나님이 원하시는 대로 하시도록, 그리고 우리가 하나님께서 원하시는 일을 하도록, 우리 자신을 하나님의 뜻에 내어 드린다. 그러면 우리는 하나님을 그 뜻 안에서만 발견할 수 있다는 것을 체험할 것이다. 우리는 그리스도께서 가지셨던 그 똑같은 마음을 통하여 하나님의 뜻을 받아들이고 행할 수 있는데, 성령께서는 그리스도 안에 있는 하나님의 뜻을 자기 집으로 삼으신다. 성자께서 완전한 순종의 모습 가운데 나타내신 것은 곧 성령 수여에 대한 조건이었다. 사랑과 순종으로 아들을 영접하는 것은 성령의 내주하심에 이르는 통로이다.

완전한 굴복과 전적인 헌신이란 말로 표현되는 이 진리가 요사이 몇 해 동안 많은 이들의 마음에 호소하고 있다. 예수께서 절대적인 순종을 요구하셨다는 것과 그분과 그분의 뜻에 모든 것을 다 내어놓는 것이 절대적으로 필요하다는 것, 그리고 그분의 은총의 능력 가운데 그것이 진실로 가능하다는 것을 이해하게 되었을 때, 또 그분의 능력에 대한 믿음 가운데 그것을 해냈을 때, 그들은 이전에 알지 못하던 평화와 능력의 삶으로 들어가는 길을 발견하였다. 많은 이들이 아직 그 교훈을 완전히 알고 있지 못하다는 것을 배우고 있거나 혹은 배워야만 한다. 그들은 우리가 생각한 것을 뛰어넘어 이 원리가 적용된다는 것을 발견할 것이다. 우리가 이미 성령을 소유하고 있으므로, 모든 것을 채우시는 그분의 능력 속에 우리의 삶의 매 순간마다 어떻게 예수께 충성을 다해야 하는지 알게 될 때, 그리고 우리가 믿음 가운데 자신을 거기에 내어줄 때, 영광 받으신 주님의 영이 자신을 선사하시고 우리 안에서 우리를 통하여 우리가 구하고 생각할 수 있는 것을 훨씬 초과하는 능한 역사를 이루실 수 있다는 것을 또한 알게 될 것이다. 하나님과 그리스도께서는 교회에서 성령의 내주하심이 우리가 지금까지 알고 있던 것보다 더 많이, 훨씬 더 많이 이루어지도록 작정하셨다. 우리를 위해 준비하신 풍성한 복을 위해 우리의 마음이 넓어지도록 예수를 위하여 무엇이나 성결하게 할 사랑과 순종에 우리 자신을 맡겨야 하지 않겠는가!

교회와 백성들을 깨우시고 그들이 다음 두 가지 교훈을 깨우치도록 하나님께 진지하게 부르짖어야 할 것이다. 살아있는 순종은 내주하심을 온전히 경험하기 위하여 불가결한 것이다. 충실한 순종은 내주하심의 완전한 체험을 확실히 요구할 것이다. 우리 각 사람이 지금이라도 주님께 아뢰어야 할 것은, 우리가 그분을 사랑하며 그의 명령을 준행하기를 원한다는 것이다. 아무리 가냘프고 더듬거리는 소리일지언정 그것을 우리 영혼의 한 가지 목표로서 그분께 말씀드리자 — 그분은 이것을 받아주실 것이다. 우리가 믿음의 순종 가운데 자신을 그분께 드렸다면 성령의 내주하심이 이미 우리에게 주어졌음을 믿어야 할 것이다. 충만한 내주하심이 그리스도의 내적 계시와 더불어 우리의 것이 될 수 있다는 것을 믿어야 할 것이다. 하나님의 영이 우리 속에 거하시므로 우리는 살아계신 하나님의 성전이라고 하는, 사랑스럽고 경건하며 두렵고도 복된 의식 이외의 다른 것에는 만족하지 않아야 한다.

송축 받으실 주 예수여! 내 마음을 다하여 당신의 말씀의 교훈을 받아들이옵니다. 가장 진실한 마음으로 간구하옵나니, 내 마음 더 깊은 곳에 당신의 나라의 법으로서 그 진리를 기록해 주소서. 그래서 당신께 충성으로 순종함을 통하여 사랑으로 영접하게 하시고, 영접의 증표로서 성령의 능력을 날로 더 많이 체험하게 하소서.

당신의 말씀이 당신 제자들의 사랑과 순종에 대하여 가르쳐 주시는 바를 인하여 감사합니다. 아직 불완전하였으나 — 그들이 모두 당신을 버리지 않았나이까? — 그럼에도 당신은 그들의 부족함을 당신의 사랑으로 감싸 주셨습니다: "마음에는 원이로되 육신이 약하도다." 그리고 그들이 비록 연약하였지만 받아 주셨습니다. 구주시여, 전심으로 아뢰오니, 내가 당신을 사랑하오며 당신의 계명 하나하나를 준행하겠나이다.

이를 위하여 새로이 나 자신을 당신께 드리옵니다. 나의 영혼 깊은 곳에는 당신의 뜻이 하늘에서와 같이 이루어지기를 원하는 하나의 소망밖에 없음을 당신이 아시옵니다.

나는 양심의 모든 책망에 겸손히 따르겠사오며, 당신의 영의 모든 감동하심에 절대적으로 순종하겠나이다. 나의 뜻과 생명을 당신의 죽음에 함께 내어놓사오니, 이는 당신과 함께 다시 살아나서 다른 이의 생명, 곧 내 안에 거하셔서 당신을 계시하시는 당신의 성령의 생명이 내 생명이 되게 하고자 함이옵니다.

요 약

1. 하나님께서 이스라엘 가운데 거하시고자 그들로 하여금 성소를 짓게 하셨을 때, 모세에게 이렇게 이르셨다: "무릇 내가 네게 보이는 모양대로 장막을 짓고 기구들도 그 모양을 따라 지을지니라." 그래서 우리는 출애굽기의 마지막 두 장에서 모든 것들이 여호와께서 명령하신 대로 만들어졌다는 표현을 열여덟 번이나 발견하게 된다. 이처럼 하나님의 식양, 하나님의 마음, 그분의 뜻의 완전한 표현에 따라 지어졌을 때 하나님께서 오셔서 거하신다. 사람이 하나님의 뜻을 수행했을 때 하나님은 거기서 거처를 발견하신다. 하나님은 자기 백성의 순종 가운데 거하고자 내려오신다.

2. 하나님의 보좌인 이 집에 그분은 시은좌(속죄소)를 두시고 율법의 돌판을 담은 언약궤를 두셨다. 하나님이 자신의 법을 써서 보관하신 새 영 속에서 하나님은 자신의 직접적인 임재를 계시하신다.

3. 하나님께서 오셔서 거하시기 전에 이스라엘은 그분을 위한 집을 마련하느라 시간과 희생을 바쳐야 했다. 만약 신자가 예수의 계시를 간구한

다면, 자신의 마음이 그분의 성전으로 예비되어 있는지 안을 들여다보아야 한다. 주님의 뜻을 알고 행하고자 전심을 다하여 구하고 있음을 당신의 양심이 증언하는가?

4. 하나님의 뜻이 우리의 유일한 법으로 받아들여지고 성령께서 예수의 계명을 우리의 마음에 기록하실 때, 하나님의 영광이 그분의 성전에 충만할 것이다.

5. 만약 당신이 성령의 내주하심을 복된 현실로서 깨닫고자 한다면, 의식을 청결하게 해야 하고, 당신의 행함이 "거룩함과 진실함으로 행하되 … 하나님의 은혜로"(고후 1:12) 행함이 되었다고 증언하는 데 날마다 당신의 기쁨이 있도록 해야 한다.

제 8 장

성령을 아는 지식

그는 진리의 영이라 세상은 능히 그를 받지 못하나니 이는 그를 보지도
못하고 알지도 못함이라. 그러나 너희는 그를 아나니 그는 너희와 함께
거하심이요 또 너희 속에 계시겠음이라(요 14:17).
너희는 너희가 하나님의 성전인 것과 하나님의 성령이 너희 안에 계시는
것을 알지 못하느냐? (고전 3:16)

믿음의 삶에서 지식의 가치, 즉 참된 영적 지식의 가치는 아무리 강조해
도 지나치지 않다. 땅 위에 사는 사람이 유산이나 자기 밭의 보화가 자기
몫이 된다 해도, 그것을 알지 못하거나 혹은 그것을 소유하고 사용하는 방
법을 알지 못하면 전혀 부유한 자가 되지 못하는 것처럼, 하나님의 은혜의
선물도 우리가 그것을 알고, 제대로 파악하고, 소유해야만 그 완전한 복을
누릴 수 있다. 그리스도 안에는 지혜와 지식의 모든 보화가 숨겨져 있다.
신자는 그리스도 예수를 아는 지식의 고상함으로 인하여 기꺼이 모든 것
을 해로 여긴다.

신자들의 삶이 그처럼 저하되고 연약한 것은 하나님께서 그리스도 안에
서 우리에게 무엇을 예비해 두셨는지 아는 참된 지식이 없기 때문이다. 바
울은 에베소 교인들을 위하여 기도하기를, 아버지께서 지혜와 계시의 영을
그들에게 주셔서 하나님을 알게 하시고 그들의 마음의 눈을 밝혀서 그의

72

부르심의 소망과 성도 안에서 그 기업의 영광의 풍성함과 그리고 그들 안에서 역사하는 능력의 지극히 크심이 어떠한 것을 그들로 알게 하시기를 구했다. 우리 자신을 위해서나 혹은 다른 이들을 위해서 우리가 이 기도를 아무리 많이 드려도 충분하지 않을 것이다. 그러나 여타 모든 지식을 가져다주는 교사를 알아야만 한다는 것은 특히 중요한 일이다. 성부께서는 자기 자녀들에게 그리스도를 주셨을 뿐 아니라 성령도 주셨는데, 그분이 바로 그리스도와 진리의 영이시다. "우리가 하나님으로부터 온 영을 받았으니, 이는 우리로 하여금 하나님께서 우리에게 은혜로 주신 것들을 알게 하려 하심이라."

그렇지만 이제 중요한 질문이 대두된다: 언제 성령이 우리를 가르치시는지 어떻게 알 수 있는가? 거룩한 것에 대한 우리의 지식이 우리에게 확신과 평안이 되자면 우리가 교사이신 그분 자신을 알아야 한다. 오로지 그를 알아야만 우리가 우리의 영적 지식에 부여하는 가치가 거짓된 것이 아니라고 하는 완전한 증거를 얻게 될 것이다. 송축 받으실 우리 주님은 우리가 성령을 알게 되리라고 보증하심으로써 이 질문과 거기 관련된 중대한 문제들에 답하신다. 사자는 와서 임금에 대해서 전하며, 친구를 위해 증언하는 증인은 자신에 대해서 말하지 않는다. 그렇지만 그들이 증언한다는 바로 그 사실에서는 그렇지 아니하며, 사신과 증인 양자 모두 그들 자신에게로 우리의 주의를 끌고, 우리가 그들의 참석 사실과 신뢰성을 인정할 것을 요구한다. 이와 마찬가지로, 성령께서 그리스도에 대해서 증언하고 그분을 영화롭게 할 때, 우리가 그분의 거룩한 직무와 임재를 알고 인정해야만 한다. 그래야만 우리는 우리가 받은 지식이 참으로 하나님의 것이며 우리의 인간적 이성을 사용하여 하나님의 말씀으로부터 주워 모은 것이 아니라는 것을 확신할 수 있다.

어인을 알아볼 수 있어야만 위조된 모양에 속지 않을 수 있다. 어떻게 지금 우리가 성령을 이런 방식으로 알아볼 수 있는가? 예수께서 이르시기를, "너희는 그를 아나니 그는 너희와 함께 거하심이요 또 너희 속에 계시겠음이라." 성령의 내주하심은 그분을 아는 조건이 된다. 그분의 임재는 자명하게 될 것이다. 그분이 우리 안에 거하시도록 허용하고, 믿음과 순종으로 그분께 완전한 자유를 드리며, 예수를 주님으로 증언하시도록 허용할 때, 성령은 그분의 신임장을 가져오셔서, 자신이 하나님의 영임을 증명하실 것이다. "증언하는 이는 성령이시니 성령은 진리니라." 성령의 증언을 분간하는 데에 교회에 그토록 많은 어려움과 의심 그리고 두려움과 망설임이 있는 것은, 교회에서 모든 신자들에게 내주하시는 교사로서 성령이 임재하신다는 것을 거의 알지 못하고 인정하지도 못하기 때문이며, 그 결과, 성령의 역사가 드물고 미약하기 때문이다. 성령의 내주하심의 진리와 체험이 하나님의 백성들 사이에 축적되고, 성령께서 다시 우리들 사이에서 자유롭게 능력을 행사하실 때, 그분의 복된 임재 자체가 만족스럽게 증명되어 우리는 참으로 그분을 알 것이다. "너희는 그를 아나니 그는 너희와 함께 거하심이요."[1]

그러나 그분의 임재를 거의 알아채지 못하고 그분의 역사가 제한되어 있는데, 지금 우리가 어떻게 그분을 알 수 있는가? 이 질문에 대한 대답은 매우 간단하다. 그가 성령이심을 진실로 알고자 하며, 인격적 소유와 교사로서의 그분 자신을 진실로 알고 싶어하는 모든 이들에게 말하고자 하는 것은, 성령에 대한 말씀의 교훈을 연구하라는 것이다. 교회나 사람들이 성령에 대해 가르쳐 주는 것으로 만족하지 말고, 말씀으로 직접 가라. 일상적인 성경읽기나 이미 알고 있는 교리에 만족하지 말라. 당신이 정말 성령을 알고자 한다면, 생명수를 족하게 마시고 싶어 목이 타는 사람으로서 이것을 목표로 하여 말씀으로 가서 연구해야 한다. 말씀이 성령에 대하여, 그분의 내주하심과 사역에 대하여 말씀하시는 것을 다 골라 모으고, 마음 깊이 간직하라. 말씀이 가르치는 것만 단호하게 받아들이고, 말씀이 가르치는 것은 무엇이나 진심으로 받아들여야 한다.

성령의 가르치심에 의지해서 말씀을 연구해야 한다. 만일 당신이 당신의 인간적 이성으로 그것을 연구한다면, 당신의 연구는 당신의 그릇된 관점을

굳게 할 뿐이다. 당신이 하나님의 자녀라면, 비록 그분이 당신 안에서 어떻게 일하시는지 당신이 알지 못한다 하더라도, 당신에게 가르쳐 주시는 성령을 당신 속에 가지고 있다. 아버지께서 그분을 통하여 당신 안에서 일하시도록 구하고 말씀이 당신에게 생명이요 빛이 되도록 구하라. 겸손과, 하나님의 인도하심을 믿는, 신뢰의 영 안에서 당신이 진정으로 말씀에 따르기로 한다면, 당신은 이 약속이 성취되는 것을 깨달을 것이다: 그들이 다 하나님의 가르치심을 받으리라. 우리는 이미 외적인 것으로부터 내적인 것으로의 진보에 대해 여러 차례 말했다. 말씀을 받아들일 때 당신의 모든 생각과 사람들의 생각은 진심으로 버려야 한다. 하나님께 당신 안에 그분의 영을 통하여 그분의 영에 대해서 보여 주실 것을 간구하라. 하나님은 확실히 그렇게 하실 것이다.

말씀 속에서 발견할 수 있는 바, 우리가 우리 안에서 성령을 알 수 있는 가장 주된 표시는 무엇인가? 크게 두 가지가 있을 것이다. 첫째는 한층 외적인 것으로서, 그분이 행하시는 사역에 대한 언급이다. 둘째는 한층 내적인 생명에 있으며, 그분이 거하시는 자들 속에서 그분이 추구하시는 방향이다.

우리는 예수께서 성령 강림의 조건으로서 충직한 순종에 대하여 어떻게 말씀하셨는지 방금 들었다. 순종은 또한 그분의 임재에 따르는 지속적 표시이기도 하다. 예수께서는 교사요 인도자로 그분을 주셨다. 성경말씀은 온통 그분의 사역이 삶 전체를 드리는 자를 요구한다고 말한다. "너희가 육신대로 살면 반드시 죽을 것이로되 영으로써 몸의 행실을 죽이면 살리니 무릇 하나님의 영으로 인도함을 받는 사람은 곧 하나님의 아들이라 … 너희 몸은 너희가 하나님께로부터 받은 바 너희 가운데 계신 성령의 전인 줄을 알지 못하느냐 너희는 너희 자신의 것이 아니라 값으로 산 것이 되었으니 그런즉 너희 몸으로 하나님께 영광을 돌리라 … 만일 우리가 성령으로 살면 또한 성령으로 행할지니 … 우리가 다 수건을 벗은 얼굴로 거울을 보는 것 같이 주의 영광을 보매 그와 같은 형상으로 변화하여 영광에서 영광에 이르니 곧 주의 영으로 말미암음이니라."

이와 같은 말씀들은 성령의 작용을 매우 분명하게 규정해 준다. 우리는 하나님에 대하여 먼저 그분의 사역을 통하여 알게 되는 것처럼 성령에 대해서도 그러하다. 성령은 하나님의 뜻과 그 뜻을 행하시고 그 뜻 안에서 우리를 불러 자기를 따르게 하신 그리스도를 계시하신다. 신자가 자신을 성령 안에서 사는 삶에 바치고 성령의 인도하심과 육체를 죽이는 것과 그리스도의 다스리심에 순종하는 것에 아무 제한이나 예외 없이 기꺼이 동의할 때, 그는 자신을 내어준 대상 그것이 될 것이다. 그가 성령을 모실 때 그는 자기 안에서 성령이 일하고 계심을 발견하고 알게 될 것이다. 다만 우리가 성령의 목표를 우리의 목표로 삼고 우리 자신을 그분이 우리 안에 오셔서 하시고자 하는 일에 전적으로 내어드릴 때 우리는 그분의 내주하심을 알 수 있는 준비를 갖추게 된다. 우리가 그리스도께서 하신 것처럼 하나님께 순종하도록 성령의 인도하심을 받을 때, 성령이 우리 안에 거하심을 그분 자신이 우리 영으로 더불어 증언하실 것이다.

우리가 우리 자신을 그분이 우리 안에서 이루시는 삶에 맡길 뿐만 아니라, 신자가 그분과 맺는 인격적 관계와 그분의 사역을 가장 완전하게 체험할 수 있는 방법을 연구할 때, 우리는 또한 그분을 더욱 분명하고 친밀하게 알게 될 것이다. 성령께서 우리 안에서 이루기를 원하시는 영혼의 습성은 한마디로 믿음이라는 낱말에 포함되어 있다. 믿음은 보이지 않는 것, 사람이 전혀 예상하지 못하는 것과 항상 관계를 맺고 있다. 거룩한 분이 예수 안에서 나타나셨을 때, 그는 비천한 모습 속에 숨겨져 있었다! 예수께서 나사렛에서 삼십 년을 사셨으나 사람들은 그에게서 한 목수의 아들밖에 보지 못했다. 그분이 세례를 받으셨을 때에야, 하나님의 아들되심을 전적으로 완전하게 지각할 수 있게 되었다. 그의 제자들에게조차 자주 그분의 거룩한 영광은 숨겨진 것이었다. 하나님의 생명이 우리의 죄악된 존재 깊은 곳에 들어올 때, 그것을 알아채는 일이 얼마나 더 어려운 믿음상의 문제가 될 것인가! 거룩하고도 겸손한 믿음으로 성령을 만나야 할 것이다. 성령께서 우리들 속에 계신다는 것을 아는 것만으로 만족하지 말아야 한다. 그것만으로는 우리에게 거의 유익이 없다. 마땅히 성령을 인정하며 육체의 뜻을 억제하여 그것이 기꺼이 하나님을 섬기도록, 모든 경건의 연습 가운데 하나님 앞에 두렵고도 조용하게 엎드리는 습성을 길러야 한다. 성령을 깊이 의지하며 섬기자. 고요한 묵상의 기간을 가지고 우리 마음 안의 성전으로 들어가서, 그곳에서는 성령께 참으로 굴복하는 것만이 전부임을 알도록 해야 한다. 아버지께 엎드려 성령의 능한 역사를 구하고 기대해야 한다. 우리가 보고 느끼는 것이 아무리 적을지언정, 믿음을 가져야 한다. 거룩한 분은 항상 우선적으로 믿음을 통해서 알려진다. 우리가 믿음을 지속할 때, 알고 볼 수 있도록 예비될 것이다.

열매를 아는 방법은 맛보는 길밖에 없다. 빛을 알려면 우리가 그 안에 있고 그것을 사용해 보아야만 한다. 사람을 알려면 그와 가까이 교제하는 길밖에 없다. 성령을 알려면 우리가 그분을 소유하고 그분이 우리를 소유하는 길밖에 없다. 성령을 아는 유일한 길은 성령 안에 사는 것이다. 성령이 자기 사역를 이루시고 우리와 교제하시도록 우리 안에 그분을 모시는 길을 주님께서 우리에게 열어 주셨다: "너희는 그를 아나니 그는 너희와 함께 거하심이요 또 너희 속에 계시겠음이라."

바울이 모든 것을 해로 여긴 것은 그리스도 예수를 아는 지식이 고상하기 때문이다. 우리도 그래야만 하지 않겠는가? 우리도 영광 받으신 그리스도를 성령을 통하여 알기 위해 모든 것을 버려야 하지 않겠는가? 그것을 생각하자. 우리가 영광 받으신 그리스도의 영광에 완전히 참여할 수 있도록 성부께서 성령을 보내셨다. 우리가 그분을 우리 안에 소유하고 그분이 우리 속에서 모든 것을 소유하셔서, 우리가 그분을 완전하게 알도록 — 우리는 성령을 통해서만 성자와 성부를 알 수 있다 — 우리 자신을 내어놓아야 하지 않겠는가? 성자는 성령을 성부로부터 받아서 우리에게 주셨다. 송축 받으실 성령의 내주하심과 가르치심에 우리 자신을 완전히 맡겨야 할 것이다.

그리스도의 이름으로 성령을 우리에게 보내신 영화로운 아버지시여, 자비롭게 나의 기도를 들으셔서 내가 참으로 내 안에 그분을 갖게 하시고 그분을 알게 하소서. 성령으로 하여금 예수를 분명하고 강하게 증언하게 해 주시고, 그분의 인도하심과 거룩하게 하심이 거룩한 능력을 발휘하게 하시며, 그분이 내 영 안에 진리와 생명으로 내주하셔서, 성령을 내 생명으로 의식함이 마치 내 본래 생명을 의식하는 것처럼 순전하고 확실하게 하소서. 빛이 태양을 넉넉하게 증언하듯이 성령의 빛이 그 자체로 예수의 임재를 증언하게 하소서.

아버지여, 나를 인도하셔서 성령을 알게 하시고, 내 안에 성령을 주신 당신의 사랑의 비밀을 완전히 깨닫게 하소서. 내 안에서 비밀과 미지의 전능한 능력으로 역사하시는 것과 지상에 오셔서 당신을 계시하신 분을 통해서 역사하시는 것만으로 당신이 만족하지 아니하심을 알게 하소서. 당신의 아들은 우리에게 훨씬 더 크고 뛰어난 선물, 즉 송축 받으실 제삼위의 하나님이신 성령을 보내셔서, 당신의 인격적 임재와 당신과의 가장 친밀한 연합과 깨어질 수 없는 교제관계가 내 분깃이 되게 하셨습니다. 당신의 생명이요 당신 자신이신 성령께서 내 자신의 생명이 되었고, 그리하여 내 전부를 당신의 것으로 취하셨나이다.

나의 하나님, 나와 당신의 모든 백성들을 가르치사 당신의 영을 알게 하소서. 성령이 우리 안에 계심을 알며 또 그분의 사역에 대해 약간 아는 정도에 그치지 아니하고, 그분이 자신의 바로 그 인격 안에서 성자와 성부까지도 계시하시고 영화롭게 하신다는 것을 알게 하소서. 아멘.

요 약

1. 교회나 신자가 성령에 대한 모든 성경 말씀을 올바로 파악하고 또 그분에 대해 모든 것을 알고 있으면서도, 성령이 구주와 임금으로 임재하고 계신 그리스도를 거룩하게 계시하신다는 것에 대해서는 제대로 알지 못할 수도 있다.

2. 우리가 말씀만으로 성령을 알 수는 없다. 말씀은 참으로 검증이다. 그러나 우리가 말씀으로써 확실한 검증을 하려면, 성령을 확실히 알고 그분

이 우리를 가르치신다는 것도 확실히 알아야 한다.

3. "그는 진리의 영이라 세상은 능히 그를 받지 못하나니 이는 그를 보지도 못하고 알지도 못함이라. 우리가 세상의 영을 받지 아니하고 오직 하나님으로부터 온 영을 받았으니 이는 우리로 하여금 하나님께서 우리에게 은혜로 주신 것들을 알게 하려 하심이라."

4. 형제자매들이여! 성령을 알고자 하는가? 그분은 당신이 그분의 내주하심의 법칙에 따를 때 자신을 계시하실 것임을 명심해야 한다. 이 법칙은 매우 단순하다. 그분이 당신 속에 거하심을 믿고, 이 믿음을 부단히 숙련하라. 전심으로 당신 자신을 당신 삶의 유일하고 전적인 안내자가 되시는 분이신 성령의 인도하심에 맡기라. 그리고 겸손함과 의지함 가운데 그분의 계속적인 가르침과 내주하심 그리고 역사하심을 기다리라. 당신은 이 말씀이 성취될 것임을 확신해야 한다: "너희는 그를 아나니 그는 너희와 함께 거하심이요 또 너희 속에 계시겠음이라."

5. "우리가 만약 그분이 성삼위일체의 한 위격(인격)이심을 믿는다면, 그분을 인격으로 대하고, 우리 자신을 인격이신 그분께 집중하며, 그분께 우리의 사랑을 모두 표현하고, 인격이신 그분과 대화해야 한다. 그분을 슬프게 하지 말며, 인격이신 그분을 믿자" — 굿윈(Goodwin)

제 9 장

진리의 영

내가 아버지께로부터 너희에게 보낼 보혜사 곧 아버지께로부터 나오시
는 진리의 성령이 오실 때에 그가 나를 증언하실 것이요(요 15: 26).
그러나 진리의 성령이 오시면 그가 너희를 모든 진리 가운데로 인도하
시리니 그가 스스로 말하지 않고 오직 들은 것을 말하며 장래 일을 너희
에게 알리시리라(요 16:13).

하나님은 사람으로 하여금 그분처럼 되게 하시고, 그분과 영광 가운데
교제할 수 있게 하시고자, 사람을 그분의 형상대로 만드셨다. 낙원에서 사
람 앞에는 하나님처럼 되는 두 가지의 길이 놓여 있었다. 이 두 길은 두
그루의 나무로 상징되는데, 하나는 생명 나무였고 하나는 선악을 알게 하
는 지식의 나무였다. 하나님의 방법은 생명 나무였다. 생명을 통하여 지식
이 오고 하나님처럼 되었을 것이다. 하나님의 뜻 안에 거하고 하나님의 생
명에 참여함으로, 사람은 완전해졌을 것이다.

사탄은 다른 길로 꾀면서, 우리를 하나님처럼 만들어 줄 수 있는 단 한
가지는 지식이라고 단언하였다. 사람이 순종함으로 생명을 택하기보다 지
식의 빛을 선택했을 때, 그는 죽음으로 가는 무시무시한 길로 들어서게 되
었다.[1] 알고자 하는 욕망은 그의 가장 큰 유혹이 되었고, 그의 본성 전체는
타락하였으며, 그에게는 지식이 순종이나 생명보다 더 중요한 것이 되었

다.

지식을 통한 행복을 약속하는 이 기만의 권세 아래, 인류는 아직도 잘못된 길로 이끌림을 당하고 있다. 그 권세는 참된 종교와 하나님 자신의 계시와 관련하여 가장 무서운 힘을 발휘한다. 하나님의 말씀이 받아들여질 때조차도, 세상과 육체의 지혜가 거기에도 여전히 들어온다. 비록 영적인 진리라 해도, 성령의 생명 속에서 붙들지 아니하고 사람의 지혜 속에서 붙들 때, 그 능력을 빼앗기고 만다.

하나님이 원하시는 대로 진리가 안으로 들어갈 때, 거기서 영의 생명이 된다. 그러나 진리는 영혼의 바깥 부분인 지성과 이성까지밖에 도달하지 못할 수도 있다. 진리가 그곳에서 한 장소를 차지하고서 영향력과 능력을 발휘하리라는 상상으로 우리를 만족시킬 수도 있지만, 그것은 인간적 주장과 지혜일 뿐이지 절대로 영의 참된 생명에 이르지는 못한다. 이해와 느낌의 진리라는 것이 있지만, 그것은 단지 자연적인 것으로서, 인간의 모양과 형상이며 거룩한 진리의 그림자일 뿐이다. 본질이요 실재인 진리가 있어서, 그것을 붙잡는 자에게는 남들은 단지 상상하고 말할 뿐인 실체의 생명을 현실로 소유하도록 전해 준다. 그림자와 형상과 사고 속의 진리는 모두 율법이 줄 수 있는 것이며, 유대인의 종교는 이것으로 이루어졌다. 본질의 진리, 거룩한 생명의 진리는 예수께서 은혜와 진리가 충만하신 독생자로서 가져오신 것이다. 그분은 그 자신이 진리이시다.[2]

우리 주님은 제자들에게 성령을 약속하시면서 그분을 진리의 영이라고 말씀하셨다. 주님 자신인 진리, 우리에게 전해 주시려고 하늘에서 가져오신 본질적인 영적 실재로서의 진리와 은혜와 생명은 하나님의 영 안에 존

---

1) 내가 다른 곳에서 두 나무에 대한 묘사를 발견하고서 위의 해설을 쓴 다음에, 요한복음 1:4에 대한 고데(F. Godet)의 주석에서 다음 글에 주목하게 되었다. "그런 문맥에서 생명과 빛이라는 두 낱말과 요한이 그 두 낱말 사이에 설정한 관계에서 생명나무와 지식나무에 대한 암시를 발견하게 되는 것은 자연스러운 일이 아닌가? 사람은 생명나무 열매를 먼저 먹고 난 다음에, 지식나무의 열매를 먹으며 살도록 부름 받았을 것이다. 요한은 이 시원적이고 신비한 사실의 실제적 핵심으로 우리를 이끌어 들이고 이 구절 속에서 이른바 낙원의 철학을 전해 준다."

재한다. 그분은 거룩한 진리의 내적 생명인 영이시다. 우리가 그분을 받을 때, 그리고 우리가 그분을 받아들이고 우리 자신을 그분께 드리는 만큼, 그분은 우리들 속에서 그리스도와 하나님의 생명을 진리로 만드신다. 그분은 가르치시고 진리로 인도하시면서, 우리 밖의 책이나 교사로부터 오는 말과 생각과 심상과 감흥만 주시는 것이 아니다. 그분은 우리 생명의 비밀스러운 근원까지 들어가셔서 거기에 하나님의 진리를 씨앗으로 심으시고 거기에 거룩한 생명으로 거하신다. 믿음과 대망과 굴복 가운데 이 숨겨진 생명은 돌보심을 받고 양분을 공급 받는다.

그분이 그 생명에 활력을 주시고 굳세게 하셔서, 그것은 더욱 튼튼하게 자라나고 존재 전체로 가지를 뻗는다. 그러므로, 성령께서는, 밖으로부터가 아니라 안으로부터, 말이 아니라 능력으로, 생명과 진리 가운데 그리스도를 계시하시고 아울러 그리스도께서 우리를 위해 가지고 계신 모든 것을 계시하신다. 성령은, 우리에게 흔히 하나의 심상이자 관념일 뿐이며, 우리 밖, 우리 위에 계시는 구주에 불과한 그리스도를 우리 속에 있는 진리로 만드신다. 성령은 우리 안에 오실 때 진리를 가져오시고, 우리가 그 진리를 품을 수 있게 될 때, 우리 안에서 우리를 소유하시면서 모든 진리로 인도하신다.

아버지께로부터 성령을 보내시겠다고 우리 주님께서 약속하실 때, 성령의 주된 사역이 무엇인지 매우 분명하게 말씀하셨다. "그가 나를 증언하실 것이요." 이전에 주님은 자신을 가리켜 진리라고 말씀하셨다. 진리의 영은 그리스도 예수 안에 충만한 은혜와 진리를 계시하고 나누어 주시는 사역을 하실 뿐이다. 그분은 하늘에 계신 영광 받으신 주님으로부터 오셔서 우리 안에서 증언하시고, 우리를 통하여 그리스도께서 거기서 완수하신 구속의 실재와 능력에 대해 증언코자 하신다. 우리들 속에 성령이 임재하심에 대하여 너무 많이 생각하다보면 우리 위에 계신 구주로부터 멀어지게 될

---

2) 요한의 '참되다'라는 낱말은, 헬라 고전작가들에게서와 마찬가지로, 거짓의 반대인 참을 나타내는 것이 아니라, '진리이다'를 나타낸다. 이것은 이데아의 모든 불완전한 현현에 반대되는 것으로서 이데아의 완전한 구현을 가리키는 말이다.

까봐 두려워하는 그리스도인들이 있다. 우리 자신의 내면을 들여다볼 때 그럴 수도 있을 것이다. 그러나 우리 안에 계신 성령을 잠잠히 믿고 경배하면서 인정하는 것은, 그리스도께서 만유 안에 계신 만유이시라고 하는 더욱 충만하며 더욱 참되고 영적인 이해로 나아가게 된다. "그가 나를 증언하실 것이요 그가 내 영광을 나타내리니." 그리스도에 대한 우리의 지식이 생명과 진리가 되게 하시는 이는 바로 그분이시며, 이는 그분이 역사하시고 구원하시는 능력의 체험이다.[3]

우리가 모든 진리로 완전하게 인도하심을 받을 수 있는 정신의 기질과 상태가 무엇인지 알려면, 우리 주님께서 성령에 대하여 사용하신 특별한 말씀에 주목해야 한다. "그가 너희를 모든 진리 가운데로 인도하시리니." 그가 스스로 말하지 않고 오직 들은 것을 말하며 이 진리의 영의 표지는 놀랍게도 그분이 거룩한 가르침을 기꺼이 받으신다는 것이다. 성삼위일체의 신비 가운데 가장 아름다운 것이 바로 이것으로서, 성자와 성령 편에도 신성의 동등함이 있음과 아울러 거기에는 또한 완전한 종속이 있다. 성자는 사람들이 성부에게 영광을 돌리는 것처럼 자신에게도 영광을 돌리라고 요구하실 수 있었다.

그럼에도 불구하고 그분은 "아들이 아버지께서 하시는 일을 보지 않고는 아무것도 스스로 할 수 없나니 아버지께서 행하시는 그것을 아들도 그와 같이 행하느니라" 하고 말씀하시는 것을 자기의 영광에 오명이 되는 것으로 여기지 않으셨다. 이와 마찬가지로, 진리의 영도 스스로 말하지 않는다. 우리는 그분이 분명히 스스로 말씀하실 수 있을 것이라고 생각할 수 있다. 그러나 그렇게 하시지 않는다. 그분은 오로지 들은 것만을 말씀하신다. 스스로 말씀하려고 하지 않으시고, 하나님의 말씀을 듣고 말씀하시며, 또 하나님이 말씀하실 때만 말씀하시는 성령, 이분이 곧 진리의 영이시다.

이것이 성령을 참으로 받아들이는 사람들 속에서 그분이 역사하시는 성향이며, 그분이 불어넣어 주시는 생명이다. 온유하게 가르침을 받아들이는

---

3) 주해 6을 참고하라.

것은 심령이 가난한 자와 애통하는 자의 표지이며, 그런 사람은 자신의 의가 너무나 무가치한 것과 마찬가지로, 영적 진리를 파악하는 자신의 지혜나 능력도 얼마나 보잘것없는 것인지 자각하게 될 것이다. 그들은 의를 위하여 그리스도가 필요한 것만큼이나 지혜를 위해서도 그리스도가 필요하다는 것과, 그들 안에 계신 성령만이 진리의 영이라는 것을 인정한다. 성령은, 우리가 우리의 손과 입에 하나님의 말씀을 갖고 있으면서도, 기다릴 줄 알고 유순하며 순종적인 영이 — 이런 영에만 그 영적 의미가 계시될 수 있다 — 철저하게 결여될 수 있다는 것을 보여 주신다. 그분은 우리의 눈을 열어서, 그토록 많은 성경 읽기와 성경지식과 설교에도 불구하고 참된 성결의 열매가 왜 그토록 적은지 그 이유를 볼 수 있도록 해 주신다. 그것은 위로부터 내려오는 지혜로 하지 아니하기 때문이며, 하나님께 구하고 기다리지 않기 때문이다. 진리의 영의 표지는 무능력함이다. 그분은 스스로 생각하고 말씀하시지 않는다. 그분은 듣는 것을 말씀하신다. 진리의 영은 날마다 발걸음마다 하늘의 하나님께로부터 모든 것을 받으신다. 그분은 들으실 때 이외에는, 그리고 들으실 때까지는, 잠잠하시며 말씀이 없으시다.

이러한 고찰은 그리스도인의 생활에 큰 위험을 알려 준다. 그것은 진심으로 진리의 영을 받들지 않으면서 하나님의 말씀 속에서 그의 진리를 알고자 추구하는 것이다. 에덴 동산의 유혹자는 지금도 여전히 사람들 사이에 돌아다니고 있다. 거룩한 진리에 대한 그들의 지식이 그들에게 거의 소용이 없다고 고백하는 그리스도인들이 얼마나 많은가! 그것은 그들을 세상과 죄에 대해 무능력하게 만든다. 그들은 진리가 가져다주기로 한 빛과 자유, 능력과 기쁨을 거의 알지 못한다.

그것은 그들이 스스로 인간적 지혜와 사고의 능력으로써 하나님의 진리를 취하기 때문이며, 진리의 영이 그들을 그 안으로 인도하도록 기다리지 않기 때문이다. 그들의 믿음이 하나님의 능력보다는 인간적 지혜에 서 있었기 때문에, 그리스도 안에 머물고, 그리스도처럼 행하려고 하는 진지한 노력이 대부분 실패했다. 그리스도와 그의 거룩한 임재를 지속적인 현실로 만들고자 진리의 영이 그들 안에 계신다는 것을 몰랐기 때문에, 대부분의 복된 체험들이 오랫동안 유지되지 못했다. 이런 고찰은 그리스도인의 삶에서 매우 필요하다는 것을 알려 준다. 예수께서 말씀하셨다. "누구든지 나를 따라오려거든 자기를 부인하고 … 나를 따를 것이니라." 많은 사람들이 자기를 부임함 없이 예수를 따른다. 우리 자신의 지혜, 즉 육적인 정신력은 하나님의 일에서 자기 자신의 힘을 발휘하려 하기 때문에, 그것을 부인하는 것이 가장 필요한 일이다.

하나님과의 모든 교제에서, 즉 그분의 말씀과 기도에서, 그리고 모든 예배 행위에서, 그 첫 단계는 엄숙한 자기포기여야 함을 배워야 할 것이며, 자기포기를 통해서 우리는 성령의 특별하고 거룩한 인도하심 없이 우리의 능력으로 하나님의 말씀을 이해하고, 또 하나님께 우리가 말씀드릴 수 있다는 것을 부인한다. 그리스도인들은 자기의 의 이상으로 자기의 지혜를 부인할 필요가 있다.

이것은 흔히 자기를 부인하는 데에 가장 어려운 부분이다. 모든 예배에서 우리는 단지 보혈만이 아니라 예수의 영에 있어서도 그 완전한 충족성과 절대적 불가결성을 깨달아야 한다. 하나님께 잠잠하고 조용히 그분을 받들며, 하나님의 존전에서 사고와 말의 봇물을 잠재우고, 깊은 겸손과 고요함 속에 하나님이 말씀하실 것을 기다리고 귀 기울이고 들으라는 요구는 바로 이것을 의미하는 것이다.

그리하여 우리가 기다릴 때, 그때조차도 진리의 영이 먼저 그리고 즉시 우리가 이해하고 표현할 수 있는 생각들로 말씀하시지는 않는다는 것을 기억해야 한다. 이런 생각들은 단지 표면상 있는 것일 뿐이다. 참된 것들은 깊이 뿌리박은 것들이어야만 한다. 그것들은 분명히 깊이 숨어 있다. 성령은 생명의 영이시기 때문에 진리의 영이다. 그분의 생명은 빛이다. 첫째로, 그분은 생각이나 감정으로 말씀하시지 않으며, 사람 안에 있는 그의 영, 즉 그의 가장 깊은 부분에 숨어 있는 심중의 사람에게 말씀하신다. 그분의 가르치심과 진리로 이끄는 그분의 인도하심의 의미는 오직 믿음에만 계시된다. 그러므로 우리의 첫걸음은 믿음이 되어야 한다. 즉, 살아 계신 하나님을 그분이 하시는 사역 속에서 알아보는 것이다. 이미 우리 안에 있는 살리시고 거룩하게 하시는 능력의 성령을 믿고, 우리 전부를 그분께 맡기자. 그분은 자신이 거룩한 깨달음을 주시는 분임을 나타내실 것이다. 그분의 생명은 빛이다.

우리는 우리 자신의 생명과 선함을 가지고 있지 않음을 고백할 뿐만 아니라, 또한 지혜도 갖고 있지 않음을 아울러 고백해야 한다. 이러한 우리의 의식이 깊어질수록 성령의 인도하심에 대한 약속도 더욱 값진 것이 될 것이다. 우리 안에 진리의 영을 가지고 있음을 깊이 확신할 때 그는 거룩한 교사의 모습으로 일하실 것이며, 우리가 조용히 들을 때 주님의 비밀한 일들을 계시하실 것이다.

예배하는 자의 심중에서 진리를 찾으시는 진리의 주님이시여! 내게 또한 진리의 영을 주셨고, 그분이 지금 내 안에 거하고 계심으로 인하여 당신을 송축합니다. 당신 앞에 두려움으로 엎드려 간구하옵니다. 나로 하여금 그분을 온전히 알게 하시고, 진리의 영, 곧 진리이신 그리스도의 영께서 내 안, 내 새 생명의 가장 깊은 자아 속에 계시다고 하는, 살아있는 의식을 가지고 당신 앞에 행하게 하소서. 모든 생각과 말 그리고 모든 기질과 습성이, 진리이신 그리스도의 영께서 내 안에 거하시고 다스리신다는 증거가 되게 하소서.

특별히 당신께 구하오니, 그분이 내게 그리스도 예수를 증언하게 하소서. 그리스도의 속죄와 보혈의 진리가, 성소 높은 곳에서 살아 있는 효험을 발휘하면서, 내 안에 있게 하시고 나는 그 안에 있게 하소서. 그분의 생명과 영광이 내 안에서도 진리가 되고, 그분의 임재와 능력의 살아 있는 체험이 되게 하소서. 내 아버지여, 당신의 아들의 영, 진리의 영이 참으로 나의 생명이 되게 하소서. 당신의 아들의 모든 말씀이 그분을 통해서 내 안에서 참되게 하소서.

내 아버지여, 거듭 감사드리옵기는, 그분이 내 안에 거하시옵니다. 내가 무릎을 꿇으오니, 은혜를 베푸시어 당신의 영광의 풍성함에 따라 그분이 내 안에서 그리고 당신의 모든 성도들 안에서 권능으로 역사하게 하옵소서. 당신의 모든 백성들이 이것을 자신들의 특권으로 깨닫게 하시고 그 안에서 기뻐하게 하소서. 그들 속에 거하시는 성령께서 은혜와 진리가 충만하신 그리스도를 그들 안에 진리로 계시하게 하소서. 아멘.

요 약

1. 육체적 시력이 건강한 동물적 생명의 기능인 것처럼, 영적인 빛은 오직 건강한 영적 생명에서 나온다. 생명의 진상은 그것으로 살아봄으로써만 알 수 있는 것처럼, 생명의 영은 성령 안에 삶으로써만 알 수 있다. 숨겨진 부분인 새 영 안에 생명의 영을 받아들이고 그분을 인정함으로써, 믿음의 훈련을 할 때, 귀가 열리고 성령의 음성이 들릴 것이다. 생명의 영은 진리의 영이다. 하나님께서 이렇게 말씀하신다. "네 속에, 네 존재 가장 깊은 곳에!"

2. 죄는 이중적인 효과를 가지고 있다. 그것은 악행일 뿐 아니라 죽음이다. 그것은 위로부터 법적인 유죄판결을 불러올 뿐 아니라, 내적으로 도덕적 타락을 가져온다. 구원은 의일 뿐 아니라 생명이다. 구원은 하나님의 자비와 교제의 회복이 만드는 객체일 뿐만 아니라 그 회복을 만드는 주체이다. 첫 번째는 우리를 위한 아들의 사역이며, 두 번째는 우리 안에 계신 아들의 영의 사역이다. 많은 사람들이 우리들 속에 계신 성령의 사역에 전적으로 맡기지 않음으로 인하여, 우리를 위한 아들의 사역을 그토록 굳게 붙들고 있으면서도, 그분이 주시는 평화와 능력은 소유하지 못하고 있다. 우리가 거룩한 속죄를 완전하고도 분명하게 받아들이는 그만큼, 구주께서는 반드시 성령의 거룩한 내주하심의 보증이 되셔서, 구주의 사역이 우리들 속에서 진리가 되게 하신다. 우리들 안에 계신 진리의 영, 이는 곧 그리스도의 영이시다.

3. 보소서, 주께서는 중심이 진실함을 원하시오니 내게 지혜를 은밀히 가르치시리이다. 진리와 지혜는 단지 이해할 대상에 속한 것이 아니며, 성

령의 숨겨진 생명에 속한 것이었다. 지금 우리 안에 거하시는 진리의 영은
이 예언의 성취이다.

제 10 장

성령강림의 유익

그러나 내가 너희에게 실상을 말하노니 내가 떠나가는 것이 너희에게 유
익이라. 내가 떠나가지 아니하면 보혜사가 너희에게로 오시지 아니할 것
이요 가면 내가 그를 너희에게로 보내리니(요 16:7).

우리 주님이 이 세상을 떠나실 때가 되었을 때 제자들에게 약속하시기
를, 자신이 떠나는 것이 그들에게 이득이 될 것이라고 하셨다. 보혜사가 주
님을 대신하실 것이며, 제자들은 지금까지 주님의 육체적 임재를 통하여
얻어왔던 유익이나 주님께서 앞으로도 계속 육체적으로 임재하실 경우에
기대할 수 있는 유익에 비해 훨씬 더 나은 것을 얻을 것이다. 이것은 특히
두 가지 측면에서 그럴 것이다. 주님과 그들의 교제관계가 깨어진 적은 없
었으나, 중단되기 쉬운 것이었다. 이제 죽음이 그것을 깨뜨릴 것이며, 그들
은 더 이상 주님을 뵙지 못할 것이다. 그러나, 성령께서 그들과 함께 영원
토록 거하실 것이다. 주님 자신과 제자들의 친교는 매우 외적인 것이었고,
그 결과, 예상치 못했던 결말을 낳았다. 성령께서는 그들 안에 계실 것이
며, 그분의 강림은 내주하시는 임재가 될 것이며, 그 능력 가운데 그들은
또한 예수를 생명이요 힘으로서 자기들 안에 갖게 될 것이다.

우리 주님은 지상 생애 동안에 제자들 개개인을 그들의 개인적 성격과
그들이 처한 특별한 상황에 맞게 대하셨다. 제자들 개개인과의 교제는 지

극히 인격적인 것이었다. 모든 일에서 그분은 자기 양을 그 이름으로 아신다는 것을 보여 주셨다. 각 제자들에 대해서 꼭 필요한 것에 맞추어 배려와 지혜를 발휘하셨다.

성령께서도 또한 이렇게 필요한 것을 채워 주실 것인가? 예수의 인도하심이 그토록 값진 것이었던 것처럼 성령께서도 따뜻한 인격적 관심과 특별한 개인적 대우를 해 주실 것인가? 그것은 의심할 여지가 없다. 그리스도께서 제자들에게 어떤 분이셨는지, 그리스도의 그 모든 면을 성령께서는 더욱 큰 능력과 끊임없는 복락 속에 회복하실 터였다. 그들은 지상의 예수와 더불어 있는 것보다 하늘에 계신 예수와 더불어 더욱 행복하고 안전하며 굳세게 될 터였다. 예수는 제자들 각자에게 꼭 필요한 것을 지혜롭고 참을성 있게 베풀어 주셨고, 제자들 개개인으로 하여금 그분이 가장 절친한 친구라는 것을 느끼게 하신 스승이었다. 그러한 스승의 제자직을 맡는다고 하는 최고의 아름다움과 복락은 결코 포기할 수 없는 것이었다. 성령의 내주하심은 그리스도의 가장 인격적인 친교와 인도하심, 그분의 순전한 친밀하심을 회복하기 위한 것이었다.

많은 사람들에게 이것을 인식하거나 믿는 것은 매우 어려운 문제이며, 그것을 체험하기란 더욱 더 어려운 일이다. 지상에서 사람들과 함께 행하셨고, 그들 가운데 사셨으며, 그들을 이끄신 그리스도에 대한 관념은 매우 분명한 것이다. 그러나 우리들 속에 자신을 숨기시고 뚜렷한 생각으로 말씀하시지 않으며 생명의 깊은 비밀 속에서 인도하시는 성령에 대한 관념은 더 이해하기 어렵다.

그렇지만 새로운 영적 친교와 인도하심에 대해서 큰 어려움을 야기하는 것일수록, 큰 값어치와 복락을 가져다주는 것이 된다. 그것은 우리가 일상생활에서 발견할 수 있는 것과 동일한 원리이다. 위기는 능력과 힘과 의지를 이끌어내며, 인격을 발달시키고, 사람을 성숙하게 한다. 어린이를 처음 교육할 때는 도와주고 격려해 주어야 한다. 아이가 더 어려운 것으로 나아갈 때, 교사는 자력에 맡긴다. 젊은이는 가르침 받은 원리를 검증하고 강화하기 위해서 부모의 집을 떠난다. 각 단계에 따라 외양적인 입회와 도움을 철회하고, 가르침 받은 바 교훈을 스스로 활용하여 소화하도록 하는 것이 유익하다.

하나님은 우리를 완전한 인간으로 교육시키시기를 참으로 원하신다 — 그것은 외적인 법에 지배되지 아니하고 내적인 생명으로 다스림 받는 사람이다. 예수께서 지상에서 제자들과 함께 계시는 동안에는 밖에서 안을 향하여 사역하셔야만 했고, 내적 존재에 효과적으로 도달하시거나 그것을 지배하실 수 없었다. 떠나실 때가 되자 예수께서는 그들 안에 성령을 보내셔서 이제 그들의 성장이 안에서 밖으로 이루어지도록 하셨다. 예수께서 자신의 영을 통하여 제자들 내면에 감춰진 심처를 우선 소유하신다면, 그들이 그분의 영감과 인도하심에 대해 자발적으로 동의하고 복종하는 가운데 그들로 하여금 인격적으로 예수 자신의 모습이 되도록 하실 것이다. 그리하여 그들은 실제로 자신들의 영이 된 성령의 능력 속에서 손수 자신들의 삶의 틀을 짜고, 자신들의 인격을 형성할 것이다. 그들은 참된 자기확신을 이루고 또 외적인 영향으로부터 자유로운 참 독립을 이루는 데까지 자라나서, 자기 안에 생명을 지니셨으며 그럼에도 성부께 전적으로 의뢰하는 삶을 사신 참되고도 독특한 인간 그리스도처럼 될 것이다.

그리스도인이 쉽고도 즐거운 것만 구한다면 그는 그리스도께서 지상에 계시지 않는 것이 우리에게 더 나은 유익이 된다는 사실을 결코 이해하지 못할 것이다. 어려움과 희생에 대한 염려를 접어둔다면, 아들의 완전한 형상을 지니고 하나님께 기쁨이 되는 삶을 살아가는 참 하나님 닮은 사람이 되고자 정직하게 갈망하면서, 예수의 떠나심을 기쁨과 감사 가운데 반길 것이다. 성령의 인도하심에 따르는 것 그리고 그 안에서 특별히 예수의 인격적 친밀함과 이끄심을 따르는 것이, 지상에 계신 예수를 따르는 것보다 더 어렵고 위험한 길일진대, 우리는 우리가 향유하는 특권과 우리가 얻은 고귀함과 우리가 누리는 하나님과의 친밀한 교제를 상기해야만 한다 — 이 모든 것들은 한없이 좋은 것들이다. 우리 주님의 인성을 통해서 오시고, 우리의 영 안으로 들어가시고, 자신을 우리와 동일화하시고, 지상의 그리스도 예수의 영이셨던 것처럼 우리 자신의 영이 되시는, 하나님의 성령을 갖는다는 것 ― 그것은 실로 어떤 희생을 치르더라도 아깝지 않은 복이다. 그것은 바로 하나님 자신의 내주하심이 시작되는 것이기 때문이다.

그것이 큰 특권임을 알고 진지하게 그것을 갈망한다 해도 어려움이 없어지지는 않는다. 그러므로 다시 질문이 제기된다: 예수께서 계시지 않고 성령이 우리의 인도자가 되신 지금, 그토록 온화하게 공손하시고, 그토록 특별하고 세심한 관심을 보여 주시고, 그토록 분명하고 개인적인 사랑을 베푸신 지상의 예수와 제자들의 교제가 어떻게 똑같은 정도로 우리 것이 될 수 있는가? 그 대답은 바로 이것이다 ― 믿음으로써 가능하다. 제자들이 일단 믿음을 가졌을 때 지상의 예수와 가시적으로 동행하였다. 우리는 믿음으로써 행한다. 우리는 "내가 떠나가는 것이 너희에게 유익이라" 하신 예수의 말씀 안에서 믿음으로 받아들이고 기뻐해야만 한다. 그것을 분명하게 믿고, 인정하고, 그분이 아버지께로 가신 것을 기뻐하기 위해서 우리는 시간을 가져야 한다. 그분이 우리를 불러서 성령 안에서 사는 삶을 주셨으니, 우리는 그분께 감사하고 그분을 찬양하는 것을 배워야만 한다. 성령의 이런 은사 안에서 우리 주님의 충만한 임재와 교제가 가장 확실하고도 효과적으로 우리에게 주어진다는 것을 믿어야만 한다. 우리는 성령의 은사를 별로 믿지도 않았고 향유해 보지도 않았기 때문에, 그것은 실로 우리가 이해하지 못하는 방식일 수도 있다. 그러나 신앙은 이해하지 못하는 것조차도 믿고 찬양해야만 한다. 성령과 또 그분을 통하여 예수 자신이 우리를 가르치사, 교제하심와 인도하심을 어떻게 누려야 할 것인지 알게 하시리라는 것을 확신과 기쁨으로 믿자.

"우리를 가르치실 것이다." 이 말을 오해하지 않도록 주의해야 한다. 우리는 언제나 가르침을 사고와 연관시킨다. 우리는 예수께서 어떻게 우리와 함께 우리 안에 계실 것인지에 대해서 성령께서 확실한 개념을 알려 주시기를 원한다. 이것은 그분이 하시는 일이 아니다. 성령은 정신 속에 거하지 않으시고 생명 속에 거하시며, 우리가 아는 것 속에서 사역을 시작하시는 것이 아니라 우리의 인물됨 속에서 사역을 시작하신다. 이런 문제에서 혹은 여타 어떤 거룩한 진리에서라도 일시에 명확한 이해와 새로운 통찰을 구하거나 기대하지 말자. 지식과 사고와 느낌과 행동, 이 모든 것들은 외면적인 경건의 한 부분으로서, 예수의 육체적인 임재가 제자들 속에 형성했던 바로 그것이다. 성령은 오실 것이로되, 이 모든 것들보다 깊은 곳으로 임하려고 하셨다. 그리고 제자들의 인격성 깊은 곳에 숨겨진 예수의 현현이 되실 터였다. 성령은 말이나 생각 속에서 가르침을 시작하려 하시지 않고, 능력 속에서 시작하려고 하셨다. 성령께서는 제자들에게 예수께서 내주하신다는 믿음의 영감을 주려고 하셨으며, 이 일은 제자들 안에서 신적 활력을 지니고서 비밀스럽게 활동하는 생명의 능력 가운데, 그리고 예수께서 실제로 가까이 계셔서 삶 전체와 그 모든 상황을 책임져 주신다는 것을 기뻐하는 믿음의 능력 가운데 행하실 일이었다. 이것이 그분의 가르침의 시작이요 복이 될 것이다. 그들은 자기들 안에 예수의 생명을 갖게 될 것이며, 믿음을 통하여 예수라는 것을 알게 될 것이다. 그들의 믿음은 성령 안에서 예수의 임재를 가져오는 원인이면서 동시에 그 결과가 될 것이다.

예수의 임재가 그분이 지상에 거하실 때처럼 현실적인 것이요 만족스런 것이 되는 것은, 성령이 불어넣어 주시고 그분이 우리 안에 거하심으로 말미암은 믿음, 바로 그런 믿음을 통해서 이루어진다. 그렇다면 왜 성령을 가진 신자들이 그것을 더 분명하고도 풍성하게 체험하지 못하는가? 대답은 간단하다: 그들이 자신들 안에 거하시는 성령을 거의 알지 못하고 영화롭게 하지 않기 때문이다. 그들은 죽으신 예수나 하늘에서 통치하시는 예수를 깊이 신앙하고 있다. 그러나 자기들 안에 성령을 통하여 거하시는 예수는 거의 믿지 않는다. 우리에게 필요한 것은, 나를 믿는 자는 성경에 이름과 같이 '그 배에서 생수의 강이 흘러 나오리라' 하신 약속의 성취자이신 예수를 믿는 믿음이다. 우리는 이해력의 신앙으로써 이것을 믿어야 할 뿐 아니라 — 이해력은 그리스도께서 말씀하신 진리를 납득하고자 하는 것이다 — 마음으로 믿어야만 한다 — 마음은 성령께서 거하시는 곳이다. 성령의 모든 은사와 성령에 대한 예수의 모든 가르침은 "하나님의 나라가 너희 안에 있느니라"라고 하신 말씀을 더욱 강조하시려는 것이다. 우리가 마음에 참된 믿음을 갖고자 한다면, 안을 바라보고 성령께서 우리 안에서 일하시도록 온유하고 겸손하게 맡겨야 한다.

이 가르침과 이 믿음을 받아들이기 위해서 — 이는 성령의 생명과 능력 안에 있다 — 무엇보다도 그분을 훼방하는 것을 가장 두려워해야 한다 — 사람의 뜻과 지혜가 그것이다. 우리는 육체적 자아의 생명에 여전히 에워싸여 있다. 하나님을 예배할 때, 그리고 심지어 믿음을 실행하려고 노력할 때도, 육체가 앞으로 나서려고 하며 그 힘을 행사하려고 한다. 모든 생각들, 악한 생각뿐만 아니라 아무리 선한 생각이라도 우리의 정신이 성령보다 앞선 것일 때는 억제해야만 한다. 결박한 우리의 뜻과 우리의 지혜를 예수의 발 앞에 두고, 믿음과 영혼의 거룩한 침묵 가운데 기다리자. 성령께서 우리들 속에 계시며 그의 거룩한 생명이 우리들 안에 살아 있고 성장하고 있다는 깊은 자각이 더욱 군건하게 자라날 것이다. 우리가 이렇게 그분을 영화롭게 하고 우리 자신을 내어드릴 때, 우리가 우리의 육적인 활동을 복종하게 하고 그분을 받들 때, 그분은 우리를 부끄럽게 하지 않으시고 우리들 안에서 그분의 사역를 이루실 것이다. 그분은 우리의 내적 생명을 군세게 할 것이며, 우리의 믿음을 살리시고, 예수를 계시하실 것이다. 그리고 우리는 예수의 임재와 인격적 친교와 인도하심이 그분이 지상에 계시는 것보다 더 분명하고도 기쁘게, 참되고도 능력있게 우리 것이 되었다는 것을 한 걸음씩 배우게 될 것이다.[1]

송축 받으실 주 예수여! 당신께서 더 이상 이곳 지상에 계시지 않음을 인하여 기뻐합니다. 당신을 송축하오니, 당신은 이곳 지상에 계시는 것보다 더욱 실제적이고, 더욱 가깝고, 더욱 다정하며, 더욱 효과적으로 스스로를 제자들에게 계시하십니다. 당신을 송축하오니, 당신의 성령께서 내 안에 거하시고, 그 교제가 어떤 것인지 그리고 당신의 거룩한 내주하심이 어떤 것인지 알게 해 주시옵니다.

지극히 거룩하신 주님! 당신의 성령을 더 일찍, 더 잘 알지 못한 것과

---

1) 주해 7을 참고하라.

당신의 가장 놀라운 은혜와 아버지의 사랑으로 인하여 당신을 온전히 찬양하고 사랑하지 않았음을 용서하소서. 충만한 믿음으로 나를 가르치사 매일 새롭게 부어 주심으로 내 생명이 차고 넘치게 하시는 당신을 믿게 하소서.

주여, 내 간구를 들으소서. 당신이 구속하신 많은 이들을 위하여 부르짖사오니, 그들은 육체에 따른 생명을 버리고 잃는 것이 무엇인지 알지 못하며, 그 대신 성령의 능력 속에 있는 생명을 받아들이는 것이 무엇인지 알지 못합니다. 당신의 수많은 성도들과 함께 당신께 간구하오니, 교회로 하여금 자신이 선택 받았다는 유일한 표지를 알도록 일깨우소서. 모든 신자들마다 자기 안에 성령께서 거하심을 알도록 인도함 받는다는 것이 곧 교회가 당신의 임재를 향유하게 하신 비밀이며 교회의 간구에 따라 부어 주신 능력이옵니다. 보호자요 안내자이며 친구로서 믿는 자와 더불어 머무셔서 임재하심은 참으로 그의 분깃이옵니다. 주여, 당신의 이름을 위하여 그것을 허락하소서. 아멘.

요약

1. "'내가 떠나가지 아니하면 보혜사가 너희에게로 오시지 아니할 것이요' 라고 하신 말씀은 오순절에 그리고 그날 이래로 성령의 은사가 그때까지 있던 그 어떤 것과 달리, 전적으로 독특한 것이 될 것임을 말하는 확실한 증거이다. 그것은 새롭고도 고귀한 시대이다." — Alford

2. 지상의 예수에 대한 제자들의 지식은 그보다 더 좋은 것이 있으리라고 생각할 수 없었을 만큼 복되고 거룩한 것이었다. 그들은 자신들이 알고 있던 하나님에 대한 지식을 잃게 되리라는 생각에 서운해 할 수밖에 없었다. 많은 수의 복음적인 그리스도인들은, 만약 그분이 성령의 능력 가운데 그들 속에서 실지로 나타나시면, 그들이 이전에 그리스도에 대해 갖고 있었던 지식을 포기해야만 한다. "지금 내가 나를 보내신 이에게로 가는데 너희 중에서 나더러 어디로 가는지 묻는 자가 없고 도리어 내가 이 말을

하므로 너희 마음에 근심이 가득하였도다. 그러나 내가 너희에게 실상을 말하노니 내가 떠나가는 것이 너희에게 유익이라." 이 말씀은 인격적 체험을 통해서만 완전히 이해될 수 있다. 노력과 실패의 생활과 더불어 그리스도에 대한 많은 외적인 지식은 영적인 내주하심에 자리를 내주어야만 한다.

3. 천국의 법칙은 죽음을 통해 생명에 이르는 것이며, 모든 것을 얻기 위해 모든 것을 잃는 것이다. 그리스도인들을 가로막는 가장 큰 장애물은 자신들의 종교적 지식이 정통일 뿐만 아니라 충분하다고 믿는 것이다. 그들은 더욱 열심이 있고 더욱 신실할 수만 있다면 좋겠다고 말한다. 주목해야 할 것은, 제자들은 그런 주님을 가진 특권을 행사하는 데에 더 열심을 내지도 못했고 더 신실하지도 못했다는 사실이다. 새로이 더욱 열심으로 노력했다 해도 새로이 더 처절하게 실패했을 뿐이었으리라. 비록 그들이 참된 제자들이었지만, 예수를 알던 옛 방식을 떠나보내고, 잊어버리고, 그것에 대해서는 죽어야 했으며, 그분과의 전적으로 새로운 교제의 삶을 선물로 받아야만 했다. 오, 거룩한 삶을 살아가는 데에 더욱 탁월한 방법을 그리스도인들이 알기만 한다면! 내주하시는 그리스도의 영 자신이 그들 속에 거하시면서, 능력의 주님이 임재하심을 드러내고 지속한다는 것을 그들이 알기만 한다면!

제 11 장

그리스도를 영화롭게 하시는 성령

내가 떠나가는 것이 너희에게 유익이라. 내가 떠나가지 아니하면 보혜사
가 너희에게로 오시지 아니할 것이요 가면 내가 그를 너희에게로 보내리
니 … 그가 내 영광을 나타내리니 내 것을 가지고 너희에게 알리시겠음
이라(요 16:7, 14).

성경은 성자의 영화로우심이 이중적이라고 말한다. 하나는 성부께서 영
화롭게 하시는 것이요, 다른 하나는 성령께서 영화롭게 하시는 것이다. 하
나는 하늘에서 일어나는 것이요, 다른 하나는 이곳 지상에서 일어나는 것
이다. 하나는 하나님 자신 속에서 영광을 받으시는 것이요, 다른 하나는 우
리들 속에서 영광을 받으시는 것이다(요 13:32; 17:10). 앞의 것에 대해
서 예수께서 말씀하셨다: "만일 하나님이 그[인자]로 말미암아 영광을 받
으셨으면 하나님도 자기로 말미암아 그에게 영광을 주시리니 곧 주시리
라." 또 대제사장의 기도에서 주님께서는 이렇게 말씀하셨다. "아버지여 때
가 이르렀사오니 아들을 영화롭게 하사 … 지금도 아버지와 함께 나를 영
화롭게 하옵소서." 뒤의 것에 대해서 주님은 이렇게 말씀하셨다. "그가 내
영광을 나타내리니 … 내가 그들 속에서 영광을 받았나이다"(저자가 사용
하는 영역본 성경은 '그들 속에서'(in them)로 옮기지만 우리말 개역개정
판은 '그들로 말미암아'로 옮김 — 역자 주).
영화롭게 하는 것은 어떤 대상의 숨겨진 탁월성과 가치를 드러내는 것

이다. 인자이신 예수는 그분의 인성이 하나님의 능력과 영광 속에 완전히 참여하도록 허락 받았을 때 영화롭게 되셨다. 그분은 천상세계 즉, 신적 존재가 갖는 완전한 영적 생명으로 들어가셨다. 모든 천사들이 보좌에 계신 어린양이신 그분을 경배하였다. 그리스도의 이러한 천국의 영적인 영광에 대해서 인간의 정신은 그것을 진리로 인식하고 파악할 능력이 없다. 그것은 오로지 체험해야만 진실로 알 수 있고, 내적 생명 속에서 그것을 전달 받고 거기에 합당하게 되어야만 알 수 있다. 이것이 영광을 받으신 그리스도의 영이신 성령께서 하시는 사역이다. 그분은 영광의 영으로 오셔서 우리 속에 거하시고 역사하심으로써, 그리스도의 생명과 영광스런 능력으로 그리스도의 영화로우심을 계시하신다. 그분은 우리에게 그리고 우리들 속에서 그리스도를 영화롭게 하신다. 이와 마찬가지로, 그분은 우리를 바라보는 사람들에게 우리를 통하여 우리들 속에서 그리스도를 영화롭게 하신다. 성자는 그 자신의 영광을 구하시지 않는다. 아버지께서 하늘에서 그분을 영화롭게 하시고, 성령께서 우리 마음 속에서 그분을 영화롭게 하신다.

그러나 성령께서 그리스도를 영화롭게 하시기 위해서는 먼저 그분이 자기 제자들을 떠나셔야만 한다. 그들은 그분을 육체와 영으로 동시에 다 가질 수는 없었다. 그분의 육신적 임재는 영적으로 내주하심을 가로막는 장애물이 될 것이다. 성령께서 영화롭게 하시는 그리스도를 받기 전에, 그들은 우선 그리스도와 헤어져야 했다. 그리스도께서 천국과 우리들 속에서 영광을 얻으시려면, 우선 그리스도 자신이 자기 생명을 내어놓아야만 했다. 그런 다음에도, 우리에게 그리고 우리들 속에서 성령을 통하여 그분이 참으로 영화롭게 되시도록 하려면, 우리는 그분과 연합하여서, 우리가 이미 알고 있던 그리스도와 그분 안에서 우리가 가졌던 생명의 분량을 포기해야 한다.

나는 이점에서 수많은 하나님의 사랑하는 자녀들이, 내가 떠나가는 것이 너희에게 유익이라 하신 가르침이 필요하다고 확신한다. 그분의 제자들과 마찬가지로 그들도 예수를 믿어왔다. 그들도 그분을 사랑하고 그분께 순종한다. 그들은 그분을 알고 그분을 따르는 이루 말할 수 없는 복을 누려왔다. 그렇지만 그들은 성경에서 보는 것과 같이 그분이 머물러 내주하심으로 말미암은 깊은 안식과 기쁨, 거룩한 빛과 하나님의 능력을 아직 갖지 못했다고 느낀다.

이제 알 수 없는 어떤 과정을 통해서, 그리고 성도들과 복된 교제를 하거나 교회나 사경회에서 하나님의 종들의 가르침을 받고서, 그들은 도움을 얻었고 놀라운 복을 얻게 되었다. 그리스도께서 매우 귀한 분이 되셨다. 그렇지만 그들은 자기들 앞에 여전히 무엇인가 남아 있는 것을 본다. 약속은 완전히 성취되지 않았고 소망은 충분히 이루어지지 않았다. 단 한 가지 이유는, 그들이 아직도 보혜사가 "그는 너희와 함께 거하심이요 또 너희 속에 계시겠음이라. 그가 내 영광을 나타내리라" 하신 약속을 완전히 상속받지 못했기 때문이다. 그들은 그리스도께서 성령 속에서 영광스럽게 다시 오시기 위해 떠나시는 것의 유익함을 완전히 이해하지 못한다. 그들은 아직 "비록 우리가 그리스도도 육신을 따라 알았으나 이제부터는 그같이 알지 아니하노라"라고 말할 수 없다.

그리스도를 육신에 따라 아는 것은 끝나야 한다. 우리는 성령의 능력 가운데 그를 알도록 해야 한다. '육신에 따라'라는 말은 외양적인 능력이며, 말과 사고의 능력이며, 노력과 감정의 능력이며, 내 안에서 오는 도움과 영향의 능력이며, 사람과 수단의 능력이다. 성령을 받았으면서도 이것을 완전히 알지 못하며 따라서 자신을 그분의 내주하심과 인도하심에 완전히 내어드리지 못하는 신자는 여전히 대부분 육체를 믿고 있다. 성령이 없이는 아무것도 하지 못한다는 것을 인정하면서도, 그는 자신이 마땅히 그래야만 한다고 알고 있는 그대로 믿고 살기 위해서 애쓰고 고투하지만, 그것은 허사일 뿐이다. 그는 그리스도만이 자신의 생명이요 힘이라고 진심을 다하여 고백하고 복되게도 때때로 그것을 체험하기도 하지만, 자기 속에 그리스도께서 살 수 있도록 신뢰하고 의지하는 자세를 지속하지 못하고 너무나 자주 실패하는 자신을 생각할 때 비탄과 절망에 빠진다. 그는 그리스도께서 가까이 계심과 지키심과 내주하심에 대해서 믿어야 할 것을 모두 믿으려고 노력한다. 그렇지만 웬일인지 아직도 중단과 방해가 있다. 우리가 기대하는 것은 모든 것의 본질로서의 믿음임에도 불구하고, 마치 믿음은 그 당연한 모습을 갖지 못한 것만 같다. 그 이유는 믿음에서 육체의 능력과 사람의 지혜에 속한 정신의 작용이 여전히 너무 많았기 때문이다. 신실하신 보호자요 함께 계시는 친구이신 그리스도의 계시가 실지로 있었다. 그러나 신자는 그 계시를 상당 부분 육체와 육적인 정신으로 파악하였던 것이다. 이렇게 하는 것은 그것을 능력이 없게 만드는 것이다. 그는 그리스도, 곧 영광의 그리스도와 그리스도의 내주하심의 교리를 육체와 영이 부분적으로 혼합되어 있는 생명 속에 받아들였던 것이다. 그리스도를 영화롭게 하실 수 있는 분은 오로지 성령이시다. 우리는 그리스도를 알고 믿고 소유하던 옛 방식을 포기하고 내버려야 한다. 우리는 그리스도를 더 이상 육신을 따라 알지 않도록 해야만 한다. "성령이 내 영광을 나타내리라."

그러나 성령께서 그리스도를 영화롭게 하신다는 것이 무슨 뜻인가? 그분이 계시하시는 그리스도의 영광이 무엇이며, 어떤 방식으로 그 일을 하시는가? 우리는 성경을 통하여 그리스도의 영광을 배운다. 히브리서의 말씀은 이러하다. "지금 우리가 만물이 아직 그에게 복종하고 있는 것을 보지 못하고 … 영광과 존귀로 관을 쓰신 예수를 보니 만물은 그에게 복종하도록 지어졌다." 그러므로 우리가 취한 다음 두 본문에서 우리 주님께서는 자신이 영광 받으실 것을 만물이 자신에게 주어질 것과 결부시키셨다. "그가 내 영광을 나타내리니 내 것을 가지고 너희에게 알리시겠음이라. 무릇 아버지께 있는 것은 다 내 것이라. 그러므로 내가 말하기를 그가 내 것을 가지고 너희에게 알리시리라 하였노라." "내 것은 다 아버지의 것이요 아버지의 것은 내 것이온데 내가 그들로 말미암아 영광을 받았나이다." 성부께서는 그분은 모든 지배와 권세와 통치 위에 높이시면서, 만물이 그분의 지배를 받도록 그 발 아래 두셨다. 아버지께서는 그분께 모든 이름 위에 뛰어난 이름을 주셔서, 모든 무릎으로 하여금 예수의 이름에 꿇게 하셨다. 나라와 권세와 영광은 영원히 하나이며, 보좌에 앉으신 분, 그리고 보좌 가운데 계신 어린양에게 영광과 통치가 세세토록 있을 것이다. 만물을 예수의 발 아래 복종하게 하시고 그분을 거룩한 영광의 보좌에 앉히실 때

(엡 1:20-22), 예수께서는 하늘에서 영광을 받으셨다.[1]

성령은 우리들 속에서 예수를 영화롭게 하실 때, 그분의 영광 가운데 그분을 우리에게 계시하신다. 그는 그리스도의 것을 취하시고 그것들을 우리에게 나타내신다. 그분은 우리에게 생각이나 심상이나 우리 위의 하늘에서 그러한 것과 같은 영광스런 환상을 주시는 것이 아니라 인격적으로 체험하게 하시고 소유하게 하신다. 그는 우리로 하여금 우리의 가장 내밀한 존재 안에 그것을 받아 갖도록 하신다. 그는 그리스도를 우리들 안에 현존하시는 분으로 보여 주신다. 우리가 그리스도에 대해 갖고 있는 참되고 살아 있는 모든 지식은 하나님의 영을 통해서 온 것이다. 그리스도께서 연약한 아기로 우리 안에 오실 때, 그분이 자라나고 장성할 때, 우리가 그분을 신뢰하고 따르며 섬기도록 배울 때, 이 모든 일들이 성령으로 말미암은 것이다. 그러나 제자들에게서 그랬던 것처럼 이 모든 것은 대개 무지와 실패를 동반할 수도 있다. 그러나 성령께서 완전한 사역을 행하시고 영광을 받으신 주님을 계시하실 때, 주님의 영광의 보좌가 마음에 자리잡으며 그분은 모든 원수들 위에서 다스리신다. 아무 권세라도 굴복해야 하며, 어떤 생각이라도 그리스도께 순종하도록 제어되어야 한다. 새롭게 된 성품 전체를 통하여 "보좌에 앉으신 분께 영광이 있도다"라는 노래가 울려 나온다. "내 속 곧 내 육신에 선한 것이 거하지 아니하는 줄을 아노니"라는 고백은 어디까지나 유효하지만, 지배자요 통치자이신 그리스도의 거룩한 임재가 마음과 생명을 채우고, 그분의 주권은 모든 것을 다스리신다. 죄는 다스릴 권한이 없다. 그리스도 예수 안에 있는 생명의 성령의 법은 죄와 사망의 법에서 나를 자유롭게 했다.

이것이 성령께서 이루시는 바, 그리스도를 영화롭게 하시는 것이라면, 그곳에 이르는 길을 발견하기란 쉬운 일이다. 그리스도께서 영광 가운데 보좌에 오르시는 것은 오직 절대적이고 순전한 순종을 약속한 마음 속에서만 일어날 수 있는 일이다. 그리스도를 영화롭게 하는 일은 그분이 권세

---

1) 주해 8을 참고하라.

를 잡으시고 다스리시리라는 것을 믿는 용기를 가진 마음 속에 있으며, 모든 원수마다 그분의 발 아래 놓일 것이라고 기대하는 믿음 속에 있는 것이다. 이를 위해서는 만유의 주이신 그리스도가 필요하고 가져야 하며 요구하고 시인해야 하며, 덧붙여 성령을 통하여 그분이 소유하시고 인도하시는 삶 속의 크고 작은 모든 것들도 그리해야 한다. 충성되고 순종적인 제자 속에 거하시리라는 약속이 주어졌으며, 그 안에서 성령은 그리스도를 영화롭게 하신다.

이것은 믿는 영혼에게 시간이, 때가 이르렀을 때 이루어질 수 있다. 교회의 역사 전체는 모든 개인들에게도 되풀이된다. 때와 기한을 자기 손 안에 두신 아버지께서 정하신 시간이 되기까지 유업을 이을 자들은 후견인과 청지기 아래 있어서 종과 다를 것이 없다. 때가 차고 믿음이 완전하게 되면 영광 받으신 분의 영이 권세를 잡으시고 그리스도께서 마음에 거하신다. 그렇다. 그리스도 자신의 이력이 믿는 자의 영혼 속에서 되풀이된다. 성전에는 두 곳의 성소가 있었다. 하나는 휘장 앞에 있었고, 다른 하나는 휘장 안쪽에 있었으며, 그곳이 지성소였다. 그리스도께서는 지상 생애 동안 휘장 밖의 성소에서 거하셨고 사역하셨다. 육신의 장막이 그분을 지성소 밖에 있도록 했다. 육체의 장막이 찢어지고 그분이 죄에 대하여 완전하고도 영원히 죽었을 때, 그분은 하늘에서 성령의 생명이 지닌 영광으로 충만한 지성소에 들어가실 수 있었다.

이와 마찬가지로, 성령께서 자기 속에서 예수를 영화롭게 하시기를 갈망하는 신자는 주님을 알고 예배하는 데에 아무리 복된 삶을 영위해 왔다 하더라도, 그보다 더 나은 것이 있음을 배워야만 한다. 그의 안에서도 역시 육체의 휘장이 찢어져야만 한다. 그는 가장 거룩하신 분에게 이르는 새롭고도 살아있는 길을 통하여 그리스도의 이 특별한 사역 속으로 들어가야만 한다. "육체의 고난을 받은 자는 죄를 그쳤음이니 …" 신자의 영혼은 예수께서 육체에 대해서 얼마나 완전하게 승리하셨으며 그분의 육체를 통하여 성령의 생명으로 들어가셨는지 알아야만 한다. 훼방거리가 되었던 우리 육체의 모든 것들을 다스리시는 그분의 권세가 그 승리로 인하여 얼마나 완전한 것이 되는지 깨달아야 하며, 보호자요 임금이신 예수의 오심과 내주하심이 성령의 권능 가운데 얼마나 완전하게 가능한 것이 되는지 알아야만 한다. 이제 휘장이 제거되며 성소 앞에서 살던 삶은 이제 지성소 안에서 그분의 완전한 임재 속에 사는 삶이 된다.

이처럼 휘장이 찢어지고 예수께서 영광을 받으신 분으로서 마음 속의 보좌에 오르시는 일이 항상 나팔소리와 환호성을 수반하는 것만은 아니다. 때에 따라서는 그리고 어느 정도는 그럴 수도 있지만, 다른 경우에는 아무 소리도 들리지 않는 정적 속에서 심히 두려워하고 떠는 가운데 일어난다. 시온의 임금께서는 지금도 심령이 가난한 자에게 온유하고 겸손하게 그분의 나라를 가지고 오신다. 그분은 모양과 풍채도 없이 들어오시며, 생각과 감정이 무능력함을 드러낼 때, 보지 않고 믿는 신앙인에게 성령께서 그분을 계시하신다. 육체의 눈은 보좌 위의 그분을 보지 못했으며, 세상에게는 그것이 감춰진 비밀이었다. 그래서, 마음 속에 있는 모든 것이 소망 없고 헛된 것으로 드러날 때, 성령께서 비밀하게 거룩한 확신을 주시며, 그 다음에, 영광을 받으신 그리스도께서 마음 속에 거처를 정하셨다는 복된 체험을 주신다. 신자의 영혼은 고요히 예배하고 경배하는 가운데, 예수께서 주님이시라는 것과 마음 속의 그분의 보좌는 의로움으로 세워졌다는 것, 그리고 성령이 나를 영화롭게 하리라 하신 약속이 성취되었다는 것을 깨닫는다.

송축 받으실 주 예수여, 아버지께서 당신께 주신 영광 가운데 당신을 예배합니다. 영광이 당신의 제자들의 마음 속에 계시되어 그들 안에 거하고 그들에게 충만하리라 하신 약속으로 인하여 당신을 송축하옵니다. 아버지께서 가지신 모든 것이 이제 당신의 것이오니, 이것이 당신의 영광이옵니다. 당신은 한없이 충만한 당신의 이 영광과 권능에 대하여 성령께서 그것을 우리에게 보이시리라고 말씀하셨나이다. 하늘과 땅이 당신의 영광으로 충만하옵니다. 당신의 사랑하는 자들의 마음과 생명도 또한 그것으로 충만할 것이옵니다. 주여, 그렇게 이루어 주옵소서.

이미 그 성취를 풍성하게 시작한 모든 이들을 인하여 당신의 거룩한 이름을 송축하옵니다. 주여, 이 일이 영광에서 영광으로 이어지게 하소서.

간구하옵나니, 이 목표에 대하여 우리를 가르치사 당신을 향하여 우리의 구별하는 것이 중단없이 계속되게 하소서. 마음과 생명을 오직 당신께 바치옵니다. 이 목표에 대하여 우리를 가르치사, 흔들림이 없이 굳게 확신하게 하셔서, 우리들 속에 계신 성령의 사역을 완전케 하옵소서. 무엇보다도 더욱 더 의지하고 비우도록 우리 자신을 내어놓게 하셔서, 성령의 가르치심과 이끄심을 기다리게 하소서. 우리는 육체와 육체의 지혜와 육체의 의로 믿지 않기를 갈망하옵니다. 우리는 당신의 영, 당신의 영광의 영이신 성령께서 우리 안에 계셔서 그분의 사역을 행하신다는 진리에 대해 거룩한 두려움과 경외심으로 당신께 더욱 겸손하게 굴복하겠습니다. 송축 받으실 주님, 그분이 큰 능력으로 일어나게 하시고 우리들 안에서 통치하게 하셔서, 우리 마음을 당신 홀로 영광 받으시고 당신의 영광이 모든 것에 충만한 성전이자 하나님의 나라로 만들게 하소서. 아멘.

요약

1. 그 자체에 관한 한, 제자들이 알고 있던 것은 진정 그리스도였으며, 그들이 그리스도에 대해서 가진 지식은 참된 것이었다(마 16장). 그들로 하여금 그분을 따르고 사랑하도록 강한 영향을 미친 곳은 지식이었다. 그러나 그것은 완전한 지식이 아니었다 — 영과 진리의 지식이 아니었고, 영광 받으신 그리스도에 대한 영적 지식이나 그리스도께서 성령을 통하여 그들 가운데 거하신다는 영적 지식이 아니었다. 이것은 참된 제이의 축복이다: "없어질 것도 영광으로 말미암았은즉 길이 있을 것은 더욱 영광 가운데 있느니라."

2. 오, 하나님께서 이 교훈을 가르치시기를: 그리스도의 영이신 성령의 한 가지 위대한 사역은 영광 받으신 그리스도를 항상 우리들 속에 임재하도록 하는 것이다 — 단지 사고와 기억 속에서가 아니라 우리들 속에서,

우리의 내적 존재 속에서, 우리의 생명과 체험 속에서이다.

3. 그것이 가능한 것인가? 항상 우리와 함께 계시는, 영광 받으신 분 예수는 우리들 속에 내주하시는가? 가능하다. 성령은 이 한 가지 사역을 위하여 아버지께로부터 주어졌다. 그리고 그분은 우리들 속에 거하신다. 이것을 믿고, 그 놀라운 내주하심 속에 살아가자.

4. 우리가 비록 보거나 느낄 수 없을 때라도, 그분의 가르침을 기다리고, 그분이 우리들 안에 임재하심을 겸허하게 칭송하며, 그분의 이끄심에 순종하고 매우 겸손히 굴복하자. "내 말이 네가 믿으면 하나님의 영광을 보리라 하지 아니하였느냐?"

제 12 장

죄를 깨닫게 하시는 성령

··· 가면 내가 그[보혜사]를 너희에게로 보내리니 그가 와서 죄에 대하여
··· 세상을 책망하시리라(요 16:7-8).

주님의 이 말씀 속에 있는 두 가지 진술 사이의 밀접한 연관성을 주목하지 못하는 경우가 많다. 성령께서 세상의 죄를 깨닫게 하시기 전에 먼저 제자들 안으로 오셔야 했다. 그분은 그들 속에 거처와 자리를 만드시고, 그들로부터 그들을 통하여 세상을 깨우치는 사역을 행하시고자 했다. "그가 나를 증언하실 것이요, 너희도 처음부터 나와 함께 있었으므로 증언하느니라." 제자들은 성령께서 그들 안에 계심으로써 지상에 굳게 서셔야만 그분의 위대한 사역을 ― 사람과 씨름하시고 세상으로 하여금 죄에 대해 깨닫게 하시는 사역이다 ― 행하실 수 있음을 깨달아야 했다. 성령께서 세상에 도달하기 위해 사용하실 도구로 쓰임 받기 위하여 그들은 위로부터 내리는 능력을 받아야 했으며, 이를 위해서 성령과 불로 세례를 받아야 했다. 그들 안에 거하시고 그들을 통해서 역사하실 성령의 강한 능력 곧, 죄를 정죄하시는 능력, 바로 그것을 위하여 우리 주님께서는 본문의 말씀으로 그들과 우리를 준비시키셨다. 이 말씀이 주는 교훈을 깊이 숙고하도록 자극한다.

1. 성령은 우리에게 오셔서, 우리를 통하여 다른 사람들에게 도달하고자

하신다. 성령은 거룩하신 분 곧, 구원하시는 하나님의 영이시다. 그분이 우리에게 들어오실 때, 그분의 거룩한 성품과 성격을 잃지 않으신다. 그분은 지금도 사람들과 씨름하시고 그를 해방시키려고 노력하시는 하나님의 영이시다. 그분은 무시와 이기심으로 훼방 받지 않는 곳 어디에서나, 세상에서 행하셔야 할 사역을 위하여 성전인 우리의 마음으로부터 사방으로 뻗어나가신다. 그분은 우리로 하여금 죄로부터 해방하시는 구주 예수를 위하여 죄에 맞서서 증언하는 사역을 기꺼이 그리고 담대하게 행하게 하신다. 그분은 이 사역을 행하시되, 특히 십자가에 달리셨으며 또한 승귀하신 분의 영으로서 행하신다. 그분은 무슨 목적으로 성령을 한량없이 받으셨는가? "주의 성령이 내게 임하셨으니 이는 가난한 자에게 복음을 전하게 하시려고 내게 기름을 부으시고 나를 보내사 포로 된 자에게 자유를 전파하게 하려 하심이라." 그분이 교회 위에 보내 주신 영이 바로 그 동일한 성령이시다 ─ 그 영을 통하여 그리스도께서 자신을 하나님께 바치셨으며, 성결의 영이신 그 영을 통하여 죽은 자들로부터 다시 살리심을 받았다. 그러므로 성령께서는 그리스도 안에 계셨던 것처럼 제자들 안에도 집을 마련하셔야 했다. 그들 안에 계신 신격의 영이 거룩한 일을 실행하시는 방식은 그리스도 안에 계실 때에 비해 결코 열등한 것이 아니다. 어둠 속에서 비추고, 드러내고, 정죄하고, 정복하는 불빛으로서, 그리고 불태우고 심판하는 영으로서, 그분은 세상에 대한 하나님의 정죄와 회심의 능력이시다. 하나님의 영으로서 하늘로부터 직접 내려오기보다는 교회 안에 거하시는 성령으로서 그분은 세상을 책망하신다. "내가 그를 너희에게로 보내리니 그가 와서 … 세상을 책망하시리라." 성령께서는 우리 속에서 우리를 통하여 세상에 도달하신다.

2. 성령은 먼저 우리로 하여금 그분과 완전한 조화를 이루도록 하심으로써 오직 우리를 통해서만 다른 이들에게 도달하신다. 그분은 우리에게 들어오셔서 우리와 일체를 이루고 우리 속에서 우리의 기질과 생명이 되신다. 그리고 우리들 속에서 우리를 통하여 다른 이들에게 행하시는 사역은 우리에게 하신 것과 동일하다.

이 진리를 세상의 죄를 책망하는데 사용하는 것은 대단히 중요하다. 우리 주님이 신자들 안에서 항상 행하시는 지속적인 정죄에서 우리 주님의 말씀은 신자들에게 빈번하게 적용된다. 이런 의미에서 그 말씀들은 가장 적절하다. 성령의 이러한 우선적인 사역은 두루 존속하여, 그분의 위로하시고 성결하게 하시는 사역의 바탕을 이룬다.

그분이 범죄의 위험과 치욕에 대한 민감성이 살아 있도록 지켜 주실 때에만, 영혼은 유일한 보호와 힘이 되시는 예수 안에 숨어 하나님 앞에서 겸손한 자리에 있을 것이다. 성령께서 그리스도의 거룩한 생명을 계시하시고 전해 주실 때, 그 분명한 결과로서 죄악에 대해 더욱 깊이 깨닫게 될 것이다. 그러나 말씀은 그 이상의 의미를 가지고 있다. 성령께서 우리를 통하여, 말로나 행위로 하는 우리의 증언을 통하여, 세상을 깨우치려 하신다면, 먼저 우리로 하여금 세상의 죄에 대해서 깨닫도록 하셔야만 한다. 그분은 구주를 믿지 않고 배척하는 세상의 범죄에 대한 안목과 인식을 개인적으로 우선 우리에게 주셔야만 한다. 성령께서 죄악에 대해서 생각하시고 느끼시는 것처럼 우리도 어느 정도 그대로 하도록, 구주를 배척하는 원인이자 증거이며 또한 그 결과인 각각의 범죄들을 보고 인식할 수 있어야 한다. 그때 우리 안에는 성령께서 우리를 통해서 역사하시도록 하는 내적 자발성이 생겨날 것이고, 죄악에 맞서서 하나님을 위하여 행하는 우리의 증언과 성령의 증언이 내적 일치를 이룰 것이며, 이는 양심에 명중하여 위에서 주시는 능력으로써 확신에 이르게 할 것이다.

우리는 육체의 능력 가운데 우리 눈에 들보를 보지 못하는 영으로 남을 판단하기가 얼마나 쉬운 일인지 안다. 그리고 만약 우리가 정죄하는 그것에 대해 우리 자신이 참으로 결백하다면, 우리는 우리의 행위로 다음과 같이 말하는 것이다: "비켜요, 나는 당신보다 성결한 사람이란 말이오." 우리는 그릇된 영과 우리 자신의 힘으로 증언하고 일하는 사람이거나 혹은 전혀 일할 의욕을 갖고 있지 않은 사람이다. 그것은 우리가 성령으로부터 오는 책망이 없이 다른 사람의 범죄와 죄악을 보기 때문이다. 그분이 세상의 죄에 대해서 우리를 깨우치실 때, 그분의 역사는 두 가지 표지를 지닌다.

첫 번째 것은 하나님과 하나님의 영광을 위한 열심으로 죄인을 위해 진실로 애통해 하는 자기 희생이다. 두 번째 것은 해방의 가능성과 능력을 믿는 굳세고 강한 믿음이다. 우리는 모든 범죄마다 죄악 전체와 무서운 관련성을 갖고 있음을 보며, 십자가의 이중적인 빛 속에서 전체를 본다. 하나님께 대해 지극히 참람하고 연약한 혼에게 무서운 권세를 행사하는 말할 수 없이 증오스런 죄를 보며, 예수 안에서 정죄받았고 대속함 받았으며 제거되었고 정복된 죄를 본다. 우리는 하나님께서 그 거룩하심 가운데 세상을 바라보시는 것과 같은 시각으로 세상을 보는 것을 배운다. 우리는 죄를 무한히 미워하지만, 아들을 보내신 그 사랑을 통하여 죄인을 사랑한다. 아들은 생명을 주시고, 죄를 무찌르시며, 그 포로된 자들에게 자유를 가져다주신다.

성령께서 하나님의 백성을 세상의 죄를 책망하는 사역에 사용하시기에 합당하게 예비하시는 일로서, 하나님께서 자기 백성들에게 그리스도를 배척하는 세상의 죄에 대해서 참되고 깊은 깨달음을 주시기를 원한다.

3. 죄에 대하여 이러한 깨달음을 얻기 위해서 신자는 기도해야 할 뿐만 아니라 자기의 삶 전체를 성령의 인도하심에 맡겨야 한다. 내적 생명 가운데 계시는 성령의 인격적 내주와 그분이 갖고 계신 주권, 그리고 죄악을 소멸시키기 위해서 생명을 내어주신 그리스도를 우리 안에 계시하심이 성령의 여러 은사들의 전제가 된다는 사실을 우리는 아무리 진지하게 선포한다 해도 지나치지 않다. 그는 너희 속에 계시겠음이라 하신 말씀을 통해서 우리 주님이 그 무진장한 의미를 전하실 때, 성령의 가르치심과 성결케 하심과 굳세게 하심의 모든 비밀을 열어 보이신 것이다. 성령은 하나님의 생명이다. 그분은 안으로 들어오셔서 우리 생명이 되신다. 그분이 생명을 지배하고 고양할 수 있게 될 때, 우리 안에서 모든 것을 뜻하시는 대로 이루실 수 있다.

신자에게 바람직하고 필요한 일은, 성령의 여러 가지 활동에 주의를 기울임으로써, 무지함으로 인하여 그것들을 무시하거나 상실하지 않도록 하는 것이다. 그러나 더욱 필요한 일은 성령께서 하실 수 있는 일에 대한 새로운 통찰을 통하여 진리를 더욱 굳게 붙잡는 것이다. 당신의 삶이 성령 안에 머물게 하라 그러면 그 특별한 복이 보류되지 않을 것이다. 예컨대 당신이 성령의 쓰임을 받아 죄인을 깨우치기에 합당한 사람이 될 만큼, 세상의 죄에 대한 이 심오한 영적 각성을 갖고자 한다면 — 그것은 죄악의 무서운 현실과 권세 그리고 그 엄청난 악의에 대한 자각이다 — 당신의 삶과 존재 전체를 성령께 맡겨야 한다. 하나님이 내주하신다는 놀라운 신비를 생각함으로써 정신과 마음을 잠잠하게 하고 겸손히 두려워하며 경배하게 해야 한다. 그분께 대적하는 가장 큰 적인 육체와 자아의 생명을 매일매일 그분께 굴복시켜서 억누르고 죽게 해야 한다. 죄를 없애 버리려고 자신을 죽음에 내어주신 참사람의 영으로 충만해지는 것만을 기꺼이 추구하라. 그것을 위해서 우리의 존재 전체와 행위를 그분의 지배와 감화 아래 두자. 성령 안에서 사는 당신의 삶이 건강하고 튼튼한 것이 되고, 당신의 영적 기질이 활력을 얻으면, 죄가 과연 어떤 것인지 당신의 눈은 더욱 분명하게 볼 것이며 당신의 마음은 더욱 예민하게 느낄 것이다. 당신의 생각과 감정은 성령께서 당신 안에 불어 넣어 주시는 것들이 될 것이다 — 그 것들은 죄에 대한 지극한 두려움, 죄로부터 구속함을 믿는 깊은 신앙, 죄에 빠진 영혼들에 대한 깊은 사랑 등과 같은 것들이다. 당신은 우리 주님과 마찬가지로 사람들을 죄에서 해방시키는데 기꺼이 당신의 삶을 바칠 것이다. 그리고 주님께서는 당신을 세상의 죄를 책망하는 성령의 사역에 합당한 도구로 만드실 것이다.

4. 한 가지 교훈이 더 있다. 우리는 이 책에서 모든 이들이 성령 충만을 얻을 수 있는 길을 탐구하고 있다. 여기에는 한 가지 조건이 있다. 그분은 세상의 죄를 책망하시는 분으로서 우리 안에 거하셔야만 한다. "내가 그를 너희에게로 보내리니 그가 와서 죄에 대하여 세상을 책망하시리라." 당신 자신을 성령께 바쳐서 당신 주변에 있는 사람들의 범죄들을 이해하고 느끼고 품으라. 세상의 범죄에 대해서 당신 자신의 범죄만큼이나 관심을 기울이라. 그들의 범죄가 당신의 범죄와 똑같이 하나님을 욕되게 하지 않는가? 그들도 또한 큰 구원을 받을 만한 평등한 자격이 있지 않은가? 당신

속에 거하신 성령께서 그들도 또한 깨우치고자 갈망하고 계시지 않는가? 마치 성령께서 예수의 육신과 성품 속에 거하셨고 그의 느낌과 말씀과 행위의 근원이 되셨던 것처럼, 마치 하나님께서 성령을 통하여 그분의 거룩한 사랑을 완성하셨던 것처럼, 성령은 이제 신자들 속에 거하시고, 그들은 성령의 거처가 되셨다. 세상에 한 분 그리스도가 계셨고, 이제는 세상에 한 분 성령께서 계신 한 가지 목적은 죄를 정복하시고 소멸케 하시기 위함이다. 이것이 성령과 불의 세례를 주신 큰 목적으로서, 성령께서는 신자들 속에서 그들을 통하여 죄에 대해 책망하시고 죄로부터 해방시키실 것이다.

세상의 죄에 관심을 가져야 한다. 곤궁과 낙심에 처한 자의 종이요 조력자이신 예수 그리스도의 사랑을 가지고 죄에 맞서라. 그리스도를 닮은 당신 자신의 모습을 통하여 그리스도를 믿는 믿음의 실체를 보여 주어야 한다. 성령께서는 그렇게 세상의 불신앙을 책망하실 것이다. 당신 자신의 이기적 향유를 위해서가 아니라, 성부께서 그리스도를 통해서 일하셨던 것처럼 당신을 통해서도 일하실 수 있도록 하기 위해서, 성령의 내주하심을 충만하게 체험하도록 해야 한다. 다른 신자들과 사랑의 연합을 이루고 생활하면서, 사람들이 죄에서 구원을 얻도록 일하고 기도하라. 그리하면 하나님께서 그분을 보내셨음을 세상이 믿을 것이다.

신자들의 자기희생적 삶이야말로 그리스도께서 실재하신다는 것을 증명하고 불신앙의 죄에 빠진 세상을 깨우칠 것이다. 사람이 안락하고도 성공적인 생활과 직업을 영위하는 일은 거기에 적합한 집을 짓는 것에 많이 좌우된다. 마음 전체가 비워져 있고 죄악에 대한 하나님의 생각과 구속의 능력으로 채우시도록 바쳐진 것을 신자 안에 계신 성령께서 발견하실 때, 그분은 그런 생명을 통해서 자기의 사역을 이루실 수 있다. 성령의 충만한 분량을 받기 위해서는 그분께 전적으로 맡기는 것과 죄에 대한 그리스도의 바로 그 마음이 우리들 속에서 역사하도록 하는 것 이외에 달리 더 확실한 길은 없음을 명심해야 한다. 그리스도께서는 영원하신 영을 통하여 자신을 희생제물로 바침으로써 죄를 지고 가셨다. 성령은 그분 안에 계셨던 것처럼 우리 안에 계시기를 원하신다. 그분에게 있었던 것이 우리에게도 똑같이 이루어져야만 한다.

그리스도인들이여, 성령으로 충만하고 당신 안에 계신 성령을 확실하게 이해하여, 세상의 죄를 깨우치고 싶지 않은가? 당신이 이 일에서 성령을 확실하게 인정하게 된다면, 이 일을 위하여 당신을 사용할 수 있음을 그분이 아신다면, 이 문제를 다루시는 그분의 사역을 당신 자신의 사역으로 삼는다면, 당신 안에 성령이 풍성하게 거하셔서 능한 역사를 이루심을 확신하게 될 것이다. 그리스도께서 오신 단 한 가지 목적은 죄를 없애는 것이었다. 성령이 사람들에게 오셔서 이루시고자 하는 단 한 가지 사역은 그들로 하여금 죄악을 버리게 하는 것이다. 신자의 삶의 한 가지 목적은 죄악과의 싸움에 참여하여 하나님의 뜻과 그분의 영광을 추구하는 것이다. 죄악에 맞서 증언하시는 그리스도와 그분의 영에 연합하자. 그리스도의 생명과 영을 나타내는 것은 그 열매를 맺어서, 성결함과 기쁨 그리고 그리스도에 대한 사랑과 순종이 불신앙의 죄에 대하여 세상을 깨우칠 것이다. 죄를 위한 희생제사로서 그리스도의 죽음이 성령의 능력 속에 영광으로 들어가는 입구였던 것처럼, 세상의 죄를 책망하시는 그분의 거룩한 사역을 위해서 우리의 삶 전체를 드릴 때, 우리는 성령의 내주하심을 더욱 충만하게 체험하게 될 것이다. 우리 속에 성령을 통하여 그리스도께서 임재하신다는 것 그 자체가 설득력을 발휘할 것이다.

송축 받으실 주 예수여, 당신의 백성 안에 계신 성령의 임재와 능력이, 세상으로 하여금 당신을 배척한 죄를 깨닫게 하고, 죄인들로 하여금 당신을 영접하고자 세상에서 벗어나게 하옵니다. 성령으로 충만한 형제자매들이 그들을 위해 당신이 행하신 일을 거룩하게 즐거워하는 그 희락의 능력 가운데 증언할 때, 그들 속에서 당신이 참으로 하나님 우편에 계시다는 증거가 제시됩니다. 자기의 육신을 통하여 생명력 있게 증언함으로써 당신께서 그들을 위해 행하신 일을 보여 주는 이들로 말미암아, 세상은 그 죄와 행악에 대한 정죄에 도저히 이의를 제기할 수 없음을 알게 되옵니다. 주여, 세상이 이것을 너무나도 깨닫지 못했습니다. 우리가 심히 부끄러워하는 가운데 당신께 구하오니, 주 예수여, 교회를 서둘러 깨우셔서 그 부르심을 알게 하옵소서. 당신을 믿는 믿음 안에 있는 실체와 복락과 능력이 얼마나 큰지, 모든 신자들이 자기 개인적인 생활 속에서, 당신의 믿는 백성들이 그들의 교제 속에서 세상에 입증해 보이기를 원하나이다. 아버지께서 당신을 보내셨고 그가 당신을 사랑했듯이 그들도 사랑하셨다는 것을 세상으로 하여금 믿게 하소서.

주 예수여, 당신의 백성들의 마음에 세상 죄의 짐을 무겁게 지우셔서, 그들이 오로지 이 일을 위해서만 살아갈 수밖에 없도록 하소서. 당신의 영이 거하시고 당신의 임재를 세상에 계시하시는 당신의 몸을 이루는 지체들이 되게 하소서. 우리들 속에서 임재하시고 구원하시는 능력을 반포하심에 장애가 되는 모든 것을 제거하소서. 주 예수여, 당신의 영이 우리에게 오셔서 세상을 책망하십니다. 그분이 언제나 더욱 강한 능력으로 임하시고 역사하게 하소서. 아멘.

요약

1. 세상의 가장 큰 죄는 불신앙 즉, 그리스도를 배척하는 것이다. 이것이 바로 세상의 영이다. 바로 이 견지에서 나는 세상에 대한 나의 관점 전체를 결정하고 그것에 대한 나의 관계를 결정해야 한다. 세상은 자기의 바로 그 본성으로 그리스도를 배척한다.

2. 배척당하신 그리스도는 이 세상을 떠나서 아버지께로 가셨다. 그러나 그분은 자기 백성들을 그 안에 남겨두셨고, 그들 속에 성령을 통하여 거하셔서, 그들로 하여금 성결한 삶을 살고 자기들에게 생명을 주신 분을 고백하게 하심으로써 세상이 죄악에 대해서 깨닫게 하신다. 그리스도께서 내 안에서 나의 삶을 통하여 세상의 불신앙의 죄를 책망하고자 하신다면, 나는 성령께 얼마나 온전히 굴복해야 할 것인가!

3. "여기서 약속된 것은 제자들의 의식 속에 성령의 부으심이 계시되리라는 것뿐만 아니라, 이를 보고 있는 세상에도 그것이 부인하지 못할 놀라

운 사실로서 실체화되리라는 것이다. 이에 요청되는 위대한 일은, 하나님의 영이 그리스도의 백성에게 부어져서, 그분이 자신들과 함께 계시며, 또 하나님의 오른편에 계시다는 것을 그들이 알게 되어야만 한다는 것 아닌가?" — Bowen

4. 세상으로 하여금 기독교의 진리를 깨닫도록 하기 위해서는 우선 죄를 깨닫게 해야만 한다. 그리스도를 알 수 있도록 하는 것은 오직 죄이다. 그리고 이를 위하여 많은 증거와 논증들이 필요한 것이 아니라, 우선적으로, 하나님의 보좌 위에 계신 그리스도로부터 신자들에게 오시는 성령의 임재하심을 밝히 보이는 것이 필요하다. 그리고 이를 위해서 집중적이고 지속적이며 합심하고 확신하는 기도를 통해서 아버지께서 그 영광의 풍성하심에 따라 우리 모두를 성령의 능력으로 굳세게 하시도록 간구하는 것이 필요하다.

제 13 장

성령을 기다림

> 그들에게 분부하여 이르시되 예루살렘을 떠나지 말고 내게서 들은 바 아
> 버지께서 약속하신 것을 기다리라(행 1:4).

구약 성도들의 삶 속에서 기다린다는 낱말은 하나님께 대한 그들의 영혼의 자세를 표현하는 흔한 말이었다. 그들은 하나님을 기다렸고 그분을 받들었다. 우리는 때로 성경에서 이것이 체험의 언어임을 발견한다. "나의 혼이 잠잠히 하나님만 바람이여 …" "나 곧 내 영혼은 여호와를 기다리며 …" 다른 경우에는 기도 속의 탄원으로 나타난다. "나를 지도하시고 교훈하소서. 내가 종일 주를 기다리나이다." "여호와여 우리에게 은혜를 베푸소서. 우리가 주를 앙망하오니 …" 어려움이 수반되는 일에서 인내하라는 격려의 말로 자주 나타난다. "너는 여호와를 기다릴지어다. 강하고 담대하며 여호와를 기다릴지어다. 여호와 앞에 잠잠하고 참고 기다리라." 그리고 또한 훈련 자체가 복되다는 증언도 있다. "그를 기다리는 자마다 복이 있도다. 오직 여호와를 앙망하는 자는 새 힘을 얻으리니 …"

우리 주님께서는 앞서 간 성도들의 이 모든 복된 가르침과 체험을 모으시고, 이 낱말을 사용하시면서 특별히 아버지께서 약속하신 성령과 결부시키셨다.[1] 하나님 백성들의 경건한 삶과 언어의 본질 속에 그토록 깊이 얽혀 들어가 있던 것이 이제 새롭고도 더 차원 높은 용법을 갖게 되었다. 그

들의 영혼에 비친 하나님의 모습의 광채로나, 그들을 구원하시기 위한 특별한 개입으로, 혹은 백성들에게 주신 약속을 성취하시고자 오심으로, 그들이 하나님의 현현을 고대한 것처럼, 우리도 또한 기다려야 한다. 그러나 이제 성부께서 성자 속에 계시되셨고, 성자께서는 위대한 구원을 완성하셨으므로, 기다림은 특별히 성부의 사랑과 성자의 은혜를 계시하고 하나로 만드는 큰 약속의 성취로 채워질 것이다 ― 그것은 곧 성령의 은사와 내주하심 그리고 충만하심이다. 우리는 송축 받으실 성령께서 더욱 넘치게 흘러 들어오시고 역사하시기를 고대하며 성부와 성자를 받든다. 우리는 송축 받으실 성령 자신을 기다리며, 그분이 운행하시고 인도하시며 능력으로 굳세게 하셔서, 우리들 속에 성부와 성자를 계시하실 뿐만 아니라, 우리 안에서 모든 성결함과 더불어 성부와 성자의 부르심에 응답하는 섬김을 이루실 것을 기다린다.

"그들에게 분부하여 이르시되 예루살렘을 떠나지 말고 내게서 들은 바 아버지께서 약속하신 것을 기다리라." 이 말씀이 오순절에 성령을 부어 주신 것만을 가리키는 것이 아니지 않은가? 혹은 이제 교회에 성령이 주어졌는데 아직도 그 분부가 유효한가 하는 질문이 제기될 수 있다. 성령을 속에 가진 신자가 아버지의 약속을 기다린다는 것은 성령을 받았으며 내주하고 계신다는 것을 자각하는 믿음과 기쁨에 거의 모순되는 것이라고 항변할 수도 있다.

이런 질문과 항변은 가장 큰 중요성을 띤 교훈에 이르는 길을 열어 준다. 성령은 우리가 마음대로 부리고 사용할 소유물로 주어진 것이 아니다. 성령은 우리의 주님으로서 우리를 지배하시도록 주어졌다. 우리가 그분을 사용하는 것이 아니다. 우리는 그분의 쓰임을 받아야 한다. 그분은 참으로 우리 것이지만, 우리 하나님으로서 우리 것이다. 그리고 우리는 모든 이들에게 원할 때마다 베풀어 주시는 그분을 깊이 그리고 전적으로 의지하는

---

1) 이 헬라어 낱말은 칠십인경에서 야곱의 기도에 사용된 낱말과 동일하다, "여호와여 나는 주의 구원을 기다리나이다."

116

위치에 있다. 아버지께서는 우리에게 성령을 주셨다. 그러나 그분은 지금
도 아버지의 영이시며, 아버지의 영으로서만 역사하신다. 그분의 역사하심
즉, 성부께서 자기의 영을 통한 능력으로써 우리를 굳세게 해 주실 것을
구하는 우리의 간구와 이를 기다리는 우리의 기다림은 우리가 그분께 성
령을 처음으로 구했던 것처럼 분명하고 확정적이어야 한다. 하나님이 자기
영을 주실 때, 자신의 가장 깊은 자아를 주신다. 그분은 거룩한 은사로써
주시되, 계속적이고 방해 받지 아니하며 결코 쉼 없는 영생의 능력 가운데
베푸신다. 예수께서 자기를 믿는 자들에게 생수가 항상 끊이지 않고 흘러
나오리라고 약속하셨을 때, 그들을 최종적으로 그 복의 독자적인 소유자들
로 만들어 줄 단 한 번의 신앙 행위를 말씀하신 것이 아니었다. 오히려 그
분은 신앙적인 삶을 말씀하신 것이며, 그것은 끊임없이 받아들이는 삶으로
서, 자신과의 살아있는 연합을 통하여 그분의 은사를 언제나 소유할 뿐이
다. 그래서 기다린다는 이 귀한 낱말은 — 그들에게 분부하여 이르시되,
'기다리라' — 옛 시대의 체험에서 얻어진 모든 복된 의미를 고스란히 가
지고 새로운 성령시대 속으로 엮어져 들어온다. 제자들이 열흘 동안 기다
리면서 행하고 느낀 모든 것과 그들이 얻은 복된 열매와 보상은 우리가
살아갈 수 있는 성령의 삶으로 이르는 길이며 그것을 보증하는 표적이다.
아버지의 약속인 성령충만과 우리의 기다림은 언제까지나 서로 뗄래야 뗄
수 없도록 연결되어 있다.

　왜 그토록 많은 신자들이 성령의 기쁨과 능력을 거의 알지 못하는지 우
리는 이제 알 수 있지 않은가? 그들은 그것을 기다릴 줄 몰랐다. 그들은
주님의 고별의 말씀을 주의 깊게 듣지 않았다. 주님은 그들에게, 내게 들은
바 아버지의 약속을 기다리라고 분부하셨다. 그들은 그 약속을 들었다. 그
들은 그 성취를 갈망했다. 진실한 기도를 통하여 그것을 간구했다. 그들은
절박한 필요에 시달렸다. 그들은 믿고자 했으며, 이해하려 했고, 성령으로
충만하고자 했다. 그러나 그들은 기다린다는 것이 무엇인지 알지 못했다.
그들은 여기서 "그를 기다리는 자마다 복이 있도다." "오직 여호와를 앙망
하는 자는 새 힘을 얻으리니 …"라는 말씀을 결코 말한 적도 없고, 심지어

진심으로 들어본 적도 없다.

그러나 이 기다림이란 무엇인가? 그리고 우리는 어떻게 기다릴 것인가? 나는 하나님께서 성령으로 나를 가르치셔서 그분의 자녀들이 이 명령에 순종하도록 도와줄 가장 간단한 방법에 착수할 수 있기를 바란다. 먼저 말할 것은, 신자로서 당신이 기다릴 것은 당신 안에서 성령의 능력이 충만하게 나타나는 것이다. 부활하신 날 아침에 예수께서는 제자들을 향하여 숨을 내쉬면서, 성령을 받으라고 말씀하셨다. 그들은 불과 능력의 세례를 기다리게 되었다. 당신은 하나님의 자녀로서 성령을 가졌다. 실패와 죄로 만연해 있던 신자들에게 보낸 서신서들을 연구해 보라(고전 3:1-3, 16; 6:19-20; 갈 3:2-3; 4:6). 하나님의 말씀을 믿는 단순한 믿음 가운데 조용하게 이 확신을 길러야 한다: 성령께서 내 안에 내주하고 계신다. 만약 당신이 작은 것에 충성되지 않으면, 더 큰 것을 기대할 수 없다. 성령께서 당신 안에 계심을 믿음과 감사로 인정하라. 하나님께 아뢰고자 골방에 들어갈 때마다, 우선 잠잠히 앉아서 성령께서 아버지!라고 부르짖는 영으로서 당신 안에 계심을 상기하고 믿으라. 당신이 성령께서 거하시는 성전임을 완전히 깨닫게 될 그때까지 하나님 앞에 나가서 그분께 분명하게 고백하라.

지금 당신은 두 번째 걸음을 내딛기에 좋은 위치에 있다. 두 번째 걸음은 즉, 당신에게 성령의 역사를 허락하시도록 단순하고도 조용하게 그 자리에서 곧 간구하는 것이다. 성령은 하나님 안에 계시고 또 당신 안에 계신다. 아버지의 전능하신 성령께서 더욱 큰 생명과 능력으로 임하시도록, 그리고 내주하시는 성령께서 당신 안에서 더욱 강하게 역사하시도록 아버지께 간구하라. 약속들에 근거하여 혹은 그분 앞에 내놓는 어떤 특별한 약속에 대하여 이렇게 간구할 때, 그분이 들으시고 이루어 주신다는 것을 당신은 믿고 있다. 당신의 마음 속에 무엇인가 느껴지는지 어떤지를 보고자 기대해서는 안 된다. 거기에 있는 것은 모두 어둡고 차가운 것들일 수도 있다. 당신이 믿고 의지해야 할 것은, 비록 당신이 느낄 수 없다 해도, 하나님께서 이루려 하시는 것과 이루고 계신 그것이다.

그 다음에 기다림이 온다. 주님을 받들고, 성령을 기다려야 한다. 하나님 앞에 여전히 잠잠하면서, 성령께서 내 안에서 확신을 불러일으키고 깊게 하실 시간을 드려야 한다. 그 확신은 곧, 하나님께서 성령으로 하여금 당신 속에서 능력으로 역사하게 하시리라는 것이다. 우리는 신령한 제사를 드릴 거룩한 제사장이다. 희생제물을 잡는 것은 제사에 필수적인 부분이다. 당신이 끌고 온 모든 희생제물은 자아와 그것의 능력을 죽여서 죽음에 넘겨주고 희생하는 것이다. 당신이 하나님 앞에서 거룩한 침묵 속에서 기다릴 때, 그분은 당신이 아무것도 가진 것이 없다는 고백 즉, 올바로 기도할 지혜도 없고 올바로 행할 힘도 없다는 고백으로 받아들이실 것이다. 기다림은 곤궁과 비움의 표현이다. 가난하고 연약하다는 인식 그리고 만족과 능력의 기쁨, 이 두 가지는 그리스도인의 모든 삶을 통하여 함께 동행한다. 하나님 앞에서 기다리는 중에 영혼은 그 자체의 허무함 속으로 가라앉으며, 하나님이 그 희생을 받으셨고 그 소원을 이루어 주시리라는 거룩한 확신 속으로 다시 떠오른다.

하나님을 기다리게 된 이후에 영혼은, 하나님께서 그분의 약속과 자녀들의 소망이 성취되도록 살펴주실 것이라는 믿음을 가지고, 일상적인 삶이나 혹은 예비된 특별한 임무로 나아가야 한다. 만약 당신이 성령을 기다린 이후 기도나 말씀읽기에 헌신한다면, 내주하신 성령께서 당신의 기도와 생각을 인도하신다는 신뢰 속에 그것을 행하라. 만약 당신의 체험이 아무 일도 일어나지 않았다는 것을 증명하는 것처럼 보인다 해도, 이것은 단지 당신을 더욱 순전하고 더욱 전적인 헌신으로 이끌기 위한 것임을 확신한다. 당신은 인간적 이해와 육적인 정신의 능력으로 예배하는 데 너무나 익숙해져 있기 때문에, 진정으로 영적인 예배를 즉시 드리게 될 수는 없다. 그러나 '분부하여 이르시되, 기다리라' 하신 말씀처럼 기다리라. 일상의 삶과 일 가운데 기다림의 성향을 고수하라. "내가 종일 주를 기다리나이다."

우리는 삼위로서 일체이신 하나님을 향해 아뢴다. 성령께서는 우리를 그분 곁으로 데려가시고 자신과 연합하게 하신다. 당신의 믿음을 매일 새롭게 하고, 그것이 가능하게 될 때, 하나님을 기다리는 훈련을 확대하라. 기

도할 때, 많은 말과 열광적인 감정은 흔히 도움이 되기보다는 오히려 장애
가 된다. 당신 속에서 하나님의 역사는 더욱 깊어져야 하고 더욱 영적인
것이 되어야 하며, 더욱 직접적으로 하나님이 하시는 일이 되어야만 한다.
약속이 완전히 성취되기를 기다리라. 당신이 믿음과 소망, 그리고 겸손과
비움, 그리고 성령의 다스리심에 대한 전적이고도 진정한 굴복을 나타내는
데 바친 시간을 낭비한 시간으로 여기지 말라. 오순절은 승천하신 예수께
서 자기 교회를 위하여 보좌에서 행하시는 일에 대해 모든 시대에 증거로
삼으신 것이다. 열흘 동안의 기다림은 모든 시대에 대해서 보좌 앞에서의
취할 자세로 삼으신 것이며, 오순절의 복 내리심이 그 후로도 계속될 것임
을 보증하는 것이다. 아버지의 약속은 확실하다. 당신은 예수께로부터 그
약속을 받았다. 성령께서 이미 당신 안에서 일하고 계신다. 그분의 충만한
내주하심과 인도하심이 그분의 자녀인 당신 몫이다. 그렇다, 주님의 분부
를 지켜야 한다! 하나님을 받들고, 성령을 기다리라. "너는 여호와를 기다
릴지어다. 그를 기다리는 자마다 복이 있도다."

　　송축 받으실 아버지시여, 우리가 당신의 사랑하는 아들이 전해 주신 당
신의 약속을 들었습니다. 하나님과 어린양의 보좌 밑에서 흘러 나오는 생
수의 강물이 거룩하고 끊임없습니다. 당신의 영이 우리의 갈급한 영혼을
살리기 위해 흘러 내립니다. 주 외에는 자기를 앙망하는 자를 위하여 이런
일을 행한 신을 옛부터 귀로 들은 자도 없고 눈으로 본 자도 없었나이다.
　　우리는 약속을 기다리라 하시는 그분의 명령을 들었나이다. 그중에 우리
에게 이미 성취된 것을 인하여 감사하옵니다. 그러나 우리의 영혼은 그리
스도의 완전한 복을 충만히 소유하기를 갈망합니다.
　　칭송 받으실 아버지시여, 우리를 가르치사 매일 당신 문의 문설주 곁에
지켜 서서 당신을 기다리게 하소서.
　　우리가 당신께 다가갈 때, 매일처럼 우리를 가르치사, 그분을 기다리게
하소서. 당신의 영이 권능으로 역사하실 수 있도록, 우리 자신의 지혜와 뜻
을 희생제물로 죽이고 우리 자신의 본성이 활동하지 못하게 하며, 당신 앞

에 겸손히 있는 법을 배우게 하소서. 매일같이 우리 자신의 생명을 당신 앞에 내어놓을 때, 당신의 보좌 밑에서 흘러 나오는 거룩한 생명의 강물이 능력으로 더욱 불어나며 우리 예배는 영과 진리의 예배가 될 것임을 가르 치소서. 아멘.

요 약

1. 제자들은 성령을 주실 것이라는 약속에 대한 믿음으로 자신들의 사역에 착수하려 해서는 안 되었다. 그들은 하늘에 계신 그리스도께서 자신의 영을 그들 안에 주셨다는 것을 기쁘게 증언하고 입증할 수 있을 때까지 기다려야 했다. 그때까지 머물러라.

2. "우리는 우리의 오순절을 되돌아봐서는 안 된다. 다만 그리스도의 교회로 하여금 이 시대에 속한 특권을 알도록 하시기 위해서 사도행전의 오순절을 주신 것이다. 하나님의 영은 단비와 같이 오신다. 성령은 지금도 내리고 또 내려야 한다. 성령은 바람과 같이 지금도 불고 또 불어야 한다" ― 보웬(Bowen)

3. 기다림! 이 말은 아버지의 약속을 향한 제자들의 자세를 모두 포괄하여 가리키는 낱말이다. 기다림! 이 말은 자기를 부인하는 것과 그 지혜 또는 힘을 부인하는 것, 다른 모든 것으로부터 구별되는 것, 성령께서 요구하실 모든 것을 내어드리고 각오하는 것, 그리스도에 대한 희락에 찬 믿음, 그분이 행하실 일에 대한 확신에 찬 기대 등을 포함한다. 기다리라! 머물러라! 승천하시는 주님이 약속의 성취를 위해 마지막으로 부과하신 한 가지 조건이다.

4. 기다리라! 이 낱말은, 자기 속에 성령이 거하심을 아는 사람들과 위로부터 오시는 그분을 통하여 강한 새 힘을 얻고자 하는 사람들마다 성령과의 관계에서 자신의 일상생활의 든든한 받침대로 삼아야 할 말씀이다. 기다리라! 이 낱말은, 주님께서 기도에 응답하셔서 그분의 능력을 세상에 나타내시기를 기다릴 때, 교회가 견지해야 할 자세가 되어야 한다. "그들에

게 분부하여 이르시되, 기다리라. 너희는 위로부터 능력으로 입혀질 때까지 이 성에 머물라."

5. "그리스도께서는 율법의 성취자요 마침이셨던 것처럼, 성령은 복음의 성취자요 복음 전체를 유효하게 하는 분이시다. 만약 성령께서 우리 마음에 오지 않으셨고 우리로 하여금 그리스도가 하신 모든 것을 절실히 깨닫게 하지 않으셨다면, 그 모든 것은 우리에게 유익이 없었을 것이다" — 굿윈(Goodwin)

제 14 장

능력의 성령

너희는 몇 날이 못되어 성령으로 세례를 받으리라 하셨느니라 … 오직 성령이 너희에게 임하시면 너희가 권능을 받고 예루살렘과 온 유대와 사마리아와 땅 끝까지 이르러 내 증인이 되리라 하시니라(행 1:5, 8).
너희는 위로부터 능력으로 입혀질 때까지 이 성에 머물라 하시니라(눅 24:49).

　제자들은 세례자 요한으로부터 성령의 세례에 대해 들은 바 있다. 예수 께서는, 아버지께 구하는 그들에게 아버지께서 성령을 주시리라는 것과 그들 속에서 말씀하실 아버지의 영에 대해서 말씀하셨다. 그리고 마지막 날 밤에 그들 안에 거하시고, 그들을 통해 증언하시며, 그들로 하여금 세상의 죄를 책망 하시고자 그들에게 오실 성령에 대하여 말씀하셨다. 그들의 생각 속에서 성령강림의 양상에 대한 이 모든 관념들은 그들이 행해야 할 사역과 그 사역을 위한 능력에 결부될 것이다. 우리 주님이 자신의 모든 가르침을 "성령이 너희에게 임하시면 너희가 권능을 받고 내 증인이 되리라" 하신 말씀으로 매듭지으셨을 때, 그것은 그들이 선망하던 것 즉, 십자가에 달리시고 부활하신 예수의 증인이 된다고 하는 새롭고도 거룩한 사역에 필요한 역시 새롭고도 거룩한 능력을 단적으로 요약해서 말씀하신 것이었음에 틀림없다.

　이것은 성령의 사역에 대해서 성경에서 그들이 읽었던 것들과 전적으로

부합하는 것이다. 노아의 홍수 이전에 성령께서는 사람들을 붙들고 애를 쓰셔야 했다. 모세의 사역 동안에 그분은 모세와 또한 성령을 힘입은 칠십 인의 장로들에게 능력을 베푸시어, 그들이 이스라엘을 다스리고 지도하며 하나님의 집을 짓는 자들에게 지혜를 주도록 하셨다. 사사들의 시대에 그분은 원수들과 싸우고 무찌르는 능력을 주셨다. 왕들과 예언자들의 시대에 그분은 죄에 맞서서 고발하는 담대함과 다가오는 구원을 선포하는 능력을 주셨다.

구약에서 성령에 대한 모든 언급은 하나님의 영광과 그분의 통치에 연관되어 있으며, 이를 위해서 봉사하기에 합당한 자를 만드는 것과 결부되어 있다. 하나님의 아들이 나사렛에서 처음으로 착수한 사역인 메시아의 위대한 예언활동 가운데 그가 성령으로 기름부음을 받으신 것은 포로된 자에게 해방을 가져다주고 슬픈 자에게 기쁨을 가져다주고자 하는 단 한 가지 목적을 위한 것이었다. 구약을 배우는 자요 예수를 따르는 자들인 제자들의 생각에 성령에 대한 약속은 한 가지 의미밖에 없었다. 즉, 그것은 그들의 주님이 보좌에 오르실 때 그분을 위해 해야 할 큰 사역을 위한 능력이었다.

성령의 위로와 가르침과 영혼을 성결케 하심과 예수를 영화롭게 하심의 역사를 통하여 그분이 제자들에게 개인적으로 어떤 분이 될 것인가 하는 모든 의의는 한 가지 목적을 위한 수단이었고, 그 목적은 떠나신 주님을 위해 봉사할 능력을 그들에게 덧입히는 것이었다. 우리 시대에 그리스도의 교회가 이것을 알았더라면! 하나님의 자녀들 속에서 성령이 감화하셔서 인도하시고 힘 주시기를 간구하는 모든 기도는, 그리스도를 증언하고 또 그분을 위하여 세상을 정복하는 데에 쓸모 있게 봉사할 능력 얻기를 목표로 삼는 기도여야 한다. 능력을 낭비하는 것은 그것을 증언하는 이들에게 언제나 후회의 원인이 된다. 동력을 절약하는 것은 모든 조직체와 산업에서 큰 동인들 중 하나이다. 성령은 하나님의 위대한 동력이다. 성령은 모든 동력을 부여 받으신 분의 보좌로부터 내려오는 하나님의 구원의 큰 동력이다. 거룩하게 혹은 지혜롭게 혹은 선하게 되고자 하는 욕망으로 오로지 자기 자신만을 위하여 이 능력을 구하는 자들에게 하나님께서 그것을 낭비하실 것이라고 과연 상상할 수 있는가? 아니다. 성령께서는 예수께서 자기의 보좌와 생명을 희생함으로써 이루신 사역을 계속하시기 위해서 하늘로부터 내려오는 능력이다. 그 능력을 받기 위한 핵심적인 조건은 성령께서 오셔서 완성하고자 하시는 사역을 우리가 기꺼이 맡을 각오를 하는 것이다.

"내 증인": 이 두 낱말은 거룩하고도 다함이 없는 풍부한 의미를 포함하고 있다. 이 두 낱말은 성령의 사역과 우리의 사역에 대한 완벽한 표현으로서, 이 사역에 필요한 것은 오직 그분의 거룩한 능력뿐이며, 이 사역을 통하여 연약한 우리가 강하게 된다. 정직한 증언이야말로 가장 효과적이어서, 변론가의 학식있는 변론술조차 거기에 설득당할 수밖에 없다. 그처럼 단순한 것도 없어서, 무릇 우리가 보고 들은 것은 말하는 것일 뿐이며, 혹은, 어쩌면 말없이 우리에게 이루어진 일을 보여 주는 것일 뿐이다. 그것은 예수 자신의 위대한 사역이었다. "내가 이를 위하여 태어났으며 이를 위하여 세상에 왔나니 곧 진리에 대하여 증언하려 함이로라." 하지만, 우리가 예수의 증인이 되는 것이 비록 단순하고 쉽게 보여도, 거기에는 성령의 강한 능력이 필요하며, 그것을 행하시기 위해서 성령께서 오셨다. 만약 우리가 하늘에서 다스리시는 예수를 영생의 능력, 곧, 내세의 능력과 하늘의 능력으로 증언하려면, 우리의 입술과 삶으로 더욱 힘있게 증언하게 할 하늘 생명의 거룩한 능력이외의 다른 것으로는 안 된다.

성령은 그 자신이 증인이시기 때문에 우리를 증인으로 만드신다. 예수께서는 '그가 나를 증언하실 것이요' 라고 말씀하셨다. 오순절에 베드로가 예수에 대하여, 그가 하늘로 올라가셨고, 아버지께 성령을 받아서 부어 주셨다고 설교했을 때, 그는 자신이 아는 것을 말한 것이다. 성령이 그의 안에서 영화롭게 되신 주님의 영광에 대하여 그에게 증언해 주셨기 때문이다. 그들이 산헤드린 공회 앞에 섰을 때 그처럼 담대하고 강하게 말할 수 있었던 것도 그리스도의 능력과 임재가 실재한다는 것을 일러 주신 성령의 증언에 힘입은 것이다. "하나님이 그를 오른손으로 높이사 임금과 구주로 삼으셨느니라. 우리는 이 일에 증인이요 하나님이 자기에게 순종하는 사람들에게 주신 성령도 그러하니라 하더라." 성령이 거룩한 생명과 능력으로 증언하심으로써, 지금 영광 가운데 계신 예수께서 어떤 분이신지 우리에게 알려 주실 때, 우리의 증언은 그분의 능력을 힘입게 될 것이다. 우리는 복음서들이 기록하고 성경이 가르치는 예수의 인격과 사역에 대해서 알고 있을 것이며, 심지어 예수의 능력에 대하여 우리가 이미 알고 있던 과거의 체험을 바탕으로 말하기도 할 것이다. 그러나 이것은 이 본문에서 약속하고 있으며, 그 후로 세상에서 힘을 발휘할 그 능력의 증언이 아니다. 우리의 증언에 하늘로부터 내리는 생명의 숨결을 부여하시는 분은 지금 임재하셔서 예수의 인격적 현존을 증언하시는 성령이시며, 이 생명의 숨결이 하나님으로 말미암아 적진을 함락시킨다. 당신은 성령께서 생명과 진리로 당신에게 증언해 주시는 것만큼 예수에 대해서 증언할 수 있다.

가끔 능력의 세례, 곧, 능력을 덧입는 것에 대해 특별한 은사라고 말하며 추구하기도 한다. 바울이 이미 성령의 인침을 받은 에베소 사람들에게 아버지께서 여전히 지혜의 영을 주실 것이라고 분명히 말했으므로(엡 1:17), 우리가 능력의 영을 달라고 명확하게 기도하는 것은 그릇된 일이 아니다. 심중을 보시는 그분은 성령의 마음을 아시며, 우리 말의 완전함에 따름이 아니라 우리 마음에 성령이 불어넣으시는 소원에 따라 그대로 베풀어 주실 것이다. 우리는 바울의 또 다른 기도(엡 3:16)를 사용하여 간구할 수 있다. '그의 성령으로 말미암아 우리 속사람을 능력으로 강건하게 하시옵소서.' 우리가 어떤 말로 기도하건 한 가지 분명한 것이 있다. 우리가 간구하는 것이 능력의 성령이든지 혹은 성령의 능력이든지 그것이 하나님께로부터 내려오는 것은, 쉬지 않고 기도하면서 우리의 무릎을 꿇고 하나님을 기다릴 그때라는 것이다. 성령은 하나님과 분리되지 않으시며, 그분은 어디로 행하고 어떻게 역사하시든지 언제나 하나님의 가장 깊은 내적 존재이시다. 우리가 구하고 생각하는 모든 것을 자신의 영광의 풍성함에 따라 위에서 권능으로 이루어 주시며, 그리스도 안에서 성령의 능력으로 우리에게 옷 입혀 주실 분은 하나님 자신이시다.

우리는 성령의 능력을 구하면서 그분이 역사하시는 방식을 눈여겨보아야 한다. 우리가 조심해야 할 오해가 있다. 그것은 우리가 늘 능력의 활동을 느낄 수 있기를 기대한다는 것이다. 성경은 놀라운 방식으로 능력을 약함에 결부시키며, 그 둘은 서로 앞서거나 뒤따르는 것이 아니라 동시에 공존하는 것이다. "내가 너희 가운데 거할 때에 약하고 … 내 말과 내 전도함이 다만 성령의 나타나심과 능력으로 하여 … 내가 약한 그때에 강함이라"(고전 2:3-5; 고후 4:7, 16; 6:10; 12:10; 13:3, 4을 참고하라). 그 능력은 믿음에 주어진 하나님의 능력이며, 믿음은 어둠 가운데서도 굳세게 자라난다.

성령은 하나님이 택하신 연약한 것들 속에 자신을 감추셔서, 그분이 임재하실 때 육체가 영광을 얻지 못하게 하신다. 우리는 믿음의 성령을 통해서만 영적인 능력을 알게 된다. 우리가 더욱 더 분명하게 우리의 약함을 알고 고백하며 또 우리 속에 거하면서 필요할 때 즉시 역사할 능력을 믿으면, 비록 아무것도 느낄 수 없을 때조차도 더욱 확신을 가지고 그 거룩한 활동을 기대하게 된다. 그리스도인들은 그 능력을 기다리지 않음으로써뿐만 아니라 그릇된 방법으로 기다림으로써 많은 것을 잃는다. 당신의 능력이 아무리 보잘 것 없게 보여도, 위에서 내리는 능력을 굳게 의지하여 기다리고 대망하면서, 충성하고 자원하는 마음으로, 부르심 받은 모든 본분에 순종하라. 휴식과 친교의 짬을 내어 당신 안에 거하고 당신을 통해서 일하기를 기다리는 하나님의 능력을 믿고 기도하기를 힘쓰라. 당신이 애쓰고 노력하는 시간은 믿음으로써 연약함을 통하여 우리가 강하게 된다는 것을 증명할 것이다.

이 거룩한 능력이 역사하는 조건에 대하여 잘못 알고 실수를 범하지 않도록 해야 한다. 자연을 제어하고자 하는 사람은 우선적으로 그리고 전적으로 그것에 복종해야 한다. 능력을 바라고 구하는 것은 그것이 성령의 능력이라 할지라도 많은 은총이 필요한 것이 아니다. 누가 그 능력을 소유하는 것을 기뻐하지 않겠는가? 많은 사람들이 자신의 사역에 능력이 있기를 진실하게 기도하면서도 그것을 받지 못하는데, 이것은 그 능력이 역사할 유일한 지위를 인정하지 않기 때문이다. 우리는 능력을 소유하고 그것을 사용하기를 바란다. 하나님께서는 능력이 우리를 소유하고 우리를 사용하기를 바라신다. 만약 우리가 우리 자신을 능력에 내어주고 능력이 우리를 다스리도록 한다면, 그 능력은 그 자신을 우리에게 내어주고 우리를 통하여 다스릴 것이다. 우리의 내적 생명 속에 있는 능력에 무조건 굴복하고 순종하는 것은 우리가 능력을 덧입는 단 한 가지 조건이다. 하나님은 순종하는 자에게 성령을 주신다. 권능은 하나님께 속하였으며 영원히 그분의 것이다. 만약 그분의 능력이 당신 안에서 일하도록 하려면, 당신 안에 거하시는 거룩한 현존 앞에 겸손하게 두려워 하면서 엎드릴 일이다. 그분은 가장 사소한 일에서조차도 그분의 인도하심에 맡기기를 요구하신다. 어떤 일에나 그분의 뜻을 알고 행하기에 실패하지 않도록 거룩한 두려움으로 겸손히 걸으라. 당신의 내적 존재를 완전히 소유하고 당신을 전적으로 다스리는 능력에 바쳐진 사람으로 살도록 하라. 성령과 그 능력이 당신을 소유하도록 하라. 그러면 그 능력이 당신 속에서 활동하고 있음을 알게 될 것이다.

또한 이 능력의 목적, 이 능력이 이루려고 하는 일에 대해서 분명하게 알아야 한다. 사람들은 동력을 아끼기 위하여, 그리고 그것이 가장 효율적으로 작용할 수 있는 것에 전달하려고 매우 주의한다. 하나님은 이 능력을 우리 자신의 즐거움을 위해 주시지 않으며, 곤경에서 건지고 수고를 덜어주시기 위해서 주시지 않는다. 그분은 단 한 가지 목적 즉, 자기 아들을 영화롭게 하시려고 그것을 주신다. 자기 자신은 연약하지만 이 한 가지 목적에 충성된 자, 무슨 일이 있어도 기꺼이 하나님을 영화롭게 할 자라는 것을 하나님 앞에 나타낸 자, 그들은 하늘로부터 능력을 받을 것이다. 하나님은 이렇게 능력으로 덧입을 수 있는 사람들을 찾으신다. 그 사역과 예배의 대부분이 쓸모 없다는 것에 놀란 교회가, 도처에서 그런 사람들을 찾고 있다. 세상은 하나님이 참으로 그 백성 가운데 계시다는 것을 납득할 수 있기를 고대한다. 멸망해가는 수백만의 사람들이 구원을 받고자 부르짖고 있으며, 하나님의 능력을 구하고자 기다리고 있다. 하나님께서 그들을 찾아가시고 그들에게 복 내려 주시기를 기도하는 데에만 만족하지 말고, 우리가 그들을 위해서 할 수 있는 최선의 것을 행하도록 시도해야 한다. 신자 개개인마다 자기 자신을 전적으로 온전하게 헌신하여, 예수의 증인으로 살아가자. 그리스도께서 하나님의 대리자가 되신 것과 마찬가지로 그리스도의 대리자가 된다는 것이 무슨 뜻인지 하나님께서 그 백성들에게 보여 주시기를 간구하자. 성령의 능력이 우리 속에 있다는 것과 우리가 하나님을 받들 때 그분은 성령의 능력으로 우리를 채우신다는 믿음으로 살아가자.[1]

거룩하신 아버지, 당신의 자녀들에게 가장 놀라운 것을 허락해 주시어서 그들을 연약함으로부터 강하게 해 주시고, 그들의 굳세지 못함에도 불구하고 능하신 성령께서 영광받게 하심을 감사합니다. 우리는 모든 능력을 부여받으신 예수께서 교회에 임재하시도록 하고자 능력의 영이신 성령께서 내려오신 것과 그의 제자들을 예수의 임재하심의 증인으로 삼아 주신 것을 인하여 감사합니다.

내 아버지여, 당신께 구하옵기는, 나를 가르치사 내가 살아계신 예수를 가진 것처럼, 능력도 갖게 하소서. 그 능력이 오되 보거나 느낄 수 있기를 바라지 않게 하소서. 그것이 항상 인간적 연약함 속에서 거룩한 힘이 되게 하셔서, 그 영광이 항상 당신 것이 되게 하소서. 인간의 연약함 가운데 능력 많으신 주 예수께서 권세를 갖고 역사하시도록 믿음 속에서 능력 받는 것을 배우게 하소서. 내가 오직 그분만을 증언하도록 성령을 통하여 그분이 나와 함께 있게 하소서.

내 아버지여, 내 존재 전체를 이 거룩한 능력에 드리기를 갈구하옵니다. 나는 매일 그리고 온종일 그 다스림 앞에 엎드립니다. 나는 그 종이 될 것이오며 그 엄한 명령에 겸손히 순종하겠나이다. 아버지여, 그 능력이 내 속에서 다스리게 하사, 내가 그 쓰임을 받기에 알맞은 사람이 되게 하소서. 또한 당신의 아들이 영광과 찬송을 받는 것이 내 삶의 한 가지 목적이 되

---

1) 주해 9를 참고하라.

게 하소서. 아멘.

요약

1. 그리스도의 교회에는 지상에 계실 때의 그리스도 자신만큼 아니, 능력의 보좌에 계신 지금의 그분만큼, 전능하고도 거룩한 현존이 있다. 교회가 깨어서 이것을 믿고, 먼지를 털고 일어나 그 아름다운 옷을 입을 때, 교회가 하늘에서 능력을 입으신 자기의 주님을 섬길 때, 그리스도를 전하는 교회의 증언은 살아있는 능력을 갖게 될 것이다. 교회는 전능하신 주님이 교회 안에 계심을 드러내 보일 것이다.

2. 이렇게 높은 곳에서 오는 능력을 옷 입는 것과 성령의 능력을 받는 것은 우리가 본성적으로 기대하는 것과는 정반대의 방식으로 일어난다. 거룩한 능력은 연약함 속에서 역사하는 것이다. 연약하다는 자각은 사라지지 않는다. 능력은 우리가 소유할 소유물로 주어지지 않는다. 우리는 주님 자신을 가질 때에만 그 능력을 가지는 것이다. 그분은 우리의 연약함 속에서 그 연약함을 통하여 그 능력을 행사하신다.

3. 우리에게 매우 위험한 일은 그 능력을 보고 느끼려고 기다리는 것이다. 우리에게 한 가지 필요한 것은 능력의 주님이 현존하심을 깨닫는 것이며, 그분이 연약함 속에서 역사하심을 아는 것이다. 능력으로 덧입는 것 혹은 능력을 받는 것은 주 예수를 개인적으로 소유하며 믿음으로 그분을 영접하는 것이며, 그리하여 우리의 영혼이 그분의 감춰진 현존 속에서 기뻐하게 되며 그분의 능력이 우리의 약함 안에서 역사함을 알게 된다.

4. 물체의 성질은 그것을 구성하는 서로 다른 입자들에 달려있듯이 그리스도의 교회의 능력은 구성원들 개개인의 상태에 의해서 결정될 것이다. 성령은 다수의 신자들 개개인이 자기 자신을 전적으로 주님께 드려서 그분의 영으로 충만하게 된 그때에야 능력 있게 역사하실 수 있다. 이를 위해 힘써 기도하자.

5. 뜻과 목적을 가진 한 인격적 능력이 내 속에서 다스리면서 그분의 뜻

을 범사에 내 안에서 행하려고 한다. 나 자신의 것이 아닌 다른 한 뜻이 지금 내 존재 깊숙한 곳에서 다스리면서 섬김을 받으려 하신다. 내가 굴복하고 순종할 때, 그분의 능력은 나를 통해 역사할 것이다. 나는 다른 분의 능력 아래 살아간다.

   6. "나도 남의 수하에 있는 사람이요 내 아래에도 군사가 있으니 이더러 가라 하면 가고 …" 더 높은 권세 아래 있는 사람은 자기 아래 있는 자들을 다스릴 권세를 가지고 있다. 다른 이들을 다스리고 굴복시키자면 나는 우선 가장 높은 권세자 밑에 있어야만 한다.

제 15 장

성령을 부어 주심

오순절 날이 이미 이르매 … 그들이 다 성령의 충만함을 받고 성령이 말하게 하심을 따라 … 말하기를 시작하니라(행 2:1, 4).

그리스도의 사역은 성령을 부어 주시는 일에서 절정에 이른다. 베들레헴에서의 성육신이라는 놀라운 신비, 갈보리에서 완성된 위대한 구속사역, 부활에 의한 영생의 능력 속에서 하나님의 아들 그리스도로 계시됨, 승천하심으로 영광으로 들어가심 — 이 모든 것들은 예비 단계이며, 그 목표와 면류관은 성령께서 강림하시는 것이다. 오순절은 기독교 축일들 가운데 가장 뒤에 오는 것이며 또한 최대의 것으로서 다른 모든 축일들은 오순절을 통하여 실현되고 성취된다. 교회가 이것을 인정하지 않았고 또 오순절의 영광이 성부와 성자의 가장 높은 영광임을 알지 못했기 때문에, 아직도 성령께서 교회 안에서 그 원하시는 대로 성자를 계시하고 영화롭게 하시지 못하고 있다. 우리가 오순절의 의미를 실현할 수 있는지 살펴보자.

하나님은 사람으로 하여금 하나님처럼 되게 하시려는 특별한 목표를 가지고 자신의 형상대로 자신을 닮도록 사람을 지으셨다. 사람은 하나님이 거하실 성전이 되고, 하나님이 머무실 집이 될 존재였다. 가장 가깝고 가장 친밀한 연합인 사랑의 내주하심, 이것은 거룩하신 분이 바라고 기대하시던 것이었다. 이스라엘의 성전이라는 매우 불충분한 형태로 조형되었던 것이

나사렛 예수 안에서 거룩하게 실현되었다. 하나님은 안에 들어가 머무실 사람을 발견하셨고, 그의 전 존재는 하나님의 뜻에 다스림을 받고 하나님과 사랑의 교제를 나누도록 열려 있었다. 그의 안에는 거룩한 영에 붙잡힌 인성이 있었으며, 하나님은 모든 사람이 그렇게 되기를 바라셨다. 그리고 이 예수와 그의 영을 영접한 자는 모두 그렇게 될 것이다.

그분의 죽음은 죄의 저주와 권세를 벗기기 위한 것이었으며, 그들로 하여금 그분의 영을 받을 수 있도록 하기 위한 것이었다. 그분의 부활은 인성이 육체의 모든 연약함을 벗어버리고 신성의 생명 곧, 거룩한 영적 생명으로 들어가는 입구였다. 그분의 승천은 사람으로서 하나님의 영화로우심 바로 거기에 들어갈 수 있도록 허락된 것이었으며, 그것은 인성이 성령과의 연합 가운데 영광 중에 계신 하나님과 완전한 교제에 참여하는 것이었다. 그렇지만 이 모든 것에도 불구하고, 그 사역은 아직 완료되지 않았다. 가장 주된 일이 여전히 남아있었다. 하나님께서 그리스도 안에 거하신 것과 마찬가지로 사람들 속에서도 거하실 수 있는 방법은 어떤 것인가? 이 큰 질문에 오순절이 해답을 제공하였다.

하나님의 깊은 곳으로부터 성령께서 이전에 갖지 않았던 새로운 성격과 새로운 능력을 지니고 보냄을 받으셨다. 창조와 자연 속에서 그분은 생명의 영으로서 하나님께로부터 나왔다. 특히 사람을 창조하실 때, 그분은 사람이 하나님을 닮도록 그 바탕이 된 능력으로 행동하셨다. 이스라엘 가운데에서 그분은 하나님의 다스리심을 수행하는 영으로 나타나셨고, 어떤 사람들로 하여금 그들의 사역에 합당하도록 갖추게 하고 분명하게 영감을 주셨다. 예수 그리스도 안에서 그분은 아버지의 영으로 오셨고, 한량없이 그분에게 주어졌으며, 그분 안에 머물렀다. 이 모든 것들은 한 분의 동일하신 영이 다른 정도로서 나타나신 모습들이다. 그러나 이제 마지막으로, 오래 전에 약속된 바, 거룩한 영이 전혀 새로운 모습으로 현현하신다.

예수 안에서 그분의 순종의 삶 속에 거하셨고 그분의 인간의 영을 자신과의 완전한 교제와 연합 속으로 받아들이셨던 성령이, 이제 승귀하신 신인의 영이 되신다. 사람이신 그리스도 예수가 하나님의 영광 속으로 들어가서 하나님이 거하시는 영적 생명과의 완전한 교제를 누리게 될 때, 그분은 아버지께로부터 그분의 영을 제자들에게 보낼 권한을 얻으신다. 이것은 곧, 성령을 통하여 그 자신이 내려오셔서 제자들 속에 머무시는 것이다. 성령은 이전에는 불가능했던 새로운 능력으로 내려오시는데, 이전에 불가능했던 이유는 예수께서 십자가에 달리지도 않으셨고 영광을 받지도 않으셨기 때문이다.

그분은 영광 받으신 바로 그 예수의 영으로 오신다. 아들의 사역이자 아버지께서 바라시던 것이 그 성취를 보게 된다. 사람의 마음은 이제 참으로 하나님의 집이 된다. 교회의 축일들 중에 오순절이 가장 큰 것이라고 말하지 않았던가? 베들레헴의 신비는 참으로 이해할 수 없도록 영광스러운 것이었다. 그러나 내가 그것을 일단 믿으면, 불가능한 것과 나타날 수 없는 것은 아무것도 없다. 하나님의 아들을 위해 순전하고 거룩한 몸이 성령의 능력에 의하여 형성되고, 바로 그 몸에 성령께서 거하시는 것은 하나님의 능력으로 일어난 참으로 기이한 일이다. 그러나 이제 바로 그 동일한 성령께서 오셔서 죄악된 인간의 몸에 거하신다는 것, 그들 안에 성부께서도 또한 거처를 정하신다는 것, 이것은 모든 이해를 뛰어넘는 은총의 신비이다. 그러나 하나님께 영광을 돌릴 것은, 이것이 곧 오순절이 가져오고 또 받아서 갖는 그 복이다.

하나님의 아들이 베들레헴에서 우리 것과 같은 육체 속으로 들어가신 것, 우리 대신 죄의 저주와 죽음으로 들어가신 것, 인성 속에서 죽은 자들로부터 처음 맺은 열매로서 영생의 능력으로 들어가신 것, 그리고 성부의 영광 바로 거기로 들어가신 것, 이 모든 것들은 다만 예비적인 단계였을 뿐이며, 그 나머지 모든 것들이 이루어지는 완결은 여기에 있다. "보라, 하나님의 장막이 사람들과 함께 있으매 하나님이 그들과 함께 계시리니"라고 하신 말씀이 이제 성취되기 시작하는 것이다.[1]

성령을 부어 주신 사건에 관한 이야기를 이해하려면 오순절 사건에 앞

---

1) 주해 10을 참고하라.

서서 일어난 모든 일을 고려해야 한다 — 만약 하나님께서 죄악된 사람들 속에 거하시려고 작정하지 않으셨다면, 예수의 그 큰 희생제사를 그다지 대수롭게 여기지 않으셨을 것이다. 성령강림은 그리스도께서 하늘에서 높임을 받으신 것을 지상에서 반영하는 것으로서, 이제 그분이 아버지와 공유하고 계신 영광을 자기 친구들에게 나누어 주어 거기에 참여하게 하는 것이다. 이것을 완전히 이해하기 위해서는 영적인 조명이 필요하다. 이 간단하게 진술된 이야기 속에서 하나님 나라의 가장 심오한 비밀이 드러나고, 주님이 돌아오실 때까지 교회가 받을 거룩한 유업에 대한 권리증서가 수여된다. 신자들과 교회에 대하여, 말씀의 사역자들과 그들의 사역에 대하여, 그리고 불신앙의 세상에 대하여 성령이 어떤 분이 되실 것인가 하는 것은 중요시되는 세 가지 주제이다.

1. 그리스도께서는 자기 제자들에게 약속하시기를, 보혜사를 통하여 그리스도 자신이 그들에게 다시 오겠다고 하셨다. 그분의 지상 생애 동안 보이지 않는 성부를 계시하신 그분의 인격적인 현존은 사람들에게 허락하신 성부의 큰 은혜로서, 제자들이 바라고 필요로 했던 단 한 가지의 것이었다. 이것은 이제 이전보다 더욱 큰 능력으로 그들의 몫이 될 터였다. 그리스도는 바로 이 목적을 위하여 영광으로 들어가셨으며 이제, 이는 만물을 충만하게 하려 하심이라고 하신 그 거룩한 방법으로써, 그분 자신과 자기의 영화로운 생명을 자기의 몸 된 지체들에게 충만하게 채우시려는 것이었다. 성령께서 강림하셨을 때, 그분이 개인적 생명으로서 그들 속에 주신 것은, 이전에는 단지 그들 가까이 있던 생명이었을 뿐 아직 그들의 자연적 생명에 속하지 않았던 것이었다.

하나님의 친아들이 살아가며 사랑하셨고, 순종하여 죽으셨고, 전능한 능력으로 되살림을 받으셔서 영화롭게 되신 다음, 이제 그분의 바로 그 영이 제자들의 개인적 생명이 되시려는 것이었다. 그들의 친구이자 주님이 천국 보좌에 앉게 되는 가운데 하늘에서 일어난 경이로운 거래, 성령께서는 바로 이것에 대해 증언하고, 그들 속에 거룩한 현실로서 전달하고 지속하고자 오셨다. 성령께서 성부로부터 성자를 통하여 내려오셨을 때, 제자들의 본성 전체가 하늘의 기쁨과 능력 그리고 예수의 임재하심으로 차고 넘쳤고, 그들의 입술이 하나님의 놀라운 역사에 대한 찬양으로 넘치게 된 것은 전혀 이상한 일이 아니다.

그리스도의 교회가 탄생한 내력이 이러했으며, 성장하고 굳세어지는 일도 그래야만 한다. 교회가 오순절의 전통을 계승하는 데에 으뜸되고도 핵심적인 요소는 구성원들이 성령과 불로써 세례를 받아, 모든 마음마다 영화로우신 주님의 임재를 충만하게 체험하며, 하나님이 예수를 영광스런 보좌로 올리시고 그 제자들에게도 그 영광을 충만하게 하심으로써 이루신 놀라운 사역을 말과 삶으로 증언하는 것이다. 우리가 구해야 할 것은 우리의 설교자들이 능력으로 세례를 받는 것이 아니다. 그리스도의 몸 된 지체들 개개인이 알고, 소유해야 하는 것이며, 내주하시는 그리스도의 임재를 성령을 통해서 증언해야 한다. 이것이 세상으로 하여금 주목하게 하고 예수의 권능을 고백하지 않을 수 없도록 할 것이다.

2. 베드로는 신자들이 모여서 기쁨으로 찬양하는 광경을 보고 흥미롭게 여기며 의문을 제기한 무리들 가운데 섰다. 오순절 이야기는 그 사역의 참다운 자세와 그 능력의 비밀을 우리에게 가르쳐 준다. 성령으로 충만한 교회는 무관심한 자들을 일깨우고, 정직하고 진실한 사람들을 이끌어 들이는 하나님의 능력이다. 설교가 능력을 갖게 되는 것은 신자들의 증언으로 눈 뜨게 된 청중들에게 선포될 그때이다. 성령으로 충만한 형제자매들이 있을 때 성령에 이끌린 바 된 설교자들이 그 형제자매들로부터 일어나 모든 신자들을 가리켜 자신들의 설교의 진실함과 주님의 능력을 증언하는 참된 증인으로 담대하고도 막힘 없이 선포할 수 있다.

베드로의 설교는 모든 성령설교들이 어떠한 것인지를 보여 주는 가장 두드러진 가르침이다. 그는 성경에 근거하여 그리스도를 설교했다. 베드로는 사람의 생각과는 대조적인 하나님의 생각을 말하는데, 사람은 그리스도를 배척했지만 하나님은 그리스도를 보내셨고, 그분 안에서 기뻐하셨으며, 이제 그분을 자기 오른편 자리로 높이셨다. 성령의 능력 가운데 있는 모든 설교는 이와 동일할 것이다. 성령은 그리스도의 영이요 그분의 인격적 생명으로서, 우리의 인격을 소유하시고 그리스도께서 우리를 위하여 싸워 이기신 것을 우리 영과 더불어 증언하신다. 성령은 그리스도께서 지상에서 시작하신 사역을 계승하시고, 사람들로 하여금 그분의 구원과 생명에 참여하는 자로 만드시려는 바로 그 목적을 위해서 오셨다. 성령은 항상 그리스도를 증언하시며, 다른 것은 있을 수 없다. 그분은 성경에서 그렇게 하셨고, 믿는 자 속에서 그렇게 하시며, 신자의 증언은 항상 성경과 일치할 것이다. 그리스도 속에 계신 성령과 성경 속에 계신 성령 그리고 교회 안에 계신 성령, 이 삼겹줄이 함께 꼬여있는 한 그것은 끊어지지 않는다.

3. 이 설교의 힘은 경이로운 것이었지만, 예상치 못한 것은 아니었다. 예수의 임재와 능력은 제자 집단 속에 실재하는 것이었다. 하늘의 보좌로부터 내린 능력이 베드로에게 충만하였다. 그가 보고 체험한 그리스도는 하나님의 오른편으로 높임을 받은 분이며 영적 실재로서, 능력이 그로부터 내려왔다. 베드로의 설교가 "너희가 십자가에 못 박은 이 예수를 하나님이 주와 그리스도가 되게 하셨느니라" 하는 부분에 이르자, 수천 명의 사람들이 마음에 찔려 굴복하고 십자가에 죽은 자를 자신들의 주님으로 인정하게 되었다. 성령이 제자들에게 내려오셨고 그들을 통하여 불신자들을 깨우치게 하셨다. 참회하기를 구하는 자들은 회개하고 믿으라는 명령을 들었고 성령을 선물로 받았다. 그리스도께서 제자들을 통하여 행하시겠다고 약속하신 위대한 사역을 성령께서 이루셨다. 평생 갖고 있던 편견과 심지어 지독한 증오심조차도 한순간에 복종과 사랑과 경배에 자리를 내주었다. 영광 받으신 주님으로부터 능력이 베드로의 몸에 충만하였고, 그로부터 흘러나와서 승리하고 구원하였다.

오순절은 그날의 영광스런 아침이요, 예언자들과 더불어 우리 주님께서 그토록 자주 말씀하셨던 바 그날들 중 첫 날로서, 교회의 역사로 예정된 것에 대한 약속이요 보증이었다. 널리 인정되는 바, 교회는 예정된 것을 제대로 성취하지 못해 왔으며, 이천 년이 지난 지금도 자신의 영광스런 특권의 자리에 오르지 못하고 있다. 교회가 소명을 받아들여, 세상 끝까지 주님을 증언하려고 애쓸 때조차도, 오순절의 성령을 신뢰하고 그분의 강한 능력에 붙들린 채 충실하게 그 사명을 감당하지 못했다. 오순절을 해돋이로 여기지 아니하고, 이미 그때가 곧 날이 저물기 시작할 수밖에 없는 한낮이 었던 것처럼 말하고 행동할 때가 많았다. 교회는 오순절로 돌아가야 한다. 그러면 오순절이 교회로 돌아올 것이다. 신자들이 하나님의 영을 받아들일 수 있는 용량만큼만 그분도 신자들을 소유하신다. 약속은 성취를 기다리고 있다. 우리는 이제 성령을 그분의 충만하신 만큼 모두 다 받을 수 있다. 우리의 용량을 확대할 필요가 있다. 신자들이 주님께서 자기 백성들 가운데 에서 능력으로 자신을 알리시리라고 확신하고, 영광 받으신 주님을 응시하고 믿음으로 약속을 굳게 붙잡으며, 찬양하고 사랑하고 기도하기를 일치된 마음으로 계속하지만, 성령이 오시는 것은 주님의 발등상에 엎드릴 때이다. 예수 그리스도는 여전히 만유의 주이시며, 영광과 권세로 관을 쓰셨다. 주님께서 자기 제자들 속에서 자신의 임재를 계시하시려는 열망은 — 그들로 하여금 그분이 거하고 계신 영광의 생명을 나누어 갖게 하는 것이다 — 그분이 보좌에 처음 오르신 그때처럼 새롭고도 충일하다. 우리는 그 발등상에 자리잡아야 한다. 성령으로 충만케 되고 예수를 증언하는 일을 위하여 굳세고 기대에 찬 믿음으로 우리 자신을 내어 드려야 한다. 그리스도의 내주하심이 우리의 생명과 힘과 증언이 되게 해야 한다. 그러한 교회로 부터 능력있는 설교자들이 일어나 그리스도의 원수들로 하여금 그분의 발 아래 무릎 꿇게 할 것이다.

주 하나님, 당신의 아들이 영광과 존귀로 관을 쓰시고 함께 앉아 계신 당신의 보좌 앞에서 우리가 경배합니다. 당신이 이렇게 하신 것은 사람인 우리를 위한 것임을 인하여 감사하고 송축하오며, 당신이 기뻐하시는 그분이 하늘에 속한 만큼 똑같이 이 땅에 속하며 당신께 속한 그만큼 우리에게 속한 것을 인하여 당신께 감사하고 송축하옵니다. 하나님, 당신의 사랑에 경배하오며, 당신의 거룩한 이름을 찬양합니다.

아버지여, 간절히 바라옵기는 우리의 거룩한 머리되신 주님께서 우리를 몸으로 여기시고 자기의 생명과 능력과 영광을 나누어 주신다는 것과, 그 생명과 능력과 영광을 가져다주시는 성령께서 우리 속에서 그것을 나타내고자 기다리신다는 것을 당신의 교회에 보여 주소서. 당신의 백성들이 성령의 뜻을 알도록 하소서 — 그것은 그들 속에 영화로우신 주님이 실지로 임재하시는 것과 지상에서 그들이 행하는 사역을 위하여 하늘에서 내리는 능력으로 덧입히시는 것이옵니다. 당신의 모든 백성들이 자신들의 존재 전체가 열려서 영광 받으신 임금을 영접하고 그분의 영으로 충만할 때까지 그분을 바라보도록 가르치소서.

우리 아버지여, 예수의 이름으로 당신께 간구하오니, 당신의 교회를 부흥하게 하소서. 모든 신자마다 성령으로 충만한 성전이 되게 하소서. 모든 교회마다 믿음의 지체들 가운데 임재하시는 주님을 늘 증언하며 위로부터 내리는 능력이 충만하기를 늘 기다리는 공동체가 되게 하소서. 모든 설교자마다 성령의 사역자가 되게 하소서. 오순절로 표지를 삼으셔서, 예수께서 통치하신다는 것과 구속 받은 자들이 그분의 몸을 이룬다는 것, 그분의 영이 역사하신다는 것, 그리고 언젠가 모든 무릎이 그분 앞에 꿇고 말리라는 것을 온 세상 널리 나타내소서. 아멘.

요약

1. 예수께서는 하늘로 올라가시면서, 자신이 영광 가운데로 되돌아가시는 것이 그분과 그 신실한 제자들 사이에 최소한의 괴리를 유발할 것이라는 생각도 허용할 수 없었다는 점을 분명히 인식하자. 성령의 직무는 그들에게 그분이 약속하신 임재를 보증하고 이루시는 것이었다. 이것은 성령의 사역이 가져다주는 복이며, 우리의 사역을 위하여 그분으로 하여금 우리 속에서 하나님의 능력이 되게 하시는 것이다.

2. 몸이 건강하다는 것은 모든 지체들이 건강하다는 것이다. 교회에서 성령이 건강하게 활동하시려면 신자들 개개인이 건강해야만 한다. 이를 위하여 기도하되, 모든 신자들 속에 내주하시는 성령을 통하여 임재하시는 그리스도께서 우리의 예배 시간을 다시 오순절로 만들어 주시도록 구하자.

그날 하늘에서 내려오시는 그리스도의 영이 기다리고, 영접하고, 예배하는 지상의 공동체를 만나 주셨다.

제 16 장

성령과 선교

안디옥 교회에 선지자들과 교사들이 있으니 곧 바나바와 니게르라 하는
시므온과 구레네 사람 루기오와 분봉 왕 헤롯의 젖동생 마나엔과 및 사
울이라. 주를 섬겨 금식할 때에 성령이 이르시되 내가 불러 시키는 일을
위하여 바나바와 사울을 따로 세우라 하시니 이에 금식하며 기도하고 두
사람에게 안수하여 보내니라. 두 사람이 성령의 보내심을 받아 실루기아
에 내려가 거기서 배 타고 구브로에 가서 … (행 13:1-4).

　사도행전이 영화로우신 주님의 행전 또는 성령행전이라고 지칭되어도
무방하다고 하는 말은 옳다. 그리스도께서 떠나실 때 "오직 성령이 너희에
게 임하시면 너희가 권능을 받고 예루살렘과 온 유대와 사마리아와 땅 끝
까지 이르러 내 증인이 되리라 하시니라" 하신 약속은 한없이 성장할 능
력을 지닌 하나님의 나라를 그 나타남의 원리와 최종적 완성의 예언과 함
께 담고 있는, 거룩한 씨앗이 되는 말씀들 중에 하나였다.
　사도행전 속에서 우리는 예루살렘으로부터 로마에 이르는 길 위에서 그
약속이 성취되기 시작한 경로를 추적한 것을 볼 수 있다. 그것을 통해 우
리는 성령의 강림과 거하심과 역사하심에 대한 거룩한 기록을 볼 수 있으
며 — 성령은 유대인과 이방인들 앞에서 그리스도를 증언하도록 그의 제
자들에게 주신 능력이었다 — 또한 땅 끝 정복을 위한 주요 거점이 될 안

디옥과 로마에서 그리스도의 이름이 승리한 것에 대한 거룩한 기록을 볼 수 있다. 사도행전이 하늘에서 비치는 빛을 통해서 보여 주는 것은, 성령께서 하늘에 계신 영광의 주님으로부터 그분의 제자들에게 내려오신 한 가지 목표와 목적이 주님의 임재와 인도하심과 능력을 계시하셔서 그들로 하여금 땅 끝까지 이르러 그분을 증언하기에 합당한 자로 만드시기 위함이라는 것이다. 이방인들을 향한 선교는 성령의 직무의 한 가지 목표이다.

우리가 본문으로 삼은 구절에서 우리는 교회가 선교 사역에 참여하도록 분명하게 부름을 받은 임무에 대한 첫 기록을 본다. 사마리아에서 행한 빌립의 설교와 가이사랴에서 행한 베드로의 설교에서 우리는 개인들이 비유대인들 속에서 성령의 인도하심에 따라 선교의 역할을 감당하는 사례를 본다. 구브로와 구레네에서 온 사람들이 안디옥에 있는 헬라인들에게 행한 설교에서 우리는 사랑과 생명의 영이 사람들을 인도하셔서 교회의 지도자들조차 그 당시까지 가려고 생각하지 않았던 새로운 길을 열도록 감동하게 하시는 것을 본다. 그러나 성령이 이처럼 구별된 특별한 사람들 속에서 인도하시던 것이 이제는 교회 조직의 본분이 되었고, 신자들의 공동체 전체가 성령께서 특별히 지상에 오셔서 하고자 하신 사역에 참여하도록 교육받게 되었다.

만약 사도행전 2장이 교회가 예루살렘 사역을 위해 부여받은 것을 우리에게 전해 주는 것으로서 중요하다면, 사도행전 13장은 교회가 분명한 선교 사역을 위해 따로 구별하여 세우는 데에 마찬가지로 중요하다. 우리는 우리 시대에 선교에 대한 관심이 높아지는 것에 대해 아무리 하나님을 찬양해도 지나치지 않다. 우리의 관심이 변함없는 인격적인 것이 되자면, 그것이 거룩한 주님과 그분이 구원하러 오신 잃어버린 자들에게 바치는 개인적인 헌신과 사랑의 열심이 되려면, 그것이 교회의 사역을 참으로 오순절의 능력만큼 높이 고취시키는데 성과가 있는 것이 되려면, 우리는 안디옥 교회의 교훈을 잘 배워야만 한다. 선교 사역은 성령의 인도하심을 분명하고도 솔직하게 인정하는 데에서 그 출발점과 능력을 찾아야 한다.

진정한 선교는 언제나 교회의 영적인 삶의 부흥으로부터 발생해 왔다고 자주 언급되었다. 성령의 다시 살리시는 사역은 우리로 하여금 성령이 계시하시는 거룩한 주님과 잃어버린 자들을 위해 새롭게 헌신하도록 감동시킨다. 주님을 위해 일하라고 그분의 구속받은 자들을 재촉하시는 성령의 음성을 듣는 것은 바로 그런 마음 상태에 있을 때이다. 안디옥 교회에는 주님께 봉사하고 금식하는 일로 시간을 보내는 예언자들과 교사들이 있었다.

  그들은 세상으로부터 구별된 정신과 자기희생의 정신을 교회에서 공적으로 하나님을 섬기는 일에 결합시켰다. 그들의 주님은 하늘에 계셨고, 그들은 그분의 명령을 기다리면서 친밀하고 지속적인 교제가 필요함을 느꼈다. 그들이 성령을 자기 주인으로 삼고 그분과 친밀한 교제를 지속하지 않고서는 그리고 그리스도께서 육체로 십자가에 달리신 것에 할 수 있는 한 깊이 참여하지 않고서는 그들 안에 거하신 성령께서 자유롭게 모든 영역에서 활동하실 수 없다는 것을 알고 있었다. "주를 섬겨 금식할 때에 …" 라는 구절과 같이 그들은 그러한 사람들이었고, 그들의 마음 자세와 생활 습관은 그런 것이었다. 그때 성령께서 그들 중에 두 사람을 특별한 사역으로 부르셨고 온 교회가 참석한 가운데 그 사역을 위하여 그들을 따로 구별하여 세우심으로써 그분의 도구가 되도록 지명하셨다는 것을 보이셨다.

  하나님 나라의 법칙은 바뀌지 않았다. 모든 선교 사역의 책임을 맡으신 분은 여전히 성령이다. 그분은 사역을 정하시고 사람들을 선택하시면서 섬김과 구별됨을 통하여 주님을 받드는 자들에게 여전히 그 뜻을 계시하신다. 어느 시대를 막론하고 일단 성령께서 믿음과 기도의 사람들을 가르쳐서 그분의 사역을 수행하도록 하셨을 때, 다른 사람들은 쉽사리 그들이 하는 일을 칭찬하고 인정하며 그들의 행사가 성경에 부합됨을 알고 그것을 본받는다. 그렇지만 인도하시고 역사하시는 성령의 실제적 능력 그리고 귀하신 주 예수를 향한 개인적 사랑과 헌신은 매우 적을 수도 있다. 후원자들을 상대로 흔히 너무 과도하게 설득하고, 부탁하고, 간청해야 하는 것은, 선교적 명분에 대한 많은 관심이 이런 성격의 것이기 때문이다. 주님의 명령은 책에 기록된 그대로 알려져 있지만, 살아 있는 임재와 능력으로 주

님을 계시하시는 성령의 살아 있는 음성은 들리지 않는다. 그리스도인들이
사역에 더 큰 관심을 갖고 더 많이 기도하고 베푸는 것만으로는 충분치
않다. 더욱 시급히 필요한 것이 있다. 개인의 삶에서 성령의 내주하심과 영
광의 주님의 임재와 다스리심이 그리스도인의 삶의 가장 주된 표지가 되
어야만 한다. 교회 공동체에서 우리는 사람과 일의 분야를 선택할 때 그리
고 관심을 일깨우고 후원자를 구할 때 성령의 인도하심을 더욱 진지하게
기다리는 것을 배워야 한다. 많은 기도와 성령을 기다림으로부터 비롯된
선교에서야말로 성령의 능력을 기대할 수 있다.

　우리가 이렇게 말할 때, 반드시 해야만 할 현실적이고 실제적인 사역으
로부터 그리스도인들이 멀어지게 할까봐 두려워할 필요가 없다. 해야 할
필요가 있으되 부지런한 수고가 없이는 해낼 수 없는 일이 많이 있다. 소
식지를 배포해야 하고, 독자를 발굴하고 확보해야 하고, 기금을 설립해야
만 하고, 기도회를 계속 개최해야 하고, 지도자들은 회의하고 자문하고 결
정해야만 한다. 이 모든 일들은 다 해야만 하는 것들이다. 그러나 그 일이
얼마나 성령의 능력 안에서 행해지는가에 따라 그 정도만큼 성공적으로
이루어질 것이고 또한 주님을 기쁘시게 하는 봉사가 될 것이다. 교회와 모
든 구성원들이 이 교훈을 배우기를 원한다. 성령은 그리스도의 제자들에게
감동과 능력을 주셔서 그들로 하여금 세상 끝까지 이르러 그리스도를 증
언하게 하시고자 하늘로부터 파송의 영으로 내려오셨다.

　선교의 시작과 과정과 성공은 모두 그분에게 달려있다. 신자들의 마음에
자기들의 주님께 영광을 돌리려는 열의와 멸망하는 영혼들을 불쌍히 여기
는 마음과 주님의 약속에 대한 믿음과 그분의 명령에 기꺼이 순종하는 마
음을 불러일으키시는 분은 성령이시며, 바로 이것들을 통하여 선교활동이
더욱 자라난다. 연합의 노력으로 이끌고, 나가서 일하기에 합당한 사람을
불러내시고, 문을 개방하시고 이방인들의 마음이 말씀을 갈망하고 받아들
이도록 예비하시는 분은 성령이시다. 끝내 성장을 허락하시고, 사탄의 권
좌가 있는 곳이라 해도 십자가를 세우시고 주님의 구속을 받은 이들을 그
주위에 모으시는 분은 성령이시다. 선교는 성령의 전문 사역이다. 선교에

기꺼이 쓰임 받고자 하지 않는다면 아무도 성령 충만을 기대할 수 없을 것이다. 선교를 위해 사역하고 기도하기를 원하는 사람은 자신의 연약함과 가난함을 두려워할 필요가 없다. 그 사람이 자기에게 거룩하게 지정된 자리에 합당한 자가 되도록 만들 수 있는 능력이 곧 성령이다. 선교를 위해 기도하는 사람과 교회에서 선교정신이 더욱 왕성해지기를 바라는 사람마다 우선 기도할 것은, 모든 신자들 속에서 그리고 교회와 그 사역과 예배에서 내주시는 성령의 능력이 전적으로 지배하는 것이다.[1]

"이에 금식하며 기도하고 두 사람에게 안수하여 보내니라. 두 사람이 성령의 보내심을 받아 실루기아에 내려가 …" 파송은 교회와 성령이 함께 참여하는 사역이다. 이것이 정상적인 관계이다. 성령께서 단독으로 파송하시는 사람들이 있다. 교회의 무관심이나 반대 속에 성령께서 홀로 그 사역을 이루시는 것이다. 교회가 단독으로 파송하는 사람들도 있다. 교회는 그 일이 반드시 해야만 할 일이라고 여기고 그것을 행한다. 그러나 성령께서 원하심을 깨닫고 그분 없이는 그 일을 행하지 아니하고자 하는 금식과 기도는 거의 없다. 성령께서 인도하시도록 내어드리고 그분 자신의 지도만 받기를 구하는 곳에서 성령께서 일으키신 선교는 복되며 그 교회도 복되다! 지상에서 열흘 동안 기도하고 기다린 것, 그리고 성령께서 불과 같이 내려오신 것, 이것은 예루살렘에서 교회가 시작된 사건이었다. 섬기고 금식하는 것, 그리고 또 금식하고 기도하는 것, 성령께서 바나바와 사울을 파송하시는 것, 이것은 안디옥에서 교회가 선교의 교회가 되도록 성별된 사건이었다. 지상에서 기다리고 기도하는 것을 통하여, 하늘의 주님께로부터 오신 성령의 능력을 통하여 그리스도의 교회와 그 선교가 힘있고 기쁨이 넘치며 은혜로운 것이 된다.

집에서 멀리 떨어진 곳에서 이 글을 읽는 선교사에게 이렇게 말씀드리고 싶다. 형제 자매여, 힘내십시오! 하나님의 강한 능력을 가지고 계시며, 당신 안에 그리스도의 현현으로 계신 성령, 그 성령께서 당신과 함께 계시

---

1) 주해 11을 참고하라.

고 당신 안에 계십니다. 사역은 그분의 것입니다. 그분을 의지하고, 그분께 내어드리고, 그분을 기다리십시오. 사역은 그분의 것이니 그분이 이루실 것입니다. 지도자나 후원자, 기부자, 또는 하나님 나라의 도래를 앞당기는 위대한 사역을 위하여 기도하거나 다른 방법으로 돕는 이들에게 말씀드리고 싶다. "힘내십시오." 보좌 앞에서 기다려서 성령의 세례를 받은 이후, 첫 제자들은 나아가서 안디옥에 이르렀다. 그들은 거기 머물러서 기도하고 금식한 다음, 로마와 그 지경 너머로 떠났다. 형제자매들이여, 이것으로부터 능력의 비밀을 배우자. 선교를 돕고자 하며 선교 사역자가 되고자 하는 모든 그리스도인들을 불러 우리 함께 성령의 충만함을 받게 하자. 성령의 사역은 선교 사역이다. 교회와 세상은 그리스도께서 성령을 통하여 내주하심을 증언하고 입증할 수 있는 신자들이 필요하다는 것을 분명하게 밝히자. 어전의 대기실로 함께 모이자 ― 그것은 예루살렘에서 기다린 것과 안디옥에서 섬기고 금식한 것이다. 성령은 옛날과 마찬가지로 지금도 능력으로 임하시며, 활동하시고, 파송하신다. 그분은 지금도 죄를 책망하시고 예수를 계시하시며 수많은 사람들을 그분의 발 아래 꿇게 하신다. 그분은 우리를 기다리신다. 그분을 기다리고 그분을 환영하자.

오 하나님, 당신은 아들을 보내셔서 세상의 구주가 되게 하셨나이다. 당신은 아들에게 모든 육체를 굴복하게 할 권세를 주셔서, 당신이 그분께 주신 자들 모두에게 영원한 생명을 나누어 주도록 하셨나이다. 또한 당신은 당신의 영을 모든 육체에 부어 주셨고, 성령을 받은 자마다 그 놀라운 복을 알리고 전하도록 임명하셨나이다. 성령은 그 자신이 사랑과 능력 가운데 보냄을 받으신 것처럼, 당신의 아들을 영화롭게 하는 일에 그분의 능력의 도구가 되고자 그분께 자신을 내어드리는 자들을 또한 파송하시옵니다.

하나님, 우리는 당신이 맡기신 일을 실행하지 않는 당신의 교회의 나태와 무관심에 놀라고 부끄러워하나이다. 우리는 당신의 아들이 약속하신 바를 믿고 받아들이지 못하고 그분의 뜻에 순종하고 그분의 사역을 이어받아 완수하지 못하는 우리의 둔함에 실망합니다. 우리 하나님, 당신께 부르짖사오니, 당신의 교회를 찾아오시고, 거룩한 파송의 영이신 당신의 영으로 당신의 자녀들 모두를 충만케 해 주소서.

내 아버지여, 당신의 나라를 위해 살아가고 힘쓰며, 기도하고 수고하며, 희생하고 고난받도록 내 자신을 새로이 당신께 바치옵니다. 믿음 속에서 새롭게 그리스도의 영이신 성령을 놀라운 선물로 받아들이오며, 내 자신을 그분의 내주하심에 내어드립니다. 겸손히 당신 앞에 간구하오니, 그리스도께서 마음과 생명을 소유하시도록 그리고 온 세상이 당신의 영광으로 충만하기만을 우리가 갈망하도록, 나와 더불어 당신의 모든 자녀들을 성령으로 굳세게 하소서. 아멘.

요 약

1. "성령의 보내심을 받아 …" 성령은 그 자신이 성자의 지상 사역을 계속하시도록 아들의 보내심을 받아 아버지께로부터 오신 분이다. 그분은 그 사역을 위하여 사람들을 보내심으로써 그 일을 행하신다. 성령의 파송은 교회에 파송의 영을 주시고자 하나님께서 의도하신 것이다. 모든 육체 위에 그분을 부어 주셨다. 그분은 만인에게 그리스도가 전파될 때까지 쉬지 않으신다.

2. 선교 정신! 그리스도의 영이 없다면 이것은 아무것도 아니다 — 우리 속에서 너무나 찬란하게 불타올라서, 우리로 하여금 머나먼 산 속에서 그리고 길도 없는 사막에서 잃어버린 자를 찾아내고자 어디라도 기꺼이 가고 어떤 궁핍이라도 기꺼이 감수할 사람이 되게 하는 그분의 사랑의 순전한 불길, 그것이 그리스도의 영이다.

3. 우리가 전적으로 그리스도께 속한 자라는 것이 진실인가? "누구든지 그리스도의 영이 없으면 그리스도의 사람이 아니라." 우리는 구주의 영이 세상의 구원을 위한 희생의 영이었음을 안다. 우리는 이 기준을 우리 자신의 마음에 적용해야만 한다.

4. 예수는 성령을 보내시고 우리의 마음을 소유하셔서 그분으로 하여금

거기에 살게 하셨고, 아버지께서 아들 안에서 아들을 통하여 역사하신 것처럼, 성령께서도 우리 속에서 우리를 통하여 역사하게 하셨다. 믿음으로 이것을 새롭게 받아들이자. 나는 주님 자신의 임재로서 성령께서 내 안에 거하신다는 확신으로 내 영혼이 충만할 때까지 나의 주님을 기다릴 것이다. 옛날 제자들이 그랬던 것처럼 나도 이 성령께 내 자신을 맡긴다. 그들은 그리스도의 눈으로 보았고 그리스도의 마음으로 느꼈고, 그분의 활동력으로 일했다. 그들이 그리스도의 영을 가졌기 때문이다. 나도 그리스도의 영을 가졌다.

5. 마지막 생일이 지난 다음날 리빙스턴은 이렇게 썼다. "나의 예수여, 나의 임금, 나의 생명, 내 모든 것이시오니, 내 자신 전체를 다시 당신께 바칩니다." 그는 무릎을 꿇은 채 양손으로 얼굴을 가리고 기도하면서 죽었다.

제 17 장

성령의 새로운 것

이제는 우리가 얽매였던 것에 대하여 죽었으므로 율법에서 벗어났으니 이러므로 우리가 영의 새로운 것으로 섬길 것이요 율법 조문의 묵은 것으로 아니할지니라(롬 7:6).
너희가 만일 성령의 인도하시는 바가 되면 율법 아래에 있지 아니하리라(갈 5:18).

내주하시는 성령의 사역은 우리 안에서 그리스도를 영화롭게 하는 것이요 그분을 계시하는 것이다. 예언자와 제사장과 왕으로서 그리스도의 삼중직에 상응하게, 신자 속에 내주하시는 성령의 사역은 조명하심과 신령케 하심과 굳세게 하심이라는 세 가지 측면으로 우리에게 제시된다는 것을 발견할 수 있다. 조명하심에 대해서는 고별강화 속에서 그리스도께서 특별히 말씀하신 바 있으며, 그것은 그리스도를 증언하시고 모든 진리로 인도하며 그리스도로부터 받아 그것을 우리에게 들려주실 진리의 영이신 성령을 약속하신 그때였다. 로마서와 갈라디아서에서는 성령의 신령케 하시는 사역이 두드러지게 나타나며, 이것은 이방 종교의 수렁으로부터 막 건짐을 받은 교회에 필요한 것이었다. 지혜를 구하고 높이 평가하던 고린도 교회에 보내는 서신에서는 두 가지 요소가 결합되어 있다. 그들은 성령께서 신령케 하실 때에만 또한 조명하실 수 있다고 가르침을 받았다(고전 2장;

3:1-3, 16; 고후 3장). 사도행전에서는 우리의 예상과 같이 사역을 위한 그분의 굳세게 하심이 전면에 나타난다. 능력의 영으로 약속된 바 성령께서는 박해와 곤란 속에서도 담대하고도 복되게 증거하도록 갖추어 주신다.

세계의 수도 로마에 있는 교회에 보내는 서신에서 바울은 그분의 복음과 구원의 계획을 완전하고도 체계적으로 보여 주실 것을 하나님께 구한다. 여기서 성령의 사역은 중요한 자리를 차지한다. 바울은 "의인은 믿음으로 말미암아 살리라" 하는 자신의 주제를 제시하면서(롬 1:17), 자기가 설명하고자 하는 것에 이르는 길을 닦는다 ─ 그것은 의와 생명 두 가지가 모두 믿음을 통하여 온다는 것이다. 5:11까지 계속되는 자신의 논의의 첫 부분에서, 그는 믿음의 의가 무엇인가 하는 것을 가르친다. 그리고서 계속 진행하여(5:12-21), 이 의가 우리와 두 번째 아담 사이의 살아 있는 관계에, 그리고 생명에 이르게 하는 칭의에 뿌리박고 있다는 것을 밝힌다. 각 개인에게(6:1-13) 이 생명은 그리스도의 죄에 대하여 죽으심과 하나님께 대하여 살아계심을 우리 것으로 믿고 받아들이며, 기꺼이 굴복하여 하나님과 의의 종이 되는 것을 통하여서 온다. 바울은 그리스도 안에서 우리가 죄에 대해서 죽었을 뿐만 아니라 죄의 권능인 율법에 대해서도 또한 죽었음을 보이면서 자연스럽게 새로운 법으로 이끄는데, 새로운 법은 그리스도의 복음이 옛 법을 대신하고자 가져오는 것으로서, 그리스도 안에 있는 생명의 성령의 법이다.

우리는 모두 대조의 효과를 통해서 감동이 얼마나 고조되는지 익숙하게 알고 있다. 바울 사도는 죄의 종이 되는 것과 의의 종이 되는 것을 대조시켰던 것과 마찬가지로(6:13-23), 성령의 능력과 사역을 충분하게 설명하기 위하여 여기서도 율법 조문의 묵은 것에게 종이 되는 것을 예수께서 성령을 통하여 주시는 자유과 능력으로 성령의 새로운 것에게 종이 되는 것에 대조시킨다(7:4). 이어지는 롬 7:14-25과 8:1-16에서, 우리는 이 대조가 해결되는 것을 본다. 이 두 가지 상태를 제대로 이해하려면 대조라는 점에 입각해서 생각해야만 한다. 각 상태는 그것이 묘사하고자 하는 삶의 성격을 가리키는 핵심어를 갖고 있다.

150

로마서 7장에서 우리는 율법이라는 낱말을 스무 번 볼 수 있고, 성령이
라는 낱말은 단 한 번 볼 수 있다. 로마서 8장에서는 반대로 전반부 열여
섯 절에서 성령을 열여섯 번 발견할 수 있다. 여기서는 율법 안에서 사는
그리스도인의 삶과 성령 안에서 사는 그리스도인의 삶을 대조하고 있다.
바울은 담대하게, 너희가 죄에 대해서 죽고 죄에 대해서 자유를 얻어서 의
와 하나님의 종이 되었다고 말했을 뿐만 아니라(롬 6장), "우리가 얽매였
던 것에 대하여 죽었으므로 율법에서 벗어났으니 이러므로 우리가 영의
새로운 것으로 섬길 것이요 율법 조문의 묵은 것으로 아니할지니라" 하고
말하였다. 그렇다면 여기서 우리는 로마서 6장의 가르침에 대해서 갑절로
진보를 하게 된다. 6장에는 죄에 대한 죽음과 그것으로부터의 자유가 있었
으나, 7장에는 율법에 대한 죽음과 그것으로부터의 자유가 있다. 6장에는
생명의 새로운 것이 있었으나(6:4), 7장에는 영의 새로운 것이 있으며
(7:6), 이는 내주하시는 성령을 통하여 우리가 주관적으로 체험하는 것이
다. 성령 안에서 사는 삶을 완전히 알고 누리고자 하는 사람은 율법 안에
서 사는 삶이 무엇인지 그리고 성령의 자유롭게 하심을 통하여 어떻게 그
것으로부터 완전하게 자유를 얻는지 알아야만 한다.

아직도 여전히 율법에 얽매여서 그 율법의 요구를 만족시키려고 하는
그리스도인의 삶에 대한 바울의 설명 속에는 그런 상태에서 특징적으로
나타나는 표시들을 세 가지로 요약한 표현들이 나온다. 첫째로는 육신이라
는 낱말이다. "나는 육신에 속하여 죄 아래에 팔렸도다"(7:14). "내 속 곧
내 육신에 선한 것이 거하지 아니하는 줄을 아노니 …"(7:18). 우리가 육
신에 속하다라는 말을 이해하려면 바울이 고전 3:1-3에서 이 말에 대해서
설명한 것을 참고해야만 한다. 거기서 그는, 비록 거듭나긴 했으나 아직도
자신을 성령께 완전히 맡기지 않음으로 인해 신령한 자가 되지 못한 그리
스도인들을 가리키는데 이 말을 사용한다.[1] 그들은 성령을 가졌지만 육체
가 주도권을 행사하도록 내버려 둔다. 그러므로 육신적인 그리스도인과 신
령한 그리스도인 사이에는 그들 안에서 강한 힘을 행사하는 요소에 의한
차이가 있다. 그들이 성령을 가졌음에도 무슨 이유에선가 그분의 능하신

도움을 받지 못하고 자기 힘만 가지고 악전고투하는 한, 그들은 신령하게 행하지 않으며 신령하게 될 수도 없다. 바울이 여기서 설명하는 사람은 거듭났으면서도 자기 자아 속에 있는 사람이다. 그는 성령으로 생명을 얻기는 했지만, 갈 5:25에 따르면, 성령과 더불어 행하지는 않는 사람이다. 그는 자기 속에 새 영을 가지고 있지만, 겔 36:26에 의하면, 하나님의 영을 자기의 영 속에 지적이고 실질적으로 영접하여 그분의 생명으로서 거하시고 다스리시도록 하지 않는다. 그는 여전히 육적인 사람이다.

두 번째 표현은 18절에서 발견할 수 있다: 원함은 내게 있으나 선을 행하는 것은 없노라. 가능한 모든 다양한 표현을 통하여 바울은 극도로 무능력한 고통스런 상태를 분명하게 설명하려고 한다. 율법과 그것을 이루려는 노력은 한 인간을 그런 상태에 처하도록 하며, 이것은 "내가 원하는 바 선은 행하지 아니하고 도리어 원하지 아니하는 바 악을 행하는도다"라는 구절이 말하는 그런 상태이다. 원하지만 행하지 않는다. 그것은 오순절 이전의 삶 속에서 율법조문의 묵은 것으로 하나님을 섬기는 것이다(마 26:41을 보라). 사람의 새로워진 영은 하나님의 뜻을 인정하고 동의한다. 그러나 행할 수 있는 능력으로서 내주하시는 하나님의 영을 아직도 알지 못하고 있다.

이와 반대로 성령 안에서 사는 것이 무엇인지 아는 사람들 속에서는 하나님께서 역사하셔서 그들로 하여금 원하게 하시고 아울러 행하게 하신다. 그 그리스도인은 "내게 능력 주시는 자 안에서 내가 모든 것을 할 수 있느니라"고 증언한다. 그러나 이것은 믿음과 성령을 통해서만 가능하다. 신자가 율법으로부터 확실하게 해방되지 못한 이상, 하나님의 뜻을 행하려는 노력이 끊임없이 실패로 귀착될 것이다. 그는 속 사람을 따라 하나님의 법 안에서 기뻐하기까지는 하지만, 능력은 결여되어 있다. 율법으로부터 자유를 얻었으므로 살아있는 자는 이것들을 행하게 될 것이라 하는 믿음의 법

---

1) 제23장을 참고하라. 양 본문에 사용된 낱말들 사이에는 헬라어로 한 글자의 차이가 있다. 그러나 본문의 적용에 영향을 미칠 정도의 차이는 아니다.

에 굴복할 때에만 그는 다른 분 즉, 성령을 통하여 그의 속에서 역사하시는, 살아계신 예수님께 연합할 수 있을 것이며, 하나님을 위하여 참으로 열매를 맺게 될 것이다(롬 7:4).

우리가 주목해야 할 세 번째 표현은 23절에 있다: "내 지체 속에서 한 다른 법이 내 마음의 법과 싸워 내 지체 속에 있는 죄의 법으로 나를 사로잡는 것을 보는도다." 사로잡힘 또는 죄에 팔림이라는 말은 팔려서 자기 마음대로 할 자유와 능력이 없이 얽매여 있는 노예들을 연상시킨다. 이 말은 바울이 7장 첫머리에서 말한 것을 다시 지적한다. 우리는 율법으로부터 자유를 얻었으나, 여기에 아직도 그 자유를 알지 못하는 사람이 있음이 분명하다. 또한 이 말은 8:2에서 말하는 것을 앞서서 가리킨다: "이는 그리스도 예수 안에 있는 생명의 성령의 법이 죄와 사망의 법에서 너를 해방하였음이라."

우리가 그리스도 안에서 자유로운 사람이 되게 하는 그 자유는, 우리의 믿음에 따라 선물로 주어진 것으로서, 우리에게 아직도 율법적인 영의 흔적이 남아있는 한 완전하게 받아들이고 체험할 수 없다. 오직 우리들 속에 계신 그리스도의 영을 통해서만 완전한 자유가 효력을 발휘한다. 율법 조문의 묵은 것 속에서도 그랬듯이, 성령의 새로운 것 속에도 객관적인 것과 개인적인 것이라는 이중적인 관계가 존재한다. 나와 내 외면을 규제하는 법이 있고, 또한 내 지체 속에 죄의 법이 있는데, 이것은 앞의 것으로부터 그 힘을 얻는다. 이와 비슷하게, 율법으로부터 자유를 얻는 데에는, 내 믿음에 따라 주어진 그리스도 안에서의 객관적인 자유가 있다. 죄의 법이 그랬던 것처럼 내 지체들 안에 거하면서 그 지체들을 다스리시는 성령을 통하여, 그 충만하고 능력있는 자유를 개인적이고 주관적으로 가지는 그런 소유가 있다. "오호라, 나는 곤고한 사람이로다. 이 사망의 몸에서 누가 나를 건져내랴?"라고 외치는 사로잡힌 자의 부르짖음을 "우리 주 예수 그리스도로 말미암아 하나님께 감사하리로다. 성령의 법이 너를 해방하였음이라"라고 노래하는 속량 받은 자의 찬송으로 바꿀 수 있는 것은 바로 이것밖에 없다.

우리는 롬 7:14-23과 8:1-16에서 우리에게 제시되는 두 가지 체험을 어떻게 평가해야 할 것인가? 그것들은 상호교환할 수 있는 것인가, 혹은 연속적인 것인가, 혹은 동시적인 것인가?

많은 사람들이 그것은 신자의 삶이 포함하는 다양한 체험들을 묘사한 것이라고 생각해 왔다. 비록 그가 하나님의 은혜를 통하여 자주 선한 일을 할 수 있고 또 하나님을 기쁘시게 하는 삶을 살 수 있으며, 그리하여 8장의 은총을 체험한다 하더라도, 죄악과 부족한 점에 대한 자각은 그를 다시 7장의 절망으로 몰아넣는다는 것이다. 그래서 때때로 어느 하나의 체험이 다른 하나의 체험보다 더 우세할 수도 있지만, 날마다 두 상태 모두를 체험한다는 것이다.

다른 사람들은 이것이 하나님께서 의도하신 신자의 삶이나 혹은 하나님의 은혜를 공급받는 사람의 삶이 아니라고 여겨왔다. 성령께서 우리 속에 거하실 때 그리스도께서 우리에게 주신 그 자유로운 삶이 손 닿는 곳 가까이에 있다는 것을 그들이 보았을 때, 그리고 그 안으로 들어갔을 때, 그들은 마치 그때로부터 영원토록 로마서 7장의 체험을 뒤로 하고 멀리 떠난 것만 같았으며, 그것은 절대로 다시 돌아오지 않을 이스라엘의 광야 생활이라고 간주하지 않을 수 없었다는 것이다. 율법에 얽매임으로부터 성령의 자유로 옮겨가는 은혜로운 전환이 일어난 것을 보았을 때, 어떠한 깨달음과 복이 자기들에게 왔는지 증언할 수 있는 사람들이 많이 있다는 것이다.

그렇지만, 이런 관점이 아무리 많은 진리를 가진 것이라고 해도 전적으로 만족스러운 것은 아니다. 신자는 단 하루라도 내 속 곧 내 육신에 선한 것이 거하지 아니하는 줄을 안다는 말씀을 넘어가지 못함을 느낀다. 기쁨으로 하나님의 뜻에 머물렀을 때조차도, 그리고 굳세어져서 그분의 뜻을 원할 뿐만 아니라 행했을 때조차도, 그는 그렇게 한 것이 자신이 아니라 하나님의 은혜임을 안다: "내 속에 선한 것이 거하지 않는다." 그래서 신자는, 두 가지 체험이 아니라 두 가지 상태가 동시적인 것임을 알게 되며, 또한 그의 체험이 자신을 자유하게 하신 그리스도 안에서 생명의 성령의

법으로 가장 충만한 것일 때조차도 그는 여전히 죄와 죽음의 몸을 지니고 있음을 알게 된다.[2]

해방하심 그것은 성령이 행하시는 것이며 죄의 권세로부터 건지심이며 하나님께 대한 감사의 찬양으로서, 그리스도의 영이 보존하시는 영생의 능력을 부단히 체험하는 것이다. 나는 성령의 인도하심을 받으므로 율법 아래 있지 않다. 율법의 역사로 인한 얽매인 영, 육체로 말미암은 연약함, 그리고 정죄와 절망의 감정, 이 모든 것들을 성령의 자유가 몰아내어 버린다.

성령의 충만한 내주를 누리고자 하는 신자가 배워야 할 한 가지 교훈은 다음에서 역설하고 있는 가르침이다. 즉, 율법과 육체와 자기노력, 이 모든 것들은 우리로 하여금 하나님을 섬길 수 있도록 하는데 아무 소용이 없는 것들이라는 것이다. 그리스도께서 우리를 해방하신 그 자유로 우리를 인도하는 분은, 우리 밖의 율법을 대신하신 우리 안의 성령이시다. "주의 영이 계신 곳에는 자유가 있느니라."

요 약

1. 섬길 대상으로서 하나님과 죄라는 두 주인이 있다는 것을 아는 것과 (롬 6:15-22) 우리 자신을 오로지 하나님께 바치는 것만으로는 충분치 않다. 우리는 하나님을 유일한 주님으로 섬기는 데에 두 가지의 길이 있다는 것을 알아야만 한다. 그것들은 율법 조문의 묵은 것으로 섬기는 길과 성령의 새로운 것으로 섬기는 길이다(롬 1:1-6). 영혼이 그 차이를 알고, 롬 7:14-25에 묘사된 위험과 무용함을 고백하며, 그것을 철저히 버릴 때까지는 성령의 새로운 것과 기쁨으로 섬긴다는 것이 무엇인지 완전히 알 수 없다. 새로운 것이 나타날 수 있는 것은 옛 삶과 육체에 대한 신뢰가 죽은

---

2) 상태와 체험을 구분해야 한다. 하나님을 대적하는 육체를 몸에 지니고 있는 상태로는(롬 6:6; 8:13), 어느 신자라도 로마서 7장 너머로 나아갈 수 없다. 체험으로 말하자면 어느 신자라도 7장 안에 머물 필요가 없다. 성령의 삶이 매순간마다 건져주고 승리하게 하기 때문이다.

다음이다.

2. 요리문답서의 모든 질문마다 적절한 대답이 있다. 많은 사람들이 "오호라, 나는 곤고한 사람이로다. 이 사망의 몸에서 누가 나를 건져내랴?" 하는 질문은 결코 멈추지 않으면서, "우리 주 예수 그리스도로 말미암아 하나님께 감사하리로다 그리스도 안에 있는 성령의 법이 너를 해방하였음이라" 하는 승리의 대답은 거의 하지 못하는 사람들이 많이 있다. 이 대답에 대하여 롬 8:1-16이 설명하고 있다. 그 질문을 할 때마다 언제나 이 대답을 하도록 해야만 한다.

3. 율법이란 말은 두 가지 의미로 사용된다. 모든 사람을 본성대로 행동하게 하는 것으로서는, 그것은 내적인 규율을 의미한다. 그리고 자발적으로 그렇게 행동하지 않는 사람에게 그렇게 행하도록 가르쳐야 할 것으로서는, 그것은 권세를 가리키는 것으로서나 혹은 외적 규율에 대한 것으로서 사용된다. 외적인 규율은 내적인 규율이 없을 때 나타나는 것이다. 내적인 규율이 우세할 때는 외적 규율이 필요 없다. "너희가 만일 성령의 인도하시는 바가 되면 율법 아래에 있지 아니하리라." 내주하시는 성령께서 율법으로부터 해방하신다.

4. 신령하게 함의 모든 비밀은 새 언약의 약속에 있다: "내가 나의 법을 그들의 속에 두며 그들의 마음에 기록하여 …" 모든 식물이 성장할 때 하나님께서 그들 안에 두신 법칙에 자발적으로 순종하듯이, 새 언약의 약속을 완전하게 받아들이는 신자도 내적인 법의 능력으로 행한다. 안에 계신 성령이 밖에 있는 율법으로부터 해방하신다.

제 18 장

성령의 자유

이는 그리스도 예수 안에 있는 생명의 성령의 법이 죄와 사망의 법에서
너를 해방하였음이라 … 너희가 육신대로 살면 반드시 죽을 것이로되 영
으로써 몸의 행실을 죽이면 살리니(롬 8:2, 13).

로마서 6장에서 바울은 우리가 그리스도 예수 안에서 죄로부터 해방되
었다고 말한다(6:18, 22). 그리스도 안에서 죄에 대하여 죽는 것이 우리를
죄의 지배로부터 해방시켰다. 그것은 즉, 우리가 믿음으로 그리스도를 영
접하고 의와 하나님의 종이 되었을 때, 우리를 다스리는 주인이요 권세였
던 죄로부터 해방된 것이다. 7장에서 바울은 우리가 율법으로부터 해방되
었다고 말한다. "죄의 권능은 율법이라": 죄로부터 건짐과 율법으로부터
건짐은 병행한다.

율법에서 해방됨과 함께 우리는 살아계신 그리스도와 연합되고, 그리스
도와의 연합 가운데 이제 성령의 새로운 것으로 섬길 수 있게 되었다
(7:4-6). 바울은 6장과 7:1-6 두 곳에서 죄와 율법으로부터의 해방됨을
설명하면서 그리스도 안에서 예비된 생명이라는 — 그것은 믿음으로 받아
들여지고 지속되는 것이다 — 객관적 실체로서 제시한다. 그리스도인의 삶
에서 점진적인 성장의 원리에 따르면, 신자는 믿음으로 인침을 받은 성령
의 능력을 힘입어 이러한 연합으로 들어가서 그 안에서 행해야 한다. 체험

의 문제에서, 대부분의 신자들은, 이 가르침을 보고 받아들인 다음에도, 그들의 삶이 소망하던 것과는 다르다고 증언할 수 있다. 그들은 로마서 7장 후반부의 체험이 너무나 현실적인 것이면서 또한 괴로운 것임을 발견해 왔다.

그것은 원칙적으로 두 가지 교훈을 배울 길이 달리 없기 때문이다. 첫 번째 교훈은 사람의 삶 속에서 율법을 가지고 인간의 의지를 강제로 순종케 함으로써 하나님의 의를 이루려 해봤자 인간의 의지는 아무짝에도 쓸모 없다는 것이다. 두 번째 교훈은 하나님 자녀의 삶을 위하여 충분한 능력을 얻으려면 오직 성령의 분명하고도 충만한 내주하심이 필요하다는 것이다.

로마서 8장의 전반부에서 우리는 이 두 번째 진리를 설명했다. 그리스도인의 삶과 신자 안에서의 그것의 성장에 대해서 이 서신에 기록된 거룩한 설명에는 각 단계마다 뚜렷한 진전이 있다. 8장이 우리에게 가르치는 것은, 오직 성령께서 확고하게 우리의 생명과 생활에 활력을 부여하실 때 그리고 그분이 이것을 행하시도록 우리가 그분을 뚜렷하게 알고 받아들일 때에만, 우리가 그리스도 안에서 우리 것이 된 풍성한 은혜를 완전하게 소유하고 누릴 수 있다. 죄에 대하여 죽고 하나님께 대하여 사는 것이 무엇인지, 죄와 율법으로부터 해방되고 죽은 자들 가운데서 다시 살아나신 분에게 연합하는 것이 무엇인지 알고자 하는 사람은 누구나 성령 안에서 필요한 힘을 발견해야만 한다 — 성령을 통해서 그리스도와의 연합이 거룩한 체험으로서 지속되고 그분의 생명이 우리 안에서 능력과 진리로 나타날 수 있다.

8장 전반부에서는 2절이 중심을 이룬다. 2절은 죄와 율법으로부터의 자유가 어떻게 생명력 있고 지속적인 체험이 될 수 있는지 보여 준다. 신자는 자신이 자유롭다는 것을 알지만, 그럼에도 자신의 체험은 여전히 사로잡힌 자의 소망 없는 그것임을 인정하지 않을 수 없다. 자유는 전적으로 그리스도 예수 안에 있으며, 그분과의 살아있는 연합이 유지되는 것은 확실하고도 전적으로 하나님의 능력이 이루시는 사역이다. 바로 이 목적을

158

위해서 성령께서 우리 속에 거하신다는 것을 깨닫고 그분이 그것을 이루시도록 받아들이고 맡기는 법을 알게 될 때, 우리는 우리를 해방하신 그리스도와 함께 진실로 그 자유 속에 온전하고도 부족함 없이 설 수 있다. 로마서 6장과 7:1-6의 삶과 자유는 우리가 "그리스도 예수 안에 있는 생명의 성령의 법이 죄와 사망의 법에서 너를 해방하였음이라" 고백할 수 있을 때에만 완전히 우리 것이 된다.

그리스도인의 삶 전체를 통하여 이 원리가 지배한다: "너희 믿음대로 되리라." 믿음의 영이신 성령께서 하나님의 다시 살리시는 능력이 우리들 속에서 활동하고 있다는 것을 보이실 때, 그리고 내주하시는 성령을 믿는 믿음이 그 능력을 전적으로 받아들일 때, 그리스도 안에서 우리에게 허락된 모든 것들이 매일마다 우리의 개인적인 체험 가운데 나타날 것이다. 우리가 이 가르침과 이전의 가르침(롬 6:1-7:6) 사이에 있는 차이를 인식할 때, 그리고 그 안에 있는 분명한 유익이 무엇인지 알 때, 하나님이신 성령께서 구원의 계획과 믿음의 삶 속에 자리잡으신 그 비길 데 없이 영광스러운 장소가 우리 앞에 열릴 것이다.

이것을 통하여 우리는 그리스도 안에 있는 자유로운 삶이 거룩하고 완전한 그만큼 성령 안에 있는 그 자유 안에서 행할 수 있도록 하는 생명의 능력도 거룩하고 완전하다는 것을 배운다. 성령의 내주하심에 대한 살아있는 확신과 체험은 새로운 삶에 우선적으로 필요한 것이 될 것이며, 우리 주 예수 그리스도의 인격과 임재로부터 분리할 수 없는 것이다.

"그리스도 예수 안에 있는 생명의 성령의 법이 죄와 사망의 법에서 너를 해방하였음이라." 바울은 여기서 두 개의 대립되는 법을 대조시킨다. 그 하나는 지체 한에 있는 죄와 사망의 법이며, 다른 하나는 죽은 몸조차도 다스리고 살리는 생명의 성령의 법이다.

첫 번째 법 아래에서 우리는 소망 없이 탄식하는 사로잡힌 자를 보았다. 로마서 6장의 후반부에서 바울은 말하기를 그가 죄로부터 해방되었고, 기꺼이 굴복하여 하나님과 의의 종이 되었다고 하였다. 그가 죄를 섬기기를 그만두었음에도 그것은 자주 그를 지배한다. "죄가 너희를 주장하지 못하

리니 …" — 잠시라도 결코 주장하지 못하리라는 뜻이다 — 라는 약속은
아직 실현되지 않았다. 원함은 있으되 어떻게 실행해야 할지 그는 아직 알
지 못한다. "오호라. 나는 곤고한 사람이로다. 이 사망의 몸에서 누가 나를
건져내랴?" 하는 절규는 율법을 지키려는 자신의 모든 노력 속에서 허망
하게 부르짖는 말이다.

"우리 주 예수 그리스도로 말미암아 하나님께 감사하리로다" 하는 찬송
은 자신을 사로잡은 이 권세로부터 그리스도를 통하여 자신을 건지심을
주장하는 믿음의 대답이다. 거기에는 지체들 안에서 지배하는 죄와 사망의
법으로부터 그리고 죄를 부추기는 현실적인 권세로부터 건져내심이 있다.
그 건져내심은 곧 새로운 법이요, 더욱 강한 힘이며, 죄로부터 해방하는 현
실적인 능력이다.

우리의 지체들 안에서 역사하는 죄가 아무리 실질적인 힘을 가진 것이
라도, 우리 몸에 거하시는 성령은 더욱 힘이 강하다. 그리스도 안에 있는
분은 생명의 성령이다. 부활과 승천 시에 그랬던 것처럼 하나님의 권세의
강한 능력으로 충만하게 될 때(엡 1:7, 21), 그리고 보좌 위에서 영원한
영이신 전능하신 하나님에게 승인을 받게 될 때, 그 생명으로부터 하나님
자신이신 성령께서 내려오신다.

그리스도 안에 있는 생명의 법과 능력과 다스림은 노예상태가 그랬던
것만큼 실질적인 자유로써, 내 지체들 안에 있는 죄와 사망의 법과 지배로
부터 나를 해방시킨다. 새로운 삶이 시작될 바로 그때부터 그리스도에 대
한 믿음을 불어넣어 주시는 분은 성령이시다.

우리가 처음 의롭다 하심을 입었을 때 우리의 마음에 하나님의 사랑을
사방으로 부어 주신 이도 그분이시다. 그리스도가 우리의 의로움이 되어
주실 뿐 아니라 또한 우리의 생명이시라는 것을 알도록 우리를 인도하신
이도 그분이시다. 그러나 이 모든 것들에도 불구하고 대부분의 경우에는
아직도 그분이 임재하신다는 것과 그분의 전능하신 능력의 공급이 반드시
필요하다는 것을 아는 지식은 결여되어 있다. 롬 7:14-23에서 신자가 옛
본성의 뿌리깊은 율법성과 그것의 절대적인 무용성을 발견하게 될 때, 이

전에 전혀 이해할 수 없었던 성령의 진리와 또한 그분이 행사하시는 강한 권세가 죄의 권세로부터 실제로 우리를 해방하신다는 진리를 납득하게 되는 것이다. 우리의 본문은 높은 경지의 믿음과 체험이 결합되어 선포된 것이다: "생명의 성령의 법이 죄와 사망의 법에서 너를 해방하였음이라." 지체들 안에 있던 죄의 법이 실재하고 강하며 자발적인 것이었던 것처럼, 그 지체들 안에 있는 생명의 성령의 법도 마찬가지이다.

그리스도 예수 안에서 생명의 자유를 충만하게 누리며 살기를 원하는 신자는 그런 삶을 배우는 길이 무엇인지 쉽게 알 것이다. 로마서 8장은 6장과 7장이 지향하여 다다르는 목적지이다. 믿음으로 그는 우선 그가 그리스도 안에서 죄에 대해서 죽었으며 하나님에 대하여 살았다는 것과 죄와 율법으로부터 해방되었고 그리스도에게 연합되었다는 것에 대해서 이 6장과 7장이 가르치는 모든 것을 공부하고 받아들여야만 할 것이다.

"너희가 내 말에 거하면 참으로 내 제자가 되고 … 진리를 알지니 진리가 너희를 자유롭게 하리라." 당신이 그리스도와 연합되었음을 하나님의 말씀이 가르칠 때, 하나님의 말씀을 당신의 믿음과 일상생활이 뿌리내릴 토양으로 삼고 그 안에 머물러 거하고, 당신 안에 그것이 머물도록 해야 한다. 이 복음의 말씀을 묵상하고 그것을 굳게 붙잡으며 마음에 간직하는 것, 믿음과 인내로 자신을 그것에 일치시키는 것은 성경이 가르치는 드높은 진리에 이르는 길이다. 본문에서 우리가 율법의 요구를 만족시키려고 시도할 때 당도하게 되는 육체성과 사로잡힘의 체험을 통하여 마치 무슨 진보가 있는 것처럼 보인다면, 철저히 자아에 대해 절망에 빠지게 될 때 성령께 전적으로 굴복하게 되고 강건하게 된다는 것을 기억하자. 육체와 율법을 통한 모든 소망을 그치는 것이 성령의 자유로 들어가는 문이다.

이러한 새로운 삶의 길을 걷기 위해서는 독특한 표현인 성령을 따라 행한다는 말이 의미하는 바가 무엇인지 기억하는 것이 긴요하다. 성령은 그 길로 이끌고, 그 길을 결정하며 그 길을 보여 주려고 하신다. 이것은 인도하심에 굴복하고 순종하며 그것을 기다리는 것을 수반한다. 그분은 다스리는 능력이 되어야 하며, 우리는 만사에 성령의 법과 다스리심 아래 살고 행동해야 한다. 그분을 슬프게 하지 않도록 주의하고, 그분의 인도하심을 알도록 온유하게 지켜보며, 매일 그분의 감춰진 임재를 믿고, 그분을 하나님으로 겸손히 경배하는 것, 이 모든 것들이 그런 삶의 표지가 되어야 한다. 바울이 이 단원의 끝부분으로 다가가면서 말하는 구절은 우리의 목표를 표현하기 위한 것이다: "영으로써 몸의 행실을 죽이면 살리라." 성령은 우리의 영과 혼의 모든 능력을 소유하시고 감동하시고 활성화하시며, 몸 안에까지 들어가서 우리로 하여금 몸의 행실에 대해서 죽게 하신다. 이것이 곧 우리가 "이는 그리스도 예수 안에 있는 생명의 성령의 법이 죄와 사망의 법에서 너를 해방하였음이라" 하는 말씀을 믿고 바라는 그것이다. 이것이 곧 우리가 부름 받아 얻은 바 성령의 거룩하게 하심으로 구원 받게 하심이다.

"우리가 믿음으로 행함이로라": 이 말씀은 성령을 따라 행한다는 말씀의 관점에서 특별히 기억해야 할 필요가 있다. 그리스도의 가시적 현현과 그분의 사역이 우리들 안에 있는 성령의 계시보다 훨씬 더 이해하기 쉬우므로, 그래서 무엇보다도 성령의 인도하심을 구하는 것에 믿음이 요구되는 것이다. 성령은 전능하신 능력으로 우리의 연약함에 실질적으로 연합하여 자신을 숨기시므로, 우리가 그분이 내주하시는 것과 그분이 우리를 위해서 우리의 모든 삶을 떠맡으신 것을 완전히 자각하도록 믿고 복종하자면, 참을성 있는 인내가 필요하다.

우리는 아버지를 받드는 한편, 기름부음 받은 분이신 그리스도와 교제하면서, 거룩하신 그분으로부터 매일매일 직접적이고도 새롭게 기름부음을 받을 필요가 있다. 여기에는 믿기만 하라! 하신 말씀밖에 필요하지 않다. 아버지와 그분의 약속을 믿으라! 아들과 그의 생명이 당신 것임을 믿으라: "너희 생명이 그리스도와 함께 하나님 안에 감추어졌음이라." 예수의 생명과 임재를 담지하시고 전달하시며 유지하시는 성령을 믿으라! 그분이 이미 당신 속에 있음을 믿으라! 당신의 이해를 초월하여 역사하는 그분의 거룩한 능력과 신실하심을 믿으라! 그리스도 예수 안에 있는 생명의 성령의 법이 죄와 사망의 법에서 너를 해방하였음이라 하신 말씀을 믿으라!

성령을 통하여 능력으로 역사하실 하나님을 기다리면서 그분 앞에 잠잠한 영혼으로서 엎드리라. 자아가 겸손해질 때 그분이 복되고도 아름다운 일을 이루실 것이다. 그분은 당신의 영적 생명이신 예수 그리스도의 거룩한 현존을 계시하시고, 나누어 주실 것이며, 유지하실 것이다.

언제나 송축받으실 하나님 아버지, 당신의 성령의 놀라운 선물을 인하여 감사하오니, 그분 안에서 당신과 당신의 아들은 우리들 속에 거처를 정하셨습니다. 그 영원한 생명의 선물로 말미암아 우리가 당신을 송축하오니, 당신의 사랑하시는 아들이 그것을 우리에게 주셨고 우리는 그것을 통하여 예수를 우리의 생명으로 소유하옵니다. 이제 그리스도 예수 안에서 생명의 성령의 법이 죄와 사망의 법에서 우리를 해방하였으므로 우리가 당신께 감사하옵니다.

우리 아버지여, 우리가 겸손히 당신께 구하오니, 이 완전한 자유의 법이 어떤 것인지 충만하고도 복되게 체험할 수 있도록 우리에게 나타내소서. 우리를 가르치사, 즐겁고도 자연스런 능력으로 그 복된 목표를 향하여 성장해가는 내적 생명의 법이 어떤 것인지 알게 하소서. 그 법은 사라지지 않고 지속적으로 존재하는 영생 이외에 다른 것이 아님을 가르치소서. 그것은 살아 계신 구주 그리스도 예수의 생명의 법이며, 그분이 살아 계셔서 그것을 우리 속에서 지속시켜 주신다는 것을 가르치소서. 그리스도 안에 있는 생명의 성령의 법이여, 성령께서 우리 안에 내주하심으로 임재하시는 그리스도를 계시하시고 영화롭게 하신다는 것을 우리에게 가르치소서. 아버지시여, 우리의 눈을 여시고 우리의 믿음을 강하게 하사 성령의 법이야말로 우리 지체 속에 있는 죄의 법보다 강하다는 것과 그것으로부터 우리를 해방하신다는 것을 믿게 하시고, 성령을 통하여 육체의 행위에 대해서는 죽고 그리스도의 생명으로 살게 하소서.

아버지시여, 이 모든 것을 당신의 자녀들에게 가르치소서. 아멘.

요 약

1. 여기서 잠시 멈춰서서 다음과 같은 체험이 우리의 체험인지 물어보자. 내가 신음하면서, 내 지체 안에 있는 죄와 사망의 법으로부터 건져 주시기를 구할 때, 그리스도 예수 안에 있는 생명의 성령의 법이 나를 해방하였다. 나는 이 복된 자유 안에서 살고 있는가?

2. 그런 삶을 살기를 원하는 사람은 누구나 바울이 그리스도의 복음 안에서 우리에게 제시한 그 길을 기억해야 한다. 당신은 하나님의 아들의 죽음을 통하여 하나님과 화해하게 되었다. 당신은 이제 아들의 생명으로써 구원을 받게 되었다(롬 5:10). 믿음으로 당신은 그 생명이 그 모든 능력으로 당신 것이 되었음을 안다(6:1, 11). 그것에 힘입어 당신은 자신을 하나님의 종이 되도록 내드렸다(6:15-22). 그러나 그 섬김은 율법 아래 있는 법적인 정신에 있지 않고, 영의 새로운 것에 있다(7:1-6). 당신이 이것을 이해하지 못했기 때문에 그 새 생명의 능력으로 당신이 기뻐하는 율법을 만족시키고자 추구하였으나, 철저하게 실패하고 말았다(7:14, 25). 자, 이제 성령이 오시는 때이다(8:1-16). 예수와 그분의 생명을 믿는 믿음은 당신 안에 계신 성령의 삶에 이르는 길을 인도한다. 성령은 율법으로부터 해방하시고 그리스도의 생명을 그분의 살아 계신 현존의 능력 안에서 지속하신다. 롬 8:2은 이 복된 삶의 열쇠이다.

3. "아담의 생명이 전 인류 속에서 생육한 것과 같이, 신인이신 그리스도의 새 생명이 그의 모든 백성에게로 흐른다. 우리의 생명은 그리스도의 백성 가운데 생육하는 영적 생명이다. 우리는 새로이 태어남으로써 두 번째 사람에게 결합되며, 그는 성령을 통하여 자신을 전해 주심으로써 백성들을 자기 아래로 모으신다." ― 스미턴(Smeaton)

4. 그런 삶을 살지 않으려는가? 살아가면서 한 가지 큰 교훈을 기억하라. 당신 속에 거하신 성령을 기억하라. 성령은 그리스도와 그분의 생명을 당신 안에 보여 주시는 계시자이다. 성령의 임재를 믿는 믿음으로 충만하기 위하여 위의 모든 것을 공부하라. 그분께서 다스리시도록 맡겨라. 기꺼

이 그분을 기다리고 그분을 따라 행하라. 성령의 법, 내적 생명의 힘과 능력, 그리스도 안에 있는 생명의 성령의 법이 죄와 사망의 법으로부터 나를 해방하였다.

제 19 장

성령의 인도하심

무릇 하나님의 영으로 인도함을 받는 사람은 곧 하나님의 아들이라(롬 8:14).

성령의 인도하심이란 우리가 참고하도록 생각으로 암시를 주시는 것이라고 생각하는 사람들이 많이 있다. 판단이나 책무에서 의문스런 것들을 결정하는 데에, 성경의 말씀을 사용하려고 선택하는 데에, 혹은 그리스도인이 어떤 사역을 실행하는 데 뚜렷한 방향을 선택하는 데에, 그들은 어떤 선택이 옳은 것인지 성령으로부터 즐겨 암시를 받고자 한다. 그들은 그것을 바라고 구하지만 그것은 헛된 일이다. 가끔 그들이 그것을 얻었다고 생각할 때가 있지만, 그것은 그들 생각에 진실로 성령으로부터 왔다면 당연히 있어야 할 표지인 확신이나 위로나 혹은 성공을 가져오지 않는다. 그래서 성령의 인도하심이라는 값진 진리는, 논쟁의 종식이나 난제의 해결이나 위로와 용기의 원천이 되지 못하고, 오히려 그 자체가 혼란의 원인이요 가장 큰 난제가 되고 만다.

그 잘못은 여기서 우리가 이미 다룬 적이 있는 진리 즉, 성령의 가르침과 인도하심은 우선적으로 생명에 주어지는 것이지 정신에 주어지는 것이 아니라는 진리를 받아들이지 않은 데서 온다. 생명이 활력과 힘을 얻으며, 빛이 된다. 이 세상에 대한 신뢰와 세상적인 영이 십자가에서 죽을 때, 그리고 본성적 삶과 육체의 뜻을 진실로 부인하고 억누를 때, 우리 정신의 영은 새롭게 되며, 하나님의 선하시고 기뻐하시고 완전하신 뜻이 무엇인지 알고 입증할 수 있게 된다(롬 12:2).

성령이 우리의 내적인 생명 안에서 실제로 거룩하게 하시는 사역과 그분의 인도하심 사이에 있는 관계는 우리의 문맥 속에서 매우 분명하게 드러난다. 8:13에서 우리는 '영으로써 몸의 행실을 죽이면 살리니'라는 말씀을 본다. 그리고 곧 이어 무릇 하나님의 영으로 인도함을 받는 사람은 곧 하나님의 아들이라는 말씀이 따라 나온다. 즉, 이렇게 자기 몸의 행실을 죽임으로써 성령의 인도하심을 받고자 자신을 맡기는 자는 누구나 하나님의 아들이다. 성령은 그리스도 안에 있었고 또 지금도 있는 거룩한 생명의 영이시며, 또 우리 안에서 하나님의 생명 능력으로 역사하는 거룩한 생명의 영이다. 그분은 성결의 영이시며, 오직 성결함 속에서만 우리를 인도하신다. 하나님께서는 그분을 통하여 그 선하시고 기뻐하시는 일을 의도하시고 또 행하시고자 우리 속에서 역사하시며, 또 그분을 통하여 우리들 안에서 그가 보시기에 기뻐하시는 일을 행하심으로 모든 선한 일에서 우리를 완전케 하신다. 성령의 인도하심을 받는다는 것은, 그분이 죄에 대해서 책망하고 영혼과 몸을 그분의 성전으로 삼으시려고 정결케 하실 때, 그분의 역사에 우선적으로 굴복하는 것을 말한다. 그분은 내주하시는 영으로서 마음과 생명을 채우시고 거룩하게 하시고 다스리시면서, 또한 깨우치시고 인도하신다.[1]

성령의 인도하심에 대해서 공부할 때, 다음 생각의 완전한 의미를 파악하는 것이 가장 중요하다. 오직 영적인 정신만이 영적인 것을 분별하고 성령의 인도하심을 받아들일 수 있다. 영적 인도를 받을 수 있으려면 그 정신이 먼저 신령하게 변해야 한다. 바울은 고린도 사람들에게 말하기를, 그

---

1) 이 책에는 성령의 거룩케 하심이나 성결의 영이신 성령에 대해서 따로 다루는 장이 없다. 그 이유는 이 책이 이전 작품인 『그리스도 안에서 성결함』(*Holy in Christ*)을 잇는 것이기 때문인데, 거기서 성령의 속성이자 사역으로서 성결의 의미에 대해서 말할 기회가 있었다.

들이 비록 거듭났다고는 하지만 아직 그리스도 안에서 어린아이같이 육적인 사람들이기 때문에, 그들에게 신령한 진리를 가르쳐 줄 수 없다고 했다. 사람을 통해서 오는 가르침도 이럴진대, 하물며 성령의 직접적인 가르침은 얼마나 더 그러하겠는가! 비록 거룩하게 하심을 얻지 못한 정신이라 할지라도 성경의 가장 심오한 비밀을 사람의 지력이 파악할 수 있는 정도까지 공부하고 인정할 수 있으며 심지어 가르칠 수도 있다. 그러나 성령의 인도하심은 — 우리가 그것을 아무리 자주 반복한다 해도 지나치지 않다 — 생각이나 감정의 영역에서 시작될 수 있는 것이 아니다. 더욱 깊은 곳, 생명 그 자체, 생명 깊숙이 감춰진 작업실, 뜻을 주조하고 성격을 맞추는 곳, 성령은 거기에 거처를 정하시고 호흡하시고 운행하시며 재촉하신다.

그분은 올바른 목적과 결단을 낳는 생명과 기질을 통해 우리에게 영감을 주심으로써 인도하신다. 너희로 하여금 모든 신령한 지혜와 총명에 하나님의 뜻을 아는 것으로 채우게 하시고 … 라고 간구하는 바울의 기도는 오직 영적인 이해력이 있어야 하나님의 지식을 받을 수 있음을 우리에게 가르친다. 그리고 영적인 이해력은 신령한 사람의 성장 그리고 신령한 삶에 대한 신실함과 더불어 오는 것이다. 성령의 인도를 받고자 하는 사람은 그의 삶이 전적으로 성령의 소유가 되고 성령으로 충만하도록 자신을 내어드려야만 한다. 그리스도께서 성령으로 세례를 받았을 때, 성령의 충만함을 입어 요단 강에서 돌아오사 광야에서 사십 일 동안 성령에 이끌리셨고(눅 4:1), 성령의 능력으로 갈릴리로 돌아가셨으며(4:14), "주의 성령이 내게 임하셨으니"라는 말씀으로써 나사렛에서 자신의 사역을 시작하셨다.

성령의 인도하심을 누리기 위해서는 잘 받아들일 줄 아는 종의 정신이 필요하다는 것은 쉽게 이해가 가는 사실이다. 육체는 범죄하게 하는 권세로써 성령을 훼방할 뿐만 아니라 하나님 섬기기를 추구하는 능력으로써도 성령을 훼방한다. 성령의 가르침을 분별하기 위해서는 귀가 할례를 받아야 하며, 손으로 육의 몸에 행하는 할례가 아니라 그리스도 안에 있는 할례를 받아야 한다고 성경은 말한다. 우리는 육체의 뜻과 지혜를 두려워하고, 십자가에 못박으며, 부인해야만 한다. 육체와 그 지혜가 우리 자신 안에서나 혹은 주변 사람들 사이에서 말하는 것에 대해서는 전적으로 귀를 닫아야 한다. 우리는 하나님을 생각하고 그분의 말씀을 공부할 때마다, 그리고 그분에게 예배하고 그분을 위해 일하려고 노력할 때마다, 항상 자기를 신뢰하지 말고 부인해야만 하며, 성령을 통하여 우리를 가르치시고 인도하시는 하나님을 확고한 자세로 기다려야 한다. 지식과 본분을 밝혀 주는 빛을 위해서 거룩한 인도하심을 날마다 시간마다 기다리는 영혼은 반드시 그것을 받을 것이다. 당신이 성령의 인도하심을 받기를 원한다면 당신의 의지와 지혜뿐만 아니라 생명과 존재 전체를 날마다 드리라. 불이 내려와 그 희생 제물을 남김없이 태울 것이다.

성령의 인도하심은 두 가지 의미에서 특별히 믿음의 문제임에 틀림없다. 성령의 인도하심이 시작되는 것은 우리가 거룩한 두려움 가운데, 성령이 내 안에 계시며 자기의 사역을 행하고 계시다는 것을 더욱 확신하게 되고 또 그 신뢰에 따라 행동하게 될 그때이다. 성령의 내주하심은 하나님의 구속사역의 절정으로서, 하나님 뜻의 가장 비밀스런 부분이다. 믿음이 필요한 곳은 바로 여기이다. 믿음은 보이지 아니하는 거룩한 분을 지각하는 영혼의 기능으로서, 하나님이 다가오실 때 그 거룩한 임재의 감동을 받아들이며, 하나님의 존재가 우리에게 가져다주는 것을 자신의 분량에 따라 받아들인다. 성령 속에서 하나님의 생명이 가장 직접적으로 전달되며, 여기서 믿음은 그 느낌과 이해력으로 판단하지 아니하고, 하나님께 굴복하여 그분이 말씀하신 것을 행하시도록 맡긴다. 믿음은 묵상하고 예배하며, 항상 새로이 기도하고 신뢰할 뿐 아니라, "그는 너희 속에 계시겠음이라" 하신 구주의 말씀을 받들어 받아들이고 감사하면서 영혼 전체를 내어드린다. 믿음은 다음과 같이 확신하며 기뻐한다: 하나님의 강한 능력이신 성령께서 자신의 방법대로 내 속에 거하시며, 나는 그것을 믿는다. 그분이 나를 인도하실 것이다.

그런데, 믿음은 성령의 내주하심에 대한 일반적 믿음을 넘어서서 성령의 인도하심의 모든 영역에 대해서도 또한 적용된다. 내가 나 자신을 하나님 앞에 놓았는지, 내 영혼을 순전하게 비우고 말씀과 섭리가 내게 제시한 것을 나타내시고 적용하시도록 그분을 기다렸는지 의문이 생길 때, 나는 믿음으로 하나님을 신뢰하고, 하나님의 인도하심이 철회되지 않을 것임을 확신해야 한다. 우리가 이전에 논한 것과 같이, 우리는 성령께서 갑작스런 충동이나 강한 느낌으로 혹은 하늘에서 들리는 목소리나 기이한 간섭으로 우리를 매일 인도해 주시기를 기대할 수는 없다. 의심할 여지없이 그런 인도하심을 받는 영혼들이 있는데, 우리의 본성이 더욱 신령하게 되고 보이지 않는 그분과 직접적으로 교제하며 살 때, 그런 시기가 올 수도 있으며, 우리의 생각과 느낌은 그분의 은혜로운 음성을 지각하는 통로가 될 것이다. 그러나 이것은 그분에게 맡겨야 될 일이며, 우리의 영적 분량의 성장에 달린 것이다. 사닥다리의 아랫부분 디딤대는 가장 연약한 이들도 능히 오를 수 있을 만큼 나지막하다. 하나님은 자신의 모든 자녀들이 매일 성령의 인도하심을 받도록 하신다. 성령이 당신 안에 계시다는 것을 믿음으로써, 그리고 당신이 이전에 그 놀라운 은혜를 구하지도 누리지도 못했다면 이제야말로 그분은 당신이 구하고 의뢰하는 그 일을 즉시 행하신다는 것을 믿음으로써, 성령의 인도하시는 길을 따라 나서라. 전적인 굴복으로 당신 자신을 하나님께 맡겨라. 하나님이 굴복하는 자를 받아주신다는 것은 당신이 성령의 다스리심 아래 있음을 의미한다는 절대적 확신을 가져라. 그분을 통해서 예수께서 당신을 인도하시고 다스리시고 구원하신다.

그러나 우리는 우리 자신의 마음이 만드는 허상에 이끌릴 위험과, 실제로는 육체의 기만인 것을 성령의 인도하심으로 여길 위험 속에 있지 않은가? 만약 그렇다면, 그런 착각을 막아줄 안전장치는 어디에 있는가? 이 마지막 질문에 대해서 보통 들을 수 있는 대답은 하나님의 말씀이 곧 그 안전장치라는 것이다. 그렇지만 그 대답은 반쪽짜리 진리에 불과하다. 너무나 많은 사람들이, 인간적 이성이나 혹은 교회의 해석에 따라서, 하나님의 말씀을 열광주의의 위험에 반대하는 것으로 사용하여왔고, 그들은 자기들이 반대한 자들 못지 않게 오류를 저질러왔다. 진정한 대답은 이러하다. 즉, 하나님의 영이 가르쳐 주시는 하나님의 말씀 그것이다. 우리의 안전은 두 가지의 완전한 조화 속에서 발견할 수 있다. 한편으로 우리가 기억해야 할 것은, 성령께서 하나님의 모든 말씀을 주신 것처럼, 그 동일하신 성령께서 그 모든 말씀을 우리에게 풀이해 주셔야 한다는 것이다. 내주하시는 성령만이 풀이해 주실 수 있다는 것은 두말할 필요도 없다. 내적 생명이 성령의 다스림을 받는 신령한 사람만이 말씀의 신령한 의미를 분별할 수 있다. 다른 한편으로 우리가 굳게 붙잡아야 할 것은, 성령께서 모든 말씀을 주신 것처럼, 그분의 모든 사역도 그 말씀을 영화롭게 하는 것으로서 그 안에 있는 하나님의 귀한 진리를 완전하게 드러내는 것이라는 사실이다. 말씀 없이 성령만으로 되는 것도 아니고, 성령 없이 말씀만으로 되는 것이 아니라, 우리 안에 풍성히 거하시며 절대적 순종에 맡겨진 말씀과 성령 둘 모두로 된다는 것 ─ 이것이 성령의 인도하심을 받는 길에서 우리의 안전을 보장한다.

이것은 처음에 우리가 강조했던 교훈으로 우리를 다시 데려간다. 성령의 인도하심은 성령의 거룩하게 하심과 나뉠 수 없다. 성령의 인도를 받고자 하는 이는 누구나 그가 아는 만큼 말씀의 인도를 받도록 자신을 내어드림으로써 시작해야 한다. 처음에는 명령에 순종하는 것으로써 시작해야만 한다. "행하고자 하는 자는 알리라" 하는 것이 예수의 말씀이다. "내 계명을 지키라. 그리하면 아버지께서 성령을 너희에게 보내시리라." 모든 죄를 단념하라. 모든 것을 양심의 음성에 맡기라. 모든 것을 하나님께 맡기고 그분의 방식으로 하시게 하라. 성령을 통하여 몸의 행실을 죽이라(13절). 하나님의 자녀로서 당신 자신을 성령의 처분에 맡겨서, 그가 이끄시는 대로 따르라(14절). 그러면 그 동일하신 성령 자신이 ─ 당신은 그분을 통하여 죄를 죽이고 그분의 인도하심에 당신 자신을 자녀로서 맡긴다 ─ 당신의 영과 더불어 이전에 알지 못하던 기쁨과 능력으로, 당신이 참으로 하나님의 자녀이며, 아버지의 사랑과 인도하심 가운데 자녀로서의 모든 특권을 누리고 있다는 것을 증언하실 것이다.

은혜로우신 아버지여, 하나님의 영의 인도하심을 받는 자마다 다 하나님의 자녀라고 하신 말씀을 인하여 당신께 감사드립니다. 당신은 당신의 자녀들을 당신 자신의 영의 인도하심 이외에 어느 누구의 인도에도 맡기려 하지 않으셨나이다. 그분이 당신의 아들 속에 거하면서 그를 인도했던 것처럼, 우리도 거룩하고 가장 복된 인도하심으로 이끄시옵니다.

아버지여, 우리가 이 거룩한 인도를 충분히 알지 못하고 완전히 따르지 않음으로 인하여 성령의 음성을 깨닫지 못할 때가 많고 성령의 인도하심을 기쁨으로 알기보다는 짐으로 여긴다는 것을 당신은 아시옵니다. 아버지여, 우리를 용서하소서. 성령의 인도하심에 대한 순전하고도 확실한 믿음을 일깨우셔서 우리가 전심으로 우리 자신을 드려 그 인도하심 안에서 행하게 하소서.

아버지여, 매사에 성령께서 인도하시도록 여기 당신의 자녀로서 나 자신을 당신께 맡기나이다. 나 자신의 지혜, 나 자신의 뜻, 나 자신의 방법을 버립니다. 매일 위로부터 오는 인도하심에 의지하며 기다리겠나이다. 성령께서 안에서 다스리시도록 기다리면서 내 영이 당신의 거룩한 현존 앞에 잠잠케 하소서. 내가 성령을 통하여 몸의 행실에 대하여 죽을 때, 정신이 새롭게 됨으로써 변화하여 당신의 선하고 완전한 뜻을 알게 하소서. 내 존재 전체가 내주하시고 거룩하게 하시는 성령의 다스림 아래 있어서, 당신의 뜻을 깨닫는 신령한 이해력이 내 삶의 규율이 되게 하소서. 아멘.

요약

1. 세 개의 구절이 배열된 순서를 주의 깊게 살펴보라. 내주하시는 성령을 통하여 몸의 행실을 죽이는 일이(롬 8:13) 성령의 인도하심에 선행한다(14절). 그리고 이 두 구절은, 성령의 살아있는 능력 가운데 우리가 하나님의 자녀라고 변함없이 증언하는 15-16절의 길을 예비한다.

2. 영으로써 몸의 행실을 죽이면 살리니 — 이 말씀은 신령하게 하심에 관한 가장 심오한 가르침 가운데 하나이다. 죄의 유혹은 끝까지 남아있다. 각양 범죄가 고개를 들지만, 신자는 몸의 행실을 죽일 수 있다. 이것은 그리스도의 임재와 생명이 성령을 통하여 행하는 일이다. 자신을 그분께 드

리는 신자는 성령을 통하여 그것을 이룬다. 이것을 이루기 위하여 우리는 그리스도 예수 안에서 전적으로 생명의 영으로 충만해야만 한다. 우리 안에 있는 그리스도의 생명이 그것과 함께 죄의 죽음을 가져올 것이다.

3. 죄를 죽인다는 것은 삼중적인 의미를 지닌다. 신자가 실제로 범죄를 저질렀을 때, 성령께서는 보혈의 능력을 행사하시어 그것을 말소하신다. 악한 버릇이 나와서 범죄하게 할 것을 신자가 두려워할 때, 성령은 그리스도의 죽으심으로 말미암은 능력을 행사하시어 그를 죄로부터 지켜주실 수 있다. 그러나 기억해야 할 것은, 성령을 통해서 몸의 행실이 죽게 되는 것은, 예수의 죽음과 생명의 능력으로 그리고 영혼을 예수 자신으로 충만케 하시는 능력으로 예수 자신을 계시함으로써 이루어진다는 것이다. 성령의 인도하심은 성령 안에서 사는 삶에 달려 있는 것이다.

4. "끊임없이 인도하심을 받을 때에만 안전하다. 일 년 동안의 이득을 단 한 시간에 잃어버릴 수도 있다. 만약 우리가 작은 일에서 성령과 무관하게 행한다면, 큰 일에 그분을 찾는 것이 헛된 일이 될 것이다." ― Bowen

제 20 장

기도의 성령

이와 같이 성령도 우리의 연약함을 도우시나니 우리는 마땅히 기도할 바를 알지 못하나 오직 성령이 말할 수 없는 탄식으로 우리를 위하여 친히 간구하시느니라. 마음을 살피시는 이가 성령의 생각을 아시나니 이는 성령이 하나님의 뜻대로 성도를 위하여 간구하심이니라(롬 8:26-27).

성령의 직무들 가운데, 하나님의 은총의 경륜 속에서 그분이 자리잡은 위치에 대한 깨달음과 성삼위의 신비 속으로 가장 깊숙이 인도하는 것은 그분이 기도의 영으로서 행하시는 사역이다. 우리에겐 성부가 계시는데, 그분은 우리가 기도 드리는 대상이면서 또한 우리의 기도를 들으시는 분이다. 우리에겐 성자가 계시는데, 우리는 성자를 통해서 기도하고 그분과 우리의 연합으로 말미암아 그분을 통해서 응답을 받아서 실제로 내 것으로 소유한다. 그리고 우리에게는 성령이 계시는데, 우리는 성령 안에서 기도하고 그분은 깊이 감추어진 말할 수 없는 탄식으로 하나님의 뜻에 따라 우리 속에서 기도하시며, 하나님은 그 마음을 살피셔서 성령의 생각을 알아 내신다. 보좌에 앉으셔서 기도를 자비롭게 들어주시고 적절하게 응답해 주시는 하나님의 거룩한 사역과 마찬가지로, 그리고 중보하심으로 위로부터 응답을 얻어서 전해 주시는 성자의 사역과 마찬가지로, 기다리고 응답을 받는 기도를 통하여 역사하시는 성령의 사역도 역시 놀랍고 실제적인 것이다. 우리들 속에서 성령의 중보하심은 하늘에서 성자의 중보하심과 마찬가지로 거룩하다. 그것이 어째서 그런가 그리고 그것이 가르치는 교훈은 무엇인가 이해하도록 하자.

우리는 천지창조에서 성령이 어떻게 어둡고 생명 없는 혼돈을 만지시고, 자기의 살리시는 힘으로써 생명의 능력과 결실을 부여하시는 사역에 임하셨는지 안다. 성령께서 그것에 활력을 주신 다음에야 하나님의 말씀이 그것에 형체를 부여하시고 우리가 지금 보는 여러 유형의 생명과 아름다움을 불러내셨다. 이와 같이, 사람의 창조에서도 몸에 생기를 불어넣으셨고 흙으로부터 형체를 만드셨으며 그렇지 않았다면 죽은 것에 불과했을 물질을 사람으로 조성하신 분은 성령이었다. 더욱이, 예수라는 인격체를 위해서 한 몸을 예비하신 것도 성령의 사역을 통해서였고 예수의 몸이 무덤에서 다시 살아난 것도 성령을 통해서였다. 우리의 몸이 하나님의 성전이 되는 것도 그분을 통해서이다 — 우리 몸의 지체가 그리스도의 지체가 되는 것도 그분을 통해서이다. 우리는 성령에 대해서 생각할 때 천하고 덧없는 물질을 완전히 벗어버린 신성한 존재의 영적 본질과 연관지어 생각한다. 우리는 성령의 사역이 그분 자신을 특별히 물질과 연합시키시며 그것을 그분 자신의 영적 본성 속으로 이끌어 올리셔서 최고의 완전한 형상인 신령한 몸으로 변화시키시는 바로 그것임을 잊어버린다.

성령의 사역에 대한 이런 관점은 하나님의 구속 사역에서 그분이 자리하신 위치를 이해하는 데에 필수적이다. 그 사역의 각 부분마다 성삼위의 각 위격이 맡으신 고유한 영역이 있다. 성부는 보이지 않는 하나님으로서 모든 것의 주관자이시다. 성자는 하나님의 형상을 계시하시고 나타내시며 우리 가까이 가져오신다. 성령은 사람의 몸에 거하시면서 성부와 성자께서 우리를 위해 마련하신 일을 행하시는 하나님의 능력이다. 성령께서 각 개인 속에서 뿐만 아니라 교회 전체 속에서 지속적으로 개입하시고 작업하셔야만 성부께서 작정하셨고 성자께서 이루신 일이 그리스도의 몸에 적용되고 효력을 발휘할 수 있다.

이것은 기도를 중보하심에 있어서 특별히 그렇다. 하나님 나라의 도래,

신자들 속에서 은혜와 지식과 성결함을 더하는 것, 하나님의 사역에 더욱 헌신하는 것, 은혜를 통하여 불신자들 위에서 하나님의 능력이 효과적으로 역사하는 것, 이 모든 것들이 하나님으로부터 그리스도를 통하여 우리에게 오려고 대기하고 있다. 그러나 찾고 바라고, 간구하고 기도하고, 믿고 소망하지 않으면 그것은 오지 않는다. 이것이 성령께서 자리하신 놀라운 위치이다 — 그분은 그리스도의 몸으로 하여금 손을 내밀게 하시고, 우리의 머리 되신 그리스도의 충만하심에 따라 내려주신 것을 받아서 굳게 붙잡도록 준비하게 하신다. 성부의 사랑과 주시는 복을 전달하기 위해서는 성자와 성령 두 분 모두 일하셔야 한다. 성자는 아버지께로부터 받아서 계시하시고 가까이 가져오신다. 성령은 안으로부터 영혼을 깨워서 주님을 만나게 하신다. 성부께 구하고 받으시는 성자의 끊임없는 중보가 필수적인 것과 마찬가지로, 성부께서 주신 것을 성자께 구하고 받아들이시는 성령의 끊임없는 중보도 필수적이다.

우리의 본문은 이 거룩한 신비를 비추어 그 경이로움을 밝혀 준다. 믿음과 기도의 삶에서 성령의 작용을 통하여 우리가 하나님의 말씀을 명확하게 이해할 수 있고, 우리의 믿음은 그것이 필요로 하고 간구해야 할 것들을 어떻게 표현해야 할지 안다. 그러나 생각이나 감정보다 더 깊은 곳, 하나님만 발견하고 아실 수 있는 생명과 존재의 비밀스런 샘 속에서 행하시는 성령의 작용이 있는데, 거기서 그분은 우리 영혼 속의 갈망과 동경을 다루신다. 우리의 영혼 속에는 살아계신 하나님 그분에 대한 갈증이 실제로 존재한다. 거기에는 지식에 넘치는 사랑을 알고자 하며 신성의 모든 충만으로 충만하고자 하는 바람이 있고, 우리가 구하거나 생각하는 모든 것에 더 넘치도록 능히 하실 그분 안에서 심지어 사람의 마음으로 생각하지도 못한 것에 대한 소망이 있다. 실로 이 소원들이 우리를 사로잡을 때, 우리는 도저히 표현할 수 없는 것을 기도하게 되고, 우리의 유일한 위안은 말로 할 수 없는 그 동경을 성령께서 그 자신만 알고 이해하시는 언어로 기도해 주시는 것이다.

고린도 사람들에게 바울은 말한다: "내가 영으로 기도하고 또 이해함으로써 기도하리라"(우리말 개역개정판 성경은 '이해함으로써' 대신에 '마음으로'로 옮기므로 뜻이 다소 불분명하다. 헬라어 원문에 따르면 '마음으로'라는 번역도 가능하지만, 이때 헬라어 원문은 주로 이해나 판단 혹은 생각을 담당하는 기능으로서의 마음을 말한다 — 역자주). 그들은 성령의 감동과 그분의 기이한 은사에 영향을 받아 이해를 무시할 위험에 처해 있었다. 이 마지막 날에는 정반대의 위험이 있어서, 이해를 통하여 기도하는 것이 쉽고도 보편적인 기도이다.

이해로써 기도할 때 동시에 반드시 성령으로 기도해야 한다는 것을 우리는 상기할 필요가 있다 — 성령으로 기도하라(유 1:20; 엡 6:18). 우리는 성령의 이중적 작용 모두에 대해서 마땅한 자리를 드릴 필요가 있다. 하나님의 말씀은 우리 안에 풍성히 거하셔야만 하고, 우리의 믿음은 명확한 이해력을 가지고 그것을 파악하고 기도로 간구해야만 한다. 우리 안에 머물고 생명과 행위에 충만하신 그리스도의 말씀을 소유하는 것은 받으실 만한 기도가 어떤 것인가 하는 비밀 가운데 하나이다. 그렇지만, 성령께서 우리 존재의 내적 성소, 그 말로 나타낼 수도 상상할 수도 없는 영역에서(고전 2:6), 우리를 위하여 우리가 알지 못하고 표현할 수도 없는 것을 기도하신다는 것을 우리는 항상 기억해야만 한다. 성령의 신성과 그 실제적 내주하심를 더 잘 이해하게 됨에 따라, 우리는 하나님을 향한 우리의 주림을 통하여 우리 정신의 관념을 무한히 초월하여 하늘로 이끄신다는 것을 더 잘 알게 된다. 우리는 하나님의 말씀을 이해하고 순종하며 그 말씀에 따라 기도하는 것을 배우기를 힘쓰는 그런 활력 있는 믿음을 고취할 필요가 있음을 알게 될 것이다. 우리가 기도할 때, 하나님께서 우리의 생각을 무한히 초월해 계시다는 것과 우리가 기도를 통해 들어가는 그 영적 세계도 그 무한히 초월적인 영역에 속해 있다는 것을 상기하게 될 것이다. 마음과 육체가 실패하는 그곳에서 하나님께서 우리의 힘이 되어 주신다는 것과 우리 영혼의 가장 깊은 성소에 계신 그분의 성령께서 쉼 없이 중보하시며 하나님의 뜻에 따라 우리들 안에서 기도하신다는 것을 믿고 즐거워하자. 우리는 기도할 때, 거룩한 침묵으로 예배하고 우리 자신을 거룩하

신 보혜사이며 참으로 간구의 영이신 그분께만 맡겨야 한다.[1]

"이는 성령이 하나님의 뜻대로 성도를 위하여 간구하심이니라." 왜 바울 사도는 이미 "우리는 마땅히 기도할 바를 알지 못하나"라고 말했던 것처럼 '우리를 위하여'라고 말하지 않는가? 성도라는 표현은 바울이 애용하는 것으로서, 이 말에서 그는 한 나라나 또는 세계에 퍼져 있는 교회를 생각한다. 몸이 일체성을 실현하는 것은 각 지체들 속에 거하시는 성령의 특유한 사역이다. 이기심이 사라지고 신자가 더욱 신령한 마음을 갖게 될 때, 그리고 자신을 전체로서의 몸과 더욱 동일한 것으로 느낄 때, 그는 몸이 잘되고 강건한 것이 곧 자기에게 돌아올 것임을 알게 되고 성령 안에서 기도하고 이를 위하여 깨어 구하기를 항상 힘쓰며 여러 성도를 위하여 구하는 것이 무엇인지 배우게 된다.

우리가 하나님의 교회 모두를 품을 만큼 충분히 넓은 마음으로 자기자신을 이 사역에 헌신할 때 성령께서 자유로운 영역을 확보하시고 우리들 속에서 성도를 위하여 간구하시는 사역을 즐겨 행하실 것이다. 특별히 중보의 기도 속에서 우리는 성령의 심오하고도 말로 할 수 없는, 그러면서도 모든 것보다 뛰어난 성령의 중보하심에 의지할 수 있다. 성전이 된다는 것은 얼마나 큰 특권인가 — 성령께서 그 성전에서 성부께 끊임없이 아빠라고 부르짖어 간구해 주시고, 언어가 도달하지 못하도록 깊어서 말로는 할 수 없는 중보의 간구를 드리신다! 영원하신 성자께서 나사렛 예수의 육체

---

1) "한편으로, 신비주의자들은 믿음으로 파악할 수 있는 어떤 것도 인정하지 아니하며, 성령의 중보하심은 이해가 불가능한 것이라는 입장에 선다. 다른 한편으로, 이성주의자들은 논리적으로 규정될 수 있는 것에만 너무나 의존하며, 그들은 불가해한 것들에 대해서 불분명하게 지각한 것 위에다 자신들의 여러 가지 정의를 덮어씌움으로써 그것들을 감추어버린다. 창조의 가장 핵심적인 목적에 부합하여, 오직 성령께서만 우리가 기도하는 것을 아신다고 할 때, 바울은 믿음으로 알 수 있는 것과 모든 지식을 초월하는 것 사이에서 균형을 유지하고 있다. 만약 우리의 마음을 확고히 세우려고 한다면, 우리가 믿음의 언어로 말하고 이해하는 것과 또한 말로 표현할 수 없는 성령의 일 두 가지 모두 우리의 마음 속에 공존해야만 한다" — 슈타인호퍼(Steinhofer)의 로마서 8:26 주석.

에 거하셔서 사람으로서 하나님께 기도하신 것처럼, 영원하신 성령께서 죄악된 육체인 우리들 속에 거하시고 우리를 가르치셔서 성자께서 하셨던 것처럼 성부와 이야기할 수 있게 하시니 이 얼마나 복된 일인가! 하나님의 나라를 계시하는 유일한 통로인 그 능력의 중보하심을 함께 소유하기 위해서 어느 누가 이처럼 은혜로우신 성령께 자신을 드리려 하지 않겠는가?

그 길은 열려있고 모든 신자들을 초청하고 있다. 성령께서 전적으로 다스리시도록 해야 한다. 그분이 당신에게 충만하도록 하라. 그분이 당신의 인격과 의식을 그분의 처소로 삼으실 수 있다는 것을 믿으라. 그분은 어떤 인간적 정신도 이해할 수 없는 방식으로 당신 속에서 일하시고 기도하신다는 그 확실성을 믿으라. 성령께서 비밀스럽고도 고요하게 성실하심으로써 그 사역을 행하시는 가운데, 전능하신 능력으로 하나님의 목표와 당신의 주님과의 그 거룩한 단일성을 완성하고 계신다는 것을 믿으라. 당신 안에서 모든 이해를 능가하는 것들이 진리와 생명이 되고, 성령의 중보하심이 그리스도 안에서 당신의 일상적인 삶의 부분을 이루는, 그런 사람으로 살아가라.

가장 거룩하신 하나님, 당신의 임재 가운데 겸손히 경배하며 기도의 귀한 특권을 인하여 감사드립니다. 위에 계신 중보자이신 당신의 아들과 우리 속에 계신 중보자이신 성령을 통하여 우리에게 주신 은혜를 인하여 당신께 특별히 감사하겠나이다.

나의 아버지시여, 내가 당신의 영이 실제로 내 안에 거하시며 나의 연약한 기도를 통하여 기도해 주신다는 그 놀라운 생각을 거의 할 수 없음을 당신은 아십니다. 당신께 간구하오니, 그분이 저를 전적으로 소유하지 못하게 하고 그분의 임재에 대한 자각으로 충만하지 못하게 훼방하는 모든 것을 알려 주소서. 나의 내적인 존재와 외적인 삶이 모두 그분의 인도하심을 받게 해 주셔서, 당시의 뜻에 따라 구하는 법을 아는 신령한 이해력과 구한 대로 받는 살아있는 믿음을 갖게 하소서. 내가 무엇을 구할 것인지

제20장 기도의 성령 *179*

어떻게 구할 것인지 알지 못할 때, 아버지여, 나를 가르치사 잠잠히 경배하면서 당신 앞에 기다리게 하시고, 오직 당신만이 알 수 있는 말없는 기도로써 성령께서 간구하신다는 것을 저로 하여금 알게 하소서.

은혜로우신 아버지여, 나는 성령의 전입니다. 그분께서 나를 중보의 영으로 사용하시도록 나 자신을 맡깁니다. 내 온 마음이 그리스도의 영광에 대한 갈망과 잃어버린 자들을 향한 그분의 사랑으로 충만하게 하셔서, 내 삶이 당신의 나라의 도래를 갈구하는 말할 수 없는 부르짖음이 되게 하소서. 아멘.

요 약

1. 이제 우리는 주님께서 마지막 날 밤에 "너희가 구하는 것"이라는 어구를 여러 번 사용하시면서 그 놀라운 기도의 약속을 주신 것을 이해할 수 있다. 그분은 우리 속에서 기도하시고 우리의 소원을 인도하시며 우리의 믿음을 굳세게 하시는 성령을 갖도록 하셨다. 그분은 성령께서 우리들 속에서 하나님의 뜻에 따라 자유롭게 기도하실 수 있도록 우리가 우리의 존재 전체를 내주시는 성령께 드리기를 바라셨다. 그 거룩한 요청을 받아들이고 우리 자신을 성령께 드려서 그분이 우리들 속에서 기도하시도록 하자.

2. "우리는 마땅히 기도할 바를 알지 못하나": 이것이 얼마나 자주 짐이 되고 슬픔이 되었는가! 이제부터 그것은 위로가 될 것이다. 우리는 알지 못하므로 비켜서고, 알고 계신 분께 자리를 내어드린다. 우리의 더듬거리는 말과 심지어 탄식 속에서조차도 그 능력의 중보자께서는 간구하신다. 우리의 무지와 연약함 속에 성령이 자신의 사역을 행하시면서 숨어 계신다는 것을 두려움 없이 믿어야 한다.

3. "마땅히 기도할 바." 기도해야 마땅한 것은 믿음이다. 성령은 믿음의 영이시며, 믿음은 사고력보다 심오한 것이다. 선한 용기를 가질 것은, 성령께서 우리의 믿음을 지켜 주시기 때문이다.

4. 다른 곳과 마찬가지로 여기서도 모든 것은 한 지점에 이르게 된다. 성령의 내주하심이 우리의 한 가지 목표이다. 약속을 붙잡는 믿음 가운데, 그분의 인도하심을 기다리고 따르는 온유한 경성함 가운데, 육체를 죽음에 전적으로 내어줌을 통하여, 그분이 홀로 다스리고 인도하시도록, 사랑하는 우리 주님께 우리 자신을 맡겨서 성령으로 채우시게 하자. 성령께서 자기 사역을 이루실 것이다.

제 21 장

성령과 양심

내가 그리스도 안에서 참말을 하고 거짓말을 아니하노라 내 양심이 성령
안에서 나와 더불어 증언하노니(롬 9:1).
성령이 친히 우리의 영과 더불어 증언하시나니(롬 8:16).

하나님의 가장 높은 영광은 그분의 거룩하심에 있다. 하나님은 그 거룩
하심으로써 악을 미워하시고 멸망시키시며, 선을 사랑하시고 이루신다. 사
람은 양심이 같은 일을 한다. 양심은 죄를 정죄하고 바른 것을 인정한다.
양심은 사람에게 남아있는 하나님의 형상의 흔적으로서, 그의 속에서 가장
하나님을 닮은 부분이며 타락의 폐허 가운데에서 하나님의 영광을 지키는
수호자이다. 그 결과 하나님의 구속 사역은 언제나 양심에서 출발할 수밖
에 없다. 하나님의 영은 그분의 거룩함의 영이시며, 양심은 하나님의 거룩
함의 섬광이다. 사람을 새롭게 하고 신령하게 하시는 성령의 사역과 양심
의 사역 간의 조화는 가장 가깝고도 본질적인 것이다. 성령으로 충만하고
자 하고 그분이 베푸시는 복을 체험하고자 하는 신자는 우선 양심에 속한
지위와 명예를 그것에게 돌리는 데 유념해야 한다. 양심에 충실한 것은 하
나님의 거룩하심으로 복귀하는 길의 첫걸음이다. 철저하게 양심적인 것이
참된 영성의 토대요 특성일 것이다. 책임감과 하나님을 향해 올바로 응답
했음을 증언하는 것이 양심의 사역이며, 그리스도에 대한 우리의 믿음과

순종을 하나님께서 인정해 주셨음을 증언하는 것이 성령의 사역이므로, 그리스도인의 삶이 진보함에 따라 이 둘은 점점 더 동일한 것이 될 것이다. 우리는 우리의 모든 행위에 대해서 바울처럼 말할 필요가 있으며 그것이 우리에게 기쁨이 됨을 느낄 것이다: "내 양심이 성령 안에서 나와 더불어 증언하노라."

  양심은 방의 창문과 같아서 그것을 통하여 하늘의 빛이 비추이고 그것을 통하여 우리는 하늘뿐만 아니라 그 빛을 받는 만물을 볼 수 있다. 마음은 우리의 생명, 자아 또는 혼이 그 능력과 정서를 가지고 거하는 방이다. 그 방의 벽에는 하나님의 법이 적혀 있다. 그 법은 비록 이방인들 속에서조차, 불행히도 흐려지고 손상되기는 했을지언정, 아직 부분적으로 판독할 수 있을 만큼 남아있다. 신자 속에서 성령은 그 법을 빛의 문자로 새로이 기록하시며, 그 법은 처음에는 희미하지만 마침내 외적인 빛의 행위로 드러날 만큼 분명하고도 밝게 빛나게 된다. 안에서 비추는 그 빛은 내가 범하는 모든 범죄를 드러내고 정죄한다. 만약 죄를 자백하지 않고 그것으로부터 떠나지 않는다면, 그 더러운 자국이 남아서 양심이 훼손되는데, 이는 정신이 빛의 가르침을 거부했기 때문이다(딛 1:15). 범죄가 계속됨에 따라 창은 점점 더 어두워져서 마침내 빛이 전혀 비칠 수 없게 되며, 그런 그리스도인은 양심의 대부분이 눈멀고 무감각하게 되어 아무 거리낌없이 죄를 지을 수 있게 되고 만다.

  성령은 자기 사역을 통하여 전혀 새로운 기능을 창조하시는 것이 아니다. 그분은 이미 있는 것들을 새롭게 하시고 거룩하게 하신다. 양심은 창조주이신 하나님의 영이 이루시는 사역이며, 구속자이신 하나님의 영으로서 성령이 하시는 첫 보살핌은 죄가 훼손한 것들을 회복하시는 일이다. 그분이 신자로 하여금 하나님 사랑의 충만한 빛 가운데 살 수 있게 하시는 것은 오로지 양심을 온전하고 강건한 행위에 이르도록 회복하시고 그 안에 그리스도의 놀라운 은혜인 우리 영과 더불어 증언하시는 성령을 계시하심으로써 이루시는 일이다. 하늘을 바라보는 마음의 창이 깨끗하게 닦이고 맑게 유지될 때 우리는 빛 속에서 행할 수 있다.

양심에 대한 성령의 사역은 삼중적인 것이다. 성령은 양심을 통하여 하나님의 거룩한 법의 빛이 마음 속으로 비치게 하신다. 방에는 커튼이 드리워져 있을 경우도 있고 심지어 셔터가 내려져 있을 수도 있지만, 이것이 가끔씩 어둠 속으로 비치는 섬광을 막을 수는 없다. 양심은 강한 자가 그 안에서 전적으로 안심하고 거할 수 있을 만큼 죄로 얼룩지고 마비되어 있을 수도 있다. 시내 산에서 번쩍이는 섬광이 그 마음에 비칠 때, 양심이 깨어나 즉시 그 정죄를 인정하고 받아들일 채비가 되는 것이다. 율법과 복음은 둘 다 양심에 호소하여 회개를 촉구하고 죄를 책망한다. 양심이 범죄와 불신앙에 대한 책망을 아멘으로 받아들일 때 진실로 건져주심을 받을 수 있다.

이와 비슷하게 성령께서는 긍휼의 빛도 양심을 통해서 비치게 하신다. 집의 창문이 더러워지면 닦아야만 한다. 하물며 영원하신 성령으로 말미암아 흠 없는 자기를 하나님께 드린 그리스도의 피가 어찌 너희 양심을 죽은 행실에서 깨끗하게 하고 살아 계신 하나님을 섬기게 하지 못하겠느냐! 그리스도의 보혈이 전체적으로 목적하는 바는, 마침내 모든 더러움이 제하여지고 아버지의 사랑이 그리스도로 하여금 내 영혼 안에서 가리움 없이 밝게 하셨다고 양심이 증언할 수 있을 때까지, 양심을 움직이고 책망을 멈추게 하며 그것을 정결하게 하는 것이다. 우리가 마음에 뿌림을 받아 악한 양심으로부터 벗어나 다시 죄를 깨닫는 일이 없게 됨은 모든 신자의 특권으로 정해진 것이다(히 9:14; 10:2, 22). 양심이 예수의 피에 대한 하나님의 메시지에 아멘으로 응답하기를 배울 때 그렇게 된다.

보혈로 씻음 받은 양심은 그 위에서 빛나는 하나님의 사랑의 빛을 받으며 믿음의 순종 가운데 행함으로써 정결하게 유지되어야만 한다. 성령이 내주하시리라는 약속과 하나님의 모든 뜻 가운데 그분이 인도하시리라는 약속에 대하여 양심은 아멘으로 응답해야 하며, 성령께서 그것을 행하신다는 것을 증언해야만 한다. 신자는 자신이 옳다고 알고 있는 바를 행하지 않았다는 이유로 혹은 불신앙적인 것을 행했다는 이유로 양심의 책망을 받지 않도록 겸손과 경성함 가운데 행할 것을 요청 받는다. 그는 우리가

184

"세상에서 특별히 너희에 대하여 하나님의 거룩함과 진실함으로 행하되 육체의 지혜로 하지 아니하고 하나님의 은혜로 행함은 우리 양심이 증언하는 바니 이것이 우리의 자랑이라" 하고 바울이 기쁨으로 증언한 것 못지 않게 만족을 얻을 수 있을 것이다(고후 1:12; 행 23:1; 24:16; 딤후 1:3과 비교해 보라). "우리 양심이 증언하는 바니 이것이 우리의 자랑이라" 하신 말씀에 주목하자. 우리가 빛 가운데 머묾으로써 창이 맑고 깨끗하게 유지될 때, 우리는 성부 성자와 교제함으로써 구름 없이 맑은 하늘에서 비치는 사랑을 받으며 어린아이와 같은 신뢰 속에 솟아나는 우리의 사랑을 바칠 수 있다. "사랑하는 자들아 만일 우리 마음이 우리를 책망할 것이 없으면 하나님 앞에서 담대함을 얻고 무엇이든지 구하는 바를 그에게서 받나니 이는 우리가 그의 계명을 지키고 그 앞에서 기뻐하시는 것을 행함이라"(요일 3:21-22).

매일매일 하나님 앞에 선한 양심을 유지하는 것은 신앙의 삶에 필수적이다. 신자는 적어도 그만큼을 목표로 삼아야 하며 그보다 못한 것에 만족해서는 안 된다. 그는 그것이 자기 가까이 있음을 확신하게 될 것이다. 구약의 신자들은 자기들이 하나님을 기쁘시게 했다고 믿음으로 증언하였다(히 11:4-6, 39). 신약성경에서 그것은 순종해야 할 명령으로 우리 앞에 제시되었을 뿐 아니라 하나님께서 이루실 은혜로 또한 제시되었다. "주께 합당하게 행하여 범사에 기쁘시게 그의 영광의 힘을 따라 모든 능력으로 능하게 하신 아버지께 감사하게 하시기를 원하노라. 우리 하나님이 너희를 그 부르심에 합당한 자로 여기시고 모든 선을 기뻐함과 믿음의 역사를 능력으로 이루게 하시도록 우리도 항상 너희를 위하여 기도하노라. 너희가 마땅히 어떻게 행하며 하나님을 기쁘시게 할 수 있는지를 우리에게 배웠으니 곧 너희가 행하는 바라 더욱 많이 힘쓰라"(골 1:10-11; 살후 1:11; 살전 4:1; 히 12:28; 13:21). 우리가 하나님을 기쁘시게 하는 일을 행하고 있다는 양심의 증언을 더욱 추구할수록, 우리를 따라다니는 모든 실패에도 불구하고 늘 정결케 하는 피를 즉시 바라보고 더욱 더 자유를 느낄 것이다. 양심에 뿌려진 피는 중단 없는 영생의 능력과 완전한 구원을 이루는 불변의 제사장직의 능력 안에 머물러서 작용한다. "그가 빛 가운데 계신 것 같이 우리도 빛 가운데 행하면 우리가 서로 사귐이 있고 그 아들 예수의 피가 우리를 모든 죄에서 깨끗하게 하실 것이요."[1]

우리의 믿음이 연약한 것은 깨끗한 양심이 없기 때문이다. 디모데전서에서 바울이 그 둘을 얼마나 밀접하게 연결하였는지 유의해야 한다:"청결한 마음과 선한 양심과 거짓이 없는 믿음에서 나오는 사랑"(1:5). "믿음과 착한 양심을 가지라. 어떤 이들은 이 양심을 버렸고 그 믿음에 관하여는 파선하였느니라"(1:19). 깨끗한 양심에 믿음의 비밀을 가진 자(3:9). 양심은 믿음이 앉는 자리이다. 믿음에 굳세고 하나님께 담대하고자 하는 자가 하나님을 기쁘시게 하고 있음을 알아야 한다(요일 3:21-22). 성령을 주시겠다는 약속은 ─ 성부와 성자의 내주하심과 더불어 주시는 것이다 ─ 그분을 사랑하고 그 명령을 지키는 자를 위하여 준비된 것이라고 예수께서 아주 분명하게 말씀하셨다.

우리가 그 조건을 충족시켰노라고 우리 양심이 어린아이와 같은 순전함으로 증언할 수 없다면 어떻게 확신을 가지고 그 약속을 요구할 수 있겠는가? 교회가 중보하는 자로 부르시는 거룩한 소명에 이르도록 자라나고 이 한량없는 약속을 실제 자기 것으로 소유했다고 단언할 때까지, 신자들은 하나님 가까이 나아가서 바울처럼 양심의 증언을 통하여 ─ 그것은 하나님의 은총을 통하여 성결함과 거룩한 진실함 가운데 행하고 있다는 증언이다 ─ 하나님을 영화롭게 할 것이다. 우리는 이것이 가장 겸손한 것이며 하나님의 거저 주시는 은혜에 가장 큰 영광을 돌리는 것임을 알아야 한다. 즉, 그것은 우리가 무엇을 이룰 수 있다는 인간적 생각을 버리는 것이며, 하나님이 원하시고 약속하시는 것을 선포하실 때 이것을 우리가 되어야 할 바 유일한 기준으로 받아들이는 것이다.

바울과 더불어 우리가 하나님과 사람 앞에서 "그리스도 안에서 내 말은 진실합니다. 내 양심이 성령 안에서 나와 더불어 증언합니다" 하고 매일같

---

1) 주해 12를 참고하라.

이 주장할 수 있는 그 복된 삶을 어떻게 얻을 수 있는가? 그 첫걸음은 겸손히 양심의 책망을 받아들이는 것이다. 뭉뚱그려서 큰 잘못이 있노라 하는 식의 막연한 고백에 만족하지 않도록 하라. 실제적 범죄와 범죄의 유혹을 혼동하지 않도록 주의하라. 만약 우리가 성령의 내주하심을 통하여 죄에 대하여 죽으려 한다면(롬 8:13), 우리는 먼저 실제로 저지른 범죄를 문제 삼아야 한다. 어느 하나의 범죄로 시작해서, 조용한 굴복과 겸손 가운데 양심에게 시간을 주어 책망하고 정죄하게 하라. 당신이 이 한 가지를 가지고 아버지의 은혜를 힘입어 순종하고자 나아간다고 아버지께 아뢰라. 그리스도께서 당신의 마음 전체를 소유하시겠다고 하시는 제안을 다시 받아들여, 주님이요 보호자로서 당신 안에 거하시도록 하라. 당신이 스스로 연약하고 무력하게 느끼는 그때조차도 그리스도께서 이것을 행하신다는 것을 그분의 영을 통하여 신뢰하라. 그리스도의 말씀을 받아들이고 지키는 순종만이 그분에 대한 당신의 헌신과, 혹은 그분의 사역과 은총에 대한 당신의 관심을 증명하는 유일한 길임을 명심하라. 하나님의 은총으로써 하나님과 사람에게 거리낌이 없는 양심을 언제나 갖기를 구하겠다고 믿음으로 서원하라.

당신이 한 가지 범죄에 대해서 이런 단계를 밟고 나서, 다른 범죄들을 가지고 한 단계 한 단계 계속하라. 당신이 순전한 양심을 신실하게 지킨다면 빛이 하늘로부터 당신의 마음 속으로 더욱 밝게 빛나서 당신이 이전에 깨닫지 못했던 죄를 찾아낼 것이며 당신이 이전에 읽지 못했던 바 성령이 기록한 법을 분명하게 드러낼 것이다. 가르침 받기를 기뻐하고, 성령께서 가르쳐 주시리라는 것을 확실히 믿으라. 보혈로 씻음 받은 양심을 순전하게 지키고자 하는 모든 진실한 노력은 하나님의 빛 속에서 성령의 도우심을 입을 것이다. 오직 당신 자신을 전심으로 하나님의 뜻에 맡기고 그분의 성령의 능력에 맡기라.

양심의 책망을 받아들이고 자신을 하나님의 뜻에 전적으로 내어드릴 때, 당신의 용기는 굳세게 자라나서 거리낄 것 없는 양심을 가질 수 있게 될 것이다. 은혜를 힘입어 당신이 행하는 것과 행할 것에 대해 양심이 증언하

는 바는 그리스도께서 행하시는 것과 행하실 것에 대한 성령의 증언과 합
류하게 될 것이다. 당신은 어린아이와 같은 순전함으로 매일 거짓 없는 기
도로 시작할 것이다: 아버지여, 당신과 당신의 자녀 사이를 가로막는 것이
이제 아무것도 없습니다. 내 양심은 보혈로 거룩하게 씻음 받아 증언합니
다. 아버지여, 오늘 하루 구름의 그림자라도 가리지 않게 하소서. 내가 매
사에 당신의 뜻을 행하겠나이다. 당신의 영이 내 속에 거하시고, 나를 인도
하시고, 나를 그리스도 안에서 굳세게 하십니다. 하루를 끝낼 때마다 다음
과 같이 말하게 될 때, 당신은 오직 거저 받은 은총으로 자랑하는 삶으로
들어갈 것이다: "우리가 세상에서 하나님의 거룩함과 진실함으로 행하되
하나님의 은혜로 행함은 우리 양심이 증언하는 바니 이것이 우리의 자랑
이라. 내 양심이 성령 안에서 나와 더불어 증언하노라."

은혜로우신 아버지여, 당신의 음성을 우리 마음에 주셔서 우리가 당신을
기쁘시게 하는지 아닌지 증언하게 하심을 감사합니다. 그 증인이 율법의
저주에 동의하는 그 무서운 아멘으로 나를 정죄할 때 당신께서 아들의 보
혈을 주시어 양심을 정결케 하심을 감사합니다. 악한 양심으로부터 씻음
받아서 확신 가운데 당신을 바라보도록 이 순간 내 양심이 보혈의 음성을
아멘으로 받아들일 수 있게 하심을 감사합니다.

예수께서 나를 위하여 내 속에 행하신 일을 증언하시고자 하늘로부터
오신 증인을 인하여 또한 감사합니다. 그분은 내 속에서 그리스도를 영화
롭게 하시고 그리스도의 임재와 능력을 주시며, 나로 하여금 그리스도를
닮게 하시옵니다. 더욱이 내 마음 속에서 당신의 영이 임재하시고 역사하
심을 아멘으로 받아들이게 하심을 감사합니다.

내 아버지여, 내가 오늘 당신 앞에서 선한 양심으로 걷기를 바라오며, 당
신과 주 예수를 슬프게 하지 않기를 원합니다. 당신께 구하오니, 보혈의 씻
음으로 죄로부터 건져 주심이 성령의 능력 가운데 살아있고 끊임없으며
가장 효과적인 것이 되도록 하셔서, 나로 하여금 당신을 온전하게 섬기는
일에 굳세고 열심 있는 사람이 되게 하소서. 또한 양심과 성령의 증언이

연합함으로 누리는 기쁨 가운데 내가 당신과 함께 행하게 하셔서, 저로 하여금 당신을 기쁘시게 하는 자 되게 하소서. 아멘.

요 약

1. 잘 정돈된 집은 유리창이 깨끗하게 닦여 있다. 특히 창문은 주인이 휴식하면서 아름다운 경치를 내다보기를 즐기는 곳이다. 창문을 매일같이 깨끗하게 유지하도록 유의하고, 위로부터 당신에게 비치는 빛과 하나님의 얼굴을 찾는 당신의 사랑의 시선을 구름이 그림자를 드리워서 가리지 않도록 하라. 고의가 아닌 범죄는 믿음으로 요구하기만 하면 보혈로 즉시 씻음을 받는다. 모든 실패를 즉시 고백하여 씻음을 받아야 한다. 그분의 모습이 발하는 광채 속에서 종일 행하는 것 이외의 다른 것에 만족을 두지 말라.

2. "네가 적은 일에 충성하였으매 내가 많은 것을 네게 맡기리라." 작은 빛인 양심에 충성된 것은 큰 빛인 성령을 향유할 수 있는 단 하나의 길이다. 만약 우리가 가진 증언에 충실하지 못하다면 어떻게 하나님께서 참된 증언을 맡기실 수 있는가? 민감한 양심은 참된 영성에 이르는 유일한 길이다.

3. 보혈에 대한 설교와 관련하여 교회에서 필요한 것은 양심에 대한, 그리고 양심을 향한 설교가 아닐까? 어떤 이들은 양심을 설교하면서 보혈에 대해서는 거의 말하지 않는다. 어떤 이들은 보혈을 설교하면서 양심에 대해서는 거의 말하지 않는다. "하물며 그리스도의 피가 어찌 너희 양심을 죽은 행실에서 깨끗하게 하고 살아 계신 하나님을 섬기게 하지 못하겠느냐!" 하는 말씀은 하나님의 말씀 가운데 가장 경이로운 말씀 중 하나이다. 양심은 본분으로서의 옳은 일을 행하고자 간구하는 능력이다. 하나님께서 원하시는 그대로 설교하고 믿을 때, 보혈의 목적이요 동시에 결과로서 나타나는 것은 양심이 그 충만한 능력을 발휘하고 활동하도록 회복되는 것이다. 그리스도의 피가 너희 양심을 깨끗하게 하고 살아 계신 하나님을 섬

기게 할 것이다. 성결의 능력은 보혈과 양심 두 가지 모두에 대한 통찰과
신중한 지속과 놀라운 조화에 있다.

제 22 장

성령의 계시

내 말과 내 전도함이 설득력 있는 지혜의 말로 하지 아니하고 다만 성령의 나타나심과 능력으로 하여 너희 믿음이 사람의 지혜에 있지 아니하고 다만 하나님의 능력에 있게 하려 하였노라. 그러나 우리가 온전한 자들 중에서는 지혜를 말하노니 이는 이 세상의 지혜가 아니요 또 이 세상에서 없어질 통치자들의 지혜도 아니요 오직 은밀한 가운데 있는 하나님의 지혜를 말하는 것으로서 곧 감추어졌던 것인데 하나님이 우리의 영광을 위하여 만세 전에 미리 정하신 것이라. 이 지혜는 이 세대의 통치자들이 한 사람도 알지 못하였나니 만일 알았더라면 영광의 주를 십자가에 못 박지 아니하였으리라. … 오직 하나님이 성령으로 이것을 우리에게 보이셨으니 성령은 모든 것 곧 하나님의 깊은 것까지도 통달하시느니라. … 우리가 세상의 영을 받지 아니하고 오직 하나님으로부터 온 영을 받았으니 이는 우리로 하여금 하나님께서 우리에게 은혜로 주신 것들을 알게 하려 하심이라. 우리가 이것을 말하거니와 사람의 지혜가 가르친 말로 아니하고 오직 성령께서 가르치신 것으로 하니 영적인 일은 영적인 것으로 분별하느니라. 육신에 속한 사람은 하나님의 성령의 일들을 받지 아니하나니 이는 그것들이 그에게는 어리석게 보임이요, 또 그는 그것들을 알 수도 없나니 그러한 일은 영적으로 분별되기 때문이라. 신령한 자는 모든 것을 판단하나 자기는 아무에게도 판단을 받지 아니하느니라(고전 2:4-8, 10, 12-15).

이 본문에서 바울은 세상의 영과 하나님의 영을 대비시키고 있다. 특히 대비가 뚜렷하게 나타나는 곳은 진리에 대한 지혜 혹은 지식이다. 사람은 지식을 추구하면서 타락하였다. "스스로 지혜 있다 하나 어리석게 되었다"는 말씀과 마찬가지로, 이방종교의 기원은 지식에 대한 자만심에 있다(롬 1:22). 헬라인들은 지혜와 철학과 진리의 탐구에서 자기들의 영광을 구했다. 유대인들이 자랑한 율법에 있는 지식과 진리의 모본은 하나님의 뜻을 아는 지식에 있었다(롬 2:17-20). 그렇지만 하나님의 지혜이신 그리스도께서 지상에 오셨을 때, 유대인이나 헬라인은 모두 그분을 배척했다. 사람의 지혜는 계시를 소유했건 그렇지 않건 간에 하나님이나 그분의 지혜를 파악하는 데에 전적으로 불충분한 것이다. 사람의 마음이 하나님으로부터 멀어져서 하나님의 뜻을 사랑하지도 않고 행치도 않게 될 때, 그의 정신은 어두워져서 그분을 바로 알 수 없게 된다. 그리스도 안에서 하나님의 빛이 그 거룩한 사랑으로 사람들 위에 비칠 때조차도, 그들은 그것을 알지도 못했고 그 안에 있는 아름다움을 보지도 못했다.[1]

바울은 로마서에서 사람이 자기의 의를 신뢰하는 것과 그것이 무능력하다는 것에 대해서 논한다. 고린도전서에서는 특별히 처음 세 장에서 사람의 지혜가 무능력한 것임을 논한다. 헬라인들의 경우처럼 하나님의 진리와 뜻을 발견하고자 탐구할 때뿐만 아니라 유대인들의 경우처럼 하나님이 그것을 계시하셨을 때라도, 사람은 성령의 빛이라는 거룩한 광명이 없이는 그것을 보지 못한다. 이 세상의 지배자들은 유대인이건 헬라인이건 그들이 하나님의 지혜를 몰랐기에 영화로우신 주님을 십자가에 못박고 말았다. 바울은 고린도의 신자들에게 편지하여 이 세상의 지혜에 대해 경계하면서 이단자나 유대인이나 혹은 이방인에 대해서는 아무것도 논하지 않는다. 그는 그가 전한 십자가에 달린 그리스도의 복음을 전적으로 받아들였지만, 진리를 가르치고 듣는 가운데 인간적 지혜의 능력을 다루게 될 위험에 처한 신자들에게 말하고 있다. 하나님의 진리는 감추어진 영적 비밀로서 오

---

1) 주해 13을 참고하라.

직 영적인 계시를 통해서만 파악될 수 있다는 것을 바울은 그들에게 상기
시킨다. 유대인들이 그리스도를 배척한 것은 성령의 신령한 내적 조명 없
이 사람의 지혜의 용량만으로는 하나님의 계시를 결코 받아서 담을 수 없
다는 것을 보여 주는 큰 증거이다.

유대인들은 자신들이 하나님의 말씀을 사모하고 그것을 연구하며 삶과
행위 속에서 말씀에 따른다는 것을 스스로 자랑스럽게 여겼다. 그러나 결
과적으로는 그들이 자신들도 알지 못하는 사이에 말씀을 전적으로 오해하
였고 자기들이 믿고 고대하고 있던 바로 그 메시아를 배척했다는 것이 판
명되고 말았다. 바울이 고린도전서 2장에서 상술하고 있는 것과 같이, 하
나님의 계시는 세 가지를 의미한다: 하나님은 자기가 무엇을 생각하고 행
하시는지 말씀을 통하여 알리셔야 했다. 메시지를 전해야 할 모든 설교자
는 진리를 소유해야만 할 뿐 아니라 그것을 어떻게 말할 것인지 끊임없이
성령의 가르침을 받아야 한다. 그리고 설교를 듣는 모든 사람에게도 내적
조명이 필요하다. 그가 성령의 다스림을 받는 삶을 사는 신령한 사람일 때
만 그의 정신은 영적인 진리를 받아들일 수 있다.[2] 우리가 그리스도의 마
음을 가질 때 그리스도 안에 있는 진리를 분별할 수 있다.

이 가르침은 오늘날의 교회와 신자들 개개인에게 필요하다. 종교개혁과
함께 개혁교회들 안에서는, 하나님의 법을 실제로 성취하는 데에 사람의
의와 사람의 능력이 무력하다는 것을 널리 인식하게 되었고, 복음적인 그
리스도인 사이에서는 어디서나 적어도 이론적으로는 그것이 인정되었다.
그러나 사람의 지혜가 무능력하다는 것이 분명하게 인식된 것은 결코 아
니다. 성령의 가르침이 필요하다고 막연하게는 기꺼이 인정하지만 교회의

---

2) 바울은 이렇게 하나님의 영과 세상의 영을 대비시키는 가운데, 우선 2:6-9에서
그 감춰진 지혜의 거룩한 내용과 성격을 설명하고, 10-13절에서는 이 하나님의 지혜
가 거룩하게 계시되어야 하며 그것을 설교할 때 성령의 거룩한 인도하심을 받아야 한
다고 가르친다. 그리고 나서, 2:14-3:4에서는 듣는 이가 그것을 받아들이기 위해서는
성령의 감동이 필요하다는 것과, 비록 그리스도인이라고 할지라도 신령한 삶을 살지
않으면 그것을 이해할 수 없다는 것을 가르친다.

가르침 속에서나 신자들의 삶 속에서는 이 복된 진리가 실제적이고 전적인 주권을 갖지 못한다는 것을 우리는 발견한다 ― 그 진리 없이는 이 세상의 지혜와 영이 여전히 그 권세를 행사할 것이다.

바울이 자신의 설교에 대해서 하는 말 속에서 우리가 논한 것에 대한 증거를 찾을 수 있을 것이다: "내 말과 내 전도함이 설득력 있는 지혜의 말로 하지 아니하고 다만 성령의 나타나심과 능력으로 하여, 너희 믿음이 사람의 지혜에 있지 아니하고 다만 하나님의 능력에 있게 하려 하였노라." 갈라디아서에서와 마찬가지로 그는 두 복음에 대해 쓰는 것이 아니라 그리스도의 십자가에 대한 하나의 복음을 전하는 두 가지 방식의 설교에 대해서 말한다. 설득력 있는 사람의 지혜의 말로 하는 설교가 만들어내는 믿음은 그것의 기원을 나타내는 표시를 지니고 있다 ― 그 믿음은 곧 사람의 지혜에 대한 믿음이다. 그것이 사람과 재력에 의해 공급받는 동안에는 잘 자랄 것이다. 그러나 홀로 있거나 시험을 당하면 견디지 못한다. 사람은 그런 설교를 통하여 신자가 될 수도 있다. 그러나 그는 연약한 신자가 될 것이다. 한편, 성령과 능력의 설교를 통한 결실로 받아들여진 믿음은 하나님의 능력 가운데 흔들리지 않는다. 신자는 설교를 통하여 인간을 초월한 성령의 인도하심을 받아서 살아계신 하나님과의 직접적인 교제에 이른다. 그의 믿음은 하나님의 능력 속에 서 있다. 교회 지체들 가운데 대다수가, 비록 거기에 은총의 수단(말씀선포와 성례 ― 역자주)이 풍성하게 있다고 해도, 하나님의 능력 안에 선 믿음이 거의 없이 연약하고 병적인 상태에 있는 한, 그것은 우리의 설교가 성령의 능력을 입증하는 데 있지 아니하고 사람의 지혜에 더욱 입각해 있기 때문임을 우려하지 않을 수 없다. 말씀을 전하는 설교자들과 교사들의 영과 듣고 받아들이는 회중의 영 양자 모두에게 변화가 일어나야 한다면, 그것은 신자들 개인의 삶 속에서 시작되어야 한다고 나는 확신한다.

우리는 우리 자신의 지혜를 두려워할 줄 알아야 한다. "너는 마음을 다하여 여호와를 신뢰하고 네 명철을 의지하지 말라." 바울은 신자들에게 말한다: "너희 중에 누구든지 이 세상에서 지혜 있는 줄로 생각하거든 어리

194

석은 자가 되라. 그리하여야 지혜로운 자가 되리라"(고전 3:18). 성경이
우리에게 '그리스도 예수의 사람들은 육체와 함께 그 정욕과 탐심을 십자
가에 못 박았느니라'고 말할 때 이것은 육체의 이해력 즉, 성경이 말하는
바 육신의 생각을 포함하는 것이다. 자기를 십자가에 못 박는 가운데 나
자신의 선함과 나 자신의 힘과 나 자신의 뜻을 죽음에 내주는 것과 같이
내 지혜도 역시 그렇게 해야만 한다. 사람의 정신은 가장 고귀하고도 하나
님을 닮은 기능이다. 그러나 죄가 그것을 다스리고 그 안에 도사리고 있다.
사람은 진실로 회심하고서도 자신이 얼마나 자기의 본성적 정신으로 하나
님의 진리를 파악하고 보유하려고 하는지 모를 수 있다. 성경을 그토록 많
이 읽으면서도 삶을 고양하고 거룩하게 하는 능력을 갖지 못하는 분명한
이유는 그것이 성령을 통하여 계시되고 받아들여진 진리가 아니기 때문이
다.

　이것은 또 일단 성령에게 가르침 받기는 했으나 이해력 속에 넣어둔 채
지금은 다만 기억으로만 보유하고 있는 진리에도 잘 적용된다. 만나는 지
상에서 보관되면 급속히 그 천상의 성질을 잃는다. 하늘로부터 받은 진리
는 늘 신선한 기름으로 기름부음 받지 못하면 그 거룩한 신선함을 잃는다.
정신과 이성의 능력으로써 하나님의 말씀을 대할 때가 곧 육체의 능력이
가장 교활하게 설칠 때라는 것을 신자는 날마다 시간마다 알아야 할 필요
가 있다. 이것이 바울의 표현대로 어리석은 자가 되기를 끊임없이 구해야
한다는 것을 그로 하여금 깨닫게 할 것이다. 그는 하나님의 말씀을 대할
때나 하나님의 진리를 상고할 때마다, 믿음과 배우려는 자세 가운데 약속
된 바 성령의 가르치심을 기다려야 한다. 그는 귀의 할례를 받도록 간구해
야 할 것이다 — 그것을 통하여 이해력이라는 육체의 능력이 제거되며, 그
것을 통하여 마음 속의 그리스도 예수 안에 있는 생명의 영이 그리스도께
서 하신 대로 순종하는 삶에 귀 기울인다. 그런 사람에게는 "천지의 주재
이신 아버지여 이것을 지혜롭고 슬기 있는 자들에게는 숨기시고 어린아이
들에게는 나타내심을 감사하나이다" 하신 말씀이 성취될 것이다.

　모든 목사들과 교사들, 모든 교수들과 신학자들, 모든 학생들과 성경독

자들에게 주는 교훈은 가장 심오하고도 엄중한 것이다. 우리는 계시의 객
관적인 영적 내용과 우리 편에서의 그에 대한 주관적인 영적 이해가 서로
완전히 일치해야만 한다는 것을 알고 있거나 혹은 적어도 알려고 했던가?
성령의 능력으로 우리가 그것에 대해 이해하는 바와 우리가 전달하는 바
사이에, 그리고 우리가 전달하는 바와 전달 받는 이들이 받아들이는 바 사
이에도 일치가 있어야만 하는 것 아닌가? 우리의 신학교들과 교육기관들
위에, 주석가들과 저술가들, 목사들과 교사들의 연구 위에 하나님이 성령
으로 이것을 우리에게 보이셨다는 바울의 말이 기록된다면 좋을 것이다.
나는 목사들이 그들의 회중을 감화하고 훈련하여, 성경지식이 가져올 복과
능력을 결정하는 것은 그것의 양이나 명료함이나 흥미로운 면이 아니라
동행하시는 성령에게 실제로 얼마나 의지하느냐 하는 것이라는 사실을 깨
닫게 하기를 원한다. "나를 영화롭게 하는 자들을 내가 영화롭게 하리라."
이 말씀은 다른 어느 곳보다 여기에 가장 잘 부합하는 진리이다. 바울과
같이 자아와 그 지혜를 십자가에 못박고 연약함과 두려움 가운데 나아오
는 것이야말로 위로부터 성령과 그 능력이 나타남을 볼 수 있는 가장 확
실한 길이다.

　믿는 자여, 그리스도의 빛이 당신 위에서 비치는 것만으로는 불충분하
다. 성령의 빛이 당신 안에서 비쳐야 한다. 당신이 말씀을 공부하거나 설교
를 듣거나 또는 신앙서적을 읽을 때마다, 믿음으로 자신을 그 거룩한 교사
에게 내어드리면서 자기자신과 자기 지혜를 분명하게 부인해야만 한다. 그
분께서 당신 속에 거하신다는 것을 확고하게 믿으라. 그분은 당신의 내적
생명을 다스리고 거룩하게 하여 예수께 전적으로 굴복하고 순종하게 하기
를 원하신다. 기쁨으로 그분께 새롭게 굴복하라. 세상의 영과 그것의 지혜
와 자기신뢰를 함께 물리치고, 가난한 영으로 나아와서 하나님의 영의 인
도하심을 받으라. 육체와 자아와 그 지혜를 의지하는 세상을 따르지 말고,
마음을 새롭게 함으로 변화를 받아 하나님의 선하시고 기뻐하시는 온전하
신 뜻이 무엇인지 보여 주라. 변화되고 새로워진 삶은 성령께서 가르치실
하나님의 온전하신 뜻을 알기만을 원한다. 당신 자신의 지혜를 멈추고, 하

나님이 약속하신 영 안에 있는 지혜를 기다리라. 당신은 사람이 마음에 생각지도 못했던 일들을 점점 더 많이 증언할 수 있게 될 것이다: "하나님이 성령으로 이것을 우리에게 보이셨다."

하나님, 하나님의 지혜요 하나님의 능력이신 십자가의 예수를 통하여 당신 자신을 놀랍게 계시하심을 인하여 당신을 송축합니다. 사람의 지혜는 죄와 사망의 권세 앞에 그를 무력하게 버려두지만 십자가에 달리신 예수께서 하나님의 능력으로 행하시는 구속을 통하여 자신이 하나님의 지혜임을 보여 주심을 인하여 당신을 송축합니다. 그분이 전능의 구주로서 이루시고 수여하신 것을 당신 자신의 성령의 거룩한 빛을 통하여 우리 속에 계시하심을 인하여 당신을 송축합니다.

주여, 간구하옵기는 당신의 교회를 가르치사 하나님의 능력이신 그리스도를 나타내지 못하는 곳마다, 그것은 그리스도께서 하나님의 지혜이심을 제대로 알지 못하기 때문임을 깨우쳐 주소서. 오직 성령의 내주하심만이 당신이 보시는 앞에 그리스도를 계시하실 수 있사옵니다. 당신의 교회를 가르치사 하나님의 모든 자녀들을 안에 계신 그리스도의 인격적 가르침과 계시로 인도하게 하소서!

하나님, 한 가지 큰 장애물은 하나님의 말씀과 진리를 지적으로 이해할 수 있는 우리의 지혜요 상상력임을 알게 하소서. 우리가 어리석은 자가 됨으로써 지혜로운 자가 되도록 가르치소서! 우리의 삶 전체가 성령께서 진리를 가르치시고 진리로 인도하시는 사역을 행하시리라는 것을 믿는 끊임없는 신앙의 활동이 되게 하소서. 아버지여, 당신은 성령께서 영화로우신 예수를 우리들 속에 계시하시도록 그분을 우리에게 주셨나이다. 우리가 이것을 기다립니다. 아멘.

요 약

1. "하나님께서 세상의 미련한 것들을 택하사 지혜 있는 자들을 부끄럽

게 하려 하신다"(고전 1:27을 19-21절; 3:19-20과 비교해보라). 이 가르침이 필요한 신자들이 고린도에만 있겠는가? 그렇지 않다면, 하나님의 지혜가 아닌 것과 사람이 살아계신 하나님을 직접 접할 필요 없이 스스로 말씀을 이해할 수 있다고 생각하는 자세가 누구에게나 있는 것은 아닌가? 이런 지혜는 심지어 가장 영적인 진리조차도 지적으로 터득하여 명확한 개념과 표상을 형성하고자 하며, 성령께서 삶 속에 진리의 참된 모습을 계시하시는 살아있는 능력대신 그런 개념과 표상으로 기뻐한다.

2. 예수께서는 지혜의 영을 소유하셨다. 그것은 어떻게 나타났는가? "아침마다 깨우치시되 나의 귀를 깨우치사 학자들 같이 알아듣게 하시도다." 온전한 배움의 자세는 지상에서 성자께서 보여 주신 특징이었다. 이것은 우리 속에 계신 성령의 특징이기도 하다: "그가 스스로 말하지 않고 오직 들은 것을 말하며 …" 생명은 곧 빛이다. 성령께서 우리의 삶이 온전하게 그분께 순종하는 것을 보시면, 그분은 우리 속에서 이루시는 것을 통하여 우리를 가르치실 것이다. "내가 지혜있는 자들의 지혜를 멸하리라."

3. 하나님의 능력을 얻지 못하고서도 그리스도인들이 아름다운 생각과 감동적인 정서에 빠져서 사이비 지혜에 속아넘어갈 수 있다는 것을 하나님이 우리에게 보여 주시기 전에는 우리는 미처 그것을 알아채지 못한다. 사람의 지혜는 하나님의 능력에 맞서 있다. 하나님의 지혜의 유일한 표지는 능력이다. 하나님의 나라는 말과 생각과 지식에 있지 아니하고 능력에 있다. 하나님께서 우리의 눈을 여셔서 우리 경건의 많은 부분이 하나님의 능력에 있지 않고 고운 말과 생각과 감정에 있음을 보게 하시기를 원한다.

4. 세상의 영과 세상의 지혜는 하나임을 직시하라. 많은 그리스도인들이 두려움과 경계심 없이 이 세대의 문학에 깊이 빠져 있는 것이 성령께서 그들을 인도하시지 못하고 그들 속에 그리스도를 계시하시지 못하는 큰 이유들 가운데 하나이다. "그는 진리의 영이라 세상은 능히 그를 받지 못하나니 이는 그를 보지도 못하고 알지도 못함이라. 우리가 세상의 영을 받지 아니하고 오직 하나님으로부터 온 영을 받았으니 …"

제 23 장

성령에 속한 자와 육신에 속한 자

형제들아 내가 신령한 자들을 대함과 같이 너희에게 말할 수 없어서 육
신에 속한 자 곧 그리스도 안에서 어린아이들을 대함과 같이 하노라. 내
가 너희를 젖으로 먹이고 밥으로 아니하였노니 이는 너희가 감당하지 못
하였음이거니와 지금도 못하리라. 너희는 아직도 육신에 속한 자로다
너희 가운데 시기와 분쟁이 있으니 어찌 육신에 속하여 사람을 따라 행
함이 아니리요(고전 3:1-3).
만일 우리가 성령으로 살면 또한 성령으로 행할지니라(갈 5:25).

고린도전서 2장에서 사도는 신령한 사람으로서의 신자를 거듭나지 못한
자인 본성적 사람 혹은 육적인 사람과 대비시켰다. 이것은 즉, 성령에 속한
사람과 육신에 속한 사람 사이의 대조이다(고전 2:14-15). 사도는 여기서
그 가르침을 보충한다. 그는 고린도 사람들에게 이르기를, 그들이 비록 성
령을 가졌으되 그는 그들을 신령한 자라고 부를 수 없다고 말한다. 그 명
칭은 성령을 받았을 뿐만 아니라 그분으로 하여금 자기 삶 전체를 소유하
시도록 자신을 그분에게 맡긴 사람들에게 속한 것이기 때문이다. 이렇게
하지 않음으로 말미암아 육체의 능력이 성령보다 더 많이 나타나는 사람
은 신령한 사람으로 불릴 수 없고, 육신에 속한 사람으로 불린다. 사람들은
세 가지 상태로 구분될 수 있다. 거듭나지 못한 자는 아직 자연인으로서

하나님의 영을 소유하지 못한 사람이다. 거듭난 자로서 그리스도 안에서 아직 어린아이이며 이제 막 회심했거나 정체되어 있는 사람은 육신에 속한 자이며, 육체의 능력이 다스리게 하는 사람이다. 성령께 전적인 주권을 맡긴 사람은 신령한 사람이다. 본문 전체는 우리 안에 계신 성령의 생명에 대하여 풍성한 가르침을 포함하고 있다.

갓 신자가 된 그리스도인은 아직 육신에 속한 자이다. 거듭남은 탄생이다. 인격의 중심이자 뿌리인 영이 새롭게 되고 하나님의 영의 소유가 되었다. 그러나 그 능력이 중심부로부터 존재 전체로 확장되는 데에는 시간이 필요하다. 하나님의 나라는 씨앗과 같고, 그리스도 안에 있는 생명은 성장하는 것이다. 만약 우리가 그리스도 안에서 장성한 사람들에게서 볼 수 있는 힘이나 부모된 자들의 풍부한 경험을 그리스도 안에서 어린아이 같은 사람 속에서 찾으려 한다면 이는 자연의 법칙과 은총의 법칙 양자 모두에 어긋나는 것이다. 갓 회심한 신자가 구주를 참으로 사랑하고 그분께 헌신하며 순전한 마음과 믿음을 가지고 있다 해도, 자아와 죄에 대한 더욱 심오한 지식 그리고 하나님의 뜻과 은총에 대한 신령한 통찰을 갖기 위해서는 시간이 필요하다. 갓 신자가 된 사람이 정서적으로 심오한 감동을 체험하고 그 마음에 하나님의 진리를 관조하면서 기쁨을 누리는 것은 드문 일이다. 은혜 안에서 자라감에 따라 의지가 더욱 중요한 것이 되며, 삶과 성격 속에 성령의 능력이 역사하기를 기다린다는 것은 정신활동을 통해서 생명에 대해 사고하고 상상하는 기쁨 이상의 것을 의미한다. 우리는 그리스도 안에서 어린아이 된 사람이 아직 육신에 속한 자라는 데 대하여 이상하게 생각할 필요가 없다.

많은 그리스도인들이 육신에 속한 자로 계속 남아있다. 하나님께서는 자라나도록 부르셨을 뿐 아니라 성장에 필요한 모든 조건과 능력을 공급해 주셨다. 그럼에도 불구하고 고린도 교회 신자들과 같은 많은 그리스도인들이 이미 온전한 사람을 이루어 마땅히 성숙에 도달했어야 할 시기가 되었음에도 여전히 그리스도 안에서 어린아이로 남아있다는 것이 서글픈 현실이다. 어떤 경우에는 그 대부분의 책임이 신자들 개개인에게 있다기보다는 교회와 그 가르침에 있다. 구원이 오직 사죄와 평안과 하늘의 소망에만 있는 것처럼 설교자가 설교할 때, 혹은 성결한 삶을 설교한다 하더라도 우리를 성결케 하기에 충분한 힘이요 우리의 거룩함이 되시는 그리스도의 진리와 성령의 내주하심이 성령의 능력으로 분명하게 가르쳐지지 않을 때, 성장을 기대하기란 어렵다. 성화를 통하여 현재적 구원으로 이끄시는 하나님의 능력인 복음을 인간적이고도 불완전하게 이해하는 무지가 그런 잘못을 낳는다.

이와 다른 경우로는, 자기를 부인하고자 하지 않고 또 육체를 십자가에 못박기를 거부하는 완고함이 잘못의 근원이 된다. 예수께서 모든 제자들을 부르신 말씀은 누구든지 나를 따라오려거든 자기를 부인하라 하신 말씀이었다. 오직 순종하는 자에게만 성령을 주신다. 그분은 전적으로 기꺼이 자신을 죽이는 자 안에서만 역사하실 수 있다. 고린도 교회 신자들이 육신에 속한 자들이 되게 한 죄는 그들의 시기와 분쟁이었다. 그리스도인들이 이기심과 노여움의 죄를 버리려고 하지 않을 때, 가족간의 관계나 교회와 사회에서의 넓은 인간관계 속에서 악한 감정을 품고 그것에 자신을 내맡기는 습관을 고집하거나 온전한 사랑에 따르지 아니하고서 판단하고 말하기를 계속하려고 할 때, 그들은 여전히 육신에 속한 사람으로 남아있게 된다. 그들이 지닌 모든 지식과 그들이 누리는 기독교의 모든 성례들과 하나님의 나라를 위한 그들의 사역에도 불구하고, 그들은 여전히 육신에 속한 자요 영에 속한 사람이 아니다. 그들은 하나님의 성령을 탄식하게 한다. 그들은 자신들이 하나님을 기쁘시게 한다고 증언하지 못한다.

육신에 속한 그리스도인은 영적인 진리를 자기 것으로 만들 수 없다. 바울 사도는 고린도 사람들에게 이렇게 쓴다: "내가 너희를 젖으로 먹이고 밥으로 아니하였노니 이는 너희가 감당하지 못하였음이거니와 지금도 못하리라." 고린도 교인들은 스스로 자신들의 지혜를 자랑하였고, 바울은 그들이 모든 지식에 풍족함을 인하여 하나님께 감사하였다. 하나님의 교훈 가운데 그들이 이해력으로 파악할 수 없는 것은 전혀 없었다. 그러나 능력을 소유하고 그것에 사로잡힌 바 되기 위해서 그리고 말씀이 전하는 것을 생각만 할 뿐 아니라 바로 그것 자체를 실제로 얻기 위해서, 그 능력의 진리로 들어가는 진정 영적인 길은 오직 성령께서 주실 수 있다. 그분은 그것을 오직 영적인 마음을 가진 사람에게만 주신다.

성령의 가르치심과 인도하심은 순종하는 자에게 주어지며, 그것은 육체의 행실을 죽임으로써 성령의 다스림을 받을 때 뒤따라 오는 것이다(롬 8:13-14을 보라). 영적 지식은 심오한 사색이 아니라 살아있는 관계요 예수 안에 있는 진리로 들어가서 그것과 연합하는 것이며 영적인 실재이자 실체적인 실존이다. "우리가 이것을 말하거니와 사람의 지혜가 가르친 말로 아니하고 오직 성령께서 가르치신 것으로 하니 영적인 일은 영적인 것으로 분별하느니라" 한 말씀처럼 성령께서는 영적인 마음에 영적인 진리를 이루신다. 성령의 가르치심을 받기에 합당한 사람으로 만드는 것은 지성의 힘이 아니며 진리를 알고자 하는 진지한 열망도 아니다. 영에 속한 사람이 되기 위해 의지하고 전적으로 순종하는 가운데 성령께 맡긴 삶을 살 때 영적인 지혜와 영적인 이해를 부여받는다. 성경적 의미에서 마음에는 도리와 인지라는 두 가지 요소가 결합되어 있으며, 오직 앞에 것이 우선권을 가지고 지배할 때에만 뒤에 것은 하나님이 말씀하신 바를 깨달을 수 있다.[1]

육체를 따르는 생명과 삶 그리고 육체를 따르는 정신과 지식 이 두 가지가 어떻게 서로 상호작용을 하는지 이해하기란 쉬운 일이다. 우리가 육체를 따르는 한 진리에 대한 영적인 통찰을 받는 것은 불가능하다. 우리는 모든 비밀과 모든 지식을 알 수도 있지만 사랑이 없으면 — 성령께서 내적 생명 속에 이루시는 그 사랑 — 그 지식은 아무것도 아니요 아무 유익도 없다. 육체에 따른 생명은 육체에 따른 지식을 낳는다. 그리고 이 지식은 다시 육체의 정신 속에 자리잡고서 육체와 자기에 대한 신뢰와 자기의 노력에 따른 경건을 강화한다. 그렇게 해서 얻어진 진리는 새롭게 하고 해방시키는 능력이 없다. 그토록 많은 성경 교육과 성경 지식이 있지만 성결

---

1) 주해 14를 참고하라.

한 삶으로 나타나는 실질적인 영적 결실이 거의 없다는 것은 이상한 일이 아니다. "너희는 아직도 육신에 속한 자로다. 너희 가운데 시기와 분쟁이 있으니 어찌 육신에 속하여 사람을 따라 행함이 아니리요"라고 하신 하나님의 말씀이 그분의 교회에 두루 울려 퍼지기를 기도한다. 우리가 겸손과 사랑과 자기 희생으로 충만한 영적인 삶을 살아가지 않는다면 하나님의 진리인 영적 진리는 우리에게 들어오지 못하며 우리에게 아무런 유익도 주지 못한다.

하나님께서는 모든 그리스도인들이 영적인 사람이 되라고 부르신다. 바울은, 고린도 교회 신자들이 무지한 이방종교로부터 돌이킨 지 수 년째 되었으면서도 아직 영에 속한 사람들이 되지 못한 것을 책망한다. 그리스도 안에 있는 위대한 구속의 목표는 하나님의 영이 사람의 마음과 생명의 영이신 하나님께 합당한 거처를 만드시도록 모든 장애물을 제거하는 것이다. 구속사역은 실패하지 않았으며, 성령이 내려오셔서 여태까지 알려지지 않았던 새로운 시대 즉, 내주하시는 생명과 능력의 시대를 여셨다. 성부의 약속과 사랑, 성자의 능력과 영광, 성령의 지상 임재, 이 모든 것들이 그것을 위한 약속이요 보증이다. 자연인이 거듭난 사람으로 변화될 수 있음이 확실하듯이, 거듭났으나 아직 육체에 속한 사람이 영에 속한 사람으로 변화될 수 있다는 것도 확실하다.

그런데 왜 그렇게 되지 못하는가? 이 질문은 우리를 기이하고 이해하기 힘든 비밀로 인도한다. 그것은 하나님께서 사람에게 주신 것을 받아들이거나 혹은 거부할 수 있게 하셨고, 하나님께서 주신 은총에 대해 진실한 자세를 갖거나 혹은 불신앙적으로 될 수 있게 하신 선택권이다. 우리는 신자 속에 내주하시며 거룩하게 하시는 성령의 능력에 대하여 교회가 불완전하게 가르친다는 점에서 교회의 신실치 못함에 대하여 이미 말한 바 있으며, 기꺼이 모든 것을 포기함으로써 성령께서 전적으로 소유하시고 안에서 완전한 사역를 이루시도록 하지 않는다는 점에서 신자의 신실치 못함에 대해서도 역시 논하였다. 우리는 영적인 사람이 되는 길에 대하여 성경이 가르치는 것을 여기서 다시 한 번 살펴보아야 한다.

영에 속한 사람을 만드는 이는 성령이다. 오직 그분만이 그것을 하실 수 있다. 성령으로 온통 충만하고 성령으로 감동되며 성령으로 거룩하게 되는 것, 먼저 우리의 영과 그 다음에 혼을 의지와 감정과 정신과 더 나아가 몸과 함께 그분의 다스림 아래 두어 감화와 인도를 받는 것, 이것이 영적인 사람을 만들며 동시에 영적인 사람의 표지가 된다.

이것에 이르는 길의 첫걸음은 믿음이다. 성령께서 우리 속에 계시다는 믿음, 성령은 안에 거하시고 역사하시는 하나님의 강한 능력이시라는 믿음, 성령은 구원의 능력자요 구속의 임금이신 그리스도를 우리 속에 임재하게 하시는 그리스도의 대리자라는 믿음, 우리는 이 깊고도 살아있으며 전폭적인 믿음을 구해야만 한다. 우리는 내주하시는 하나님의 진리의 가공할 영광 앞에서 두려워하고 떨면서, 또한 그분이 하나님과 그리스도의 거룩하고도 소멸될 수 없는 임재를 가져오시는 보혜사가 되시리라는 것을 알고서 어린아이 같이 기뻐하고 의지하면서, 성령께서 우리 속에 집을 정하셨고 우리의 영을 그분의 감추어진 복된 거처로 삼으셨다는 생각을 우리 생명의 숨결로 삼아야 한다.

우리가 성령과 그분이 행하실 일에 대한 믿음으로 충만할 때, 그것이 이루어지지 못하게 하는 장애물을 알고자 할 것이다. 그러나 우리는 한 적대적 세력이 있음을 발견하게 되는데 그것은 육체이다. 육체가 불의와 자기 의라는 이중적인 역할을 한다는 것을 성경으로부터 배운다. 성령께서 계시하시고 또 우리의 능하신 구주로 높이시는 그분께 그 두 가지 모두를 고백해야만 한다. 육과 죄에 속한 모든 일들, 육체의 모든 역사를 그치고 버려야만 한다. 아무리 경건하게 보인다 하더라도 육신에 속한 것과 아울러 모든 자기노력과 자기의 싸움 등 육체에 대한 신뢰를 반드시 뿌리뽑아야만 한다. 혼은 그 능력과 함께 예수 그리스도에게 붙잡힌 바 되고 다스림을 받아야만 한다. 하나님을 매일 같이 깊이 의지하면서 우리는 성령을 받아들이고 고대하고 따라야만 한다.

우리가 믿음과 순종 가운데 행하면 성령께서 우리 속에서 가장 거룩하고 복된 사역을 이루시리라는 것을 신뢰할 수 있을 것이다. 만일 우리가 성령으로 살면 — 이것이 우리에게 필요한 믿음이다. 그리하여, 만약 하나님의 영이 우리 안에 거하심을 우리가 믿는다면, 또한 '성령으로 행할지니라' 하신 말씀대로 순종할 것이 요청된다. 우리들 속에 계시는 성령을 믿는 믿음 가운데 우리는 성령으로 살아갈 충분한 힘을 소유하고 있음을 알게 되며, 또한 하나님이 보시고 기뻐하실 모든 것을 우리가 원하고 행하도록 역사하시는 그분의 능한 사역에 우리 자신을 맡길 충분한 힘을 소유하고 있음을 알게 된다.

은혜로우신 하나님, 기도하오니 우리 모두를 가르치사 당신의 이 복된 말씀의 교훈으로부터 유익을 얻게 하소서.

그리스도와 성령의 진리에 대한 우리의 모든 지식에도 불구하고 당신의 성령의 사랑과 순전함 속에 행하지 않음으로 인하여 성벽과 행위가 육신을 따르는 자 되지 않도록 우리에게 거룩한 두려움과 떨림으로 충만케 하소서. 사랑의 법 아래 세우지 않는 지식은 헛된 것임을 깨닫게 하소서.

영에 속한 자가 되라고 모든 자녀들을 부르시는 당신의 부르심을 우리로 하여금 듣게 하소서. 당신의 사랑하는 아들과 같이, 당신 자녀들의 매일매일의 삶 전체가 그 마지막 것까지라도 당신의 영이 내주하심으로 맺은 결실이라는 증거가 되는 것, 그것이 당신이 목적하시는 것이옵니다. 그리스도 안에서 당신을 닮은 자가 되는 그 가장 큰 복으로 우리를 부르시는 당신의 사랑의 부르심을 받아들이게 하소서.

송축 받으실 아버지시여, 우리의 믿음을 굳세게 하셔서 성령께서 우리를 영에 속한 자로 만드시리라는 확신으로 충만하게 하소서. 우리는 자아와 의심을 버리기를 원합니다. 우리들 속에서 다스리시는 주 예수께서 성령을 통하여 그분 자신을 계시하시도록 우리 자신을 내어드립니다. 우리는 당신의 영이신 하나님의 성령께서 매 순간마다 우리 속에 거하신다는 어린아이와 같은 믿음으로 당신께 꿇어 엎드립니다. 우리의 영혼이 그분의 현존에 대한 거룩한 경외감으로 충만하게 하소서. 아버지, 또한 당신의 영광의 풍성하심에 따라, 우리 속사람 안에 계신 성령을 통하여 우리가 심히 굳세어지도록 허락하소서. 그리하시면 우리가 참으로 영에 속한 사람이 될 것입니다. 아멘.

요 약

1. "믿는 자여, 하나님의 것을 맛보지 못하는 제자 단계로부터 오순절의 영적인 상태로 성장하라" ― 아돌프 사피르(A. Saphir)

2. 육신에 속한 자라는 말과 바울이 여기서 그토록 강하게 책망하는 삶을 이해하기 위해서는 롬 7:14의 "나는 육신에 속하여 죄 아래에 팔렸도다"라는 말씀을 육신에 속한 자라는 말 속에 비밀이 담겨 있는 상태 즉, 도우심과 건지심을 받지 못한 상태에 대한 설명과 비교해 보라. 영에 속한 자라는 말을 이해하기 위해서는 롬 8:6의 "영의 생각은 생명과 평안이니라" 하신 말씀을 그 문맥 속에서 성령의 생명에 대한 설명과 비교해 보라 (2-16). 육신에 속한 표시는 사랑이 없다는 것이며 영에 속한 표시는 새 계명을 지키는 온유와 사랑이라는 것을 알기 위해서는 갈 5:15-16, 22, 25-26; 6:1도 살펴보라.

3. 사람이 거듭난 다음 처음에는, 그의 속에 있는 새로운 생명은 육적인 지혜와 육적인 뜻을 가진 죄와 육체의 큰 몸의 한가운데 있는 씨앗에 불과하다. 그 씨앗 안에는 그리스도와 전능의 능력이신 그분의 영이 계신다. 그러나 그 씨앗은 연약한 것이기 때문에 쉽사리 간과되고 신뢰를 얻지 못한다. 믿음은, 세상을 이기고 육체와 생명 전부를 굴복시킬 강한 능력이 그 작은 씨앗 속에 있다는 것을 안다. 그렇게 성령이 다스리고 승리하고 육체의 행실을 죽게 하면, 사람은 참으로 영에 속한 자가 된다.

4. 하나님의 말씀에 대한 진실로 영적인 통찰은 영적인 삶에 달려있다는 교훈은 말씀을 가르치는 모든 목사와 교사들에게 매우 중요하다. 교회의 모든 지도자들이 영에 속한 사람이 되도록 그들을 위해서 기도하자. 가르치는 자의 삶과 생각과 말을 참으로 영적인 것으로 만드는 것은 가르침 자체의 건전함이나 가르치는 자의 진지함이 아니라 성령의 능력이다. 그것

이 일반적으로 은혜를 지켜 준다.

5. "우리가 성령을 갖는 것과 그분이 전적으로 우리를 소유하시도록 하는 것은 별개이다. 사람이 그분을 가질 때에 거듭날 수 있다. 그러나 또 다른 측면이 있으니, 곧 그분이 우리의 존재 전체에 충만하고 우리와 함께 행하는 그때이다." — 켈리(Kelly)

제 24 장

성령의 성전

너희는 너희가 하나님의 성전인 것과 하나님의 성령이 너희 안에 계시는
것을 알지 못하느냐?(고전 3:16)

성경은 하나님께서 성령을 통하여 우리 속에 거하시는 유형을 성전으로
설명하면서 우리로 하여금 유비를 배우라고 요청한다. 성전은 모든 것에서
모세가 산 위에서 본 식양에 따라 지어졌으며, 그 식양이 상징하는 바 영
원한 영적 실재들이 투사하는 그림자가 곧 그 식양이다. 이 실재들 중에
하나는 — 하나님의 진리는 넘치도록 풍성하고 충만하며 매우 다양하고
수많은 응용 사례가 있다 — 사람의 삼중적 본질로서, 성전은 그것을 나타
내는 그림자이다. 사람은 하나님의 형상에 따라 창조되었기 때문에, 성전
은 사람이 하나님의 현존 속으로 나아가고 동시에 하나님이 자신의 방식
대로 사람 속으로 들어오셔서 그분의 거처를 삼으신다는 신비를 예시하는
한 본보기이다.

우리는 성전을 세 부분으로 나누는 것에 대해 잘 알고 있다. 성전에는
바깥뜰이 딸려 있고 모든 사람이 볼 수 있는 외면부가 있었으며, 그 바깥
뜰에는 모든 이스라엘 사람이 들어갈 수 있었고 바깥에서 행하도록 되어
있는 모든 종교행사가 거기서 거행되었다. 또 성소가 있었으며, 그곳에는
제사장들만이 피나 혹은 향기로운 제물인 떡이나 기름을 드리기 위해 들

208

어갈 수 있었다. 비록 가까운 곳이기는 하지만 그들은 휘장 안으로 들어가지는 않았다. 그들은 하나님께서 직접적으로 임재하시는 곳으로 들어갈 수 없었다. 하나님은 함부로 접근할 수 없는 지성소에 거하셨으며, 그곳은 아무도 감히 범할 수 없었다. 일 년에 한 차례 잠시 대제사장이 들어가지만, 그 휘장이 찢어지고 제거될 때까지는 거기에 사람이 있을 자리가 없다는 것을 절실하게 의식하게 될 뿐이었다.

사람은 하나님의 성전이다. 사람도 또한 세 부분으로 이루어진다. 몸은 바깥뜰로서 외적으로 볼 수 있는 생명이며, 거기서 모든 행위는 하나님의 법으로 규제되어야만 하고, 또한 모든 섬김은 어떻게 사물과 사태가 우리 주변에서 우리를 위하여 우리를 하나님께 가까이 데려가는지 살피는 데에 있다. 그리고 몸의 내적 생명이자 지력과 감정과 의지의 능력인 혼이 있다. 거듭난 사람에게 이것은 거룩한 장소로서 사고와 정서와 욕구가 성소의 제사장으로서 이리저리 움직이면서 완전한 자각 속에 하나님을 섬기고 있다. 그리고 사람의 눈과 의식으로부터 감추어진 휘장 속에는 가장 내밀한 성소인 지존자의 은밀한 곳에 있어서, 거기에 하나님이 거하시고, 하나님의 뜻에 따라 휘장이 찢어지기 전에는 사람이 그곳으로 들어갈 수 없다. 사람은 몸과 혼뿐만 아니라 영을 가지고 있다. 지각을 가진 혼보다 더 깊은 곳, 거기에 사람을 하나님께 이어주는 영적 본성이 자리잡고 있다. 어떤 이들에게서는 죄의 권세가 너무 커서 그 장소가 죽어 있다. 그런 사람들은 방탕한 자들이며, 성령을 갖지 못한 사람들이다. 다른 사람들에게서는 그곳이 휴면 중인 장소에 불과하며 성령의 소생케 하심을 기다리는 빈 장소이다. 신자에게 그곳은 마음의 안쪽 깊은 곳에 있는 방으로서 성령이 소유하신 곳이며, 그곳으로부터 그분의 영화로운 사역을 행하셔서 혼과 몸을 주님 앞에 성결하게 만들고자 기다리시는 곳이다.

그러나 이 내주하심을 깨닫지 못하고, 그것에 맡기지 아니하며, 경배와 사랑으로 겸손히 유지하지 않는다면, 그것은 거의 아무런 복도 가져다주지 않는다. 하나님의 영이 우리 속에 거하시기 때문에 우리는 하나님의 성전이다. 이 진리가 가르쳐 주는 한 가지 큰 교훈은 우리 안에 거하시는 성령의 임재를 인정하라는 것이다. 오직 그 내주하심을 통하여 우리는 바깥뜰까지 포함한 성전 전체를 그분을 섬기도록 성별된 것으로 간주할 수 있고, 우리 본성의 모든 능력을 그분의 인도와 뜻에 맡길 수 있다. 성전의 가장 거룩한 부분은 지성소로서, 성전의 모든 부분은 그것을 위해 존재했으며 또 그것에 의존하고 있었다. 제사장들은 결코 거기에 들어가서는 안 되었고 거기에 거하는 영광을 보아서도 안 되었지만, 그 보이지 않는 현존에 대한 의식으로 그들의 모든 행위는 제어되었고 그들의 신앙은 활력을 얻었다. 피뿌리는 것과 향을 사르는 것에 그 가치를 부여한 것이 바로 지성소였다. 제사장을 가까이 부르고, 나가서 백성을 축복할 수 있도록 신임을 그에게 부여하는 것이 하나의 특전이 되게 한 것도 이것이었다. 가장 거룩한 것으로 인하여 그들이 섬기는 장소는 그들에게 성소가 되었다. 그 휘장 안에 내주하는 보이지 아니하는 영광에 대한 믿음이 그들의 삶 전체를 제어하고 거기에 생기를 주었다.

신자도 이와 다를 바 없다. 하나님의 영이 안에 거하시기 때문에 자신이 하나님의 성전이 된다고 하는 놀라운 신비 앞에 신자가 믿음으로 두려워하게 될 때, 거룩하게 경외하고 기쁨으로 신뢰하면서 고귀한 부르심에 자신을 헌신할 수 있다. 성소를 능가하는 것이 무엇인지 보고 알 수 있을 때에도, 신자가 마음 속의 성소에만 눈이 빼앗겨 있는 한, 흔히 성령을 구하여도 허사일 것이며, 자신이 이룬 것이 보잘 것 없고 덧없는 것일 뿐임을 발견하고 부끄러워하게 될 것이다. 우리 각 사람은 바로 자기 자신이라는 성전 속에 지성소가 있음을 알아야만 한다. 우리 속에 있는 가장 은밀한 그 장소는 우리의 성전 예배에서 중심 진리가 되어야만 한다. 우리에게 이것은 '성령을 믿사오며'라는 신앙고백이 뜻하는 것이 되어야만 한다.

그렇다면 감추어진 내주하심에 대한 깊은 믿음이 어떻게 우리 것이 되는가? 우리는 하나님의 복된 말씀 위에 서서 그 가르침을 받아들이고 자기 것으로 삼아야만 한다. 우리는 말씀이 전하는 바가 곧 하나님의 뜻임을 믿어야 한다. 나는 성전이다. 하나님께서 지으라고 명하셨던 옛 성전과 같다. 하나님이 내게 의도하신 모습이 무엇인지 나로 하여금 그 옛 성전을 통하여 보도록 하셨다. 거기서는 그 가장 거룩한 부분이 중심점을 이루며, 그것이 핵심적인 것이다. 그것은 휘장이 제거될 때까지 온통 어둡고 은밀하며 감추어진 부분이었다. 그것은 제사장과 백성들의 믿음을 요구하였고 받아들였다. 내 안에 있는 가장 거룩한 것도 또한 보이지 않고 감추어진 것으로서 오직 믿음만이 알 수 있고 대할 수 있는 그런 것이다. 내가 그 거룩한 분께 다가갈 때, 나는 그분 앞에 깊은 경외심으로 꿇어 엎드릴 것이다. 거기서 나는 그분이 말씀하시는 것 즉, 성부와 성자와 함께 계시는 하나님의 성령이요 동시에 하나님이신 그분이 이제 내 속에 거처를 정하셨다는 것을 믿는다고 말씀드릴 것이다. 그 진리의 압도적인 영광이 내 위에 내리고 또한 믿음을 통하여 내가 그분의 성전이라는 것과 그분이 은밀한 곳에 있는 자기 보좌에 앉아 계신다는 것을 깨닫기 시작할 때까지 나는 묵상하면서 잠잠히 있을 것이다.

이러한 생각이 마음에 충만할 때, 내주하고 계신다는 믿음, 비록 감추어져 있지만 임재하고 계신다는 믿음이 지배하게 될 것이며, 성소는 지성소로부터 다스림을 받게 될 것이다. 혼 속에 있는 의식의 세계는 그 모든 생각과 감정 그리고 정서와 의도와 함께 나아와서, 보좌에 앉은 그 거룩한 능력에 굴복할 것이다. 실패와 죄악의 끔찍한 체험 가운데 새 희망이 동터 올 것이다. 비록 내가 진지하게 추구했다 하더라도 내가 하나님을 위하여 성소를 지킬 수는 없었다. 그분이 스스로 지성소를 지키시기 때문이다. 내 속의 성전에서 거룩한 예배를 통하여 그분의 이름에 합당한 영광을 그분께 돌린다면, 그분은 내 마음과 존재 전체에 걸쳐 자기 빛과 진리를 비추실 것이며, 거룩하게 하시고 복을 내리시는 자기 능력을 보여 주실 것이다. 혼이 더욱 확고하게 그분의 다스림 아래로 나아오면 그분의 능력은 그 혼을 통해서 몸에까지도 미칠 것이다. 내적 열정과 취향 그리고 모든 생각이 복종하면, 숨어 계시던 성령께서는 혼을 통하여 몸 속으로 점점 더 깊이 퍼져나가실 것이다. 성령으로 말미암아 몸의 행실은 죽을 것이며, 하나님과 어린양의 보좌에서 흘러내리는 생수의 강이 몸으로 흘러 정결케 하고 소생케 할 것이다.

형제자매여, 당신이 살아계신 하나님의 성전인 것과 하나님의 성령이 당신 속에 거하시는 것을 믿으라! 당신은 성령으로 인침을 받았다. 그분은 당신이 하나님의 자녀이며 아버지가 당신을 사랑하신다는 보증이며 표시이다. 만약 지금까지 이런 생각이 당신에게 거의 위안을 가져다주지 못했다면, 그 이유가 여기에 있지 않은가! 당신은 당신의 눈에 드러난 내적 생명의 능력과 섬김 가운데 성소에서 그분을 찾았던 것이다. 당신은 거기서 그분을 거의 찾을 수 없었다. 그래서 당신은 보혜사께서 가져다주시도록 되어있는 위로와 힘을 차지하지 못했던 것이다. 형제자매여, 그곳이 아니다. 그곳에서는 그분을 찾을 수 없다. 더 깊은 곳, 가장 은밀한 장소, 거기에서야 그분을 찾을 것이다. 거기서 믿음으로 그분을 찾을 것이다. 아버지 앞에서 믿음으로 경외하고 예배할 때, 내가 발견한 분이 어떤 분인지 깨닫고 마음에 두려워할 때, 하나님께서 성령의 능하신 역사를 허락하시도록 그 앞에 잠잠히 기다리며, 성령을 대망하고 그가 일어나셔서 성전을 영광으로 충만케 하실 것을 확신하라.

그리고 기억할 것은, 휘장은 한시적인 것이었다는 사실이다. 준비가 마무리되자 휘장과 육체는 찢어졌다. 당신이 혼 안에 있는 생명을 성령의 깊은 생명에 맡길 때, 지성소와 성소 사이의 교통이 더욱 진실하고 온전한 것이 될 때, 당신의 혼 속에서 때가 찰 것이다. 그리스도의 능력으로 — 그분의 영광 받으신 몸으로부터 성령께서 흘러 나오실 수 있도록 그분 안에서 휘장이 찢어졌다 — 당신에게서도 휘장이 제거되고 지성소가 성소와 하나가 되는 체험이 일어날 것이다. 은밀한 장소의 감추어진 영광은 당신이 자각할 수 있도록 일상생활 속으로도 흘러 들어갈 것이다. 성소에서 섬기는 모든 일이 영원한 성령의 능력 안에 있을 것이다.

형제자매여, 꿇어 엎드려 경배하자! 모든 육체가 여호와 앞에서 잠잠할 것은 여호와께서 그의 거룩한 처소에서 일어나심이니라.

지극히 거룩하신 하나님, 내 영과 혼과 몸이 당신의 성전이라는 이 놀라운 은혜의 신비 앞에 당신께 경배하며 엎드리나이다.

내 안에 지성소가 있으며 당신의 감추어진 영광이 그곳으로 거처를 삼으신다는 복된 계시를 잠잠히 경배함으로 받아들이나이다.

오 나의 하나님, 내가 그것에 그토록 무지했음을 용서하소서.

나는 이제 영이신 하나님, 곧, 전능하신 하나님이신 성령께서 내 안에 거하신다는 복된 진리를 두려움으로 인정합니다.

아버지여, 내가 말은 하면서 그렇게 살아가지는 아니함으로써 당신을 거스르는 죄를 범하지 않도록 그 진리의 의미를 내 안에 보여 주소서.

송축 받으실 예수여, 보좌에 앉으신 당신께 내 존재 전체를 맡기나이다. 당신의 권세로 일어나시어 내 속에서 다스리실 것을 내가 믿사옵니다.

나는 당신에게서 생수가 충만하게 흘러나옴을 믿사옵니다.

송축 받으실 성령이시여, 거룩한 교사이시며 능력으로 거룩하게 하시는 분이시여, 당신이 내 안에 계십니다. 나는 온종일 당신을 기다립니다. 나는 당신께 속하였나이다. 성부와 성자를 위해 나를 전적으로 소유하소서. 아멘.

요 약

1. 요한복음 4:24에서 영은 인간의 가장 깊은 곳에 자리잡은 요소로서 인간은 영을 통하여 거룩한 세계와 교통할 수 있다. 영은 자기통제의 자리이며 참된 예배가 거행되는 곳이다(롬 1:9). "나는 내 영으로 하나님을 섬긴다." — 고데 (Godet)

2. 바울이 고린도인들에게 육신에 속한 그들의 심각한 상태로부터 벗어나라고 호소하면서 그들이 성령의 성전이라는 것을 근거로 하여 그들을 여러 차례 설득하는 것을 주목하라. 오늘날 많은 사람들은 성숙한 그리스도인들에게만 성령의 내주하심을 설교해야 한다고 생각한다. 여기서 우리가 배워야 할 것은 모든 신자가 성령을 가지고 있다는 것과 그가 그것을 알아야 한다는 것이다. 그것을 아는 것이야말로 육신에 속한 저급한 삶으로부터 떨치고 나올 수 있는 가장 효과적인 수단이다. 모든 신자에게 이

지식을 전해 주기 위해 애쓰자. 그것은 그들의 하늘 상속권이다.

3. 몸이 곧 성령의 성전이다(고전 6:19). 만약 우리의 영이 하나님의 영으로 충만하다면, 이는 몸에서도 또한 밝히 드러날 것이다. "영으로써 몸의 행실을 죽이면 살리니." 거룩한 영이 우리의 몸에 충만하고 우리의 몸을 순결하게 하고 강하게 하여 그분을 섬기게 하려고 특별히 오셨음을 믿어야 한다. 그분이 몸 안에 내주하심으로써 그것을 살아있는 씨앗으로 만들어 생명의 부활에 참여할 수 있게 하신다.

4. 당신은 그것을 알고 있는가? 온전하고 분명하며 변함없이 알고 있는가? 믿음으로 알고 있는가? 당신은 깊은 자각 가운데 그렇다, 나는 하나님의 성전이며 하나님의 영이 내 속에 거하시고 그분의 이름을 영화롭게 한다고 기꺼이 대답할 수 있도록, 충만한 체험 가운데 그것을 알고자 진력하고 있는가?

제 25 장

성령의 직분

> 우리가 무슨 일이든지 우리에게서 난 것 같이 스스로 만족할 것이 아니
> 니 우리의 만족은 오직 하나님으로부터 나느니라. 그가 또한 우리를 새
> 언약의 일꾼 되기에 만족하게 하셨으니 율법 조문으로 하지 아니하고 오
> 직 영으로 함이니 율법 조문은 죽이는 것이요 영은 살리는 것이니라. 돌
> 에 써서 새긴 죽게 하는 율법 조문의 직분도 영광이 있어 이스라엘 자손
> 들은 모세의 얼굴의 없어질 영광 때문에도 그 얼굴을 주목하지 못하였거
> 든 하물며 영의 직분은 더욱 영광이 있지 아니하겠느냐? (고후 3:5-8)

　바울은 그리스도인의 교역에 대하여 그의 모든 서신들 가운데 고린도후
서에서 가장 분명하고도 풍부하게 설명한다. 비방자들에게 대항하여 자기
의 사도권의 정당성을 입증해야 할 필요성과, 연약함 속에서 그에게 역사
하는 하나님의 능력과 영광에 대한 자각, 그리고 그가 받은 것을 전하고자
하는 사랑의 강렬한 열망은 그의 영혼을 깊이 동요시켰고 사람을 그리스
도와 그분의 영의 교역자로 만드는 생명의 심오한 비밀을 우리에게 열어
주었다. 본문이 우리에게 전해 주는 중심사상은, 그가 성령의 교역을 맡은
자가 되었다는 사실에서 그의 행위에 필요한 충분한 힘과 영감과 규범을
찾았다는 것이다. 만약 우리가 고린도후서의 전반부에서 성령에 대해 언급
하고 있는 다른 구절들을 본다면,[1] 바울의 관점으로 볼 때 교역에서 성령

이 차지하는 자리와 사역이 무엇인지 그리고 그분의 인도하심과 능력 아래 있는 교역의 성격이 어떠한 것인지를 알 수 있을 것이다.

이 서신에서 바울은 권위를 가지고 말한다. 그는 자신을 독자들과 대등하게 놓고서 시작한다. 성령에 관한 첫 진술을 통해서 그는 자신 속에 계신 성령이 그들 속에 계신 분과 동일한 분이라고 말한다. "우리를 너희와 함께 그리스도 안에서 굳건하게 하시고 우리에게 기름을 부으신 이는 하나님이시니 그가 또한 우리에게 인치시고 보증으로 우리 마음에 성령을 주셨느니라"(고후 1:21-22). 신자에게 성령으로 기름 부으시는 것과 신자를 기름부음 받은 분이신 그리스도와의 교제관계 속으로 이끌어 가는 것, 그분이 우리에게 어떤 분인지 계시하는 것, 신자를 하나님 자신의 것으로 인치시고 표시하시는 것, 신자에게 성령의 미쁘심을 보증하는 것, 상속한 천국을 미리 체험하게 하시고 동시에 그것을 상속하기에 합당하게 하시는 것 등, 이 모든 것에 그들은 함께 참여한 자가 되었다. 고린도 교인들 사이에 어떤 잘못과 성결치 못한 점이 있었든 간에, 바울은 그들을 그리스도 안에서 하나 된 자로서 말하고 생각하고 사랑한다. "우리를 너희와 함께 그리스도 안에서 굳건하게 하시고 우리에게 기름을 부으신 이" — 하나됨에 대한 이 심오한 의식은 그의 마음에 충만하여, 서신 전체에서 두루 나타나는 것으로서, 그의 능력의 비결이다. 다음 구절들을 살펴보라. "나의 기쁨이 너희 모두의 기쁨인 줄 확신함이로라"(1:6, 10; 2:3); "우리가 너희의 종 된 것"(4:5); "모든 것이 너희를 위함이니 …"(4:15); "너희가 우리 마음에 있어 함께 죽고 함께 살게 하고자 함이라"(6:11; 7:3) 서로 함께 지체가 되었다는 의식 즉, 성령의 연합이 모든 신자들에게 필요한 것일진대, 그것이 교역자들에게는 마땅히 있어야 할 표지가 아니겠는가? 성도에게 주어진 교역의 능력은 성령의 하나되게 하심에 달려있으며, 이것은 즉 자신들이 그 기름부음에 참여한 자들임을 신자들 스스로 충만하게 의

---

1) 6:10까지를 말한다. 바울은 거기에서 자신의 직분에 대한 일반적인 서술을 마감하고 다시 개인적인 호소로 돌아간다.

식하는 것이다. 그러나 이를 위해서는 교역자 자신이 기름부음 받은 자요 마음에 인침을 받은 자로서 살아야만 한다.

두 번째 진술은 3:3의 "너희는 우리로 말미암아 나타난 그리스도의 편지니 이는 먹으로 쓴 것이 아니요, 오직 살아 계신 하나님의 영으로 쓴 것이며 또 돌판에 쓴 것이 아니요, 오직 육의 마음판에 쓴 것이라"는 구절이다. 돌판 위에 율법을 기록하신 하나님의 행동이 유례없는 사건이었던 것과 마찬가지로, 성령의 법을 새 언약에 기록한 것과 그리스도의 이름을 마음판 위에 기록한 것은 독특한 사건이다. 그것은, 마치 하나님께서 옛적에 실제로 쓰신 것과 같이, 성령께서 교역자의 혀를 그분의 붓으로 사용하시는 거룩한 사역이다. 교역에서 성령이 필요하다는 진리뿐만 아니라 성령과 올바른 관계를 유지할 때 그분은 역사하시고 또 행하시리라는 진리를 회복해야 할 필요가 있다.

고린도에서의 바울 자신의 체험이 우리에게 가르치는 것은, 만약 하나님의 능력이 우리 위에 머무르려면, 연약함에 대한 자각이나 두려움 혹은 의지할 데 없는 절대적 무력함이 있을 수도 있고 오히려 그것이 필요하기도 하다는 것이다(행 18:5-11; 고전 2:3). 고린도후서 전체는 다음을 확증한다. 즉, 그리스도의 능력이 한 사람 속에서 역사한 것은 그가 사형판결을 받은 자로서 주 예수의 죽으심을 짊어졌을 때였다. 하나님의 영은 육체와 세상과 자아 그리고 그것의 생명과 힘의 반대편에 서 계신다. 이것들이 다 무너지고 육체는 자랑할 것이 아무것도 없을 때 성령께서 역사하실 것이다. 모든 교역자들의 혀가 성령께서 기록하시려는 곳에서 붓으로 사용될 수 있도록 예비되기를 간구한다!

그리고 나서 우리의 본문 말씀이 나와서(3:6-7) 이 성령의 새 언약의 직분이 어떤 특별한 성격을 가졌는지 우리에게 가르쳐 주는데, 그것은 살리는 것이다. "율법 조문은 죽이는 것이요"라는 반대명제는 구약의 율법에 해당될 뿐만 아니라, 성경의 가르침에 따르면, 성령의 소생케 하는 능력 안에 있지 않은 모든 지식에도 적용된다. 우리가 비록 복음이 신령하다는 것을 알고 있다고 하더라도, 율법이 문자를 가진 것처럼 복음도 역시 자체의 문자를 가지고 있다는 것을 아무리 진지하게 주장해도 지나치지 않다. 복음은 매우 분명하고 충실하게 선포될 수 있다. 그것은 강한 도덕적 영향력을 행사할 수도 있을 것이다. 그렇지만 그것으로 말미암은 믿음은 사람의 지혜에 있고 성령의 지혜에 있지 않을 것이다. 교회가 그 교역자들과 지도받는 이들을 위하여 간구해야 할 것이 있다면, 그것은 성령의 직분이 충만한 능력 가운데 회복되는 것이다. 내주하시는 성령의 인치심과 기름부으심 그리고 보증하심 속에 개인적으로 살아간다는 것이 무엇인지, 또한 율법조문은 죽이지만 영은 실제로 살린다는 것을 아는 것이 무엇인지, 그리고 무엇보다도 성령께서 자유롭게 역사하실 수 있도록 개인적 삶이 성령의 직분 아래에 있다는 것이 무엇인지 깨닫도록 하나님께서 그들을 가르치시기를 기도해야 한다.

더 나아가 이제 바울은 두 시대를 대비시키고 아울러 그 안에 사는 사람들의 서로 다른 성격을 대조한다.[2] 그는 마음의 눈이 멀어 있을 때는, 주님께 돌아올 때에만 벗을 수 있는 수건이 마음에 덮여 있는 것이라고 지적한다. 그리고 나서 그는 다음과 같이 덧붙인다. "주는 영이시니 주의 영이 계신 곳에는 자유가 있느니라. 우리가 다 수건을 벗은 얼굴로 거울을 보는 것 같이 주의 영광을 보매 그와 같은 형상으로 변화하여 영광에서 영광에 이르니 곧 주의 영으로 말미암음이니라"(3:17-18). 하나님 자신이 영이시니 성령을 주실 수 있다. 우리 주 예수께서 성령의 생명 속으로 높임을 받으셨을 때, 그분은 주의 영이 되셨고, 신약의 성령을 주실 수 있었으며, 주님께서 성령 가운데 몸소 그분의 백성에게 임하신다. 제자들은 오랫동안 예수를 알았지만, 주의 영으로 알지는 못했다. 바울도 역시 자신에 대해서 그렇게 말한다(고후 5:16).

교역수행에서, 십자가에 못박힌 자로서의 예수에 대해서는 진지하게 많이 설교하지만 주의 영으로서의 예수에 대해서는 설교하지 않기도 한다.

---

2) 역사적으로는 성령 시대에 살고 있으면서도, 사실상은 율법조문의 시대에 살고 있을 수도 있다.

후자의 진리를 파악하고 체험하고 설교할 때에야 바울이 여기서 말하는 이중적인 복을 받을 것이다: "주의 영이 계신 곳에는 자유가 있느니라." 신자들은 하나님의 자녀들에게 마련된 영화로운 자유 안으로 인도함을 받을 것이다(롬 8:2; 갈 5:1, 18). 그때 성령께서는 자신이 오신 목적을 행하실 것이다 — 그가 오신 목적은 주님의 영광을 우리 속에 계시하시고자 함이며, 우리가 그것을 볼 때 영광에서 영광으로 변화를 받을 것이다. 오순절 이전의 때에 대해서는 "예수께서 아직 영광을 받지 않으셨으므로 성령이 아직 그들에게 계시지 아니하시더라"고 기록되었다. 그러나 예수께서 영으로 의롭다 하심을 받으시고, 영광 가운데서 올려지셨을 때, 성령께서 가장 높은 영광으로부터 우리 마음 속으로 내려오셨고, 우리로 하여금 얼굴에 가린 것 없이 주님의 영광을 보면서 그분의 모습을 닮아 변화하도록 하셨다. 주님의 구속받은 자들에게 주의 영광을 보여 주며, 그들이 주를 닮아 영광에서 영광으로 변화하도록 하는 사역에 성령의 쓰임을 받는 것, 이 얼마나 놀라운 부르심이며 얼마나 귀한 성령의 직분인가! "그러므로 우리가 이 직분을 받아 긍휼하심을 입은 대로 낙심하지 아니하노라." 그리스도를 영이신 주님으로 알고 인정하는 것 그리고 신자들을 그의 형상으로 변화시키는 그리스도의 영을 알고 인정하는 것이 교회 안에 살아있을 때 신자들 사이에서의 교역이 실질적 행함 가운데 성령의 직분으로서 생명과 능력 있는 것이 될 것이다.

하나님 편에서 교역의 능력은 성령이시며, 사람 편에서 교역의 능력은 믿음이다. 성령에 대한 다음 언급은 4:13에 나오는, "우리가 같은 믿음의 마음을 가졌으니"라는 말씀이다. 3장에서 성령의 사역의 영광에 대해서 설명한 다음, 그 직분이 선포하는 복음의 영광을 다루는 4:1-6에서는 이 보화를 담는 질그릇에 대하여 언급한다. 바울은 자신의 외면적 연약함을 변명해야만 할 때 그것을 훨씬 넘어서서 그 연약함의 거룩한 의미와 영광을 상술한다. 그는 자신의 연약함 속에서 하나님의 능력이 역사할 수 있으므로 자신의 이러한 상태가 그의 능력을 만들게 된다는 것을 보여 준다. 연약함이라는 심히 큰 능력은 하나님께 있고 우리에게 있지 아니함을 알게 하려고 의도하신 것이다. 그러므로 바울은 예수의 생명이 또한 그의 몸에 나타나게 하려고 항상 예수의 죽음을 몸에 짊어질 때, 예수와의 사귐을 온전하게 유지했다. 그러므로 그의 고난에도 주님의 것임을 표시하는 중보적 요소가 있었다: "그런즉 사망은 우리 안에서 역사하고 생명은 너희 안에서 역사하느니라." 또한 그는 모든 인내와 수고 속에서도 그를 받쳐주었던 생명력 있는 능력을 표현하여 '우리가 같은 믿음의 마음을 가졌노라'고 덧붙이는데, 우리는 이에 대해 성경에서, "기록된 바 내가 믿었으므로 말하였다 한 것 같이 우리가 같은 믿음의 마음을 가졌으니 우리도 믿었으므로 또한 말하노라. 주 예수를 다시 살리신 이가 예수와 함께 우리도 다시 살리사 너희와 함께 그 앞에 서게 하실 줄을 아노라" 하는 말씀을 읽는다.

믿음은 보이지 아니하는 것들의 증거이다. 믿음으로 신자는 눈으로 볼 수 없는 것들을 보며, 그 안에서 산다. 예수를 신뢰하는 데서 출발하여 보지 못하나 믿고, 말할 수 없는 영광스러운 즐거움으로 기뻐하니 믿음은 그리스도인의 삶 전체로 퍼져나간다. 성령에 관련된 모든 것은 믿음에 의한 것이다. 자기 자녀들의 마음을 열어서 그들로 하여금 성령을 더욱 충만히 받아들이게 하시는 하나님의 큰 역사는, 자기 자녀의 믿음을 지도하셔서 가시적인 것으로부터 더욱 완전한 자유와 하나님 안에서 누리는 더 온전한 안식으로 이끄시고 하나님이 자녀의 연약함 속에 거하시고 능력으로 역사하신다는 확신에까지 이르게 하시려는 것이다. 이러한 목적을 위해서 시련과 고난을 주시는 것이다.

바울은 첫 장에서 자신의 고난에 대하여 놀라운 말을 한다: "우리는 우리 자신이 사형 선고를 받은 줄 알았으니 이는 우리로 자기를 의지하지 말고 오직 죽은 자를 다시 살리시는 하나님만 의지하게 하심이라"(1:9). 바울조차도 자기를 신뢰할 위험에 처해 있었다. 이것은 대단히 자연스런 일로서, 모든 생명은 자신을 굳게 믿으며, 본성은 죽을 때까지 자신에 집착한다. 바울은 자신이 행해야만 했던 능력의 사역을 위해서 죽은 자를 살리시는 하나님만을 의지할 필요가 있었다. 그가 아시아에서 만난 역경 가운데 사형선고를 받은 줄로 생각했을 때, 하나님께서 그를 이런 자세로 인도

220

하셨다. 그의 믿음의 시련은 곧 믿음의 능력이었다. 바울은 우리의 문맥 속에서 다음과 같은 생각으로 돌아오는데, 그에게 예수의 죽으심에 참여하는 것은 그리스도의 생명의 능력을 체험하는 수단과 보증이 된다. 그는 이러한 믿음의 마음으로 말한다: "주 예수를 다시 살리신 이가 예수와 함께 우리도 다시 살리사 너희와 함께 그 앞에 서게 하실 줄을 아노라."

예수께서 돌아가신 다음에야 생명의 영이 예수께로부터 쏟아져 나올 수 있었다. 예수의 생명은 무덤에서 태어난 것으로서 즉, 죽음에서 나온 생명이었다. 우리가 날마다 죽고 예수의 죽으심을 우리 몸에 지고, 육신과 자아를 십자가에 못박아 죽이며, 자아와 본성에 속한 모든 것을 향한 하나님의 사형판결이 우리 안에 있을 때, 예수의 생명과 영이 우리 안에 나타나실 것이다. 이분이 곧 믿음의 성령으로서, 믿음은 연약함과 명백한 죽음 가운데서도 죽은 자를 다시 살리시는 하나님을 의지한다. 그리고 이것이, 믿음이 연약함을 자랑할 때, 그리스도의 능력이 그 위에 있도록 하시는 성령의 직분이다. 우리의 믿음이 질그릇의 허무함과 연약함에 따라 동요되지 않으며, 능력의 뛰어남이 우리에게서 나오는 것과 우리가 느끼는 것에 있지 않고 오직 하나님께 속한 것이라는 데 동의할 때 성령은 살아계신 하나님의 능력으로 역사하실 것이다.

우리는 나머지 두 구절에서 역시 같은 사상을 보게 된다. 바울은 5:5에서 탄식하는 것과 짐 지는 것과 관련하여 성령의 성실하심을 다시 이야기한다. 그리고 6:6에서 자기 직분의 표지인 고통과 수고에 대한 언급 속에 성령을 등장시킨다. "오직 모든 일에 하나님의 일꾼으로 자천하여 많이 견디는 것과 환난과 궁핍과 고난과 매 맞음과 갇힘과 난동과 수고로움과 자지 못함과 먹지 못함 가운데서도 깨끗함과 지식과 오래 참음과 자비함과 성령의 감화와 거짓이 없는 사랑과 진리의 말씀과 하나님의 능력으로 의의 무기를 좌우에 가지고 영광과 욕됨으로 그러했으며 악한 이름과 아름다운 이름으로 그러했느니라. 우리는 속이는 자 같으나 참되고 무명한 자 같으나 유명한 자요 죽은 자 같으나 보라 우리가 살아 있고 징계를 받는 자 같으나 죽임을 당하지 아니하고 근심하는 자 같으나 항상 기뻐하고 가난한 자 같으나 많은 사람을 부요하게 하고 아무것도 없는 자 같으나 모든 것을 가진 자로다"(고후 6:4-10). 바울에게는 이와 같이 성령 안에 있는 그리스도의 능력이 살아 있는 실재였으므로, 육체의 연약함은 그로 하여금 그 능력을 더욱 기뻐하고 신뢰하게 할 뿐이었다. 성령이 그리스도 안에 거하시고 역사하시는 것은 분명히 바울의 교역 수행의 은밀한 원천이며 거룩한 능력이었다.

성령께서 바울의 직분에서 차지하신 지위를 우리의 교역에서도 차지하시는가? 우리는 이렇게 물을 수 있다. 교회에서 목사의 직무를 맡은 자나 구성원 중에서 그 대답에 생생한 관심을 갖지 않을 사람은 한 사람도 없을 것이다. 그 질문은 성령 사역의 절대적 필요성에 대한 교리를 인정하느냐 인정하지 않느냐 하는 것을 묻는 것이 아니라, 보좌에 앉으신 주 예수의 영이신 성령의 자리가 요구하는 시간과 생활의 몫 그리고 교역에 대한 생각과 믿음의 몫을 성령의 임재와 사역을 확고히 하는 데에 드렸느냐 하는 것을 묻는 것이다. 성령이 우리 주 예수께서 의도하신 위치를 교회 안에서 차지하고 있는가? 성령은 하나님의 강한 능력이시고, 그분 안에 살아 계신 그리스도께서 우리를 통해 역사하시며, 또 그분은 보좌 위에 계신 영광 받으신 주님의 현존하심이라고 하는 상상할 수 없는 영광스런 진리에 우리 마음을 열어 놓을 때, 우리는 교역과 교회에서 단 한 가지 필요한 것에 대해 느끼게 될 것이다. 그것은 곧 위로부터 내리는 능력을 덧입기 위하여 끊임없이 보좌의 발등상에서 기다려야 한다는 것이다. 그리스도의 죽음과 생명 속에서 그분의 사랑과 능력 가운데 계시는 그리스도의 영은 교역의 영이시다. 교회가 이것을 굳게 붙들 때, 그것은 교회의 머리께서 의도하신 대로 성령의 직분이 될 것이다.

찬양 받으실 아버지여, 위대한 도구로서 말씀의 직분을 세우신 것을 인하여 당신께 감사합니다. 이것은 승귀하신 주님께서 성령을 통하여 그분의 구원사역을 이루시기 위함입니다. 이것이 성령의 직분임을 인해, 또한 이것을 통해 세상에 베푸신 모든 복을 인해 감사합니다. 지극히 송축 받으실

222

하나님이시여, 우리가 간구하옵는 것은, 더욱 더 분명하게 당신의 교회 전체에 걸쳐서 당신이 원하시는 상태인 성령과 능력의 교역으로 만들어 주시는 것입니다.

어느 곳에서나 아직도 여전히 교역이 당신의 뜻하신 것에 훨씬 미치지 못하고 있음을 당신의 종들과 백성들이 깊이 느끼게 하옵소서. 육체에 대한 신뢰와 사람의 열심과 능력 그리고 세상의 지혜가 그 속에 너무 많음을 보여 주옵소서. 그리스도의 영에게 자리를 내어드리는 거룩한 비밀을 당신의 모든 신실한 종들에게 가르치사 성령께서 그들을 사용하게 하옵소서. 그들이 성령으로 말미암아 그들 마음 속에 그리스도의 분명한 임재하심을 주셔서 그들이 그것을 매우 담대하게 말하게 하소서. 그들의 모든 삶 속에 있는 성령의 능력을 통하여 성령께서 그들을 다른 사람들을 가르치는 사역에 사용하시기에 합당한 그릇으로 만드소서. 연약함 가운데 있는 하나님의 능력이 그들의 공적 직분의 표지가 되게 하소서.

당신의 백성을 가르치사 그들의 가르침을 기다리게 하시고 받아들이게 하시며, 그 백성이 성령의 직분인 그것을 위해 당신께 간구하게 하소서. 그리고 신자들의 삶이 그 직분의 능력으로 더욱 더 성령의 인도하심과 거룩하게 하심을 입은 자의 것이 되게 하소서. 아멘.

요약

1. 그리스도께서는 고난을 통해서 완전해지셔야 했다. 그는 고난을 통해서 영광에 들어가셨고 성령은 그 영광으로부터 보냄을 받으셨다. "그리스도께서 약하심으로 십자가에 못 박히셨으나 하나님의 능력으로 살아 계시느니라." 바울은 그와 동일한 연약함을 지속적으로 체험하면서 능력 있는 성령의 직분을 행사할 수 있었다. "그런즉 사망은 우리 안에서 역사하고 생명은 너희 안에서 역사하느니라. 우리도 그 안에서 약하나 너희에게 대하여 하나님의 능력으로 그와 함께 살리라." 순교자들과 선교사들에게 박해와 고난은 그리스도의 고난과 연약함, 그의 능력과 성령에 참여하는 것

이었다. 우리가 박해와 고난을 자초할 수는 없다. 성령의 직분에 불가결한 그리스도의 고난과 죽음 즉, 그의 육신의 찢기심에 지속적으로 참여하려면 오늘날 어떻게 해야 하는가? 이는 우리 주위에서 고통 당하는 자들의 가난과 슬픔에 깊이 동참함으로써 가능하다. 그리고 제멋대로 하려고 하는 육체 곧, 자기 생명에게는 아무것도 허용하지 않고, 전적으로 연약한 중에 그리스도의 능력이 역사할 수 있게 자리를 마련하기에 더욱 힘쓰며 그분의 성령에 의존하는, 자기 부인 안에서 가능하다.

2. 신자들의 직분의 기준과 삶의 기준은 상응할 것이다. 교회 생활을 통하여 성령을 알고 영광을 돌리게 되면 영의 직분이 필요함을 느끼게 될 것이다. 교역이 더욱 깊이 신령하게 되면 교회의 품격은 높아지게 될 것이다. 그 두 가지는 상호작용의 관계에 있다. 진지하게 지적으로 달변으로 교역을 감당한다 하더라도 그것이 반드시 성령의 직분이 되는 것은 아니라는 것, 이는 우리로 하여금 얼마나 겸손할 수밖에 없도록 하는가!

3. 교역을 끊임없이 기도 제목으로 만들자. 교회가 교역에 얼마나 좌우되는지 기억하자. 성령의 직분을 위해 하나님께 간구하자. 교회가 이를 요구할 때 지체 없이 공급해 주실 것이다.

4. 무엇이 성령의 직분의 표지인가? 초자연적인 것을 인식하는 것, 사람들 속에 거하시는 하나님의 현존을 겸손하게 두려워하는 것, 현실로 임재하시는 성령께서 능력으로 스스로를 증명하시는 것 등이다.

5. "성령께서 기꺼이 우리를 성령 자신을 전달하는 도구로 삼으실 때 우리는 능력 있게 된다" ─ 굿윈 (Goodwin).

제 26 장

성령과 육체

너희가 이같이 어리석으냐 성령으로 시작하였다가 이제는 육체로 마치
겠느냐? (갈 3:3)

하나님의 성령으로 봉사하며 그리스도 예수로 자랑하고 육체를 신뢰하
지 아니하는 우리가 곧 할례파라. 그러나 나도 육체를 신뢰할 만하며 만
일 누구든지 다른 이가 육체를 신뢰할 것이 있는 줄로 생각하면 나는 더
욱 그러하리니(빌 3:3-4).

성경은 우리의 타락한 본성 즉, 혼과 몸을 지칭할 때 육체라고 부른다.
혼이 창조될 때 그것은 신령한 것 혹은 거룩한 것과 감각적인 것 혹은 세
상적인 것 사이에 있었다. 그러므로 혼은 그 양쪽을 공정하게 다루고 완전
한 연합으로 이끌어 사람으로 하여금 그의 목적지인 영적인 몸에 이르게
하도록 되어 있었다. 그러나 혼이 감각적인 것의 유혹에 굴복하였을 때 성
령의 지배에서 벗어나 육체의 권세 아래 있게 되었다. 즉, 그것은 육체가
된 것이었다. 그리고 이제 육체는 성령 없이 존재할 뿐이며 또 그분에게
대적한다: "육체의 소욕은 성령을 거스르고 …"

육체가 이처럼 성령을 대적하는 데에는 두 가지 측면이 있다. 한편으로
육체의 소욕은 죄를 범하고 하나님의 법을 위반함으로써 성령을 대적한다.
다른 한편으로 육체가 성령을 대적함은 그것이 하나님을 섬기고자 하며

그분의 뜻을 행하고자 함으로써 나타난다. 혼은 육체에 굴복하여서, 성령께서 혼에게 이어주시는 하나님을 구하기보다는 하나님의 뜻을 압도하는 이기심을 구하며, 이 이기심이 혼의 지배 원리가 된다. 그리고 이제 이 자아의 영은 매우 교활하고 능력이 있어서 육체가 하나님을 거스르고 범죄하는 데뿐만 아니라 혼이 하나님 섬기기를 배우는 데에도 그 능력을 나타내며, 오직 성령의 이끌림 받기를 거부하고, 노력으로 경건하고자 하면서 성령을 훼방하며 소멸시키는 크나큰 원수가 된다. 이 육체의 기만성으로 말미암아 바울이 갈라디아 사람들에게 "성령으로 시작하였다가 이제는 육체로 마치겠느냐?"라고 자주 말하게 된 것이다. 성령께 온전하게 굴복하지 않고, 그를 크게 의지하며 겸손한 가운데 지속적으로 거룩하게 기다리지 않는다면 성령으로 시작한 일이 초기부터 아주 신속하게 육체를 신뢰하는 것으로 변질되고 말 것이다.

그리고 주목할 만한 일은, 첫 눈에는 역설적인 것처럼 보이겠지만, 육체가 하나님을 섬기려고 하자마자 그것은 죄의 능력이 되고 만다는 것이다. 자기의 의와 육체에 속한 경건을 갖고 있던 바리새인들이 교만과 이기심으로 죄의 종이 되었다는 것을 알고 있지 않은가? 바울은 갈라디아 사람들의 육체의 행위가 매우 현저하여 그들이 서로간에 물고 물리며 멸망당할 위험에 있었으므로, 그들에게 성령으로 시작했던 것을 육체로 마치겠느냐고 물으면서 행함을 통한 의에 대해 경고하지 않았던가? 사탄은 혼을 얽어매는 데 간교한 계략을 갖고 있는 것과 마찬가지로 육체적인 경건으로 혼을 부추기는 데에도 그러하다. 사탄은 육체의 능력이 결코 하나님을 기쁘게 하지도 못하고 죄를 이길 수도 없음을 알고 있으며, 적당한 때에 하나님을 섬기는 데에 육체가 성령보다 우월한 위치 있게 되면 죄를 섬기는 데에도 마찬가지로 지속적으로 우월함을 행사할 것이라는 것도 알고 있다. 전적으로 성령께서 참으로 끊임없이 섬김의 삶을 인도하고 다스리실 때, 육체는 참된 순종의 삶을 영위하고 다스릴 능력을 가지게 될 것이다. 내가 동료들과의 관계에서 자기를 부인하고 이기심과 분노와 사랑의 부족함을 극복하려면, 먼저 하나님과의 관계에서 자기를 부인하는 것을 배워야만 한다. 거기서 자아의 자리인 혼은 하나님이 거하시는 성령께 엎드리는 것을 배워야 한다.

성령 안에서 봉사하는 것과 육체를 신뢰하는 것에 대한 대조가 참된 할례 — 마음의 할례 — 에 대한 바울의 설명 속에 매우 훌륭하게 표현되어 있다. 그가 자랑하는 것은 사람들로 인한 것이 아니라 하나님으로 인한 것이다: "하나님의 성령으로 봉사하며 그리스도 예수로 자랑하고 육체를 신뢰하지 아니하는 우리가 곧 할례파라." 그리스도인의 믿음과 삶의 본질로서 그리스도 예수로 자랑함을 중심으로 삼을 때, 그리스도인은 한편으로 그 자랑이 공격당할 큰 위험에 대하여 주의를 환기하게 되고 다른 한편으로 그 자랑을 온전히 누리도록 보장하는 안전책을 깨닫게 된다. 육체를 신뢰하는 것은 무엇보다도 그리스도 예수로 자랑하는 것을 무효로 만드는 것이며, 성령을 통한 봉사만이 그리스도 예수로 자랑하는 것을 참으로 생명과 진리로 만들 수 있는 유일한 것이다. 그리스도 예수로 자랑하는 것이 무엇인지 성령께서 우리에게 보여 주시기를 원한다!

육체를 크게 신뢰하는 것이 그리스도 예수로 자랑하는 것을 동반하는 경우가 있는데, 이는 모든 역사와 체험이 우리에게 가르쳐 주는 것이다. 갈라디아 사람들도 그랬다. 바울이 큰 열심으로 대항했던 교사들은 모두 그리스도와 그의 십자가를 전하는 자들이었다. 그러나 그들은 성령의 가르침을 받아서, 무한하게 널리 두루 퍼지는 십자가의 감화력이 어떠한 것인지 깨달은 자들이 아니었다. 그들은 하나님의 성령으로 시작했지만, 자신들의 지혜와 생각대로 십자가의 의미를 말하였고 그것을 대단히 율법적이고도 육체적인 믿음과 일치시킨 자들이었다. 그리고 오늘날 갈라디아 사람들의 오류에서 벗어났음을 아주 굳게 믿고 있는 교회에서도 갈라디아 교회의 이야기가 되풀이되고 있다. 마치 믿음으로 의롭다 하심을 얻는 교리가 바울 서신의 주된 가르침인 양 얼마나 자주 언급되는지, 그리고 믿음으로 받게 된 성령의 내주하심과 성령과 더불어 행함에 대한 교리는 얼마나 언급되지 않는지 유의하라.

십자가에 못 박히신 그리스도는 하나님의 지혜이다. 그리스도로 자랑함과 결부시켜 볼 때 육체를 신뢰함은 육체의 지혜를 신뢰하는 것을 의미한다. 그것은 성령의 인격적인 가르치심이 절대적으로 필요하다는 것은 아랑곳하지 않고 자연적인 정신의 능력만으로 성경을 연구하고 전하기도 하며 듣고 믿을 수도 있다. 하나님의 가르침보다는 주로 인간적 가르침에 따르며, 하나님께서 그의 빛으로 진리를 계시하시도록 그를 기다리는 배움의 마음도 없으면서, 사람들 자신이 진리를 소유하고 있다고 절대적으로 확신할 수도 있다.

성령을 통하여 그리스도는 하나님의 지혜이실 뿐 아니라 하나님의 능력이시다. 그리스도의 교회의 사역에서 그리스도 예수로 자랑하면서도 육체를 신뢰하는 경우가 아주 흔히 발견되고 느껴진다. 이는 위로부터 오는 능력을 기다리는 것보다 인간적 노력이나 해결이 훨씬 더 넓은 영역을 차지하는 것이다. 교계의 대규모 기관들 속에서, 개별 교회나 모임들 속에서, 영의 내적 생명과 기도 속에서, 바로 이 한 가지 악으로 인해 얼마나 많은 노력이 성공하지 못했으며, 얼마나 잦은 실패가 되풀이되었던가! 그리스도를 인정하고, 그분의 인격과 사역을 우리의 유일한 소망으로 삼는 데 부족함이 없고, 그에게 영광을 돌리는 것에 부족함이 없다 해도, 육체를 더 신뢰함으로써 그 모든 것을 쓸모 없이 만든다.

이제 다시 한 번 묻거니와, 완전한 성별과 온전한 복을 얻기 위해 진지하게 힘쓰던 많은 사람들이 여기서 실패의 비밀을 발견하지 않는가? 이 책을 저술하는 첫째 목적이자 진지하게 드리는 기도 제목의 하나가 곧 그런 자들을 돕고자 하는 것이다. 설교나 책 혹은 대화나 개인기도 가운데, 예수의 충만하심이 그분 안에 있는 거룩한 삶의 가능성과 더불어 그들 앞에 열렸을 때, 그들의 마음에 그것이 너무나 아름답고 순전하여서, 그 무엇도 더 이상 그것을 방해하지 못하리라 느꼈다. 그리고 아마도 그렇게나 확실하고 가깝게 보인 그것을 그 마음이 받아들였을 때 전에 알지 못했던 능력을 향유하며 경험했을 것이다. 그러나 그것은 지속되지 못했다. 그 뿌리에 벌레가 있었다. 실패의 원인이 무엇이며 회복할 방도가 무엇인가 찾아보아도 허사였다. 종종 들을 수 있는 대답은, 온전하게 굴복하지 않았다

거나 믿음으로 완전하게 받아들이지 못했다는 것이었다. 그렇지만 그 마음
은, 자신이 알고 있는 한은, 모든 것을 기꺼이 내어드렸고, 예수께서 모든
것을 소유하시기를 갈망하면서 모든 것을 그에게 맡기고자 했음을 확신한
다. 완전한 헌신과 완전한 믿음이 복주심의 조건이라면, 그 마음은 완전하
기가 불가능하다는 데 대해서 거의 절망할 수도 있었다. 약속의 말씀은, 그
것이 매우 단순하리라는 것 즉, 가난하고 연약한 자들을 위한 생명이라는
것이었다.

　형제자매여, 오늘날 하나님 말씀의 복된 가르침을 들어보라. 육체를 신
뢰하는 것은 그리스도 예수로 자랑하는 것을 망친다. 그것은 성령만이 하
실 수 있는 일을 자아가 행하는 것이며, 성령께서 모든 것을 인도하시고
행하시도록 그분을 의지하기보다는, 혼이 주도하고 성령께서는 그것의 노
력을 보조해 주시리라고 기대하는 것이다. 그것은 자기를 부인하지 않고
예수를 따르는 것이다. 그리고 그렇게 하는 것이 은밀한 수고라고 생각한
다. 이런 위험으로부터 보호해 주는 유일한 안전장치에 대해서 이야기하는
바울의 말을 들어보라: "하나님의 성령으로 봉사하며 그리스도 예수로 자
랑하고 육체를 신뢰하지 아니하는 우리가 곧 할례파라." 여기에 영적 봉사
의 두 요소가 있다. 성령은 예수를 높이시고 육체를 낮추신다. 그리고 우리
가 진실로 예수를 자랑하며 그분을 우리 안에서 영화롭게 하고자 한다면,
또 육체적 노력의 항구적 특징인 무능력에서 벗어나 예수의 영광을 개인
적으로 변함없이 체험하고자 한다면, 우리는 성령으로 하나님께 봉사한다
는 것이 무엇인가를 배워야만 한다.

　그리스도 예수로 자랑하라: 이 책이 하나님의 복된 말씀으로부터 하나
님의 진리로 제시하고자 하는 목적이 바로 이것이라는 것을 다시 한 번
되풀이하여 말할 수 있을 따름이다. 성령으로 세례를 베푸시는, 영광 받으
신 그분을 자랑하라. 우리 속에 그의 성령을 허락하신 그분을 아주 순전하
고 편안하게 신뢰하라. 그의 은사를 믿으라. 우리 속에 거하시는 성령을 신
뢰하라. 성령이 당신 영의 은밀한 곳에 거하신다는 것을 당신 속의 그리스
도의 생명의 비밀로서 인정하라. 우리의 혼이 하나님의 성령께서 참으로

우리 속에 거하신다고 하는 영광된 진리 아래 거룩한 두려움을 품고 하나님 앞에 엎드릴 때까지 이 비밀을 묵상하고 예수와 이에 대한 그분의 말씀을 믿으라.

성령의 인도하심에 자신을 맡기라. 우리는 그분의 인도하심이 정신이나 생각에 있지 않고 생명과 기질에 있음을 배웠다. 하나님께 자기 자신을 맡겨서 모든 행위에서 성령의 인도하심을 받도록 하라. 성령은 예수를 사랑하며 그에게 복종하는 자들에게 약속된 것이다. 성령께서는 우리가 성령을 전심으로 사랑하며 따르고 있음을 알고 계신다고 두려워하지 말고 말하라. 그리고 그분이 오신 단 한 가지 중심된 목적이 무엇이었는가를 기억하라. 그것은 떠나신 주 예수를 그의 제자들에게 되돌려 주시는 것이었다. 예수께서는 "내가 너희를 고아와 같이 버려두지 아니하고 너희에게로 오리라"고 말씀하셨다. 나와 멀리 동떨어져 계신 예수를 내가 자랑할 수는 없는 일이다. 내가 그렇게 하려 한다면 노력해야만 할 것이며, 육체의 도움으로 해야만 한다. 내가 진실로 자랑할 수 있는 것은 현존하시는 구세주뿐이다. 성령은 내 속에서 그분을 영화롭게 하시며 그분의 영광을 나타내신다. 그분이 이렇게 하실 때 육체는 낮아져 십자가에 못박히고 저주받은 자리에 있게 될 것이며, 육체의 행실은 죽게 될 것이다. 그리고 내 모든 경건은 육체를 신뢰하지 아니하는 것과 그리스도 예수로 자랑하는 것 그리고 하나님의 성령으로 봉사하는 것이 될 것이다.

사랑하는 신자여, 성령으로 시작했으면, 계속하여 성령으로 나아가며, 성령으로 인내하라. 단 한순간이라도 성령의 사역을 육체로 계속하거나 마치게 될까 조심하라. 육체를 신뢰하지 말자! 이것을 우리의 구호로 삼자. 육체를 절대로 신뢰하지 말고, 육체를 따라 행함으로 성령을 근심하게 할까 두려워하면서, 하나님 앞에서 자신을 낮추고 겸손해야 한다. 예수께서 모든 것이 되시며, 모든 것을 행하시고, 성령으로 말미암아 하나님의 생명이 실제로 우리의 생명을 대신하게 하시며, 마음의 보호자요 안내자이며 생명으로서 보좌에 앉으신 것을 알도록 하나님께 계시의 영을 구하자.

송축 받으실 아버지여, 당신의 자녀들을 가까이 오게 하시고 그리스도 예수로 자랑하게 하시며 성령으로 봉사하게 하시려고, 당신께서 예비하신 그 놀라운 것으로 인해 감사합니다. 당신께 구하오니, 그것으로 우리의 생명과 우리의 모든 믿음의 봉사가 되게 하소서.

육체의 능력과 자기 생명의 노력이 그런 삶에 얼마나 큰 방해가 되는지 우리에게 보여 주시길 당신께 간구할 필요성을 느낍니다. 간구하옵나니, 우리의 눈을 여시사 이 사탄의 덫을 보게 하소서. 육체를 신뢰하려는 유혹이 얼마나 은밀하고 간교한가 그리고 성령으로 시작한 것을 육체로 마치는 데에 우리가 얼마나 쉽게 빠져드는가 우리 모두로 하여금 알게 하소서. 성령으로 말미암아 우리 안에서 역사하시며 우리로 소원을 품고 행하게 하시는 당신을 배워 신뢰하게 하소서.

또한 간구하옵나니, 우리를 가르치사 육체를 이기고 그 능력을 무찌르는 법을 알게 하소서. 당신의 사랑하는 아들의 죽음을 통하여 우리의 옛 사람은 십자가에 못 박혔습니다. 우리가 모든 것을 죽어 마땅한 것으로 여기게 하시며 옛 성품을 늘 죽음에 처하게 하소서. 우리 자신을 당신의 영의 인도하심과 다스리심에 맡깁니다. 성령으로 말미암아 그리스도께서 우리의 생명이 되셔서, 노력과 행위의 생명이 아니라 전적으로 새로운 생명이 우리 속에 역사함을 믿습니다. 우리 아버지시여, 우리 안에서 우리의 생명이신 당신의 성령께 믿음으로 모든 것을 내어 드립니다. 아멘.

요 약

1. 그리스도는 하나님의 지혜요 능력이시다. 우리 자신의 능력에 대한 모든 신뢰의 근원은 자신의 지혜에 대한 신뢰로서, 이는 우리가 하나님의 말씀을 소유하고 있다는 이유로 하나님을 섬기는 법도 알고 있다고 생각하는 것이다. 하나님의 말씀을 받아들이는 데에 이 사람의 지혜는 교회에 가장 커다란 위험이 된다. 왜냐하면 그것은 우리로 하여금 성령으로 시작한 것을 육체로 마치게 하는, 은밀하고도 간교한 모습을 띠기 때문이다.

2. 여기서 우리를 안전하게 하는 유일한 것은 성령이시다. 아주 기꺼이 성령의 가르치심을 받으려는 마음과 지극히 작은 일에서도 육체를 따라 행할까봐 두려워하는 마음, 모든 일에 사랑으로 굴복하여 순종함 — 그리스도께서는 이 순종에 대해 성령을 약속하신다 — 그리고 이 모든 것과 더불어, 성령께서 하나님의 능력으로 우리의 삶을 소유하시고 우리를 대신하여 그 삶을 살아가심을 생생하게 믿는 것 — 이것이 안전한 길이다.

3. 사람의 삶에 동기를 주는 두 가지 원리가 있음을 충분히 깨닫도록 하자. 대부분의 그리스도인들은 때에 따라 여기저기 몸을 맡기는 혼란스런 삶을 살고 있다. 하나님의 뜻은 우리가 단 한 순간이라도 육신을 따르지 않고 그 영을 따라 행하는 것이다. 하나님의 뜻을 받아들이자. 우리의 삶이 그분의 뜻에 따르도록 하기 위해 성령을 주신 것이다. 성령께서는 육체의 생명을 완전히 몰아내시고 그분 자신이 우리 속에 전적으로 새로운 생명이 되시며 그리스도를 우리의 생명으로 계시하신다는 것을 하나님께서 우리에게 보여 주시기를 원한다. 그러면 우리는 이렇게 말할 수 있을 것이다, "그런즉 이제는 내가 사는 것이 아니요 오직 내 안에 그리스도께서 사시는 것이라."

4. 이 서신에서 교회가 배워야만 하는 것은, 이신칭의란 하나님의 영으로 행하는 삶에 들어간다는 목적에 이르기 위한 수단일 뿐이라는 것이다. 우리는 세례자 요한의 선포로 되돌아가야 한다. 그는 세상 죄를 지고 가시는 그리스도와 성령으로 세례를 주시는 그리스도를 선포하였다.

5. "왜 사람들이 예수를 믿는 믿음의 관점을 가지고서 그가 세상 죄를 지신다는 것만을 거의 전적으로 강조하고, 다른 점 즉, 그가 성령으로 세례를 베푸실 수 있다는 점은 그토록 무시하는 것일까? 이와 반대로, 선지자들과 사도들은 성령의 은사를 새로운 삶, 즉 새로운 성품과 행위의 원천으로 강조하는데, 하나님의 법이 주는 감동과 표현 두 가지 모두는 그 새로운 삶 속에서 보이는 것이다. 선지자들과 사도들은 그 문제를 윤리적인 측면에서 다루는 반면, 전통적인 논의는 성령의 은사를 주로 죄사함과 양자 됨의 증거라고 설명하며, 이 사실을 감사하고 기뻐함으로부터 — 즉, 단지

심리적 동기로부터 — 선을 위한 새로운 생명과 능력이 솟아난다고 주장한다. 이런 관점은 가장 훌륭한 저술가들에게서도 발견된다. 성경은 이와 반대로, 새롭게 창조하고 만족하게 하시는 성령의 능력을 모든 그리스도인의 기질과 개인적 활동의 원리로써 강조한다(롬 8:2). 그리스도께서 죄를 짊어지신 것은 단지 성령의 임재를 위한 길을 예비하는 것이다(요 7:39; 갈 3:13-14). 그것은 기초이지 전체가 아니다" — 요한 토비아스 베크, 『목회학』(J. T. Beck, *Pastorallehren*)

제 27 장

믿음으로 말미암는 성령

그리스도께서 우리를 위하여 저주를 받은 바 되사 율법의 저주에서 우리를 속량하셨으니 기록된 바 나무에 달린 자마다 저주 아래에 있는 자라 하였음이라. 이는 그리스도 예수 안에서 아브라함의 복이 이방인에게 미치게 하고 또 우리로 하여금 믿음으로 말미암아 성령의 약속을 받게 하려 함이라(갈 3:13-14).

믿음이란 낱말은 아브라함과 관련하여 성경에서 처음 사용된다. 그가 받은 최고의 칭찬, 그의 순종하는 능력의 비결, 그리고 그로 하여금 하나님을 기쁘시게 하도록 만들었던 그것은 곧 그가 하나님을 믿었다는 것이다. 그래서 그는 모든 믿는 자들의 조상이 되었고, 하나님께서 사랑으로 베푸시는 복의 위대한 본보기가 되었으며, 그 복이 임하는 통로가 되었다. 아브라함에게 하나님은 죽은 자를 다시 살리시는 분으로 보인 것과 마찬가지로, 그분의 거룩한 생명이신 성령을 우리 안에 거하게 하심으로 더욱 더 완전하게 자신을 계시하신다.

또한 이 소생케 하는 능력이 믿음을 통하여 아브라함에게 임했던 것과 마찬가지로, 이제 그리스도 안에서 나타난 아브라함의 복 즉, 성령의 약속도 믿음에 의해 우리 것이 된다. 아브라함의 인생의 모든 교훈은 다음 말씀에 집중되어 있다: "우리로 하여금 믿음으로 말미암아 성령의 약속을 받게 하려 함이라." 우리로 하여금 성령을 받아들이게 하는 믿음이 무엇인가를 알고 그 믿음이 어떻게 임하고 성장하는지 알기를 원한다면, 하나님께서 아브라함의 이야기를 통하여 우리에게 무엇을 교훈하시는지 연구해야 한다.

아브라함의 인생을 통하여 우리는 믿음이 무엇인지를 깨닫는다. 그것은 사람이 하나님의 계시를 깨닫고 받아들이는 영적 감각으로서, 계시에 의해 일깨워지는 것이다. 하나님이 아브라함을 선택하시고 자신을 계시하기로 결정하셨기 때문에 아브라함은 믿음의 사람이 된 것이다. 모든 새로운 계시는 하나님의 뜻의 결과였다.

하나님의 뜻과 목적하는 바를 수행하는 계시는 신앙의 원인이며 생명이다. 계시나 하나님과의 접촉이 더 분명해질수록 마음 속에서 일어나는 믿음도 더욱 깊어지게 된다. 바울은 살아 계신 하나님을 신뢰함에 대해서 말한다. 살아 있는 믿음을 불러일으키려면 살아 계신 이가 소생케 하는 거룩한 생명의 능력 가운데 다가오셔서 영혼을 만지셔야만 한다. 믿음은 우리가 자신의 능력으로 하나님이 말씀하시는 것을 받아들이는 독립적 행위가 아니며, 우리가 하나님께서 그분의 뜻하시는 바를 우리에게 이루시도록 하기만 하는 전적인 수동적 상태도 아니다. 믿음은 영혼으로 받아들이는 것인데 하나님께서 가까이 오셔서 그의 살아 계신 능력으로 우리에게 말씀하시고 우리를 만지실 때, 우리 자신을 맡기고 그의 말씀과 역사를 받아들이는 것이다.

그러므로 분명한 것은 믿음이 두 가지를 다루어야 한다는 것인데, 그것은 주님의 임재와 그의 말씀이다. 말씀을 살아 있게 하는 것은 오직 살아 계신 그분의 임재하심 뿐이다. 따라서 믿음은 말로 임하지 않으며 능력으로 임한다. 말씀을 많이 읽고 많이 전하지만 열매를 거의 맺지 못하는 것과, 믿음을 위해 열심히 수고하고 기도하여도 결과가 거의 없는 것은 이것 때문이다. 사람들은 살아 계신 하나님보다 말씀을 주로 다룬다. 믿음은 하나님을 그분의 말씀에서 받아들이는 것이라고 매우 바르게 정의되어 왔다. 많은 사람들에게 이것은 말씀을 하나님의 것으로 받아들임을 의미할 뿐이었다. 물론 그들은 사고력으로 '하나님'을 그의 말씀에서 받아들일 수 있다고 생각하지 않았다. 열쇠나 문의 손잡이는 내가 열고자 하는 자물쇠나 문에 그것을 사용하지 않으면 쓸모가 없다. 오직 살아 계신 하나님과의 직접적이고 살아있는 접촉 안에서만 말씀으로 마음의 문을 열어서 믿게 할 수 있다.

믿음은 하나님을 그의 말씀에서 받아들이는데, 오직 하나님께서 자신을 전해 주실 때만 그렇게 할 수 있다. 나는 하나님의 책에서 그분의 모든 값진 약속들을 가장 분명하고도 충분하게 얻을 수 있고, 약속들이 실현되기 위해서는 그것을 신뢰해야 한다는 것을 완전히 깨닫고 배울 수도 있다. 하지만 내가 고대하는 복은 전혀 발견하지 못할 수도 있다. 기업을 얻는 믿음이란, 먼저 말씀을 내게 들려주시고 그리고 나서 그 말씀하신 바를 행하시도록 하나님 자신을 기다리는 마음 자세이다. 믿음은 하나님과 교제하는 것이고, 하나님께 굴복하는 것이다. 믿음은 하나님이 가까이 다가오심으로 만들어지는 감동이며, 그의 사역을 위해 영혼을 붙드시고 준비하게 하시면서 그분의 말씀을 통하여 영혼으로부터 취하신 소유이다. 믿음이 일깨워지면 하나님의 뜻이 나타남을 살피며, 하나님의 임재의 기척에 전적으로 귀를 기울이고 받아들인다. 또한 하나님의 모든 약속이 성취되기를 바라고 기대한다.

그런 믿음이 아브라함으로 하여금 약속을 기업으로 받게 했다. 그런 믿음이 아브라함의 복을 그리스도 예수 안에 있는 이방인들에게까지 미치게 하며 우리로 하여금 성령의 약속을 받아들이게 한다. 성령께서 처음 인치심으로부터 내주하심과 흘러 넘치심에 이르기까지, 성령이 하시는 사역과 그분이 임하시는 방법을 연구하는 데에 다음의 말씀을 끝까지 굳게 붙들자: "우리로 하여금 성령의 약속을 받게 하려 함이라." 신자가 애쓰는 것이, 성령이 내주하신다는 것을 충만하게 자각하기 위해서이건, 혹은 그분이 마음에 하나님의 사랑을 넘치게 하신다는 것을 더 깊이 확신하기 위해서이건, 혹은 성령의 모든 열매들의 큰 성장을 위해서이건, 혹은 진리로 이끄시는 그분의 인도하심을 분명하게 체험하기 위해서이건, 혹은 힘써 일하고 축복하는 능력을 덧입기 위해서이건 간에, 그는 은총의 경륜이 기초하고 있는 다음의 믿음의 원리가 완전하게 구현되어야 한다는 것을 기억해야만 한다: "너희 믿음대로 되라. 우리로 하여금 믿음으로 말미암아 성령의 약속을 받게 하려 함이라." 아브라함의 믿음 안에 있는 아브라함의 복을 구하자.

이런 점에서 우리는 아브라함이 믿기 시작했던 그곳, 즉 하나님을 만나고 하나님을 기다리는 데서 우리의 믿음을 시작해야 한다. "여호와께서 아브람에게 나타나셨더라." "아브람이 엎드렸더니 …" "하나님이 아브라함과 말씀을 마치시고 …" 우리의 하나님 아버지를 살아계신 하나님으로 여겨야 할 것이다. 그분은 우리를 위해서 전능한 생명의 능력으로 놀라운 일을 이루실 것이며, 그분의 성령으로 우리를 충만하게 하실 것이다. 그가 우리를 위해 준비하고 계신 복은 아브라함에게 베푸셨던 것과 같은 것이지만, 더욱 크고 충만하며 더 놀라운 것이다.

아브라함의 몸이 죽은 것이나 다름 없었을 때, 그리고 그의 아들이 죽음의 제물로 제단에 이미 묶여져 있을 때에도, 하나님은 그에게 생명을 주시는 분으로 오셨다. "그가 믿은 바 하나님은 죽은 자를 살리시는 이시니라. 아브라함은 시험을 받을 때에 믿음으로 이삭을 드렸으니 그가 하나님이 능히 이삭을 죽은 자 가운데서 다시 살리실 줄로 생각한지라." 하나님은 우리에게 오셔서 우리들 속에 거하시는 성령을 통하여 하나님의 생명의 능력으로 영과 혼과 몸을 충만하게 하신다. 우리도 아브라함과 같이 되자. "그가 믿음으로 하나님의 약속을 의심하지 않고 믿음으로 견고하여져서 하나님께 영광을 돌리며 약속하신 그것을 또한 능히 이루실 줄을 확신하였느니라." 약속하신 분을 믿는 믿음으로 우리의 혼을 충만하게 하고, 능히 이행하실 분에게 우리의 마음을 고정시키자.

하나님을 믿는 믿음이, 하나님에게 마음을 열게 하며 그의 거룩한 사역에 기꺼이 복종하고 받아들이게 한다. 하나님은 우리를 그분의 영으로 충만하게 하시기 위해 우리를 기다리신다. 우리도 그를 기다리자. 하나님께서는 그 모든 것을 그분의 거룩한 행동으로 지극히 능력있고 은혜롭게 이루셔야만 한다. 그분을 기다리자. 읽고 생각하는 것, 바라고 간구하는 것, 자신을 성별하고 약속을 붙잡는 것, 성령이 우리 속에 거하신다는 복된 진리를 굳게 잡는 것, 이 모든 것은 그 자체로 좋은 것이지만 복을 가져다주지는 않는다. 한 가지 필요한 것은 살아계신 하나님을 믿는 믿음으로 마음이 충만해지는 것이며, 하나님과 살아있는 교제를 나누고 그의 거룩한 현존 앞에서 기다리고 경배하는 믿음 속에 있는 것이다. 하나님과의 그런 사귐 속에서 마음은 성령으로 충만하게 된다.

우리가 이런 위치에 자리 잡았을 때, 그것을 유지하자. 그러면 우리는, 성령께서 이미 우리에게 다가오셔서 하나님께서 우리를 위해 예비해 놓으신 것을 계시하신 그 분량에서, 성령을 위한 올바른 상태를 갖게 될 것이다.[1] 우리는 성령의 어떤 특별한 현현을 생각하거나 ― 그것에 따라 궁핍을 자각해 왔다 ― 말씀의 약속한 것으로 나아가 우리 안에 계신 성령의 생명에 관한 하나님의 모든 뜻 가운데로 인도함을 받고자 할 때, 겸손하게 의지하는 마음을 유지하면서 어린아이처럼 전적으로 의뢰해야 할 것이다. 우리는 너무나 자주 실패를 맛보았던 긴장과 수고의 삶에서 벗어나야 할 것이다.

그 실패의 원인은 우리가 성령 안에서 하나님을 섬길 때 우리가 느끼고 행하며 또한 행하려 했던 것 가운데 육체에 대한 신뢰를 갖고 있었고 그것을 추구했기 때문이었다. 말씀을 듣거나 하나님께서 우리가 아뢰는 것을 들어주시길 간구할 때, 조용히 묵상하거나 공적 예배를 드릴 때, 하나님을 위해 일하거나 일상적 업무에 종사할 때, 우리의 삶을 깊은 곳에서 떠받치고 있는 것은 다른 모든 신념을 능가하는 확신이어야 할 것이다. "하물며 너희 하늘 아버지께서 구하는 자에게 성령을 주시지 않겠느냐?" 지금까지 주시지 않았는가! 그리고 앞으로도 항상 주시지 않겠는가!

그런 믿음에는 시련이 없지 않을 것이다. 하나님께서 주셨고 믿음으로 받은 이삭의 생명도, 죽은 자 가운데서 살아난 생명인 부활의 예표로 되돌

---

1) 주해 14를 참고하라.

238

려 받기 위하여 죽음에 내어 주어야만 했다. 하나님께서 주시는 성령 역사의 체험은 여러 번 소멸되고, 영혼은 외관상 죽어서 무력한 것처럼 보인다. 이것은 다음과 같은 이중의 교훈을 완전히 깨달을 때까지 그럴 것이다. 그한 가지는 모든 느낌과 체험이 약속에 어긋나는 것처럼 보이는 때라 할지라도 살아 있는 믿음은 살아 계신 하나님 안에서 즐거워한다는 것이며, 또한 가지는 육체의 생명이 죽음에 넘겨졌을 때 하나님의 생명이 들어온다는 것이다. 그리스도의 생명은, 그의 죽음이 우리 안에서 역사할 때 그리고 우리 자신이 연약하고 무가치하다는 것을 깨닫고서 그분을 바라볼 때 우리에게 계시된다. 우리는 믿음을 통하여 약속된 성령을 받는다. 믿음이 더욱 커지고 넓어질수록 약속된 성령을 더욱 충만하고 깊게 받을 것이다. 하나님은 아브라함에게 새롭게 계시하실 때마다 매번 그의 믿음을 더욱 굳세게 하셨으며, 더욱 친밀한 관계를 갖게 하셨다. 아브라함은 하나님께서 가까이 오셨을 때 무엇을 기대해야 할지 알았다.

하나님께서 그의 아들의 죽음을 요구하실 때와 같이 아무리 뜻밖의 상황이라 할지라도 하나님을 신뢰할 줄 알았다. 살아 계신 하나님께서 자신을 계시해 주시길 매일 기다리는 것이 믿음이며, 말씀을 더욱 잘 듣고 더 기꺼이 봉사하는 가운데 하나님과 그분의 현존에 전적으로 맡기는 것이 믿음이다. 하나님께서 자기를 계시하고자 하실 때만 복이 임할 수 있으며, 그분은 항상 자기를 계시하시길 좋아하시기 때문에 복이 확실히 임하리라는 것을 아는 것이 믿음이다. 이런 믿음이 성령의 약속을 받는다.

이런 믿음이 아브라함과 구약의 성도들 가운데 일어나고 굳세어진 것은 하나님의 임재 속에서 이루어진 것이었다. 불신앙이 내어쫓기고 연약한 믿음이 굳세게 된 것은 예수가 지상에 현존하심 가운데 이루어진 것이었다. 믿음으로 오순절의 복을 받은 것은 영광 받으신 분의 임재 가운데 이루어진 것이었다. 하나님의 보좌는 이제 그리스도 안에서 우리에게 열렸다. 그것은 하나님과 어린양의 보좌로서 적합하다. 우리가 겸손히 예배하는 가운데 있으면서 보좌 앞에서 사랑으로 섬기며 행할 때 보좌 아래에서 흘러나오는 생수의 강은 우리 속으로 흘러 들어오고 우리를 통하여 우리 밖으

로 흘러 나갈 것이다. 나를 믿는 자는 성경에 이름과 같이 그 배에서 생수
의 강이 흘러 나오리라.

영원히 송축 받으실 하나님이시여, 당신은 당신의 거룩한 사랑과 능력으
로 당신의 각 자녀들에게 당신 자신을 계시하시며, 우리들 속에 더하시옵
니다. 우리가 간구하오니 우리 속에 믿음을 더하사 그것을 통해 당신을 깨
닫고 받아들이게 하소서. 당신이 전능하신 하나님으로서 임하시거나, 구속
하시는 하나님으로 임하시거나, 내주하시는 하나님으로 임하시거나, 당신
은 항상 믿음을 찾으시오며, 우리는 믿는 대로 받사옵니다. 아버지시여, 우
리가 가진 믿음의 양만큼 성령을 소유한다는 것을 우리가 확실히 알게 하
소서.

거룩하신 우리 아버지시여, 당신께 맡긴 영혼 속에 믿음을 일으키는 것
은 당신의 임재하심이라는 것을 우리가 압니다. 우리가 간구하오니, 당신
의 거룩한 임재 속으로 우리를 불가항력적으로 이끄시고, 거기서 기다리게
하소서. 우리가 전심으로 당신의 거룩한 영광을 바라며, 우리의 마음을 온
전히 비워서 내주하시는 그리스도를 나타내시는 성령의 계시를 받도록, 우
리를 세상과 육체의 무서운 유혹으로부터 건지소서. 우리는 당신의 말씀을
받아 우리 속에 풍성하게 거하게 하기를 원합니다. 우리는 고요한 마음으
로 잠잠히 하나님을 기다리길 원하오며, 아버지께서 우리 속에 성령을 허
락하셨고 은밀히 역사하시어 아들을 계시하고자 하심을 신뢰하며 믿기를
원하옵니다. 하나님, 우리는 믿음의 삶을 살아갑니다. 우리는 성령을 믿사
옵니다. 아멘.

요 약

1. 믿음은 하나님을 기쁘시게 하는 단 한 가지의 것이다. 그리스도 예수
안에서 하나님이 받으실 만한 모든 예배와 사역에서, 우리가 하나님을 기
쁘시게 하고 있다는 증언을 얻는 것은 믿음이다. 왜 그런가? 믿음은 자아

를 넘어서서 하나님 한 분에게만 영광을 돌리고, 하나님의 아들만 바라보며, 하나님의 영을 받아들이기 때문이다. 믿음은 하나님의 말씀과 약속이 참되다는 분명한 확신에 불과한 것이 아니라 — 이런 확신은 심지어 육체의 능력 속에도 있을 수 있다 — 사람의 마음이 가진 영적인 기관으로서, 그것을 통하여 마음은 살아 계신 하나님을 기다리고, 그분의 음성을 들으며, 그분께로부터 말씀을 받으며, 그분과 교제한다. 이러한 마음의 습성이 성숙하고 우리가 삶 전체를 믿음으로 살아가게 될 때, 성령께서 충만하게 들어오시고 거리낌 없이 흐르실 수 있다. 나를 믿는 자는 성경에 이름과 같이 그 배에서 생수의 강이 흘러 나오리라.

2. "성령이 썩지 않을 씨로 불리는 것은, 그분이 결실을 얻는 힘으로서 말씀을 통하여 마음 속에 뿌려지시기 때문이다(벧전 1:23). 말씀은 유형적인 씨앗이지만 성령은 실질적인 씨앗이시다" — 굿윈 (Goodwin)

3. 당신은 성령의 능력이 당신으로 하여금 예수를 바라보게 하고, 또 예수를 죄로부터 늘 구원하시는 구주로 계시하시기를 갈망한다. "믿기만 하라." 묵상과 믿음의 고요한 행동으로 매일을 시작하라. 잠잠히 신뢰하며 내면으로 돌이켜서, 성령께서 하시는 일을 살피지 말고, 은밀하게 내주하시는 그분께 당신의 영을 맡기라. 겸손하게 다음과 같이 말씀드리라: "나는 하나님 나라와 영원한 생명의 작고 감추어진 씨앗이신 당신을 내 안에 가지고 있습니다. 나는 살아 있는 말씀의 씨앗, 하나님의 씨앗을 내 속에서 찾았습니다. 나는 이제 그 씨앗이 어디에 있는지 압니다." 두려움과 떨림으로 하나님 앞에 엎드리라. 그분이 당신 안에서 역사하시기 때문이다. 하나님 앞에서 믿음을 통하여 내가 오늘 내 안에 성령을 소유하고 있다는 사실을 신뢰하고 충만하게 자각할 수 있도록 시간을 가지라.

4. "이는 하나님의 씨가 그의 속에 거함이요 그도 범죄하지 못하는 것은 하나님께로부터 났음이라." 성령이 우리 속에 계시며, 그분은 효과적으로 거하셔서 우리를 범죄에서 멀어지도록 아버지께서 허락하시리라는 믿음의 능력으로써 일상적 삶으로 나아가라. 자주 멈추어서 거룩하게 자신을 살피고, 우리가 하나님의 성전임을 알고 성령께서 우리를 일깨우시도록 하라.

거룩한 떨림 가운데 말하라. "나는 내 안에 하나님의 생명의 살아 있는 씨앗을 품고 있다."

5. 각 신자가 이 믿음의 삶으로 들어가 그 안에서 행할 때, 성령께서 모든 육체 위에 내리시도록 능력 있는 기도를 할 수 있을 것이다.

제 28 장

성령을 따라 행함

너희는 성령을 따라 행하라, 그리하면 육체의 욕심을 이루지 아니하리라
··· 그리스도 예수의 사람들은 육체와 함께 그 정욕과 욕심을 십자가에
못 박았느니라. 만일 우리가 성령으로 살면 또한 성령으로 행할지니(갈
5:16, 24-25).

"만일 우리가 성령으로 살면 성령으로 행할지니." 이 말씀은 우리에게
병약한 그리스도인의 삶과 건강한 그리스도인의 삶의 차이를 아주 분명하
게 제시한다. 전자의 경우에 그리스도인은 성령으로 사는 것으로 흡족해
하고, 새 생명을 소유하고 있음을 아는 것으로 만족하지만, 성령으로 행하
지는 않는다. 그 반면에, 참된 그리스도인은 그의 모든 언행을 성령의 능력
안에 두어야만 만족한다. 그는 성령을 따라 행하며, 그러므로 육체의 정욕
을 이루지 않는다.

그리스도인이 모든 일에 하나님께 합당하게 행하고 그를 기쁘시게 하고
자 애쓸 때, 때로는 죄의 권세로 인해 큰 곤란을 겪으며, 죄의 권세를 이기
는 데 자주 실패하는 이유를 찾게 된다. 그는 으례 그것이 믿음과 신실함
의 부족이나 천성적 연약함 또는 사탄의 강한 권세로 말미암은 것이라고
느낀다. 그러나 그는 이런 대답에 만족하고 있어서는 안된다! 그리스도께
서 건져 주시겠다고 보증하셨음에도 이 모든 것들이 왜 여전히 우리를 억

누르고 있는지, 급히 더욱 근본적인 원인을 찾아내는 것이 좋을 것이다. 그리스도인의 삶의 가장 깊은 비밀 가운데 하나는 하나님의 성령께서 다스리지 못하게 막는 유일한 큰 권세는 육체라는 것을 아는 지식이다. 육체가 어떤 것인지 아는 사람, 육체가 어떻게 역사하며 그것을 어떻게 다루어야 하는지 아는 사람이 승리자가 될 것이다.

우리는 갈라디아 사람들이 불행히도 실패했던 것이 이를 깨닫지 못하였기 때문이었음을 알고 있다. 그들이 성령으로 시작했던 것을 육체로 마치려 했던 것이 바로 이 문제였다(3:3). 또한 그들이 육체의 모양을 내려 하는 자들의 먹이가 되어 육체를 자랑하게 되었던 것도 이 문제였다(6:12-13). 그들은 육체가 구제할 수 없을 만큼 부패했다는 것을 알지 못했다. 우리의 육체가 자신의 정욕을 채우려 할 때 얼마나 죄악된 것인지, 우리의 육체가 육체의 모양을 내려 할 때 얼마나 죄악된 것인지 그들은 알지 못했다. 또 육체는 외견상 하나님을 섬기는 데 헌신하면서, 성령이 시작하신 것을 육체로 마치게 한다는 것도 그들은 알지 못했다. 그들이 이것을 알지 못했기 때문에 육체의 열정과 정욕을 제어할 수 없었고, 그것들이 그들을 이기므로 그들은 원치 않는 것을 행하게 되었다. 그들은 육체 즉, 자기 노력과 자기 의지가 하나님을 섬기는데 영향을 미치는 한, 육체는 강하게 남아서 죄를 섬긴다는 것과, 육체를 무능력하게 하여 악을 행치 못하게 하는 유일한 방법은 선을 행하려는 시도를 무력하게 하는 것임을 깨닫지 못했다.

바울이 이 서신을 쓴 것은 하나님을 섬기기도 하고 죄를 섬기기도 하는 육체에 대해서 하나님의 진리를 밝히기 위한 것이었다. 바울은 성령이, 오직 성령만이, 그리스도인의 생명의 능력이라는 것을 가르치는 동시에, 육체가 무엇을 의도하건 간에 그것을 전적으로 완전히 폐기하지 않으면 성령이 생명의 능력이 될 수 없다는 것을 가르치고자 했다. 육체를 전적으로 폐기하는 것이 어떻게 가능한가 하는 질문에 대해서 그는 하나님의 계시에 있는 중심 사상 중 하나를 놀라운 대답으로 제시한다. 그리스도께서 십자가에 못 박혀 죽으신 것은 죄를 대속하기 위한 계시일 뿐만 아니라 육체에 뿌리박은 죄의 실제적 지배로부터 해방하는 능력의 계시이다. 바울은 성령으로 행함에 대해 가르칠 때(16-26절), 그리스도 예수의 사람들은 육체와 함께 그 정욕과 욕심을 십자가에 못 박았다고 말하면서 육체로부터 건짐을 받을 수 있는 유일한 길을 알려 준다. "육체와 함께 십자가에 못 박았느니라" 하는 말씀을 이해하고 그것을 체험하는 것이 육체를 따라 행치 않고 성령을 따라 행하는 비결이다. 성령을 따라 행하길 원하는 사람이라면 누구나 그 의미를 이해해야 한다.

육체 — 성경에서 이 표현은 죄의 권세에 속한 현상태의 인간성 전체를 뜻한다. 그것은 우리의 모든 존재 즉, 영과 혼과 몸을 포함한다. 타락 이후에 하나님은 '사람이 육체가 됨이라' 하고 말씀하셨다(창 6:3). 사람의 모든 능력 즉 지, 정, 의 — 이 모든 것은 육체의 능력과 욕심에 대해 말한다. 성경은 우리의 육체에는 아무 선한 것도 거하지 않으며 육의 생각은 하나님과 원수가 된다고 말한다. 이런 점에서 성경은 육체에 속한 것 즉, 육적인 정신이나 의지로 생각하고 행하는 것은 그것이 아무리 훌륭해 보이고 사람들이 아무리 그것을 자랑한다 해도 하나님 보시기에는 아무것도 아니라고 가르친다. 성경은 우리에게 믿음에서 가장 위험한 것이며 또 우리의 연약함과 실패의 원인이 되는 것은 육체 곧, 육체의 지혜와 행위를 신뢰하는 것이라고 경계한다. 성경은, 하나님을 기쁘시게 하려면 자기의지와 자기노력을 지닌 육체를 완전히 버리고 다른 것 즉, 하나님의 성령으로 대체해야만 하며, 육체의 권세에서 해방되어 그 권세를 내쫓아버리는 유일한 길은 육체를 십자가에 못 박아 죽게 해야 한다고 말한다.

그리스도 예수의 사람들은 육체와 함께 '십자가에 못 박았느니라.' 사람들은 육체를 십자가에 못 박는 것이 이루어져야만 할 일이라고 흔히 이야기한다. 성경은 언제나 그것을 이루어진 일, 즉 완성된 사실로 이야기 한다. 이것을 알진대 우리의 옛 사람은 그와 함께 '십자가에 못박혔느니라.' 그리스도 예수의 사람들은 육체와 함께 '십자가에 못박았느니라.' 우리 주 예수 그리스도의 십자가로 말미암아 세상이 나를 대하여 '십자가에 못 박히고' 내가 또한 세상을 대하여 그러하니라. 그리스도께서 영원하신 성령

을 통하여 십자가 위에서 이루신 것은 그분이 한 개인으로서 행하신 것이
아니라 인류의 머리로서 그가 짊어지신 인간성의 이름으로 행하신 것이다.
그리스도를 십자가에 못 박히신 분으로서 영접하고, 십자가에 못 박히신
그분의 공로뿐만 아니라 그의 능력을 받는 사람은 누구든지 그리스도와
연합하여 하나가 되며, 지적이고도 자발적으로 그 동일함을 깨닫고 유지하
도록 요청 받는다. 그리스도 예수의 사람들은 십자가에 못 박히신 그리스
도를 자기들의 생명으로 받아들임으로써 자기들의 육체를 지금 하늘에 계
신 그리스도의 인격과 성품의 본질인 십자가에 넘겨 주게 되었다. 그들은
육체와 함께 그 정욕과 욕심을 십자가에 못 박았다.[1]

　하지만 그들이 육체를 '십자가에 못박았다'는 말씀은 무엇을 의미하는
가? 어떤 사람들은 육체 위에 있던 저주를 십자가가 제거한다는 일반적인
진리로 만족한다. 다른 사람들은 자신들이 육체에 괴로움과 고난을 부과해
야만 하고, 또 육체를 부인하고 그것을 죽여야 한다고 생각한다. 또 다른
사람들은 십자가를 생각함으로 발휘될 도덕적 감화력에 대해 생각한다. 이
런 각각의 관점들 속에는 진실한 요소가 있다. 그러나 그것들을 능력 있게
구현하려고 한다면 다음의 근본적인 것을 생각해야 한다: 즉, 육체를 십자
가에 못박는 것은 그것을 저주에 넘겨주는 것이다. 십자가와 저주는 분리
할 수 없다(신 21:23; 갈 3:13). 우리의 옛 사람이 그와 함께 십자가에
못 박혔다 그리고 내가 그리스도와 함께 십자가에 못 박혔다고 말하는 것
은 대단히 엄숙하고 두려운 것을 의미한다. 그것은 다음과 같은 의미이다.
나는 나의 옛 성품, 내 자신이 저주 받아 마땅하며, 죽음에 의하지 않고는
그것을 없앨 수 없다는 것을 알았다. 나는 기꺼이 그것을 죽음에 내어준다.
나는 그리스도를 내 생명으로 영접한다. 그분은 그분 자신 곧 자기 육체를
저주 받은 십자가의 죽음에 내어주기 위해 오셨다. 그분은 그 죽으심 때문

---

1) 홉킨스(E. H. Hopkins) 목사는 자신의 저서 『성령의 생명 안에 있는 자유의
법』(*The Law of Liberty in the Spiritual Life*)에서 믿음의 삶에 대하여 분명하고도
성경적으로 훌륭하게 설명한다. 그리스도의 죽으심에 따르는 것과 갈등에 관한 장들
은 육체와 성령에 대한 신자의 관계를 올바르게 이해하는 데 매우 유용하다.

에 새 생명을 받으셨다. 나는 내 옛 사람 곧, 나의 육체를 그 모든 의지와 사역과 더불어 죄악되고 저주받은 것으로서 십자가에 넘겨준다. 그것은 거기에 못 박힌다 — 그리스도 안에서 나는 육체에 대하여 죽는다. 그리고 그것으로부터 해방된다.

이 진리의 능력은 그것을 알고 받아들이며 그것에 따라 행할 때 체험할 수 있는 것이다. 내가 십자가의 대속만을 알고, 바울이 자랑으로 여기는 바, 십자가의 교제를 알지 못한다면(갈 6:14), 그 거룩하게 하는 능력을 결코 체험하지 못할 것이다. 내가 십자가의 교제에 대한 복된 진리를 알 때, 믿음으로 예수와 영적으로 교제하고 그 안에서 사는 법을 알게 될 것이다. 그분은 나의 머리이시며 인도자로서 십자가를 보좌에 이르는 유일한 사닥다리로 만드셨고 또 보여 주셨다. 믿음으로 지속되는 이 영적 연합은 도덕적인 것이 된다. 나는 그리스도 예수 안에 있던 것과 똑같은 마음과 자세를 갖고 있다. 나는, 육체가 죄 많은 것으로서 오로지 저주 받을 수밖에 없는 것이라고 여긴다. 나는 자아의 권세로부터 해방되고, 그리스도의 영으로 말미암아 새로운 삶을 살아갈 단 하나의 길로서, 육체에 대한 죽음과 함께 예수 안에서 내게 주어진 십자가를 받아들인다.

그 길 안에서 십자가의 능력에 대한 믿음이 계시되고 동시에 육체의 저주와 능력이 제거되는데, 그것은 매우 단순면서도 심오한 길이다. 나는 성령으로 사는 데에 유일한 위험은 육체와 자아를 따라 하나님을 섬기려 하는 것임을 이해하기 시작한다. 나는 그것이 그리스도의 십자가의 효력을 가로막는 것임을 안다(고전 1:17; 갈 3:3; 5:12-13; 빌 3:3-4; 골 2:18-23). 나는 인간과 본성, 율법과 인간적 노력에 속한 모든 것이 갈보리에서 영원토록 하나님의 심판을 받았음을 안다. 거기서 육체는 자신의 지혜와 자신의 경건으로 하나님의 아들을 미워하고 배척했음을 나타내 보였다. 거기서 하나님은 육체에서 해방될 유일한 길은 그것을 저주받은 것으로서 죽음에 내어주는 것임을 입증하셨다. 내게 단 한 가지 필요한 것은 하나님이 바라보시는 그대로 육체를 바라보는 것임을 나는 깨닫기 시작한다. 그것은 즉, 내 안의 육체에 속한 모든 것에 대해 십자가가 가져다주는 사망

증명서를 인정하고 육체와 거기서 오는 모든 것을 저주받은 것으로 간주하는 것이다. 마음의 습성이 자라날수록 나는 자신만큼 두려워할 것이 없음을 알게 된다. 나는 육체 곧, 내 본성적인 마음과 의지가 성령의 자리를 빼앗을까봐 두려워한다. 그 저주받은 육체가 마치 광명의 천사인 양 지성소 속으로 침입하여 그리스도의 영이 아닌 본성의 능력으로 하나님을 섬기도록 나를 미혹하려고 항상 채비하고 있다는 것을 의식할 때 나는 그리스도를 향하여 겸손히 두려워하는 자세를 갖게 된다. 그렇게 겸손히 두려워하는 가운데 신자는 한때 육체의 자리였던 곳을 전적으로 차지하실 성령이 필요할 뿐 아니라 또한 공급받는다는 것을 온전하게 믿도록 가르침을 받으며, 또 "내가 세상을 대하여 십자가에 못박혔느니라" 하고 말할 수 있는 바로 그 십자가를 자랑하도록 가르침 받는다.

우리는 종종 그리스도인의 삶 속에서 실패의 원인을 찾는다 우리는 갈라디아 사람들이 이해하지 못했던 것 즉, 오직 믿음으로만 의롭게 된다는 것에 대해 정통하기 때문에, 흔히 그들의 위험은 우리와는 상관없는 것이라고 생각한다. 오, 그러나 우리가 육체로 하여금 우리의 경건 속에서 어느 정도까지 역사하도록 허락해 왔는지 알기를! 그것이 우리의 가장 가증스런 원수이며 또한 그리스도의 원수임을 인식할 수 있도록 하나님께 은혜를 간구하자. 값없이 주시는 은혜란 죄의 용서를 의미할 뿐 아니라 성령으로 말미암은 새 생명의 능력을 의미한다. 육체와 그것에서 나오는 모든 것에 대한 하나님의 말씀에 동의하자. 육체는 죄로 가득한 것이며, 정죄당한 것이며, 저주받은 것이다. 은밀한 육체의 역사만큼 두려운 것이 없음을 기억하자. "내 육신에 선한 것이 거하지 아니하노니 … 육신의 생각은 하나님과 원수가 되나니 …"라고 하신 하나님의 말씀의 가르침을 받아들이자. 우리가 모든 일에 하나님을 기쁘시게 하려면 성령께서 우리를 완전히 소유하셔야만 함을 하나님께서 우리에게 계시하시도록 간구하자. 우리가 날마다 십자가를 자랑하고 기도와 순종 가운데 육체를 십자가에 죽도록 내어줄 때, 그리스도께서 우리의 굴복을 받아들이시며 그의 거룩한 능력으로 우리 속에서 성령의 생명을 능력으로 유지하시리라는 것을 믿어야 할 것이다. 우리는 성령으로 사는 법을 배울 뿐 아니라, 육체를 십자가에 못 박음으로써 육체의 능력에서 해방되고 믿음으로 그것을 보존하면서 일상사에서 성령을 따라 행하는 법을 배울 것이다.

송축 받으실 하나님, 당신께 간구하오니 당신의 말씀이 내게 가르치신 바, 내가 육체와 함께 그 정욕과 탐심을 십자가 못박은 사람이 될 때, 성령을 따라 행할 수 있다는 진리의 온전한 뜻을 계시하소서.

내 아버지여, 나를 가르치사, 본성적인 것들과 자아로부터 온 것들은 모두 육체로 말미암은 것들이라는 것과 당신은 육체를 시험하사 그것이 쓸모없고 허무하며 다만 저주와 죽음에나 어울릴 뿐이라는 것을 알게 하소서. 나도 또한 그 권세를 저주 받은 것으로서 십자가에 못 박도록 내 주 예수께서 길을 인도하셨고 당신의 공의로운 저주를 받아들이셨음을 가르치소서. 나로 하여금 육체가 성령의 역사를 방해하고 그분을 슬프시게 하는 것을 용인하지 않도록 은혜를 베푸사 날마다 당신 앞에서 크게 두려워하게 하소서. 또한 참으로 내 생명이 되게 하시며 내 모든 존재를 나의 찬양 받으실 주님의 죽으심과 사심의 능력으로 채우게 하시고자 성령을 주셨음을 내게 가르치소서.

송축 받으실 주 예수여, 당신은 우리 안에 당신의 임재와 구원의 능력을 끊임없이 누리게 하시고자 당신의 성령을 주신 분이시오니, 내 모든 삶이 오직 성령의 인도하심을 받도록 나 자신을 당신께 전적으로 바칩니다. 내가 내 온 마음을 다하여 갈망하는 것은 육체를 십자가에 못 박히는 것이요 저주 받은 것으로 여기는 것입니다. 내가 십자가에 못 박힌 자로 살기로 엄숙히 동의합니다. 구주여, 나의 굴복을 받아 주시니, 내가 오늘도 성령을 따라 행하도록 당신이 지켜 주실 것을 믿사옵니다. 아멘.

요 약

1. 그리스도의 사심의 능력은 그분의 죽으심의 능력과 별도로 내 안에

서 역사할 수 없다. 그분의 죽으심만이 육체와 본성적 생명을 효과적으로 제어하고, 새로운 생명이신 성령을 위한 길을 낸다. 우리는 육체가 완전히 죽어야만 한다는 것과, 또 성령께서 당신 안에 그리스도의 생명을 계시하시려면 그분이 당신 자아의 생명을 실제로 완전히 추방하셔야만 한다는 것을 알기 위해 기도해야만 한다.

2. 많은 사람들은 육체 즉, 자연인을 일컬어 저주받은 것인 자아의 생명이라고 칭하는 것을 두고 이해하기 어려운 말이라고 할 것이다. 십자가 주변을 꽃으로 장식하고 십자가에 대해서 수많은 아름다운 말을 하기는 쉽다. 그러나 하나님이 말씀하시는 것은 바로 이것 즉, 십자가는 저주라는 것이다. 하나님의 아들이 십자가 위에서 저주를 받은 바 되었다. 만약 내 육체가 십자가에 못 박힌다면 그것은 오로지 저주를 받았기 때문이다. 죄가 저주 받은 바 된 것을 알게 될 때는 인생의 복된 순간이다. 하나님께서 사람에게 육체가 얼마나 저주 받은 것인지 그리고 그가 그것을 얼마나 소중히 여겨왔고, 그것을 위해 얼마나 성령을 슬프게 만들었는지 보여 주시는 것은 더욱 복된 일이다.

3. 육체와 성령은 두 가지 권세이다. 어느 쪽이든 그 다스림 아래에서 모든 행위가 행해진다. 우리의 모든 발걸음이 성령을 따라서 성령을 통하여 걸어가는 것이 되게 하자.

4. 죽으심을 통하여 그리스도께서는 성령을 받고 또 내려 주시는 그 영광에 이르렀다. 생명, 그곳에서 성령의 능력이 계시되는 주된 원리는 육체에 대하여 죽는 것이다.

5. "그리하여 교회가 평안하여 든든히 서 가고 주를 경외함과 성령의 위로로 진행하여 수가 더 많아지니라." 거룩한 내적 현존 앞에 겸손하게 심히 두려워하고, 그분 대신 자아의 말을 듣지 않으려고 애쓰는 것은 성령의 위로 속에 행하는 한 가지 비밀이다. "항상 여호와를 경외하라."

제 29 장

사랑의 성령

오직 성령의 열매는 사랑과 (갈 5:22).

형제들아 내가 우리 주 예수 그리스도와 성령의 사랑으로 말미암아 너희를 권하노니(롬 15:30).

성령 안에서 너희 사랑을 우리에게 알린 자니라 (골 1:8).

이 장에서 우리가 다루는 주제는 내적 성소의 바로 그 중심부로 우리를 이끌고 간다. 우리는 성령의 사랑에 대해서 생각하게 될 것이다. 우리는 사랑이 성령의 은사들 가운데 하나에 불과하거나 혹은 그 가운데 제일가는 것에 불과한 것이 아니라, 성령이 곧 하나님의 사랑 그 자체로서 내려오시어 우리 안에 거하신다는 것과 우리는 사랑을 소유한 정도만큼만 성령을 소유하고 있다는 것을 배워야만 한다.

하나님은 영이시다. 하나님은 사랑이시다. 이 두 말씀 속에는 성경이 인간의 언어로 이른바 하나님의 정의라고 부를 수 있는 것을 우리에게 제시하려고 하는 단 하나의 시도가 있다.[1] 하나님은 영으로서 자기 속에 생명을 가지고 계시고, 주위의 모든 것으로부터 자유로우시며, 자기 생명으로

---

1) 이 같은 부류로서 세 번째 것인, '하나님은 빛이시다' 라는 표현은 비유적인 것이다.

만물 속으로 꿰뚫고 들어가 자기 자신을 그것에게 전하는 능력을 가지고
계신다. 하나님께서는 성령을 통해서 영들의 아버지가 되시고, 창조의 하
나님이 되시며, 사람의 하나님이요 구속자가 되신다. 만물은 하나님의 영
에게서 생명을 받는다. 그리고 이것은 하나님이 사랑이시기 때문이다. 아
버지께서 자기가 가진 모든 것을 아들에게 주시고 아들이 그가 갖고 있는
모든 것을 아버지 안에서 구하는 것에서 볼 수 있듯이, 하나님은 그 자신
이 사랑이시다.

아버지와 아들 사이에 있는 이 사랑의 생명 안에서 성령은 교제의 줄이
시다. 아버지는 사랑하시는 분 즉, 사랑의 원천이시다. 아들은 사랑 받으시
는 분 즉, 늘 사랑을 받으시고 늘 되돌려 주시는 사랑의 위대한 저장고이
시다. 성령은 그들을 하나로 만드시는 살아 계신 사랑이시다. 그분 안에서
하나님의 사랑의 생명이 끊임 없이 흘러 넘친다. 아버지께서 아들을 사랑
하신 바로 그 사랑이 우리에게 머물며 또한 우리를 충만하게 하려는 것이
다. 이 하나님의 사랑은 성령을 통해서 우리에게 계시되고 전달된다. 예수
안에 계셨던 성령께서 예수를 사랑의 사역으로 이끄셨고, 예수는 그 사역
을 위하여 기름부음 받으셔서, 가난한 자에게 기쁜 소식을, 포로된 자에게
자유를 선포하셨다. 마찬가지로 그 동일한 성령을 통해서 그분은 우리를
위해 자신을 희생으로 드리셨다. 성령은 하나님과 예수의 모든 사랑을 가
지고 우리에게 오신다. 성령은 하나님의 사랑이시다.

그리고 그 성령이 우리에게 들어오셔서 첫 번째로 행하시는 사역은 우
리에게 주신 성령으로 말미암아 하나님의 사랑이 우리 마음에 부은 바 되
도록 하시는 것이다. 성령이 베푸시는 것은 믿음이나 하나님의 크신 사랑
에 대한 체험뿐만 아니라 그보다 훨씬 더 영광스런 것이다. 하나님의 사랑
은 영적 실재이자 살아있는 능력으로서 우리 마음에 들어온다. 그럴 수밖
에 없다. 왜냐하면 하나님의 사랑은 성령 안에 존재하며, 성령이 흘러 넘치
는 것은 사랑이 흘러 들어오는 것이기 때문이다. 이제 이 사랑이 마음을
소유한다 ― 하나님께서 예수와 우리 그리고 모든 자녀들을 사랑하신 바
로 그 동일한 사랑, 그분이 온 세상에 넘쳐 흐르게 하신 바로 그 동일한

사랑이 우리 속에 있다. 그리고 우리가 그 사랑을 알고 신뢰하고 그 사랑에 내어 맡긴다면 그것은 또한 우리에게 사랑의 삶을 살게 하는 능력이 될 것이다. 성령은 하나님의 생명이시다. 우리 안에 계신 성령은 우리 속에 거처를 정하신 하나님의 사랑이시다.

성령과 하나님의 사랑의 관계는 그러한 것이다. 이제 우리의 영과 사랑의 관계를 생각해 보자. 우리는 여기서 다시 사람의 삼중적 본성에 대해 언급해야 한다 — 창조시에 구축되었지만 타락으로 인해 무너지고 만 몸과 혼과 영을 말한다![2] 우리는 자의식의 자리인 혼이 신의식의 터전인 영의 지배를 받아야 했음을 알고 있다. 또한 죄란 단지 자기주장이라는 것, 혼이 영의 다스림을 거부하고 육체의 욕심을 만족시키고자 하는 것임을 알고 있다. 죄의 열매가 곧 자아이며, 자아는 영 안에서 혼의 보좌에 올라 하나님 대신에 지배한다. 이리하여 이기심이 인간 삶을 지배하는 권세가 된다.

하나님의 권리를 거부한 자아는 동시에 동료 인간의 정당한 권리를 거부하며, 죄에 대한 세상의 끔찍한 이야기는 자아의 기원과 성장, 그 능력과 지배의 역사일 뿐이다. 오직 원래의 질서가 회복되고, 혼은 영이 요구하는 우선권을 내어주며, 자기를 부인함으로써 하나님을 위해 자리를 마련할 때에야, 이기심이 정복되고 형제자매를 향한 사랑이 하나님을 향한 우리의 사랑으로부터 흘러 나올 것이다. 바꾸어 말하면, 새롭게 된 영이 하나님의 성령과 그의 사랑의 거처가 되며 거듭난 사람이 성령께서 다스리시도록 자신을 맡길 때 그 사랑은 다시 우리의 생명과 기쁨이 될 것이다. 여기서 주님은 모든 제자들에게 자기를 부인하고 나를 따르라고 말씀하신다. 많은 사람들이 사랑의 삶을 사신 예수를 따르려 했지만 헛된 일이다. 그들이 그것을 해낼 수 없었던 것은 불가결한 자기부인을 소홀히 했기 때문이다. 자아가 예수를 따를 때는 언제나 실패하고 만다. 왜냐하면 자아는 예수가 사랑하시는 것처럼 사랑할 수 없기 때문이다.

2) 주해 3을 참고하라.

우리가 이것을 이해한다면 예수의 요구이자 또한 세상의 요구 즉, 우리는 사랑으로 제자직의 증거를 삼아야 한다는 것을 기꺼이 인정하게 될 것이다. 우리가 겪은 변화가 그토록 거룩한 것이었으며, 자아와 죄의 능력으로부터의 해방이 그토록 완벽한 것이었고, 하나님의 사랑의 영의 내주하심이 그토록 실제적이고 참된 것이었으며, 또한 우리의 삶을 위해 공급된 것이 그토록 충분한 것이었다면, 모든 신자의 새로운 삶 가운데서 사랑 즉, 율법의 완성으로서 새 계명이 자연스럽게 흘러 넘쳐야 한다. 그렇게 되지 않는다면 그것은 신자들이 성령을 따라 행하고 참으로 신령한 사람이 되라는 그들의 소명을 제대로 이해하지 못하고 있다는 또 하나의 증거가 될 뿐이다. 우리들 자신이나 우리 주변에 있는 사람들이 끊임없이 만들어내는 온갖 불평, 제어하지 못하는 분노, 이기심, 가혹한 판단, 무례한 말, 그리스도를 닮은 온유함과 인내와 관대함의 결여, 혹은 대다수의 그리스도인들이 그들 주변에 있는 죽어가는 자들을 위해 자기희생적으로 행하지 않는 것 등 — 이 모든 것들은 그리스도인이 된다는 것이 곧 그리스도의 영을 소유함을 의미한다는 것을 우리가 아직도 이해하지 못하고 있다는 단적인 증거이다. 그것은 그리스도의 성령과 그의 사랑을 소유하며 성령을 통하여 생수의 강에서 솟구쳐 흐르는 사랑의 샘이 되었다는 것을 의미한다. 우리가 성령께서 무엇을 하시고자 우리들 속에 계시는지 알지 못하는 것은, 주님께서 성령을 우리들 속에 두신 의도대로 성령을 받아들이지 않았기 때문이다. 우리는 영적이라기보다 육적이다.

고린도 사람들의 경우가 이와 같았다. 우리는 그들에게서 한 교회의 두드러진 현상으로서, 그리스도 안에서 모든 일 곧 모든 언변과 모든 지식에 풍족하고, 모든 은사에 부족함이 없고, 믿음과 말과 지식에 풍성하지만, 애석하게도 사랑이 부족한 것을 본다. 이 슬픈 광경은 성령이 처음 역사하실 때 혼과 지식과 믿음과 구변의 자연적 능력이 큰 영향을 받는다 해도 자아는 완전히 굴복하지 않을 수 있음을 우리에게 가르쳐 주며, 그리하여 성령의 많은 은사가 나타난다 하더라도 모든 은사들 가운데 으뜸가는 사랑은 거의 나타나지 않을 수도 있음을 가르친다. 이것은 어떻게 참으로 신령하게 될 수 있는지 우리에게 가르쳐 준다. 성령께서 혼의 재능을 붙드시고 그것들을 일깨우셔서 하나님을 섬기는 데 사용하시는 것으로는 불충분하다. 그 이상의 것이 요구된다.

성령이 혼에 들어오시는 것은 그것을 통하여 성령께서 혼과 영 모두를 확고히 온전하게 지배하시기 위한 것이며 또한 자아를 폐함으로써 하나님이 통치하시기 위한 것이다. 그리고 자아가 폐기되고 하나님이 통치하시는 표지는 사랑이 될 것이다 — 사랑, 성령의 사랑 안에 있는 생명을 제외하고 어느 것도 생명으로 여기지 아니하는 굴복과 능력이 그 표지가 될 것이다.

갈라디아 사람들의 상태도 거의 다를 바 없었으니, 성령의 열매는 사랑이라고 한 말씀은 그들에게 전해진 것이다. 그들의 과실은 은사와 지식을 뽐내는 고린도 사람들과 같지 않았다 해도, 육체에 속한 관습과 규례를 추구하고 신뢰하는 것이었으며, 그 둘의 결과는 같은 것이었다. 즉, 성령의 다스림이 사랑의 내적 생명 속에 전적으로 받아들여지지 않으므로 말미암아 육체가 그들 안에서 다스렸고 괴로움과 질투와 미움을 야기하였던 것이다. 오늘날까지도 그것은 그리스도의 교회라는 이름을 지닌 곳에 여전히 많이 남아 있다. 한편에는 은사와 지식, 건전한 교리와 진지한 노력에 대한 신뢰가, 다른 한편에는 형식과 예전에 대한 만족이 그리스도와 함께 십자가에 못 박히지 않은 채 육체에 왕성한 힘으로 남아 있어서, 성령은 참된 성결이나 혹은 그리스도의 사랑의 능력 안에 있는 생명을 자유로이 이루실 수 없다. 이 교훈을 배우자. 그리고 하나님께서 자기 백성들에게 그것을 가르쳐 주셔서, 성령을 소유하고 있다고 고백하는 교회나 그리스도인이 먼저 그리스도를 닮은 사랑을 나타냄으로써 그것을 반드시 증명하도록 열심으로 하나님께 간구하자. 부당한 것을 참아내는 온유함과 그 부당한 것을 압도하는 자기희생의 삶으로 — 악한 권세 아래 있는 자들을 모두 구원하기 위하여 — 그리스도의 생명이 그의 지체 속에서 되풀이 되어야만 한다. 참으로 성령은 우리에게 임재하시는 하나님의 사랑이시다.

이런 면에서 이 진리는 엄중하고 신성한 것인 반면에, 또 다른 면에서 위로를 주고 용기를 북돋우는 것이다. 성령은 우리에게 임재하시는 하나님의 사랑이다. 그리고 우리는 그 사랑을 우리가 닿을 수 있는 곳에 갖고 있다. 그것은 진실로 우리들 속에 거하고 있다. 우리가 믿음으로 성령의 인치심을 받던 날 이후로, 하나님의 사랑은 우리 마음 속에 두루 부어졌다. 우리에게 주신 성령으로 말미암아 하나님의 사랑이 우리 마음에 부은 바 되었다. 우리의 삶 속에서 하나님의 사랑을 깨달을 만한 것이 거의 없다 할지라도, 우리들 자신이 그것을 거의 느끼지 못하거나 깨닫지 못한다 할지라도, 그 복이 인식되지 않는다 할지라도 하나님의 사랑은 임재한다. 성령과 함께 하나님의 사랑은 우리 마음 속으로 임재한다. 그 둘은 분리될 수 없다. 그리고 우리가 나아가 이 복을 체험하고자 한다면 말씀 안에서 아주 순전한 믿음으로써 출발해야 한다. 말씀은 성령의 영감으로 된 것이며, 성령께서 그분의 임재와 사역을 계시하시도록 거룩하게 예비된 기관이다. 우리가 말씀을 하나님의 진리로 받아들일 때 성령은 그것을 우리 안에서 진리가 되게 하신다. 하나님의 모든 사랑을 소유하시고 우리에게 전해 주시는 분이신 성령께서 우리가 하나님의 자녀가 된 이후로 항상 그 모든 사랑을 가지시고 우리 마음 속에 거하셨다는 것을 우리는 믿어야 할 것이다. 그 사랑의 능력이 너무나 약하고 알아채기 어려운 것은 육체의 휘장이 우리 속에서 찢어지지 않았기 때문이다. 성령께서 우리 속에 거하시면서 하나님의 사랑을 우리의 생명의 능력으로서 계시하신다는 것을 믿자.

사랑을 부어 주시는 성령께서 우리 속에 계신다는 이 믿음 가운데, 아버지를 바라보며 아버지께서 우리의 속 사람 안에서 그분의 능력으로 역사하시기를 간구하자. 이는 그리스도께서 우리 마음에 거하시고, 우리가 사랑에 뿌리를 내려 그 안에 서며, 우리의 삶 전체가 사랑 안에서 굳세어지고 성장하기 위함이다. 응답을 주실 때, 성령은 우선 우리에게 하나님의 사랑을 계시하신다. 그리스도를 향한 아버지의 사랑은 우리를 향한 아버지의 사랑과 같은 것이다. 또한 우리를 향한 그리스도의 사랑은 아버지께서 그를 사랑하셨던 것과 같은 것이다. 성령으로 말미암아 이 사랑은 하나님과 그리스도에 대한 우리의 사랑으로서 일어나 그 원천으로 되돌아가게 한다.

그리고 성령께서는 우리 주변의 하나님의 모든 자녀들을 향한 사랑을 동일하게 계시하시기 때문에, 우리가 하나님께로부터 나와 하나님께로 돌아가는 사랑을 체험하면 형제자매들에 대한 우리의 사랑도 그와 같이 된다. 비로 내려서 샘이나 강으로 흐르고 증기로 다시 하늘로 오르는 물이 모두 하나이듯 삼중적인 형태로 된 하나님의 사랑 즉, 우리에 대한 하나님의 사랑과 하나님에 대한 우리의 사랑 그리고 형제로서 서로에 대한 사랑도 모두 하나이다. 하나님의 사랑은 성령을 통하여 당신 속에 있다. 그것을 믿고 기뻐하라. 희생제물을 완전히 태워 하늘로 올리는 불과 같은 하나님의 사랑에 당신 자신을 맡겨라. 지상에서 각 사람들과 교제함으로 그것을 연습하고 실천하라. 그러면 당신은 하나님의 성령이 하나님의 사랑이심을 이해하고 입증할 것이다.

송축 받으실 주 예수여, 성육신한 사랑이신 당신 앞에 거룩한 두려움으로 엎드립니다. 아버지의 사랑이 당신을 주셨습니다. 당신의 강림은 사랑의 파송이었습니다. 당신의 모든 삶은 사랑이었습니다. 당신의 죽으심은 하나님께서 사랑으로 인치심이었습니다. 당신께서 제자들에게 주셨던 한 가지 계명은 사랑이었습니다. 보좌 앞에서 당신의 유일한 기도는 당신께서 아버지와 하나이신 것처럼 당신의 제자들이 하나되며 아버지의 사랑이 그들 속에 있기 위한 것입니다. 당신이 우리 안에서 발견하기를 원하시는 당신의 형상의 한 가지 주된 특징은 당신이 사랑하시는 것처럼 우리도 사랑하는 것입니다. 세상에 대한 당신의 거룩한 선교의 결정적인 유일한 증거는 당신의 제자들이 서로 사랑하는 것입니다. 그리고 당신으로부터 우리에게 임하시는 성령은 당신의 자기희생적 사랑의 영으로서, 그분은 당신의 성도들에게 당신이 행하신 것처럼 남을 위해 살고 죽으라고 가르치십니다.
거룩한 주 예수시여, 당신의 교회를 살피시고 우리 마음을 살피소서. 그리고 당신이 바라보시는 곳 어디라도 당신의 사랑과 같은 사랑이 존재하지 않는다면, 서두르시사 당신의 성도들을 이기적이고 사랑 없는 것으로부터 온전히 건져내소서. 그들을 가르치사 사랑의 능력이 없는 자아를 저주

받은 십자가에 내어주어 그것이 마땅히 받아야 할 죽음을 기다리게 하소서. 우리를 가르치시사, 성령을 우리에게 주셨기 때문에 우리가 사랑할 수 있음을 믿게 하소서. 우리를 가르치시사, 행함이 있는 사랑이 그 능력을 깨닫고 자라나며 온전케 되도록, 사랑하고 섬기며 자기를 희생하여 남을 위해 살기 시작하게 하소서. 우리를 가르치시사, 당신이 우리 안에 사심으로 당신의 사랑도 우리 안에 있으며, 당신이 사랑하시는 것처럼 우리도 사랑할 수 있음을 믿게 하소서. 주 예수여, 당신은 하나님의 사랑이십니다. 당신의 성령이 우리 속에 계십니다. 그분이 나타나시어 우리 생명 전체를 사랑으로 채우게 하소서.

요 약

1. 성령께서 신자 속에 은혜를 베푸시는 방법은 그들을 감동시켜 은혜대로 행하게 하시는 것이다. 우리가 사랑을 따라 행해야만 하나님의 영은 효과적으로 사랑을 일으키시고 사랑할 능력을 베푸신다. 그것은 땅 속에 있는 씨앗이 싹이 터야 식별되는 것과 같이, 모든 내적인 은혜도 행함으로 식별되기 때문이다. 우리가 우리 마음에 있는 하나님과 사람에 대한 사랑을 보고 느끼려면 그것에 따라 실행해야 한다. 우리가 영적인 힘을 알려면 그것을 사용하고 행사하는 수밖에 없다.

2. "하나님의 사랑", 사람들에게로 흐르는 이 사랑의 샘물은 우리에게 주신 성령으로 말미암아 우리 마음에 부은 바 되었다. 사랑은 거기에 있지만 우리가 명령에 순종하여 하나님과 사람을 전심으로 사랑할 능력을 갖고 있다고 믿기 시작할 때까지는 그것을 깨닫지 못할 수도 있다. 믿음과 순종은 성령의 능력을 분명하게 누리고 체험하는 데 늘 전제가 된다. 하나님이 당신에게 사랑이신 것처럼 당신도 주위의 모든 이에 대해 사랑이어야 한다. 내가 성령의 사랑으로 말미암아 너희를 권하노라.

3. 이제 진리의 두 측면을 조화시키도록 힘쓰자. 한편으로, 사랑을 부어주시는 성령께서 우리 안에 거하시면서 우리를 충만하게 하신다는 믿음과

자각을 일깨우기 위하여 자주 하나님의 거룩하신 현존을 간절히 기다리라. 다른 한편으로, 자신의 감정과는 상관없이 사랑의 계명에 전심으로 따르기 위하여 자신을 바치고, 자신의 삶 속에서 온유함과 인내, 친절과 도움, 예수 그리스도의 자기 희생과 자비를 실행하라. 예수의 사랑으로 살라. 그러면 우리가 만나는 그의 제자들이나 아직 그분을 모르는 모든 사람들을 향한 그분의 사랑의 사도가 될 것이다. 예수와 천국 생명과의 교통이 성령을 통하여 더욱 친밀해질수록 그 생명에 대한 해석이 일상 생활의 관계 속에서 더욱 정확해질 것이다.

4. "어느 때나 하나님을 본 사람이 없으되 만일 우리가 서로 사랑하면 하나님이 우리 안에 거하시느니라." 하나님을 뵙지 못한 것에 대한 보상은 다음과 같다: 즉, 우리에게는 서로 사랑해야 할 사람이 있다. 우리가 서로 사랑하면 하나님이 우리 안에 거하신다. 우리의 형제자매가 값어치 있는 존재인지를 물어서는 안 된다. 우리와 우리 형제자매에 대한 하나님의 사랑은 무가치한 자에 대한 사랑이다. 성령은 바로 이 사랑 곧, 하나님의 사랑으로써 우리를 충만케 하시고 그것으로 형제자매들을 사랑하라고 가르치신다.[3]

---

3) 주해 16을 참고하라.

제 30 장

성령의 하나되게 하심

그러므로 주 안에서 갇힌 내가 너희를 권하노니 너희가 부르심을 받은 일에 합당하게 행하여 모든 겸손과 온유로 하고 오래 참음으로 사랑 가운데서 서로 용납하고 평안의 매는 줄로 성령이 하나 되게 하신 것을 힘써 지키라. 몸이 하나요 성령도 한 분이시니 이와 같이 너희가 부르심의 한 소망 안에서 부르심을 받았느니라(엡 4:1-4).

은사는 여러 가지나 성령은 같고 … 이 모든 일은 같은 한 성령이 행하사 그의 뜻대로 각 사람에게 나누어 주시는 것이니라. … 우리가 유대인이나 헬라인이나 종이나 자유인이나 다 한 성령으로 세례를 받아 한 몸이 되었고 또 다 한 성령을 마시게 하셨느니라(고전 12: 4, 11, 13).

　　에베소서의 첫 세 장에서 바울은 교회의 머리 되신 그리스도의 영광을 제시했고 또 성령으로 말미암아 하나님의 처소로 자라나며 하나님의 모든 충만하심으로 충만해지도록 예정된 그리스도의 몸 된 교회 안에서 성령을 통해 내주하시는 하나님의 은혜의 영광을 제시했다는 것을 우리는 알고 있다. 그래서 바울은 신자를 그리스도 안에 감추어진 그의 생명과 함께 하늘에 속한 그의 참된 자리로 들어올렸다가 땅에 있는 그의 삶으로 내려 놓는다. 그리고 서신의 후반부에서는 신자가 그의 부르심에 합당하게 행하는 법을 가르친다. 바울이 이 땅에서의 삶과 행함에 관해 제시하는 첫번째 교훈은 성령께서 신자를 하늘에 계신 그리스도뿐만 아니라 이 땅에 있는 그리스도의 몸과도 연합시키셨다는 기초 진리에 근거하고 있다(엡 4:1-4). 성령은 하늘에 계신 그리스도와 이 땅에 있는 신자 안에 거하실 뿐 아니라 특히 그 모든 지체로 이루어진 그리스도의 몸 속에 거하신다. 신자가 알고 또 접촉하는 한, 성령의 충만하고 건강한 활동은 개인과 몸 전체 사이에 올바른 관계가 존재하는 곳에서만 발견될 수 있다. 그러므로 거룩하게 행함에 대한 신자의 우선적인 관심은 정성을 다해 성령의 하나되게 하심을 유지하도록 애쓰는 것이어야 한다. 만약 성령과 몸의 이런 하나됨을 온전하게 인정하게 되면 그리스도인의 삶의 기본적 덕목은 겸손과 온유가 될 것이며(2-3절), 각 사람은 남을 위해 자신을 부인하게 될 것이다. 그리고 모든 사람은 온갖 차이와 부족함 가운데서도 사랑으로 서로 용납하게 될 것이다. 그래서 새 계명이 지켜질 것이고 그리스도의 영 즉, 남을 위하여 자신을 전적으로 희생시키는 사랑의 영은 그분의 복된 사역을 자유롭게 행하실 영역을 가지게 될 것이다.

고린도전서는 그런 가르침의 필요성에 대하여 주목할 만한 실례를 든다. 고린도 교회에서는 성령의 사역이 풍성하게 작용하였다. 성령의 은사가 뚜렷하게 나타났다. 그러나 성령의 은혜는 현저하게 결여되어 있었다. 은사는 여러 가지이지만 성령은 같다는 것, 온갖 차이 가운데서도 한 분의 동일한 성령께서 그 뜻대로 각자에게 나눠 주신다는 것, 모든 사람은 한 성령으로 세례를 받아 한 몸을 이루었고 한 성령으로 마시게 되었다는 것을 그들은 이해하지 못했다. 그들은 훨씬 더 좋은 길을 알지 못했다. 즉, 성령의 모든 은사 중 으뜸가는 것은 자신의 것을 구하지 아니하고 오직 다른 사람들 속에서 그 생명과 행복을 발견하는 사랑임을 알지 못했다.

자기뿐만 아니라 전체 교회를 성령의 인도하심에 전적으로 맡기면서 성령의 내주하심이 내포하고 있는 모든 것들의 능력을 체험하기를 갈망하는 각 신자에게 성령의 하나되게 하심은 풍성한 영적 복으로 가득 찬 진리이다. 이전 글에서 나는 오토 슈톡마이어(Otto Stockmayer) 목사의 표현을 여러 번 사용했다: "네 속에 있는 성령의 사역을 깊이 경외하라." 그 명령은 보충적으로 제이의 명령이 필요하다: "네 형제 안에 있는 성령의 사역을 깊이 경외하라." 이것이 쉬운 일은 아니다 ─ 다른 점에서 앞서 나가는 그리스도인들이라 할지라도 여기서 자주 실패한다. 원인을 찾기란 어렵지 않다. 교육 관련 서적들을 보면 차이점을 인식하는 분별력은 어린이들에게 가장 초기에 계발시킬 수 있는 능력임을 알 수 있다. 종합력 즉, 외면적 다양성 가운데 존재하는 조화를 찾아내는 능력은 한층 수준 높은 능력으로서 나중에 나오며, 조직화하는 능력은 최고의 실제적 능력인데 참으로 비범한 재능 속에서만 발견할 수 있다. 그리스도인의 삶과 교회는 이 가르침의 가장 두드러진 본보기이다. 우리가 다른 그리스도인들이나 교회들과 어디서 차이가 나는가를 알고 우리의 관점을 주장하며 교리나 처신에서 그들의 잘못을 판단하는 것은 크게 은혜를 받지 않고도 할 수 있는 일이다. 그러나 우리를 시험하거나 슬프게 하는 행위 또는 비성경적이거나 해로운 것으로 보이는 가르침 가운데서 항상 성령의 하나되게 하심에 우선권을 부여하는 것은 참으로 은혜를 통해서 가능한 일이다. 이 은혜는 우리로 사랑의 능력 안에 있는 믿음을 갖게 하며 외적인 분리에 직면해서도 살아있는 연합을 지속하게 한다.

성령의 하나되게 하심을 지키라. 그것이 모든 신자에게 주신 하나님의 명령이다. 서로서로 사랑하는 것이 새 계명이다. 그것은 새로운 형태로서, 그 사랑을 성령에게까지 탐색하고, 성령을 통하여 생명을 갖고 있다. 우리가 그 계명에 순종하고자 한다면 그 계명은 성령의 하나되게 하시는 것임을 신중하게 주시해야 한다. 신조나 관습, 교회나 선택에서 하나됨이 있는데, 그 매는 줄은 성령께 속하기보다는 육체에 속한 것일 수도 있다. 당신이 성령의 하나되게 하심을 지키고자 한다면 다음 사항들을 기억해야 한다.

첫째로, 당신 안에 있는 성령은 하나됨으로 하여금 애착과 승리의 능력을 찾게 해 준다는 것을 알도록 노력하라. 당신 안에는 자아와 육체에 관련된 많은 것들이 있으며, 그것들은 이 땅에 속한 하나됨에는 뛰어나지만 성령의 하나되게 하심을 크게 방해할 것이다. 당신이 사랑하는 것이 자신의 능력이나 사랑으로는 불가능함을 고백하라. 당신 자신 안에 있는 모든 것은 이기적인 것이며 성령의 참된 하나되게 하심에 이르도록 도움을 주지 못한다. 당신에게 불쾌하게 보이는 것과 하나될 수 있는 분은 오직 당신 안에 계신 하나님임을 겸손히 생각하라. 그분은 자아를 이길 수 있고 사랑스럽게 보이지 않는 것조차 사랑할 수 있다. 그분이 참으로 당신 속에 있음을 감사하라.

형제자매 안에 있는 영을 알고 진가를 인정하도록 힘쓰라. 당신은 그들과 하나되어야 한다. 당신과 마찬가지로 형제자매에게도 갓 시작된 하나님의 생명의 씨앗이 감추어 있어서, 아직 많은 육신적인 것들에 둘러싸여 자주 시련과 어려움을 당한다. 우리는 자신이 무가치하다는 사실에 겸손한 마음을 가질 필요가 있다. 그것은 형제를 기꺼이 신속하게 용서하는 마음이다. 예수께서 마지막 날 밤에 그렇게 하셨기 때문이다: "마음에는 원이로되 육신이 약하도다." 우리는 아버지의 형상과 성령에 관련하여 형제자매 안에 있는 것을 끊임없이 바라볼 필요가 있다. 그 사람 자신이 어떤 사람인가에 의해서가 아니라 그리스도 안에서 그가 어떤 사람인가에 의해서 그를 평가해야 한다. 그리고 당신에게 풍성한 은혜를 베푸시는 그 동일한 생명과 성령이 그의 안에도 계심을 느낄 때, 성령의 하나되게 하심이 육신에 속한 감정인 편견과 사랑 없음을 타파할 것이다. 당신 안에 계신 성령은 형제자매 안에 계신 성령을 인정하고 만나시면서, 위로부터 오는 생명으로 하나되도록 당신들을 묶어 주실 것이다.

활동적인 교제를 실행하면서 성령의 하나되게 하심을 지키라. 혈액의 순환과 그것이 날라주는 생명으로 유지되는 내 몸의 지체들 간의 결합은 가장 생명력 있고 실제적인 것이다. 우리가 다 한 성령으로 세례를 받아 한 몸이 되었고, 몸이 하나요 성령도 한 분이시다. 생명의 내적인 연합은 겉으로 나타난 사랑의 교통으로 표현되고 강건해져야 한다. 하나됨이 성령에 있고 육체에 있지 아니하도록, 생각과 예배의 방식에서 당신과 일치하는 사람들과 교제하는 데에만 몰두하지 말라. 다른 신자들에 대한 모든 생각과 판단에서 악한 것을 생각하지 않는 사랑을 실행하기에 힘쓰라. 하나님의 자녀에게나 혹은 다른 이들에게 조금이라도 불친절한 말을 결코 하지 말라. 모든 신자를 사랑하되, 그의 안에 당신과 잘 맞거나 당신을 기쁘게 하는 것이 있어서가 아니라 그의 안에 계신 아버지의 성령으로 인해서 그리하라. 분명하게 의도적으로 자신을 헌신하여 손닿는 대로 하나님의 자녀들을 사랑하며 그들을 위해 수고하라. 그들은 무지함이나 연약함, 완고함으로 인해 자기들이 성령을 소유하고 있으며 그를 근심케 하고 있음을 깨닫지 못하고 있다.

성령의 사역은 하나님을 위한 거처를 세우시는 것이니, 그 사역을 행하시도록 당신 안에 계신 자신을 성령께 드려라. 당신이 형제자매 안에 있는 성령의 교제에 의존하며, 그는 당신을 의존함을 상기하라. 그리고 사랑으로 하나됨 가운데 당신의 성장과 그의 성장을 구하라.

교회의 일치를 위해 하나님께 상달하는 중보기도에 합심하여 동참하라. 모든 믿는 자들을 위해 기도하신 대제사장의 중보기도를 이어받아서 계속하라: "그들도 하나가 되게 하려 함이니이다." 교회는 그리스도의 생명과 성령의 사랑 안에서 하나이지만, 아직도 성령의 하나되게 하심을 외적으로 분명하게 나타내지 못하고 있다. 그러므로 하나 되게 하신 것을 힘써 지키라는 명령이 필요하다. 신자들이 있는 모든 나라와 모든 교회와 신자들의 모든 모임에서 성령이 강한 능력으로 역사하시길 간구하자. 썰물 때에는 해변에 있는 각각의 조그만 웅덩이들은 바위로 가로막혀서 그 안에 서식하는 생물들과 함께 다른 웅덩이와 격리된다. 밀물이 들어오면 바위 위로 물이 덮이고 모든 웅덩이들은 하나의 큰 바다에서 만난다. 그리스도의 교회도 그러할 것이다. 메마른 땅에 큰물이 밀려오듯이 하나님의 성령이 약속을 따라 임하시게 되면 각 사람은 자신과 다른 사람들 속에 있는 능력을 깨달을 것이며 그리고 성령께서 알고 그분께 영광을 돌릴 때 자아는 사라질 것이다.

이 놀라운 변화가 어떻게 이루어질 것이며, "그들로 온전함을 이루어 하나가 되게 하려 함은 아버지께서 나를 보내신 것과 또 나를 사랑하심 같이 그들도 사랑하신 것을 세상으로 알게 하려 함이로소이다" 하고 기도하신 것이 성취될 그 시기는 어떻게 다가오는가? 우리들 각자가 자기 자신부터 시작하자. 하나님의 자녀들이여, 지금이라도 결심하라. 그래서 이것이 당신의 삶의 한 가지 표지로서, 내주하시는 성령을 소유하고 아는, 하나님의 자녀됨의 증거가 되게 하라. 만약 당신이 당신 자신을 기쁘게 하는 것이나 또는 당신 자신의 사고방식과 행동방식에 맞는 것으로써 하지 아니하고, 당신 속에 계실 뿐 아니라 다른 사람들 속에 계신 성령께서 바라보시고 찾으시는 것으로써 일치를 이루고자 한다면, 당신은 성령께 자신을 완전히 내어드려서 그분의 사고방식과 행동방식에 따라야만 한다. 그리고 만약 당신이 그렇게 하고자 한다면, 그분은 반드시 당신의 존재 전체를 다스리실 것이다.

당신은 그분이 당신 안에 거하신다는 것을 끊임없이 생생하게 의식하고 있어야 할 것이다. 당신은 아버지께서 자기 영광의 풍성함을 따라 그의 성령으로 말미암아 당신의 속사람을 능력으로 강건하게 하시기를 끊임없이 기도해야 할 것이다. 삼위일체 하나님을 믿는 믿음을 통하여 성부께서 성령을 주시고 성령께서 당신 속에 거하신다. 이러한 믿음을 통하여 하나님의 보좌의 발등상 앞에 이르러 경배하게 된다. 성부와 성자와 직접적인 만남과 교제를 통하여 성령께서는 당신의 존재 전체를 완전히 소유하시고 가득 채우신다. 그분의 내주하심이 더욱 충만하고 그분의 사역이 더욱 크게 될수록, 당신의 존재는 실로 더욱 더 신령하게 될 것이고, 자아는 더욱 더 약해져서 사라질 것이며, 그리스도의 영께서는 당신을 사용하셔서 신자들을 세우고 하나로 묶어서 하나님의 거처를 만드는 일을 하게 하실 것이다.

그리스도의 영은 당신 속에서 거룩한 기름 붓는 분이 되시고 성별의 기름을 부으셔서 당신을 따로 세우시며 그리스도처럼 아버지의 사랑을 전하는 자로서 합당하게 하실 것이다. 당신이 매일 겸손한 삶을 살고, 교회에서 차이점들과 견해의 불일치들 가운데 사랑으로 인내하며, 곤경에 빠진 자들을 찾고 도움으로써 그들을 불쌍히 여기고 자기를 희생하는 가운데, 당신 속에 계신 성령께서는 당신이 성령을 소유한 만큼 모든 지체들도 그분을 소유하고 있다는 것을 보여 주실 것이다. 그분의 사랑은 당신을 통하여 주변의 모든 사람들에게로 퍼져나가서 가르치고 복을 내린다.

　송축 받으실 주 예수여, 당신이 지상에 계시던 마지막 날 밤 당신이 제자들을 위해 간구한 단 하나의 기도는, '우리와 같이 그들도 하나가 되게 하옵소서라' 는 것이었습니다. 당신의 한 가지 소망은, 그들이 하나된 무리로서 하나의 전능한 사랑의 손 안에 모두 모여 함께 하는 것을 보시는 것이었습니다. 주 예수시여, 이제 당신은 보좌 위에 계시오니, 우리가 동일한 간구로 당신께 나아갑니다. 오, 우리가 하나 되도록 우리를 지키시옵소서. 대제사장이시여, 우리를 위해 간구하사, 우리가 온전히 하나를 이루어서, 세상으로 하여금 아버지께서 당신을 사랑하신 것 같이 우리도 사랑하심을 알게 하소서.

　복되신 주님이시여, 당신의 백성들의 하나됨을 세상에 공표하고자 하는 열망을 당신의 교회 안에 일깨우고 계시다는 표지들로 인해 감사합니다. 간구하오니 이 목적을 위해 당신의 영이 능력 있게 역사하시도록 허락하소서. 모든 신자가 성령께서 자기 안에 계심과 또한 형제자매 안에 계심을 알게 하사, 그가 만나는 사람들과 성령으로 하나되게 하신 것을 겸손과 사랑으로 지키게 하소서. 당신의 교회의 모든 지도자들이 위로부터 조명하심을 받아서, 신조나 교회 직제로 연합하는 온갖 인간적 줄보다 성령의 하나되게 하신 것이 그들에게는 더 중요한 것이 되게 하소서. 주 예수로 옷 입은 모든 자들이 무엇보다도 사랑, 그 완전하게 묶는 것으로 옷 입게 하소서.

　주 예수시여, 우리가 간구하오니 당신 백성을 이끄사 당신의 영광의 보좌 발등상 앞에서 합심하여 기도하게 하소서. 당신은 거기에서 당신의 성령을 주시어 각 사람에 대한 당신의 현존을 모든 사람 안에서의 현존으로 계시하십니다. 오, 우리를 당신의 성령으로 충만하게 하소서. 그리하면 우리는 하나가 될 것입니다. 한 성령으로 한 몸을 이룰 것입니다! 아멘.

요점

1. 비록 내 몸의 아주 작은 것들이라도, 각 지체의 건강은 그 주위의 건강에 의존한다. 건강한 부분의 치유능력이 건강하지 못한 것을 제거하거나 혹은 건강하지 못한 부분이 그 병을 전염시키거나 할 것이다. 나는 내가 알고 있는 것 이상으로 형제자매에게 의존한다. 그는 내가 알고 있는 것 이상으로 내게 의존한다. 내가 소유한 성령은 또한 내 형제자매 안에도 거하는 분이다. 내가 받은 모든 것은 또한 그를 위해서도 작정된 것이다. 성령의 하나되게 하신 것을 활동적으로 실행함으로 지키며, 사랑의 교제로 내 주위의 신자들과 함께 사는 것이 성령으로 사는 삶이다.

2. "그들로 온전함을 이루어 하나가 되게 하려 함." 그들이 온전해지려면 하나됨으로 나아가야 했다. 온전함은 분리된 상태로는 불가능하다. 내 인생이 전부 내게 주어진 것은 아니다. 그 일부는, 내가 형제자매 안에 거할 때 내가 사용할 수 있도록, 내 형제자매에게 주어진 것이다" ― 보언 (Bowen)

3. 당신이 자신 속에 거하시는 성령을 아는 데에는 시간과 기도와 믿음이 소요되었다. 우리 형제 안에 계신 하나님의 영을 충분히 아는 데에도 시간과 기도, 믿음 그리고 많은 사랑이 필요할 것이다.

4. "하나님의 영은 오직 하나된 몸 안에서 그의 능력을 교회 안에서나 세상에 대해 충만하고도 강하게 나타내실 수 있다. 하나님은 각 개인들에게는 결코 말씀하시지 않을 때에도, 모인 무리에게는 말씀하신다. 오순절의 계시 속에는 개인적인 교제에서보다 더 충만한 어조와 더 강한 열정이 있다. 그리고 우리가 알고 있듯이, 교통함 속에는 자기 혼자만의 지극한 독실함 속에서 인식할 수 있는 것보다 더 강렬한 기쁨이 존재한다 ―『보혜사』(The Paraclete)

제 31 장

성령충만

오직 성령으로 충만함을 받으라. 시와 찬송과 신령한 노래들로 서로 화
답하며 너희의 마음으로 주께 노래하며 찬송하라(엡 5:18-19).

　이 말씀은 명령이다. 이 말씀은 사도들이나 교역을 맡은 자들이 어떠해
야 할 것인가를 명하는 것이 아니라 참된 마음을 가진 모든 신자가 일상
적으로 지속해야 할 경험이 무엇인가를 명하는 것이다. 성령의 충만함을
받는 것은 하나님의 자녀라면 누구나 그의 아버지에게서 요구할 수 있는
특권이다. 그 이하의 것은 그 무엇이라도 하나님의 자녀로 하여금 구속함
을 받은 자로서 삶을 살아가게 할 수 없다. 그 삶이란 곧, 그리스도 안에
거하며 그의 계명을 지키고 많은 열매를 맺는 것이다. 그렇지만 이 명령은
모든 사람이 지켜야 할 명령들에 속한 것으로서 거의 취급되지 않았다!
모든 사람이 이 명령을 지켜야 한다는 것이 가능하다거나 타당한 것이라
고는 거의 여겨지지 않았다!
　이에 대한 한 가지 이유는 의심할 여지 없이 이 말씀이 오해를 받아왔
다는 것이다. 왜냐하면 오순절과 후속사건에서 성령의 충만함을 받는 것에
는 초자연적 기쁨과 능력에 의한 뚜렷한 열정 상태가 수반되었는데, 그런
상태는 흥분과 긴장 상태로서 조용한 일상생활의 과정과는 조화되지 않는
것으로 여겨졌기 때문이다. 사람들은 성령 충만을 생각 할 때 그것을 신적

충동의 돌발성과 힘과 외향적으로 나타나는 모습 등에 매우 깊이 결부시키기 때문에, 성령충만은 특별한 경우를 위한 것 즉, 아주 적은 수의 사람들에게만 가능한 복으로 간주하였다. 그리스도인들은 그들의 소망을 감히 그렇게 높은 곳에 고정할 수 없고 또 그럴 필요도 없다고 느낀다. 그들은 그런 복이 그들에게 주어진다면 그들의 환경 속에서 그들을 지속하거나 나타낼 수 없을 것이라고 느낀다.

내가 이 장에서 전하고자 하는 메시지는, 이 명령이 진실로 모든 신자를 위한 것이며, 교훈의 대상 범위가 넓은 만큼이나 약속과 능력 또한 광범위하다는 것이다. 하나님께서 우리에게 은혜를 허락하셔서 우리가 그분의 이 말씀을 묵상할 때 모든 독자의 마음 속에 강렬한 소망뿐 아니라 견고한 확신을 일으켜 줄 수 있기를 바란다. 그 특권은 우리를 위해 작정된 것이며 그것에 이르는 길은 별로 힘들지 않다. 그리고 그 복은 실제로 우리의 것이 될 것이다.

가뭄으로 자주 고통을 겪는 남아프리카 같은 나라에는 물을 막아서 저수하기 위해 만들어 놓은 두 종류의 댐 혹은 저수지가 있다. 어떤 농장에는 수원이 있지만 물을 대기에는 그 흐름이 너무 약하다. 그런 곳의 저수지는 물을 모으기 위해 만들어진 것이며 저수지는 밤낮 수원으로부터 물을 서서히 소리없이 받아들임으로써 물이 가득 차게 된다. 또 다른 경우에는 농장이 수원을 전혀 갖고 있지 않은데, 그런 곳에서는 저수지를 하천바닥이나 움푹 들어간 곳에 만들어서 비가 오면 물을 모을 수 있게 한다. 그런 곳에 종종 큰 비가 오면 몇 시간 만에 저수지가 가득 차는데, 그것은 급작스럽고 격렬한 과정을 수반한다. 그러나 앞서 나온 농장의 소리 없는 공급은 좀 더 확실한 것이다. 왜냐하면 공급이 외견상 미약해도 지속적이기 때문이다. 비오는 것이 불확실한 지역에서는 저수지가 몇 달 또는 몇 년 동안 비어 있을 수도 있다.

성령충만이 임하는 방법을 여기에 비유할 수 있다. 오순절 때와 마찬가지로, 이방 땅에 회개의 성령을 부어 주시고, 그리스도의 백성들 가운데는 부흥의 성령을 부어 주심으로 새로운 시작이 이루어질 때가 있다. 그때 사람들은 갑작스럽고, 강하고, 뚜렷하게 성령으로 충만하게 된다. 새롭게 찾은 구원의 열정과 기쁨 속에는 확실히 성령의 능력이 존재한다. 그렇지만 성령의 능력을 그런 식으로 받은 사람에게는 특별한 위험이 있다. 그 복은 종종 다른 사람들과의 교제에 크게 의존하거나 다다르기 쉬운 혼의 생명 표층부에만 미친다. 갑작스러운 것은 종종 피상적인 것이며, 심층에 있는 의지와 내적 생명에는 이르지 못한다. 그런 특별한 체험에 참여해 본 적이 없는 그리스도인들이 있지만, 그럼에도 불구하고 그들은 예수께 대한 깊은 헌신과 그분의 얼굴 광채와 그분의 거룩한 현존에 대한 의식 가운데 행하는 것과 순전하게 신뢰하며 복종하는 흠 없는 삶 그리고 주변의 모든 사람들을 위한 자기희생적 사랑 등으로 성령의 충만함을 보여 준다. 그들은 바나바가 그랬던 것처럼, 위로의 아들이요 착한 사람이며 성령이 충만한 사람이다.

이들 중에 성령으로 충만해지는 참된 방법은 어느 것인가? 대답은 쉬운 것이다. 위에서 언급한 두 종류의 저수지들을 모두 찾아볼 수 있는 농장이 있는데, 그것들은 서로 보완한다. 상황이 좋은 저수지들은 물을 채우는 두 가지 방법을 모두 사용한다. 큰 가뭄이 들 때는 규칙적으로 조용히 매일 물을 끌어들임으로 물을 채운다. 비가 올 때는 많은 수량을 기꺼이 받아들여 저수한다. 특별한 능력이 임해야만 만족하는 그리스도인들이 있어서, 능력의 급한 바람, 쏟아 부음, 그리고 불세례 등, 이런 것들을 그들의 상징으로 삼는다. 안으로부터 솟아나 조용히 흐르는 물줄기가 참된 형태의 성령의 역사라고 생각하는 그리스도인들도 있다. 이 두 가지 면에서 모두 하나님을 인식할 수 있고, 그분이 어떤 방법으로 임하시든지 간에 항상 은총을 기꺼이 받아들일 수 있는 사람은 복이 있다.

이 성령충만의 조건은 무엇인가? 하나님의 말씀은 단 한 가지 곧, 믿음이라고 대답한다. 보이지 않는 것을 보고 받아들이며 하나님 자신을 발견하고 받아들이는 것은 오직 믿음이다. 죄로부터 정결함을 얻고 사랑으로 순종하는 것은 처음 성령을 받은 상태로서, 죄가 무엇이며 보혈이 무엇인지 그리고 하나님의 뜻과 사랑이 무엇인지를 깨달은 믿음의 열매이다. 이런 체험에 대해서 여기서 다시 언급하지는 않겠다. 지금 하는 말은 이미 충성스럽게 순종해 왔지만 그들이 갈망하는 것을 아직 얻지 못하는 신자들을 위한 것이기 때문이다. 믿음으로 그들은 버려야 할 것이 있음을 깨달아야만 한다. 충만해지려면 우선 비어야 한다. 나는 여기서 죄에서 정결케 됨이나 전적 순종을 말하지 않는다. 이런 것은 항상 우선적인 본질적 요소이다. 그러나 지금 내가 말하는 것은 하나님이 요구하시는 것을 행했다고 생각하면서도 아직 그 복을 누리지 못하는 신자들에 대한 것이다. 완전한 충만의 첫째 조건은 비우는 것임을 다시 상기하라. 저수지란 광범위하게 움푹 패인 곳 즉, 대규모의 빈 공간일 뿐이며, 미리 준비하고 물이 오기를 기다리며 갈망하고 부르짖는 것이 아닌가? 지속적인 성령충만에는 참으로 비워 놓는 일이 선행해야 한다.

어떤 사람은 말하기를 "나는 그 복을 오랫동안 열심히 구했습니다. 그리고 그것이 왜 임하지 않는지 이상하게 생각했습니다. 결국 내 마음 속에 그것을 받아들일 여지가 없었기 때문에 그것이 임하지 않았음을 깨달았습니다"라고 했다. 그렇게 비우는 일에는 다양한 요소들이 개입되는데, 그것은 이제껏 우리가 갖고 있던 경건에 대해 만족하지 아니함과 그 속에 육체의 지혜와 행위가 얼마나 많았던가에 대한 깊은 깨달음, 우리 손에 쥐고 관리하며 자아가 다스렸던 삶의 모든 것 즉, 예수께 직접 지도 받는 것과 그를 기쁘시게 하는 것이 불필요하거나 불가능하다고 여겼음을 발견하고 시인하며 버리는 것, 자신이 무능하고 전적으로 무력하여 주신 것을 붙들지도 요구하지도 못한다는 깊은 확신, 가난한 마음으로 자복하면서 큰 자비와 능력의 주님께서 그의 영광의 풍성함을 따라 그의 성령으로 말미암아 속 사람을 능력으로 강건하게 하시기를 기다리는 것, 간절히 바라고 기다리고 부르짖으면서 아버지께서 우리 속에서 그의 약속을 이루시고 우리를 완전하게 소유하시길 쉬지 않고 기도하는 것 등이며, 이렇게 비워 놓는 것이 충만함에 이르는 길이다.

이와 함께 우리에게는 은사를 인정하고 받아들이며 유지하는 믿음이 요구된다. 그 거룩한 충만하심이 우리 속으로 흘러 들어오는 것은 그리스도와 아버지께 대한 믿음을 통해서이다. 바울은 "성령으로 충만함을 받으라"는 명령을 받았던 에베소 사람들에 대해서 "그리스도 안에서 또한 믿어 약속의 성령으로 인치심을 받았느니라" 하고 말한다. 그 명령은 에베소 사람들이 이미 받았던 것을 언급한다. 샘은 그들 속에 있지만 그것은 열려야만 했으며 그것을 위한 장소가 만들어져야만 했다. 그때 그 샘이 솟아나고 그들의 존재를 충만하게 채울 것이다. 하지만 이 일이 그들 자신의 능력 안에 있었던 것 같지 않다. 예수께서는 "나를 믿는 자는 성경에 이름과 같이 그 배에서 생수의 강이 흘러 나오리라" 하고 말씀하셨다. 성령충만은 진실로 예수 안에 있어서, 예수께로부터 그것을 받으려면 실제 생명의 교제를 끊임 없이 지속적으로 나누어야 한다. 살아있는 포도나무이신 그분에게서 수액을 끊임없이 받는 것은 예수를 의지할 때만이 안에 있는 샘이 솟아난다는 순전한 믿음에 아주 분명하게 호응한다. 예수께서 성령으로 베푸시는 것은 그가 정결케 하시는 것처럼 분명한 시작이 있지만, 또한 그 베푸심은 끊임없이 새롭게 지속되어서 성령이 흘러 들어와 차고 넘치기까지 더욱 풍성해질 것이다.

하지만 예수와 끊임없이 항상 솟아나는 성령을 믿는 믿음이 아버지의 특별한 은사에 대한 믿음과 아버지의 약속의 새로운 성취를 구하는 기도가 필요하지 않은 것은 아니다. 자기들의 유업에 대한 보증으로 성령을 그들 속에 갖고 있던 에베소 사람들을 위해서 바울은 아버지께 "그의 영광의 풍성함을 따라 그의 성령으로 말미암아 너희 속 사람을 능력으로 강건하게 하시오며"라고 간구한다. 여기서 동사는 행할 것을 나타내는 것이 아니라 이미 행한 것을 나타낸다. '그의 영광의 풍성함을 따라' 라는 표현은 하나님의 사랑과 능력의 위대한 현시 즉, 매우 특별한 것을 가리킨다. 에베소 사람들은 내주하시는 성령을 갖고 있었다. 바울이 그들을 위해 간구했던 것은, 아버지께서 직접 개입하심으로 그들에게 성령의 능력의 사역 즉, 성령의 충만을 내리셔서, 그들이 그리스도의 내주하심과 사랑 가운데 있는 지식에 넘치는 생명 그리고 하나님의 충만하심으로 충만해짐을 체험하는 복을 누리길 바라는 것이었다. 구약 시대에 홍수가 임했을 때 하늘의 창들과 큰 깊음의 샘들이 함께 열렸다. 이것은 다음과 같은 성령의 약속의 성취에서도 그러하다: "나는 목마른 자에게 물을 주며 마른 땅에 시내가 흐르게 하며 나의 영을 네 자손에게, 나의 복을 네 후손에게 부어 주리라." 내주하시는 성령께 대한 믿음이 더욱 깊어지고 분명해지며 더욱 순전하게 그를 기다리게 되면, 아버지의 마음으로부터 기다리는 자녀의 마음으로 직접 오시는 성령의 새로이 부으심은 더욱 풍성해질 것이다.

또 한 가지 측면에서, 충만함이 믿음으로 말미암아 온다는 것을 기억하는 것은 본질적인 것이다. 하나님은 겸손으로 옷 입고 낮고 볼품없는 모습으로 나타나시기를 좋아하시며, 자기 자녀들도 겸손의 옷을 입기를 원하신다. 천국은 겨자씨 한 알과 같다. 오직 믿음으로만 그 작은 것 속에 있는 영광이 어떠한지 알 수 있다. 아들이 이 땅에 거하신 것도 마찬가지였고 그리고 성령께서 마음 속에 내주하심도 그러하다. 아무것도 보이지 않으며 느끼지 못할 때 성령은 그분을 믿을 것을 요구하신다. 모든 것이 메마른 것으로 보일 때조차도 생수의 강에서 솟아나서 흐르는 샘이 당신 속에 있음을 믿으라. 시간을 내어 마음 깊은 곳에 있는 방으로 물러가 그 속에 계신 성령을 확신하며 하나님께 찬양을 돌리고 그에게 경배하라. 시간을 내어 묵상하면서 깨닫도록 하라. 그래서 성령께서 모든 진리 중 가장 신령한 천국의 진리, 그분이 우리 속에 거하신다는 진리로 우리 영을 채우시게 하라. 성령의 전 즉, 지존자의 은밀한 곳은 처음에는 생각이나 느낌 속이 아니라 생명 속에 존재한다. 그곳은 우리의 의식과 감정이 미칠 수 없는 깊은 곳이다. 믿음이 요구했던 바를 소유하고 있음을 깨닫게 되면 인내할 수 있게 될 것이며 육체가 불평하는 곳에서조차 감사로 넘칠 것이다! 믿음은 보이지 않는 예수와 숨어 계신 성령을 신뢰할 수 있다. 믿음은 작고 볼품없는 씨앗 곧, 모든 씨앗 중 가장 작은 씨앗을 신뢰할 수 있다. 믿음은 생각한 것보다 더욱 풍성하게 행하시며, 모든 것이 연약하고 쇠할 것처럼 보일 때라도 능력으로 속 사람을 강건케 하시는 분을 신뢰할 수 있으며 또한 그에게 영광 돌릴 수 있다. 신자여, 성령충만이 인간적 이성으로 궁리한 방식에 따라 임할 것이라고 기대하지 말고, 하나님의 아들이 풍채도 없고 고운 모양도 없이 오셨던 것처럼 인간의 지혜로는 어리석은 방식으로 임할 것을 기대하라. 하나님의 능력을 매우 약한 것 가운데 기대하고, 성령께서 가르치시는 하나님의 지혜를 겸손하게 받아들이며, 기꺼이 스스로 아무것도 아닌 것이 되라. 왜냐하면 하나님은 없는 것들을 택하사 있는 것들을 폐하려 하시기 때문이다. 당신은 육체의 영광이 아니라 주님의 영광을 배우게 될 것이다. 그리고 날마다 순종하며 어린아이처럼 순전하게 사는 삶의 심오한 기쁨 속에서 성령으로 충만한 것이 무엇인가를 알게 될 것이다.

오, 나의 하나님, 당신의 충만한 사랑과 영광은 가없는 대양과 같아서, 무한하여 상상할 수 없는 것입니다. 당신의 아들을 계시하셔서 모든 신성의 충만함이 아들 안에 육체로 거하게 하심을 기뻐하시니 당신을 송축합니다. 이는 그분 안에서 우리가 인간적 생명과 연약함 가운데서도 신성의 충만함을 볼 수 있게 하기 위함입니다. 이 땅에 있는 그분의 교회가 그 모든 연약함 속에서도 이제 그분의 몸이요, 만유 안에서 만유를 충만케 하시는 자의 충만이며, 또한 그 안에서 우리가 충만하게 지음 받은 것을 인하여 당신을 송축합니다. 이는 우리로 하여금 당신의 영의 능력 있는 역사와 당신의 아들의 내주하심 그리고 당신의 사랑에 대한 지식으로 말미암아 하나님의 모든 충만으로 충만하게 하시기 위함입니다.

송축 받으실 아버지여, 성령이 우리에게 예수의 충만의 전달자가 되신 것과 성령의 충만을 입음으로 우리가 예수의 충만으로 충만케 됨을 감사합니다. 성령의 충만을 입었다고 당신이 친히 말씀하신 사람들이 오순절 이후 이 땅에 많이 있었음을 감사합니다. 오, 나의 하나님, 나를 충만케 하소서! 성령으로 하여금 나의 가장 깊은 생명을 취하시고 소유하게 하소서. 당신의 성령이 내 영에 충만케 하소서. 그리하여 당신으로부터 샘이 솟아 내 혼의 모든 감정과 능력을 지나서 흐르게 하소서. 내 입술로 샘이 넘쳐 흘러 나와 당신을 찬양하며 당신의 사랑을 전하게 하소서. 바로 이 몸이 소생케 하시며 정결케 하시는 성령의 힘으로 말미암아 하나님의 생명으로 충만한 당신의 성전이 되게 하소서. 주 나의 하나님이여, 당신께서 나를 들으시는 줄 믿습니다. 당신은 내게 성령의 충만을 주셨습니다. 나는 그것을 내 것으로 받아들입니다.

당신의 모든 교회로 하여금 성령의 충만을 구하고 발견하고 깨달으며 나타내게 하소서. 주 예수시여, 영광 받으신 우리의 임금이시여, 당신의 교회가 성령으로 충만하게 하옵소서. 아멘.

요약

1. 성령충만. 성령충만은 우선적으로 감정이나 의식의 빛 또는 그 능력과 기쁨 속에서 추구되어야 하는 것이 아니라 생명 즉, 지식이나 느낌보다 더 깊은 곳의 감추어진 내밀한 곳에서 추구되어야 한다. 그것은 믿음으로 다가가는 영역이며, 우리가 깨닫거나 느끼기에 앞서 우리가 존재하며 소유하고 있는 영역이다.

2. 성령으로 충만해진다는 것이 무엇인지 알기를 원하는가? 예수를 보라. 마지막 날 밤, 아버지께서 모든 것을 자기 손에 맡기신 것과 또 자기가 하나님께로부터 오셨다가 하나님께로 돌아가실 것을 아시고 제자들의 발을 씻기시는 분을 바라보라. 우리는 그가 성령으로 충만한 가운데 하나님께 속하였음을 잠잠히 의식하고 깨닫는다. 그처럼 성령충만을 구하라. 때가 되면 그것은 증언과 성도들의 교제 속에 그리고 잃어버린 자들을 구원함으로 터져 나올 것이다.

3. 앞뒤 연결에 주목하라: "오직 성령으로 충만함을 받으라. 시와 찬송과 신령한 노래들로 서로 화답하라." 성령께서 자기의 현존을 계시하시는 것은 몸이 교제 속에서 사랑으로 세워질 때뿐이다. 예수께서는 "성령이 오실 때에 그가 나를 증언하실 것이요, 너희도 처음부터 나와 함께 있었으므로 증언하느니라" 하고 말씀하셨다. 우리 편에서 행하며 순종할 때 성령의 임재에 대한 의식이 충만해지는 것이다. "그들이 다 성령의 충만함을 받고 성령이 말하게 하심을 따라 다른 언어들로 말하기를 시작하니라." 그러므로 동일한 믿음의 성령을 가지고 있다면 우리도 말해야 한다. 샘은 솟아나

야 하며, 강은 흘러야 한다. 침묵은 죽음이다.

4. "하나님의 성령을 근심하게 하지 말라" 하신 말씀은 성령으로 충만함을 받으라는 말씀보다 먼저 나온다. 우리는 생명을 주거나 성장하게 할 수는 없지만 장애물을 치울 수는 있다. 우리는 순종을 실행할 수 있고, 육체로부터 돌아서서 하나님을 기다릴 수 있다. 우리는 하나님의 뜻을 아는 만큼 성령께 맡길 수 있다. 성령충만은 위로부터 임한다. 보좌의 발등상 앞에서 늘 기도하면서 성령충만을 기다리라. 그리고 기도할 때, 보이지 않는 능력이 당신의 존재 전부를 실제로 소유하고 있음을 믿으라.

5. "성령으로 충만함을 받으라." 이것은 모든 신자의 의무이고 소명이며 특권이다. 그것은 명령으로 인한 거룩한 가능성이며 믿음의 능력 안에 있는 거룩한 필연성이다. 하나님은 모든 신자가 이것을 믿을 그날을 재촉하신다!

주해 1

성령세례(제2장)

주님께서 성령으로 세례를 베푸시겠다고 하신 복된 약속이 어떤 방법으로 성취될 것인지 예견하는 데에 상당한 견해 차이가 발생하였다. 이것은 우리가 그것을 충만하게 체험하지 못하고 있다는 것을 단적으로 보여 주는 증거이다. 성령께서 강한 능력을 갖고 계신 곳에서는 우리가 성령세례를 받았다는 것과 그것이 내포하고 있는 바에 대해 성령께서 스스로 증거를 보여 주신다. 최근에 특별히 많은 주목을 끌고 있는 두 가지 상이한 견해가 있다.

그 중에 하나는, 모든 신자가 거듭날 때 성령을 받았기 때문에 그 이상의 성령세례를 구해야 한다는 생각은 있을 수 없는 것이라고 주장한다. 약속은 오순절의 은혜 속에 교회에 성취되었고 모든 신자들은 그리스도를 믿음으로 교회의 그 유업을 상속받는다는 것이다.

여기에 반대하는 주장은, 그리스도의 제자들 그리고 사마리아에서 빌립이 얻은 회심자들 그리고 에베소의 열두 사람들 등이 진정한 신자들이었음에도 불구하고 약속된 성령을 받아야만 했던 것처럼 오늘날에도 모든 신자들이 회심한 다음에 이어서 성령세례를 구하고 고대해야만 한다고 말한다.

제삼의 견해가 있는데 이는 비교적 중도적인 입장을 취하여, 성령이 모든 신자들 속에 거하신다는 데 대해서는 첫번째 견해에 동의하면서도, 신자가 때로 성령의 임재와 위로부터 내리는 능력의 갱신을 매우 특별하게 깨달을 수 있고 이것을 새로운 성령세례로 간주하는 것이 타당할 것이라고 주장한다.

두 권의 대표적인 책을 예로 듦으로써 앞의 두 견해를 가장 잘 비교할 수 있을 것이다. 그 하나는, 어니스트 보이스 목사가 저술한 『성령충만: 성령에 관한 성경적 연구』(Ernest Boys, *Be Filled with the Spirit: or, Scriptural Studies about the Holy Ghost*)이며, 다른 하나는, A. 매헌 목사가 저술한 『성령세례』(Asa Mahan, *The Baptism of the Holy Ghost*)이다.

자신의 책에서 보이스 목사는, 이미 성령께서 항구적이고 지속적으로 임재하셔서서 모든 충만하심과 능력 가운데 신자들을 소유하셨는가, 혹은 그들이 소위 성령세례라고 하는 특별한 체험을 구해야만 하는가 하는 문제의 해답을 구하기 위해서 신약성경 전체를 통하여 성령에 대해 진술하는 모든 구절을 살펴본다. 그는 신약성서를 주의 깊게 연주하면 모든 참된 신자는 성령의 충만을 기다리라는 요구를 받지 않으며, 이미 그 영광스런 특권을 얻었음을 믿고 그에 따라 행하도록 자격을 부여받는다는 결론에 도달하게 된다고 생각한다. 우리는 믿음과 거듭남을 주시는 성령의 작업이 마음 속에 역사하시는 것이라기보다는 마음 위에 역사하시는 것이라고 믿는다. 그분이 실제로 마음 속으로 들어가시는 것이 믿음과 거듭남에 어느 정도까지 연관되어 있는가 하는 문제는 우리가 결정할 수 없다. 그러나 우리가 확신하는 것은, 한 사람을 하나님의 자녀가 되게 하는 믿음의 결실이 맺어졌다면, 모든 사람에 대해서 말할 수 있는 바, 성령께서 그 마음에 실제로 들어가셨으며 영구히 지속적으로 내주하신다는 것이다. 그 신자가 그리스도인의 삶과 체험의 문제에서 성령께 어떤 자세와 관계를 취하든 간에 그는 그 이상의 내주하심을 구하느라 시간을 허비하고 기도해서는 안 된다. 이것은 그 충만한 의미에서 이미 이루어진 영화로운 사실이다. 오히려 그는 현재 실제로 존재하는 것에 대해서 더욱 철저한 지성적 영적 지각을 갖도록 한다.

그는 오순절에 대해 논하면서, 성령께서 그날 내려오셔서 지상에 영구적으로 거하신다는 사상을 강력하게 주장한다. 사도행전 2장에서 우리는 성령께서 인격으로 내려오셔서 지상의 교회에 거처를 정하시고 '모든 시대에 교회와 함께 하시는 것'을 본다(요 14:16). 하나님의 아들이 실제 사람의 몸과 연합하심으로써 성육신하신 것과 마찬가지로, 오순절에 성령은 그

리스도를 믿는 사람들의 몸과 연합하시어서 성육신하신다는 의미이다. 그
분은 그리스도의 몸인 교회의 참된 지체들인 각 개인의 마음 속에 거하시
고 이를 통해서 머리이신 그리스도와 연합하심으로써 교회 안에 거하여
오셨다. 우리가 믿는 바, 그분이 각각의 새 지체들에게 새로이 그분 자신을
전해 주시고 신자들 속에서 그들을 통하여 역사하시는 것은 이제 다시 하
늘로부터 새로이 이루어지는 일이 아니라 바로 이 지상의 거주지로부터
이루어지는 일이다. 그러므로 각 신자는 성령이 다른 사람들에게 하나님의
진리의 실재를 나타내시고 전달하기 위해 통로로 사용하시는 매개체일 뿐
만 아니라, 어떤 의미에서는 그분이 자신을 다른 사람의 마음에 전달하시
는 근거지로서의 원천이다(요 15:26-27; 7:38-39).

　에베소서 3:14-21에 나오는 기도에 대해서 논하면서 그는 다음과 같이
기록하고 있다. 성경을 찾아보면, 오순절 이후에 아직 선물로 받지 못한 성
령을 간구하라고 신자들에게 촉구하는 예는 하나도 발견할 수 없지만, 이
미 그들 속에 거하시는 성령께서 속사람 안에서 그분의 다양한 직무를 능
력으로 수행하신다는 것을 발견할 수 있다. 그리고 결론적으로 요약하여
말하기를, 만약 언어가 무언가를 의미한다면, 영감 받은 저자들에 대해서
우리가 지속적으로 되풀이하여 확신하는 바는, 성령의 내주하심이 하나님
의 참된 자녀가 된 모든 이들 속에서 현존하는 실재라는 것이다 … 그러
나 자칭 그리스도인들 가운데 많은 수가 삶과 행위 속에서 성령의 내주하
심을 거의 보여 주지 못하고 있다는 것을 실토하지 않을 수 없다. 교회의
현 상황에서 볼 때, 신실한 사람들이 치유책을 찾고 있다는 것과 그들이
해답을 구하러 성령께로 돌이키고 있다는 것은 놀라운 일이 아니다. 그러
나 그 비밀은 명백한 것으로서, 치유책은 매우 가까이에 있고 심지어 자신
들 내부에 있다는 것을 사람들이 알지 못한다는 사실에 우리는 놀란다. 우
리가 원하는 것은 우리를 위한 모든 사역을 통해서 우리를 가르쳐 행하게
하신 그리스도의 교훈과 마찬가지로, 우리 속에 있는 인격이신 성령을 믿
는 순전하고도 어린아이와 같은 믿음 바로 그것이다 … 우선적으로 모든
영적 체험은, 느낌과 겉보기와는 다르다 하더라도, 우리가 순전하게 믿을

때에야 우리의 의식에 실제로 나타날 수 있는 진상에 대한 전적인 믿음으로부터 솟아 나온다. 이 순전하고 어린아이와 같은 믿음이 우리 마음 속에 성령이 내주하신다는 진리와 결속되도록 하고, 이전 장에서 논한 바 성경이 권면하는 말씀을 깨달아 그분의 인도하심에 복종하는 삶을 다시 시작하자. 그러면 우리는 행복과 성결과 영적 능력의 참된 비밀을 발견할 것이며, 매일같이 매시간마다 성령으로 그 능력의 충만함을 얻을 것이다.

내가 굳이 상당한 분량을 인용한 이유는 여기서 제시된 진리의 심오하고 중요한 측면을 강조하기 위함이기도 하고, 또 그것이 단지 진리의 한 면일 뿐임을 보이기 위한 것이기도 하다. 앞의 주제와 관련하여 나는, 올해 스물일곱 명 가량의 직분자들이 만나서 엿새 동안 기도하고 성령의 역사를 공부하면서 보낸 수련회가 있었으며 그 수련회가 열리기 몇 주 전에 모든 참가자들에게 보이스 목사의 책이 미리 한 권씩 발송된 적이 있음을 이야기해야겠다. 우리가 모였을 때 여러 사람이 그 책을 읽으면서 받았던 은혜에 대해 증언하였다. 한 사람이 자신에게 특별히 큰 은혜를 끼쳤던 문장에 대해서 간증하였고, 다른 사람들도 큰 감명을 받았다. 그 구절은 성령에 대하여 우리가 마땅히 가져야 할 자세를 분명하게 설명하는 것으로서, 그런 자세 없이는 그분의 역사를 거의 경험할 수 없다.

보이스 목사는 이렇게 기록하고 있다. 만약 우리가 성령충만의 참된 의미에 대해서 매우 간단하게 질문을 받는다면, 그것은 우리가 '성령을 더 많이' 소유함을 말하는 것이 아니라 성령이 우리를 더 많이 소유하심을 말하는 것이라고 대답해야만 한다. 이 두 가지 사이에는 큰 차이가 있고, 많은 사람들은 성령충만을 진실하게 구하면서도 그 차이를 깨닫지 못한다. 성령으로 충만하기 위해서 그들이 하나님께 이미 드린 것보다 더 큰 것을 드려야만 할 때, 그들은 하나님에게서 더 큰 것을 받기를 갈망하고 기다리고 간구한다. 이런 일이 있은 다음 며칠 지나지 않아, 한 사람으로부터 비슷한 간증을 받았다. 그는 수련회에 참석할 수 없었지만, 편지로 그 책에 대해서 써 보냈는데, 그 책은 그가 가질 필요가 있었고 또 가질 수 있던 성령을 모두 다 가졌음을 알도록 새로운 깨달음을 주었다고 했다. 나는 그리스도의 교회에서 많은 그리스도인과 직분자들이 결여하고 있는 것이 한 가지 있다는 것을 확실히 알게 되었다. 그것은 성령께서 그들 속에 거하고 계시며, 모든 위급 상황을 능히 감당할 수 있으실 뿐만 아니라, 전적으로 소유하시고 완전하게 다스리시도록 맡기기를 기다리고 계신다는 것을 믿는 살아 있는 믿음이다. 우리는 복음을 선포하는 우리의 설교 가운데 회심한 지 얼마 지나지 않은 모든 어린 신자들에게 이 진리를 충분히 가르칠 필요가 있다. 그래서 그들로 하여금 하나님이 받아 주셨다는 사실에 대한 살아있는 유일한 보증, 그리고 성결함과 열매 맺음의 유일한 능력, 그리고 그리스도의 임재하심과 내주하심의 유일한 가능성과 향유 등을 내주하시는 성령에 대한 믿음 속에서 발견하도록 해야 한다.

　이제 다른 편으로 눈을 돌려보자. 매헌 박사의 저서인 『성령세례』(*The Baptism of the Holy Ghost*)에서 우리는 오직 성경에 나타난 하나님의 마음을 알고자 하는 동일한 열망을 가지고 있는 한 사람이 하나님의 진리의 전혀 다른 측면에 대해서 말하는 것을 본다. 개정판 서문의 몇 문장이 그의 입장을 분명하게 보여 줄 것이다. 그는 요한복음 14:15-17을 언급하면서 다음과 같이 기록하고 있다. 성령은 제자들에게 죄에 대해서 책망하였고, 그들로 하여금 예수를 믿고 그분을 사랑하며 그분의 명령을 지키도록 인도하였다. 그들이 회심한 다음부터 성령은 그들과 함께 계셨고 그들의 몸은 그분의 성전이 되었다. 이 제자들이 아버지의 약속이 이루어지길 기다리면서 예루살렘에서 열흘 간 대기하는 동안 그 동일한 성령께서 여전히 그들과 함께 계시면서, 그들의 순종을 완전한 것으로 만드셨고, 그들의 소망을 더욱 간절하게 하셨으며, 그들의 마음이 일치하게 하셨을 뿐 아니라, 다가오는 성령세례를 통해서 주어질 내적 조명과 능력을 덧입기 위한 준비를 갖추게 하셨다. 오순절에 선행한 모든 것은 이 세례를 위한 준비였을 뿐 그것의 한 부분이 아니었다. 그들의 회심과 거기에 이어진 예비는 그 세례와 마찬가지로 성령의 역사였으며, 앞에 것은 뒤에 것을 위해 없어서는 안될 것이었다. 사도들이 자신들의 체험에서 예비적인 단계만을 계속했다거나 혹은 약속된 성령을 받기 전에 사역으로 나갔다면, 세상은 그들의 감화력을 결코 느낄 수 없었을 것이다. 한편으로 아버지의 약속하신 바를 기다렸고 그 다음에 그리스도께서 하신 것처럼 성령의 능력으로 나아갈 때 그들은 곧 세상을 뒤집어 놓을 수 있었다.

이것은 성령의 시대인 이 시대에 속해 있는 큰 자나 작은 자나 모든 신자들에게 동일하게 적용된다. 사도들과 그 동역자들과 마찬가지로 예수 안에 있는 모든 자들에게 그러하다. 성령께서는 신자에게 하나님을 향한 회개와 그리스도를 향한 믿음을 일으키신 다음에, 또한 오순절에 앞서서 저들에게 하신 것처럼 그와 함께 거하시고 그 안에서 역사하신다. 이것은 그의 사랑과 순종과 내적 준비를 완전히 갖추게 하셔서, 최초에 저들에게 하신 것처럼 그에게도 성령이 내리도록 하시려는 그 한 가지 목적을 위한 것이다. 회심자가 이런 완성에 미달인 채 멈춘다면, 그리고 그가 회심할 때에 이미 성령의 세례를 받았다는 믿음으로 그렇게 한다면, 그는 거의 불가피하게도 인생 전체를 통하여 옛 시대의 연약함과 어두움 속에 머물게 될 것이며, 새 시대의 표징인 능력과 영적 조명을 덧입음으로써 생명의 사역으로 나아가지는 못할 것이다.

여기서 이 위대한 교리는 한 가지 반대에 부딪히게 되는데, 그것은 새로 거듭난 모든 영혼마다 약속된 성령세례와 수반되는 모든 능력을 회심할 때 부여받는 것은 아니라는 것이다. 이 교리를 확증하기 위하여 '모든 이가 한 성령으로 세례를 받아 한 몸이 되었다'는 것과 모든 신자들의 몸이 '성령의 성전'이라는 것을 지지하는 구절들이 제시된다. 우리가 가르치는 바, 이 모든 것은 현재 모든 신자들에게 참된 것이고, 또한 타락 이후 모든 회심자들에게도 참된 것이다. 사도들은 그리스도의 영을 가졌음이 틀림없으며, 그렇지 않았다면 그들이 그분의 소유가 될 수 없었을 것이다. 그렇지만, 신약성경적 의미에서는 "성령이 아직 그들에게 계시지 아니하였고" 오순절 날이 완전히 이를 때까지 그들은 "성령으로 세례를 받지" 못했다. 이와 같이, 이 시대의 모든 회심자들도, 그들은 그리스도의 영을 가지고 있으며 그들의 몸은 성령의 성전이다. 이것은 베드로와 요한이 사마리아에 오기 전에 거기 있던 모든 회심자들도 마찬가지였다. 그렇지만 아직 그들 가운데 누구에게도 성령이 내리지는 않았다. 어떻게 누군가 성령세례를 통해 나타날 결과를 예상할 수 있으며, 그런 회심자들이 모두 '성령을 주시겠다는 약속'에 포함된 '능력을 부여받았다'는 것을 확증할 수 있는지 불가사의한 일이 아닐 수 없다.

만약 신자가 의롭다 하심을 얻은 상태에 들어간 다음에 '성령을 주시겠다는 약속'이 그를 기다리고 있지 않다면, 그리고 그가 '위로부터 내리는 능력을 덧입을 때까지' 그리스도에 대한 '사랑과 순종'과 궁극적 헌신 가운데 하나님 앞에 '머물러' 있지 않는다면, 말은 아무 의미가 없다.

이러한 성경적 진리를 논하는 데에 우리는 한 가지 중요한 점에서 이전에 다룬 견해에 동의하는데, 그것은 모든 신자가 그의 안에 거하시는 성령을 가지고 있다는 것과 그가 그것을 알아야만 할 뿐 아니라 성령께서 그의 안에서 그의 성장과 강건함에 필요한 사역을 행하시리라는 것을 믿어야만 한다는 것이다. 성령의 내주하심이 의미하는 모든 것을 신자가 완전히 체험하는 방식이 어떤 것인지 물을 때 이견이 발생한다. 앞서 나온 입장은 그분이 당신 안에 거하심을 믿고 당신의 전 존재를 열어 그분께 굴복하라. 그분이 당신을 채우실 것이다라는 대답을 제시한다. 두 번째 입장은 하나님의 약속의 성취이며, 특별하고도 뚜렷한 은사인 성령의 충만함을 위해서 보좌 앞에서 기다리라고 대답한다.

만약 두 번째 입장과 관련하여, 모든 신자가 독특한 체험으로서 성령세례를 의식적으로 구하고 받아야만 한다고 주장한다면 이것은 하나님의 말씀이 가르치는 바와는 다르게 보인다는 것을 지금 말해 두고자 한다. 하지만 그것이 다음과 같이 제시된다면 즉, 믿음으로 간구하는 기도에 대한 응답으로서 많은 신자들은 그들에게 참으로 새로운 성령세례가 될 하나님의 영의 넘쳐 흘러들어옴을 받았고 또 그것을 구하는 자들도 받을 수 있으리라고 한다면 나는 그것을 성경의 가르침과 일치하는 것으로 간주하지 않을 수 없다. 나는 앞서 보이스 목사의 책에 대해서 그의 가르침 중 긍정적 부분의 진리와 가치에 대해 내가 깊이 깨달은 것을 말했다. 그러나 우리가 여전히 성령을 구해야만 한다는 것을 그가 부정하는 데까지 나아간 것에 대해서 나는 동의할 수 없으며, 또한 내가 보기에 그의 관점은 성경적 진리의 견지에서 보완되어야만 함을 지적하지 않을 수 없다.

그가 미처 보지 못한 한 가지 진리가 있음이 확실하다. 앞서 인용한 구절에서 그는 성령께서 이 땅에 오셔서 그리스도의 몸인 교회에 그의 처소를 마련한 것에 대해 아주 강한 어조로 이야기한다. 그리고 성령은 전적으로 신자를 통해서 회심하지 않은 사람들에게 전해진다는 것도 마찬가지로 강조한다. 이것은 진리에 있어서 대단히 중요한 측면이면서도 우리가 거의 깨닫지 못하던 것이었다. 그러나 놓쳐서는 안될 또 다른 측면이 있다. 성령은 하나님의 영이시다. 그는 교회 안에 계실 뿐 아니라, 아버지와 아들 안에도 계신다. 아버지와 아들과 그의 몸된 교회에서 성령은 한 생명이며, 그 안에서 이들은 교제를 나눈다. 하나님은 성령을 쪼개어 나눈다는 의미로 신자들에게 그의 영을 주신 것이 아니며, 또한 그가 한 번 주심으로 더 이상 주실 필요가 없을 정도로 주신 것도 아니다.[1] 하나님의 모든 은사는 영생의 능력 안에 있다. 이는 그리스도로 말미암아 하나님께로부터 그의 백성들에게 끊임없이 솟아나는 생명의 능력이다. 그러므로 신자가 더 많은 것을 간구하는 것은 성령께서 우리 안에 계심을 전적으로 인식하는 것과 조화를 이루는 것이다. 나는 성령의 존재를 잊어버리며 심지어 무시하는 기도가 많이 있음을 인정하며 유감스럽게 생각한다. 그리고 그 결과 교회가 입어야 할 손실을 통감한다. 그렇지만 하나님께서 성령을 주셨고 우리가 성령을 받았기 때문에 우리가 더 이상 성령을 구해서는 안 된다고 한다면 또 다른 극단에 빠지는 일이 될 것이다.

그러나 어떻게 이미 소유하고 있는 것을 구할 수 있는가?라고 흔히들 말하곤 한다. 그 대답은 매우 간단하다. 내가 글을 쓰는 펜을 잡고 있는 이 손가락들은 완벽하게 건강하다고 할 수 있을 만큼 혈액으로 가득 차 있다.

---

1) 성령을 '주신다는 것'은 일단 주어지면 그때부터는 분리된 몫으로 따로 소유하는 그런 것이라고 생각해서는 안된다. 첫 '은사'는 말하자면, 일련의 작용의 첫걸음으로서, 그 각각의 작용들도 또한 은사라고 표현될 수 있다 — 무울(Moule), 에베소서 1:17 주석.

그렇지만, 만약 그것들이 말할 수 있다면 우리는 그것들이 심장에게 신선한 혈액이 없이는 살 수 없으니 신선한 혈액을 보내 주시오!라고 요구하는 소리를 듣지 않겠는가? 열매를 잔뜩 달고 있는 가지는 수액을 한껏 머금고 있음에도 불구하고, 자기가 비어 있다고 끊임없이 호소하며, 포도나무에 대하여 끊임없는 공급을 요구한다. 공급이 끊어지면 열매는 익지 못한다. 허파는 숨으로 가득 차 있지만 매 순간마다 새로운 공급을 요구한다. 신자도 마찬가지이다. 그는 자신이 마음대로 사용하고 처분할 수 있는 능력이나 성자로부터 벗어나게 하는 인격으로서 성령을 소유한 것이 아니라는 것을 이해하고 있다. 성자와 살아 있는 관계를 맺고 끊임없이 그를 의지하게 하는 분은 성령이시다. 우리의 기도의 삶 전체는 성령을 인정하는 믿음과 조화를 이루어야 한다. 성령은 우리에게 이미 받아들여졌다. 그렇지만 성령은 충만히 내주하셨던 그리스도로부터 흘러나와 우리에게 더욱더 충만하게 유입되기를 기다리신다.

우리는 아들의 삶 속에서 소유와 요구가 일체를 이룬 것을 본다. 그분은 아버지께서 만유를 그의 손에 주신 것과, 아버지께서 심지어 자기 안에 계신 것도 알았다. 그렇지만 그분은 기도해야 할 필요성을 느꼈다. 그는 내주하시는 성령을 출생 시부터 소유하고 있었다. 그렇지만 세례 받을 때 위로부터 오시는 성령을 맞아들인 것은 실상 거룩한 거래였다. 그분이 기도했을 때, 하늘이 열리고 성령이 내려오셨다. 우리는 또한 바울 서신에서도 그것을 찾을 수 있다. 바울은 에베소 사람들에게 약속된 성령의 인치심을 받았음을 일깨워 주면서 하나님께서 그들에게 지혜와 계시의 영을 기도한다고 말했다. 그는 그들 속에 계신 성령께서 그들을 지혜롭게 하시길 기도할 뿐 아니라, 지혜의 영을 간구해 마지않는다. 그리고 후에 "그 영광의 풍성함을 따라 그의 성령으로 말미암아 너희 속 사람을 능력으로 강건하게 하옵시며"라고 간구할 때, 그는 성령께서 우리 안에 계심을 우리가 아는 것과 믿는 것만으로는 충분치 않으며, 아버지께 기도함으로써 성령의 능력이 더하게 될 것이며 우리가 성령의 충만을 받을 것이라고 말한다.

'그가 지혜의 영을 너희에게 주사'라는 표현을 '성령으로 말미암아 너회를 강건케 하옵시며'라는 표현과 상호 교환하는 것은 우리가 어느 쪽으로든 구할 수 있도록 자유를 준다. 우리는 우선 성령이 우리 안에 계신 것과 성령이 계신 곳에서 오직 믿음으로 아버지께 기도함으로써 성령의 임재와 능력이 더욱 흘러 넘쳐 들어올 것임을 깨달아야 한다. 성령이 우리 안에 계심을 믿는 믿음, 그가 우리에 대해 더 많은 것을 요구하신다는 확신, 그리고 우리를 완전히 소유하시면 우리를 충만케 하시리라는 지식, 이것은 우리로 하여금 아버지께 기도하도록 재촉하며, 아버지의 능력은 아들을 통하여 성령께 전해져야 하는 것이다. 신자가 성령을 한 번 받았다 해서 "하물며 너희 천부께서 구하는 자에게 성령을 주시지 않겠느냐" 하시는 예수의 귀한 말씀으로부터 이제 벗어났다고 느끼고, 이 으뜸가는 복을 더 이상 구하지 않아도 된다고 생각한다면 참으로 불행한 일이 아닐 수 없다. 새롭게 기름부음을 받는 것이 날마다 필요하듯이 그 복도 늘 성령의 충만함을 가지신 분을 통해 아버지와 살아있는 교제를 나누는 가운데 날마다 받아야 하는 것이다 그러므로 성령으로 세례 받으신 예수를 생각하는 것은 딱 한 번 이루어진 과거의 일을 회상하는 것이 아니라 그것을 날마다 지속적으로 체험할 수 있다는 약속으로 인식하는 것이다.

우리 속에 성령을 소유하고 있다는 믿음이 거의 새로운 계시처럼 임하여 우리를 기쁨과 능력으로 충만하게 했을 때라 할지라도 아버지와 아들과의 살아있는 교제 속에서 그 믿음을 지키며 성령을 받아들이지 않는다면 그 생생함과 그 능력을 잃어버리게 될 것이다. 오순절의 교훈은 모든 시대에 유효하다. 우리 주님께서 영광 중에 보좌에 앉으셔서 성령을 주실 때, 보좌의 발등상은 그 성령을 받는 장소이다. 우리가 성령을 가지고 있다는 믿음이 더욱 깊어질수록 아버지께서 우리에게 성령의 능하신 역사를 허락해 주시기를 바라는 우리의 기도는 더욱 지속적인 것이 될 것이다. 아버지와 아들과의 살아 있는 교통 속에서 믿음으로 경배하며 기도할 때만 성령께서 능력 있게 역사하신다.

다음과 같은 견해들이 내가 보기에 성경적인 관점에 맞게 성령세례를 구하는 기도를 드리고 그 응답을 기대할 수 있는 길을 예비했을 것이다.

1. 제자들에게 성령세례는 거듭나도록 하기 위한 첫 성령 수여가 아니라 영광 받으신 그들의 주님 속에 현존하는 능력을 분명하게 전달하는 것이었다.

2. 그리스도의 교회는 성령으로 세례를 받았으며, 모든 신자는 그 성령을 함께 받아서, 그들 안에 거하시는 그리스도의 영을 소유하게 된다.

3. 오순절 이전과 이후의 제자들의 상태에서 그 현저한 예를 볼 수 있듯이 구약과 신약에는 한 성령의 이중적인 작용이 있었다. 마찬가지로 대다수의 그리스도인들에게도 상응하는 체험의 차이가 있을 것이다. 성령의 임재하심에 대해서 가까스로 조금 아는 것과 영광 가운데 거하시는 그리스도를 성령께서 충만하게 계시하시는 것 사이에 있는 차이는 무지나 혹은 불신앙에 기인하는 것이다.

4. 성령의 내주하심을 통하여 전하려고 작정하신 것을 영혼이 분명하게 인식하고 그것을 받고자 기꺼이 모든 것을 포기할 때, 신자는 이른바 성령세례라는 것을 구하고 기대할 수 있을 것이다. 에베소서의 두 가지 기도를 따라 아버지께 간구하고, 믿음과 순종으로 새롭게 굴복하며 예수께로 나갈 때, 그는 물밀 듯 흘러 들어오시는 성령을 받아서 지금까지의 삶과는 다른 차원으로 고양됨을 자각하게 될 것이다.

5. 성령세례가 임하는 방법은 매우 다양하다. 어떤 사람들에게는 그들의 신령한 생명의 놀라운 소생과 기쁨으로 임한다. 그들은 성령 충만을 받아 그들의 모든 감정이 동요됨을 느낀다. 그들은 아버지께로부터 온 선물로 그들이 분명하게 체험한 그것에 대해 말할 수 있다. 다른 사람들에게는 성령세례가 그들의 느낌이 아니라 그들의 믿음에 주어진다. 그것은 그리스도 안에 있는 성령충만에 대하여 실제적으로 자기 자신의 것으로서 깊고 고요하게 그러나 분명하게 통찰하는 것으로 임하며, 또한 일어날 수 있는 모든 사태를 성령의 충분한 능력이 능히 감당하리라고 확신하는 믿음으로 임한다. 연약한 가운데서도 그들은 능력이 그들에게 있음을 안다. 둘 중 어느 경우라도 사람들은 복이 위로부터 주어짐을 알고, 그래서 그들은 그 복을 주신 분께 순종과 깊이 의존함으로 그것을 유지하고자 한다.

6. 그러한 성령세례는 특별히 섬김을 위한 능력으로서 수여된다. 그것은 때때로 신자가 자신의 섬김의 소명을 충분히 깨닫지 못하고 주로 자기 자신의 성화에만 몰두하는 동안 임할 수도 있다. 주님을 증언하라는 부르심에 순종해야만 성령세례가 지속된다. 오순절의 성령세례는 분명히 섬김을 위한 준비로서 주어진 것이다. 고넬료와 그의 기도의 동역자들의 세례는 하나님께서 그들의 믿음에 인치신 것이었고, 그들은 하나님 나라의 복에 온전하게 참여한 것이었으며, 그것은 즉시 그들의 입을 열어 말하게 했다. 우리는 고착화된 규칙을 만드는 것에 대해 경계해야만 한다. 하나님의 은사와 사랑은 우리의 마음보다 더 크다. 자기가 가진 빛으로써 주님의 영광에 전적으로 헌신하기를 원하는 신자는 누구나 은사의 충만함에 이를 수 있으며 또한 그것을 요구할 수 있을 것이다. 그것은 입을 열어 하나님을 증언하는 능력을 보여 줄 것이다.

7. 성령세례를 위한 준비는 지금도 최초의 제자들의 경우와 마찬가지이다. 주님를 위해 모든 것을 포기하도록 그분이 그들을 부르셨을 때, 그는 우선 그들을 삼 년 동안 그분의 학생으로 있게 하시면서 그들을 훈련시켜 그분의 뜻을 헤아리고 사랑하며 순종하게 하셨다. 개인적으로 예수께 굳게 붙어 있는 것이 우선 필요불가결한 것이었다. 주님은 그분의 죽음의 교제로 그들을 이끄시고 그들 자신이나 그들의 외적 모습 속에 있는 모든 소망 즉, 육체에 대한 모든 신뢰를 버리게 하셨다. 그들이 그들 자신의 선한 의도나 혹은 그분의 육체적 임재에서 육체가 — 죄를 정복하고 해방을 주기에는 — 전적으로 무력함을 배우게 되었을 때, 더 고차원적인 것에 대한 필요가 일어났다. 그리고 마지막으로 주님은 그들이 처음엔 사십 일을, 그리고 나서 다시 열흘을 기대하고 기다리는 가운데, 그들이 구하고 생각하는 것 이상의 것을 주시도록 그분 자신을 바라보게 하셨다. 방법과 정도에서는 매우 다양하겠지만, 모든 신자는 제자들이 체험한 것과 별로 다르지 않은 어떤 준비단계를 거쳐야만 한다. 자신을 주님께 맡겨 주님 자신으로 하여금 그분의 세례 준비반으로 넣으시고 훈련과정을 통제하시며 오직 성령으로 충만해지는 것으로만 만족하시도록 하는 자는 복이 있다. 어떤 사

람들은 성령세례를 전혀 생각하지 않음에도 그들에게 그것이 임한다. 주님에 대한 강한 헌신 가운데 그들은 그분이 자기들 속에 계심과 그들을 온전히 그분의 것으로 다스리고 계심을 아는 것이다.

우리가 구하는 것을 표현하는 방식에서 아무리 차이가 난다 할지라도 우리 아버지께서는 자녀들 각각을 그 자신이 이해하고 있는 것보다 더 잘 이해하고 계시다는 것을 기억하자. 다양한 표현양식 가운데서도 하나님께서 성령과 불의 세례에 대한 약속을 통하여 의도하신 것 그것만을 소유하겠다는 소원이 하나님의 백성들 가운데서 자라나고 있음을 기뻐하자. 성령께서 우리 속에 거하실 때, 그분에게 신실하자. 우리들 자신과 아울러 서로를 격려하여 우리가 구하는 것이나 생각하는 것 이상을 행하실 수 있는 하나님을 기다리고, 성령께서 모든 신자들 속에서 우리가 상상할 수 없을 만큼 능력 있게 역사하시는 것과 충만하게 넘쳐흐르시는 것을 체험하자.

주해 2

인격이신 성령 (제5장)

우리가 우리 속에서 성령께서 자리잡은 위치와 행하시는 사역을 이해하고자 한다면 신적인 존재 안에서 그분의 위치와 사역에 대해 어느 정도는 알아야만 한다. 성령을 주신 것은 우리로 하여금 하나님의 생명과 성품에 참여하게 하며 그분이 아버지와 아들 안에 계시면서 행하시는 것처럼 우리 속에 계시면서 우리를 대신하여 행하게 하시기 위한 것이다. 그분이 성삼위 안에서 아버지와 아들의 영으로 계시는 것, 그가 지상에서 사람이신 그리스도 예수 안에 계시면서 행하신 것, 특히 영광 받으신 우리 주님께 대한 그분의 관계를 명상하는 것은 우리를 성령이 어떤 분인가를 묻는 실제적인 질문에서 벗어나게 하지 않는다. 오히려 아버지와 아들의 일치된 선물의 놀라운 영광과 신비를 깨우치는데 도움을 줄 것이다. 그 선물이란 그분들 자신의 성령이며, 이는 그분들의 인격적 생명의 성령께서 우리의 인격적 생명의 성령이 되신다는 것이다. 매우 성경적이고도 영적인 신학자의 한 사람인 베크(Johann Tobias Beck)의『기독교 교의학 강의』(*Vorlesungen über Chr. Glaubenslehre*)에서 제시하는 다음의 인용문은 하나님께서 그의 말씀으로 계시하신 것을 이해하고자 하는 노력에 도움을 줄 수 있을 것이다. 신자가 하나님의 성령이 내 안에 거하심을 깨닫기 시작하고 하나님께서 그에게 거룩한 것 즉, 하나님의 인격을 그의 생명으로 주신 것을 알 때 그것은 가장 복된 일이다. 그러나 아버지와 아들의 인격적 생명이신 성령께서 그의 인격적 생명 즉, 그의 내적 생명이 되신 것을 알 때 그것은 천 배나 더 놀라운 일일 것이다.

　기독교에서 계시는 자연계시처럼 하나님께 대한 초보적인 증거나 구약의 계시처럼 특별한 율법 체계와 이상적 약속의 형태로 나타나는 데 그치지 아니하고, 또한 소생케 하시는 성령의 새 생명의 체계로 나타난다. 이처럼 기독교는 초자연적인 것, 신적인 것이 지상적 인간인 우리의 영이요 생명이라는 계시를 전해 준다. 이 관점에서 볼 때 그 계시는 이전의 형태들과는 다르게 매개되어야만 하며, 계시를 위한 고도의 매개체를 가져야만 한다. 신적인 것이 역동적이고 본질적으로 인격적 생명으로서 인간의 개체성 속에 전이되었다면 그것을 매개하기에 적절한 기관은 오직 하나, 계시나 신적 원리의 체계가 인간 속에 인격화되게 할 수 있는 것이어야 한다. 다시 말해서, 신적 존재가 그 어떤 능력으로 양심을 통로로 하여 단지 몇몇 사람들에게 자신을 계시하는 것만으로는 충분하지 않다. 또한 그것이 영감의 방식으로써 그 능력을 개발하여 예언의 수단을 통해서 이성이나 영의 생명에 영향을 미치고 고양시키는 것으로 충분하지 않다. 완전해야만 할 계시에서 양심과 영감은 계시의 수단으로는 충분하지 않다. 그의 독특한 영과 생명이 인간 개개인 속에 있는 하나의 원리로서 인격적으로 소유화될 수 있도록 하는 매개가 필요하다. 거룩한 존재를 각 사람의 인격적 생명 속에 전달하셔서 하나님의 사람을 만들고자 하는 계시에서, 신성한 존재는 그와 같은 것 ─ 즉, 인격적 생명 ─ 으로 인간성의 인격적 중심 속에 우선 구현되어야 한다.

　이는 다음과 같은 이유 때문에 그렇다. 전혀 새로운 형태의 모든 생명은 많은 수의 표본으로 증식하기에 앞서서 적절한 새 원리에 따라 완전하게 일치하도록 결합된 내용을 우선 충분히 지녀야 한다. 그러므로 사람들 가운데 신성을 인격화시키기 위하여 우선 요구되는 것은 인격화된 하나님의 생명의 원리를 내포하고 있는 자이다. 기독교는 모든 충만한 계시를 중보자이신 예수 그리스도의 유일한 인간적 인격에 집중한다. 그는 새로운 신적 유기체의 중보적 중심원리로서 성령과 생명의 충만함 가운데 계시며 사람의 인격적 생명 속에 그 생명을 위해 임재하신다. 그리스도께서 인간 개개인에게 들어가심으로 하나님의 생명은 보편적 세계관련성 속에서가 아니라 인격적 원리로서 우리 안에 내재한다. 그러므로 사람은 이른바 $\pi o\acute{\iota}\eta\mu a\ \theta\epsilon o\hat{\upsilon}$(하나님으로 말미암아 지음받은 존재)일 뿐 아니라 또한 $\tau\acute{\epsilon}\chi\nu o\nu\ \theta\epsilon o\hat{\upsilon}$(하나님으로 말미암아 태어난 존재)이다. 그리고 개개인이 그리스도의 생명의 본을 따라 점점 변화함으로, 하나님으로부터 나오고 하나님 안에 있고 하나님께로 향하는 인격적 생명의 발전은 완전해진다 — 이 발전은 도덕적이고 신정적인 교제뿐 아니라, 본성의 교류에 있어서의 발전이다. 인간은 타락과 함께 그에게 있는 신성과 인간성이 둘로 갈라졌고, 이 분리로 인해 소외와 적대감으로 발전되었다. 인간은 악한 인격을 갖게 되었다. 이와는 달리 신성과 인간성은 그리스도의 신·인적 인격 속에서 화해되어 하나로 되었다. 그의 인격은 달리는 볼 수 없었던 하나님의 인간적 모습이다.

　성령과 관련하여, '성령은 하나님이시다' 혹은 '성령은 주님이시다'라는 말은 결코 하지 않는다. 반대로, '하나님은 영이시다' 또는 '주님은 영 곧, 소생시키는 영이시다'라고 말한다. 그러므로 하나님과 주님께서는 성령을 통해서 각각 자기 자신으로서의 인격체이시고, 하나님이시며 주님이시다. 하지만, 이로 인하여, 성령이란 신적 존재에 종속된 것일 뿐이며 독립적으로는 존재하지 않는 것이라고 할 수 없다.[1] 그는 아버지와 아들로부터 구분되는 인격이시지만, 아버지와 아들 안에서 신적인 인격을 형성하신다.

성령은 하나님 밖에 있으면서 세상과 인간 속에서 하나님을 자유롭게 계시하시며, 이는 한편으로는 깊이 감추어진 신성에 이르고, 인간 편에서는 하나님 자신의 생명을 아들의 생명의 산물에게 전달해 준다. 성부의 유일하신 신적 인격은 모든 것을 포괄하는 하나님의 중심적 주체이며, 그분 안에서 성자와 성령은 존재의 연합을 이루면서 자립적으로 실존하신다. 성자는 성부의 말씀하시는 자아로서, 그 안에서 성부는 자기 형상대로 자신을 계시하신다.

성령은 아버지와 아들의 내적 자아로서 계시되며, 성령을 통하여 하나님의 내적 생명은 인격적 존재의 능력 가운데 지속되고 전달된다. 성령께서는 하나님의 내적 생명을 지니고 계신 분이기 때문에 자신을 외적으로 나타내시지 않는다 — 그에게는 아들과 같은 인간적 외모가 없다. 아들 안에서 아버지의 파네로시스 즉, 현현이 그분의 외면적 자아로서 외적으로 일어난 것처럼(요 14:19; 12:45), 아버지와 아들의 내면적 자아인 성령 안에서 모든 것은 내적 생명에 속하게 된다. 이는 우리에게 대한 하나님의 완전한 현현이 우리 안에서 묵시로서 계시되도록 하시려는 것이다.

인간적 본성을 세상과 그 죄의 사슬에서 구속하며 초자연적인 것을 내적으로 되살리기 위해 — 인간성은 그렇게 되도록 예정된 것이다 — 필요한 것은 하나님의 생명과의 연합이며, 그것은 법칙이나 희망으로서 — 이는 의지와 욕구에 대해서 이상화된 원리이다 — 계시될 뿐만 아니라 인격

---

1) 베크의 『교회와 학교와 가정을 위한 기독교 교의학 입문』(*Leitfaden der christlichen Glaubenslehre für Kirche, Schule und Haus*), 229쪽을 참고하라. 성령은 우리처럼 하나님께 종속되어 있는 어떤 것과는 전혀 다르다. 그래서 '하나님은 영이시다' 혹은 '주님은 영이시다' 라고 말하는 것은 실제로 성령을 통해서 하나님께서 자기 자신으로의 인격체가 되신다는 것이다. 거룩한 영은 우리처럼 성부와 성자에게 종속되고 그 안에 있는 어떤 것일 뿐만 아니라, 성부와 성자께서 하나님이시도록 하는 분이기도 하다. 성령은 성부와 성자에게 하나님의 인격이시다. 그러므로 성령은 거룩한 분, 거룩하게 하시는 분, 소생케 하시는 분으로 불리며, 성령을 통하여 성부와 성자의 인격적 존재 자체가 사람 속으로 태어나게 된다. 하나님의 인격적 생명은 오로지 성령 안에 집중된다. 그러므로 그분은 결코 비인격적인 것일 수 없다.

적 생명의 실제적 필요를 실질적으로 채우는 것으로서 인간에게 계시되어야만 한다. 즉, 하나님의 생명은 실제로 인격적 생명이 되어야 하는 것이다. 하나님의 생명은 그것이 본래 지닌 절대적 가치로 인하여, 우리의 개인적인 사고와 의지와 행위 속에 자리잡고 있을 뿐인 요소로 받아들여지는 것에 결코 만족할 수 없다. 우리와 접촉하고 우리의 흥미를 끄는 여타의 것들과 마찬가지로, 하나님의 생명도 우리의 사고와 행위 속에 자리잡고서 우리의 삶을 위해서 어떤 멋진 성과들을 우리에게 제공해야만 하는 것이라면, 그것만으로는 불충분하다. 이런 관점이 겉으로 볼 때는 온건하고 분별 있는 듯하지만, 하나님의 생명을 격하시킴으로써 이 세상의 것들과 동등하게 만들어 버린다. 또 하나님의 생명이 모든 대상들 가운데 가장 고상하고 가치 있는 것이라고 말한다 하더라도 사실상 거기에는 차이가 없다.

하나님의 생명은 실제 모습 그대로 절대적 세계의 원리로서 받아들여지고 우리의 인격적 발달의 절대적 생명 원리가 될 때, 참다운 인정을 받는 것이다. 그러나 하나님의 생명은 우리가 죄와 죽음을 소유한 세상의 능력에 속박되어 있을 때 인격적 능력을 창조하지 못한다. 그런 환경 아래서 하나님의 생명을 우리 안에서 인격화시키는 것은 우리의 영적 능력이나 이성으로는 성취할 수 없는 것이다. 우리는 새 성품의 형성이 필요하며, 새롭게 형성하는 것은 창조주의 사역으로서, 세상 속에서 신적 원리의 조직에 관한 것이다. 이것은 계시가 완성되도록 한 것이며, 하나님의 생명을 살아있는 성령으로서 즉, 생명을 주시는 성령으로서 형성하는 데 있다. 그러므로 생산적 생명 원리로서 또는 인격적인 생명의 능력으로서 하나님의 생명은 인간의 도덕적 생명 속에 내재할 수 있게 된다. 또한 그로부터 끊임없이 발전하는 가운데 하나님의 생명은 개인 속에서 그의 인격적 생명으로 재생된다. 그리고 하나님은 절대자로서 그분의 생각과 조화를 이루도록 인간 속에서 모든 것을 결정하는 생명의 원리가 되신다. 계시가 그 전적인 완성을 보게 되는 것은 이런 점에서이다.

하나님의 인격적 말씀이신 그리스도는, 성령께서 새로운 활동방식으로 아버지와 아들의 내재하시는 영으로서 하나님으로부터 나오실 수 있기 이

전에, 우선 성육신하신 아들로서 그의 증언과 중보를 완전하게 이루셔야 했다. 성령은 하나님의 인격적인 생명 원리로서 하나님에게서 나오셔서 인격을 이루는 원리로서 생명을 낳는 그의 사역을 시작하실 수 있었다. 하나님의 인격적인 말씀에서 흘러나오는 하나님의 인격적인 성령은 이제 영감의 최고 원리가 되었고, 이 원리는 새로운 형의 인간의 — 그것은 독생자의 형상이다 — 최고의 인격적 생명 형성 원리뿐만 아니라 하나님 나라의 비밀들도 파악한다.

그리스도의 인격은 성령을 개인화하는 데 그 근거를 두고 있다. 그것은 첫번째 창조 속에 있었다. 그때 하나님이 생명의 영을 불어 넣으심으로 인간은 생령인 인격이 되었다. 그리고 그것은 두 번째 창조인 거듭남 속에 존재한다. 성령을 인간에게 나눠 주심으로 이 모든 것이 그 속에서 즉, 그의 의식과 행위 속에서 새롭게 될 뿐 아니라 새 인간, 하나님의 형상을 닮은 새 인격이 출현하게 된다.

도르너(Isaak A. Dorner) 박사는 자신의 『기독교 교의학 체계론』(*System der christlichen Glaubenslehre*)에서 그리스도 안에서의 하나님의 계시와 성령 안에서의 하나님의 계시가 어떻게 다른지 다음과 같이 쓰고 있다.

"그리스도의 대속의 성격은 인격성에 대해 부정적이거나 억압적이지 않고 생산적이다. 그분은 자기 안에 영적 생명이 충만한 것만으로 만족하시지 않으며, 그 안으로 그의 백성이 믿음에 의해 통합된다. 신자들은 스스로 자유로운 인격으로서 살며 사랑해야 한다. 그리스도께서 구속하시는 목적은 그가 보내시는 성령을 통하여 새로운 인격의 창조로 향하며, 그 안에서 안정되고 확립된 존재를 확보하게 된다. 바로 이런 수단에 의해 하나님은 신자들 안에 새로운 방식으로 존재하시는데, 이는 구속의 능력이 오직 그리스도 안에 있는 하나님의 임재에 속하기 때문만이 아니라, 비록 그리스도께서 여전히 이 생명의 원리로 남으시지만 이 생명은 자유롭고 독특하게 그리스도로부터 형성되기 때문이다. 오로지 이러한 자유에 의해서 그리스도와 사람의 결합은 양면적인 것이 될 수 있고, 또한 더욱 확고한 상호 사랑의 관계가 될 것이다. 이와 동시에 생명과 빛 그리고 은혜와 진리로 그리스도 안에 객관적으로 거하시는 성령의 충만은 더 이상 이 세상에 대해 단지 객관적인 것만이 아니라, 오히려 이 세상 속에 살고 자신을 구원의 생명의 보화로서 드러낼 것이다.

그리스도의 충동은 성령을 통하여 사람들에게 지속되고 확장될 뿐 아니라 그들 안에서 고유한 충동 즉, 전이된 하나님의 능력을 위해 형성된 새로운 초점이 된다. 새로운 신적 원리이신 성령은, 본질상 새로운 기능들은 아니지만, 새로운 자의식, 즉 새로운 의지와 지식과 감정을 만들어 내신다. 요컨대 그는 새로운 인격을 만들고 기능들의 옛 접합점을 무력하게 하시어 동일한 기능들의 새롭고 순수한 접합을 창조하신다. 새로운 인격은 둘째 아담과 내적으로 유사하게, 말하자면 동일한 친족형태 위에 형성된다. 성경에 의하면 독립적으로 새 인격을 알려 주는 모든 것은 제삼의 거룩한 원리에 근거한다. 성령을 통하여 신자는 하나님 안에서 자유로운 거룩한 생명의 능력과 동기부여 속에서 자신을 새 사람으로서 자각하게 되었다. 성령은 그람마 즉, 율법 조문에 반대되는 기쁨과 자유의 영이시다. 하나님의 충동에 복종하는 것은 단순한 수동성과 수용성을 자발성 또는 생산성과 독립성으로 바꾼다. 성령을 통하여 각 개인의 인격은 완전하게 하나님의 은혜를 입은 인격으로 고양된다. 이 모든 것에 의해 성령은 상대적으로 독립적인 단 한 가지 요소인 교회 기원의 전제 즉, 신앙하는 새로운 인격을 심고 양육한다."

하나님의 인격의 영이신 성령께서 우리의 인격의 생명원리가 되신다는 이 사상은 지극히 중요하고 더없이 큰 결실을 가져다준다. 성령은 나를 거처로 삼으셔서 내 안에 거하시며, 나로 하여금 자신을 자각하게 하는 내밀한 자아를 포괄할 뿐 아니라, 더 나아가 새 인격의 새로운 신적 생명 원리가 되신다. 성령은 그리스도의 내밀한 자아로 그분 안에 계셨고, 지금도 계시면서, 나의 내밀한 자아가 되신다. 이로 인해 "주와 합하는 자는 한 영이니라" 하신 말씀에 새로운 의미가 부여된다. 그리고 "하나님의 성령이 너희 안에 계시는 것을 알지 못하느냐?"라는 질문에 강조를 두게 된다. 성령은 인격적인 능력으로서 그 자신의 뜻과 목적을 가지고 내 속에 계신다. 나의 인격을 내어 맡길 때 나는 내 인격을 잃지 않을 것이며, 오히려 새롭게 되고 강건케 되어 그 최고의 능력에 이르게 될 것이다. 이제까지 육신이 짊어지고 있던 짐을 성령께서 전적으로 대신 져 주심을 알 수 있다. 우리는 우리 자신이 자유롭다고 생각했지만 노예였다. 성령은 그의 뜻과 목적을 내 안에서 이루셔서 — 나를 가르치시사 그의 뜻과 목적을 성취하게 하심으로 — 나를 해방시키신다.

주해 3

내주하시는 장소 (제6장, 제29장)

성령의 내주하심에 대한 성경의 가르침을 연구하는 데에 성령이 거하시는 장소와 그가 역사하시는 방식에 대해 성경이 우리에게 이야기하는 것을 분명하게 아는 것이 매우 중요하다. 그리고 이것을 위해 우리는 특별히 주의를 기울여 인간의 혼과 영 사이의 차이점과 그들의 상호관계에 관해 올바른 입장을 찾아야 한다.

인간 창조의 역사는 다음과 같다. "여호와 하나님이 땅의 흙으로 사람을 지으시고 — 인간의 몸은 이렇게 만들어졌다 — 생기를 그 코에 불어넣으시니 — 생기는 생명의 영이며, 이처럼 사람의 영은 하나님에게서 나왔다 — 사람이 생령이 되니라." 육신을 살리시는 성령은 사람을 생령 즉, 자의식을 가진 산 인격으로 만드셨다. 혼은 만나는 장소 즉, 몸과 영 간의 연합점이었다. 생령인 사람은 몸을 통하여 외부의 감각 세계와 관계를 맺게 되었고, 외부 세계에 영향을 미칠 수 있었으며 그것에 의해 영향을 받을 수도 있었다. 영을 통하여 그는 영적 세계와 하나님의 영에 관계를 맺고 있었는데, 그는 그분으로부터 기원하였다. 그는 영적 생명과 능력의 수혜자이며 직분자일 수 있었다. 그러므로 혼은 두 개의 세계 중간에 있으면서 양쪽 편에 모두 속하여 스스로 결정할 수 있는 권세를 갖고 있었고, 자신을 둘러싸고 있으며 자신과 관계를 맺고 있는 대상들을 선택하거나 거부할 수 있었다.

인간의 본성이 이렇게 세 부분으로 구성되는 데에 영은 인간을 하나님과 연결시키는 것으로서 최상위에 있는 것이었고, 인간을 감각적이고 동물적인 것과 연결시키는 몸은 가장 하위의 것이었다. 혼은 매개적 위치에 있는 것으로서, 다른 것들의 성품에 참여하는 것이었고 그것들을 결합하는 끈이었으며, 다른 것들은 혼을 통하여 상호 작용할 수 있었다. 중심세력으로서 혼의 사역은 그것들의 적절한 관계를 유지시키는 것으로서, 가장 하위의 것인 몸을 영에 복종시키고, 하나님의 영으로부터 사람의 영을 통하여 받은 것으로 그 영을 완성하고, 그것을 몸에까지 전해 주어야 했다. 몸은 혼이 신령한 몸이 되는 수단이었다.

혼이 부여받은 놀라운 재능들, 특히 자의식과 자기 결정, 정신과 의지 따위는 하나님의 생명의 참된 본질과 진리를 받아들이고 동화시켜야만 하는 틀 혹은 그릇일 뿐이었다. 그것들은 혼이 하나님에 대한 지식과 그분의 뜻을 자기 것으로 만들도록 하나님께서 부여하신 능력이었다. 이렇게 하는 데에 혼의 인격적인 생명은 성령의 생명으로 충만해지고 소유되어야 했다 — 사람은 전체가 신령하게 되어야 했다. 우리는 이와 반대되는 일이 어떻게 일어났는지 알고 있다. 혼은 감각의 유혹에 넘어가서 그 노예가 되었다. 성령은 더 이상 다스리시지 못하셨고, 하나님의 자리를 옹호하기 위해 애쓰셨지만 헛된 일이었으며, 사람이 전적으로 육체의 능력 아래에 있게 되자 결국 하나님께서 "나의 영이 영원히 사람과 함께 하지 아니하리니 이는 그들이 육신이 됨이라" 하고 말씀하시기에 이르렀다. 그의 영은 휴면 상태가 되어, 하나님을 알고 섬길 수 있는 능력은 구원과 소생을 위한 때를 기다려야만 했다. 혼은 영을 대신하여 다스렸고, 하나님을 따르고자 가장 진지하게 힘쓸 때조차도 모든 경건이 나타내는 큰 표시는 하나님의 영이 없는 사람의 능력인 혼이 하나님을 발견하고 기쁘게 하고자 스스로 힘을 쏟는 것이었다.

거듭날 때에 다시 살아나고 새롭게 되는 것은 바로 인간의 영이다. 성경은 중생 또는 다시 태어남이라는 말을 혼이 죽음에서 생명으로 옮겨지는 변화라는 뜻으로 사용하고, 이는 자연적 출생처럼 즉각적으로 단번에 이루어진다. 새롭게 된다는 말은 지속적이고 점진적인 사역에 대해 사용되는데, 이를 통하여 하나님의 영의 생명은 우리 생명 속으로 더욱 충만하게 들어와 우리의 성품 전체를 통하여 그 주권을 주장한다.

거듭난 사람에게는 혼과 영의 본래적 관계가 회복되었다. 인간의 영은 소생하여 하나님의 영의 거처가 되었다. 하나님의 영은 거룩한 생명, 본질적이고 참된 것을 전함으로써 이제 우리를 가르치고 이끄시는데, 그것들은 그리스도께서 우리를 위해 갖고 계신 진리요 참으로 좋은 것들이다. 하나님의 영을 통하여 이렇게 진리로 이끄시는 것은 우선 우리의 혼이나 정신 속에서 일어나는 것이 아니라 우리의 영 속에서 즉, 정신이나 의지보다 더 깊은 내적 장소인 생명에서 일어난다. 하나님의 인도하심은, 혼이 얼마나 맹목적이었으며 참으로 그 기능이 신령하게 되고 하나님에 의해 깨우침을 받는 데 얼마나 굼떴는가를 스스로 고백하고 아울러 기꺼이 어리석고 무지하게 되며 또한 생명 속에 자신의 진리를 주시는 하나님의 영을 기다려 가르침 받고자 하는 가운데, 자신을 그 최종적 목적지인 성령의 완전한 주권에 내어드릴 때 일어난다.

그리고 이제 배우기에 쉽지 않은 가장 중요한 교훈을 살펴보자. 우리는 이를 위해서 혼과 영의 관계에 대해 다소 장황하게 이야기했다. 교회나 개인의 경건에서 두려워해야 할 가장 커다란 위험은 혼이 그 정신과 의지의 능력을 가지고서 거침없이 활동하는 것이다. 혼은 아주 오랫동안 다스리는 데 익숙해져 있었으므로, 회심하면서 혼이 예수께 굴복했을 때조차도 그 굴복을 수행하는 것과 자기가 인정한 임금을 섬기는 것이 자기 자신의 일이라고 아주 쉽게 생각한다. 많은 신자들은 성령께서 실재하심으로 내주하신다는 데 대해서 전혀 알지 못한다. 그리고 성령께서 육체에 대한 모든 신뢰를 몰아내시고 자기의 사역을 행하시는 데에 불가결한 온순함과 복종을 이루시기 위해 그분이 우리의 모든 감정과 사고와 의지에 걸쳐 있는 자아 전체 즉, 혼을 어느 범위까지 지배하셔야만 하는지 짐작도 하지 못한다. 주님께서 우리 자신의 생명을 — 여기서 생명은 프쉬케 즉, 혼을 말한다 — 미워하라고 하신 부르심 즉, 그것을 구하지 말고 버리라고 하신 부르심은 혼을 그 의지와 행위의 능력과 함께 죽음에 처하라는 것으로서, 이는 혼이 성령의 소생케 하심과 인도하심 안에서 그 참생명을 발견하도록 하려는 것이다. 이것을 이해하지 못하는 한, 자아와 그 지혜를 두려워하지 않을 것이며, 신령한 삶의 첫째 조건으로서 성령을 절대적으로 의존하고 그를 기다리지도 못하게 될 것이다.

　이런 위험들로부터 건짐을 받고자 하며 하나님께서 사람을 창조하신 그 정상적 상태로 되돌아오기를 간절히 원하는 이들에게는 늘 쉬운 것은 아니지만 길이 열려 있다. 기도로 시작해서 성령과 그분의 거처, 그분의 방법, 그분의 사역, 그리고 그분이 요구하시는 바를 알도록 하라. 성령의 내주하심에 대한 거룩한 비밀과 하나님의 실재하심을 마음 속 깊이 느끼도록 힘쓰라. 하나님께서 참으로 나사렛 예수의 육체 안에 거하셨던 것처럼 성령도 다른 방식으로 참으로 당신 속에 거하신다. 그 거룩한 임재를 깊이 경외하라. 그를 슬프게 할 만한 것이라면 무엇이든지 미워하라. 특별히 기억할 것은, 죄 다음으로 성령을 슬프시게 하며 때때로 우리 자신에게 죄보다 더 위험한 것은 혼이 최초의 죄를 반복하는 것 즉, 무엇이 선한 것이며 지혜로운 것인가 하는 것에 대해서 자기 자신의 생각을 따르는 것이다. 당신이 성령을 받았음을 깨달아 이제 혼이 전적으로 그분의 다스림 아래 있게 하라. 성령의 가르치심이 필요하다는 것이나 그분을 구하고 있다는 것을 인정한다는 사실이 성령의 사역을 충분히 보장할 것이라고 생각하지 말라. 그렇지 않다. 성령의 사역은 혼의 생명 즉, 그 모든 능력과 지혜를 날마다 참으로 포기할 것을 요구하며, 아울러 만약 우리가 성령 안에서 하나님을 알고 예배하는 것을 배우려면 마음과 의지 전부를 진실로 복종시킴으로써 성령의 소생케 하심과 가르치심을 기다릴 것을 요구한다.

　이제까지 말한 것을 요약한다면, 영은 하나님을 인식하는 자리이고 혼은 자기를 인식하는 자리이며 몸은 세계를 인식하는 자리이다. 영 안에는 하나님이 거하시고, 혼 안에는 자아가, 몸 안에는 감각이 거한다. 올바른 관계가 존재함으로 혼이 자아와 함께 영에게 복종하고 영을 통하여 하나님께 복종했을 때까지는 모든 것이 좋았다. 자아가 영에 대한 복종을 구하지 않고 감각을 통하여 자기 생명을 구하는 죄가 들어왔다. 그리하여 혼 즉, 자아와 이기심이 인간 생명의 지배 원리가 되었다.

거듭난 사람에게 이보다 더 간교한 유혹은 없어서, 심지어 하나님을 섬기는 데에도 자아는 성령께서 역사하시고 뜻하시고 행하시도록 그분을 의지하고 기다리기보다는, 자기를 주장을 하려 하고 그 의지와 능력으로 하나님의 뜻을 행하려 한다. 이런 이유 때문에 주 예수께서는 아주 분명하게 자기를 부인하고 자기 십자가를 지라고 말씀하셨다. 자아의 생명과 능력은 성령께서 일하시도록 희생제물이 되고 버림받아야 한다. 더 나아가 주님은 우리가 참된 생명인 성령의 생명을 발견하려 한다면 우리 생명(혼)을 미워함으로써 사랑해야 한다고 말씀하신다. 신자 안에서는 혼과 성령 간의 은밀한 투쟁이 늘 계속된다. 하나님을 위하여 성령은 모든 것을 소유하며 모든 것에 충만하려 한다. 자아를 위하여 혼은 으뜸가는 자리를 차지하며 독립적 행위의 정당함을 내세우려 한다. 혼이 앞장서고 성령께서는 그것이 행하는 것을 따르고 도우며 그것에 복을 주시기를 기대하는 한 우리의 삶과 사역은 장애물에 막혀 신령한 열매를 맺지 못할 것이다. 오로지 혼과 그 스스로 바라고 경주하는 모든 것을 날마다 부인하고 죽게 함으로써 성령께서 일하시게 될 때 하나님의 능력은 우리의 섬김 가운데 분명하게 드러날 것이다. 신령한 삶이 번번이 실패하는 까닭과 우리의 매우 귀한 체험들이 소멸되고 마는 까닭이 여기에 있다. 우리의 믿음은 하나님과 그의 성령의 능력 안에 있기보다는 인간의 지혜 안에 있으면서 인간적 가르침과 이해의 영향을 받고 있었다.

"하나님의 말씀은 살아 있고 활력이 있어 좌우에 날선 어떤 검보다도 예리하여 혼과 영과 및 관절과 골수를 찔러 쪼개기까지 하며"라고 하신 히브리서 4:12의 말씀이 뜻하는 바가 이것이다. 창조 당시에 말씀의 첫 사역은 빛과 어둠, 땅과 바다를 구분하여 가르는 것이었다. 성령으로 말미암아 살아있는 말씀은 지금도 우리 속에서 영혼과 혼의 차이를 분명하게 하면서 그 사역을 행한다. 그리고 우리는 새롭게 된 영이 하나님의 성령의 처소라는 것을 배워 깨닫는다.

제자들이 예수를 처음으로 알기 시작했을 때 그들은 '랍비여, 어디 거하시오니이까?' 라고 물었다. 주님은 '와 보라' 고 대답하셨고, 제자들은 그날 밤 그와 함께 지냈다. '거룩한 선생님, 당신은 어디에 거하십니까?' 라는 물음은 우리가 성령을 알기 원할 때 진실로 제기해야 할 질문이다. 예수는 우리에게 '그는 너희 속에 계시겠음이라' 하고 대답하셨다. 우리의 놀라운 본성 속 성소에서 혼보다 더 깊은 영은 느낌과 생각과 의지를 지닌 자신의 생명 전부를 갖고 있는데 하나님은 이것을 자기를 위해 만드셨다. 하나님의 능력으로 말미암아 소생케 된 영, 그 속에 성령이 거하시며, 그 생명을 진리 속으로 더욱 깊이 인도하셔서 그리스도 안에 계시된 은혜의 본질을 실제적으로 소유하게 하신다. 오직 혼은 성령께서 거기에 거하심을 알고 거기서 그분의 가르침을 기다려야 하며, 성령은 혼이 필요로 하고 또 지적 능력 속에서 품을 수 있을 만큼 진리를 주실 것이다.

진리가 없다면 지적 능력은 무력하고 심지어 위험하기도 하다. 바울은 '내가 내 심령으로 섬기는 하나님' 이라고 기록한다. 내게 한 영이 있다는 것, 그것은 자제심의 자리요 내적 성소라는 것, 그리고 그것은 생각이나 느낌보다 더 깊은 곳에 있으면서 하나님의 세계로부터 전달받기 위해 형성되었다는 것을 알고서 거기로 되돌아가서 하나님의 영을 기다리며 영을 그에게 열어 놓을 때, 나는 성령께서 거기에 거하심을 배워 알게 될 것이다. 성령께서 거기서 인정받고 영광 받으실 때에만 그분은 은밀한 곳에서 나와서 혼과 그 자각 있는 생명의 영역에서 자기의 능력을 드러내실 것이다. 성전인 신자에 대해 이야기할 때 성소인 혼과 지성소인 영의 차이를 지적할 기회를 다시금 갖고자 한다.

주해 4

성령을 아는 지식 안에서 성장함(제8장)

아돌프 사피르(A. Saphir) 박사의 『십자가에 달리신 그리스도: 고린도 전서 2장 강의』(*Christ Crucified: Lectures on 1Corinthians II*)에서 발췌한 다음 글에서 분명하게 개진된 생각은, 대개 그리스도인의 생활을 처음 시작한 단계에서 신자는 자신의 믿음과 그리스도인으로서 생명의 능력이 성령의 직접적인 사역으로 말미암은 것이라는 것을 거의 알지 못한다는 것이다. 이런 무지의 결과로 암흑기가 매우 자주 찾아오는데, 이와 함께 그의 실패의 원인을 찾게 하는 깨우침과, 회복과 지속적인 성장의 능력을 구하고자 하는 생각을 하게 된다. 제삼위의 위격이신 성령의 사역과 내주하심에 대한 자각이 신자에게 필요하다. 이것은 신자가 그리스도 안에 있는 모든 것을 실제로 지속적으로 체험하는 가운데 자기 것으로 소유할 수 있음을 알도록 하는 것이다. 나는 그리스도인으로 하여금 이 진보에 관한 지식을 갖도록 하는 분명한 가르침이 있어야 한다는 것과, 성령의 내주하심은 하나님의 자녀들의 특권이자 능력임을 그들 중 연약한 자들에게 선포하는 것이 오늘날 교회에 필요하다는 것, 그리고 그것이 많은 이들에게 반드시 빛과 복을 가져다줄 것이라는 것을 확신한다.

우리는 바울 사도가 에베소에서 제자들을 발견하고 "너희가 믿을 때에 성령을 받았느냐?"라고 물은 것을 읽는다. 그때 그들은 "아니라. 우리는 성령이 있음도 듣지 못하였노라" 하고 대답하였다. 주 예수께서는 빌립에게 "내가 이렇게 오래 너희와 함께 있으되 네가 나를 알지 못하느냐?" 하고 말씀하신 것과 마찬가지로 성령께서도 참되고 진지한 신자들에게 이렇게 말씀하신다: "내가 이렇게 오래 너희와 함께 있으면서 너희에게 예수 안에 있는 것과 같은 진리를 계시하였고, 너희 속에 믿음을 일으켰고, 너희 마음에 하나님의 사랑을 널리 부었고, 너희가 죄로 인해 슬퍼할 때 위로했고, 기도할 때 너희의 연약함을 도왔고, 하나님 말씀에서 나오는 비밀스런 것을 깨닫게 했다. 그럼에도 너희는 나를 알지 못하느냐?" 이런 무지는 성령이 자기 자신이 아니라 아버지와 아들에 대해 증거하신다는 사실에 어느 정도 연유한다. 그리스도를 영화롭게 하는 것이 성령의 일이다. 어두운 밤에 밝은 빛이 한곳에 집중될 때 비추는 자 자신은 보이지 않는 것과 같이 송축 받으실 성령도 깨어난 죄인이 지각하지 못하는 가운데, 모든 빛을 십자가에 못 박히신 구주와 사랑의 아버지께로 비추신다. 혼은 외친다: 하나님의 사랑은 얼마나 위대한가! 예수의 은혜는 얼마나 놀라운가! 빛을 밝히고, 마음의 눈을 열며, 혼을 새롭게 한 분은 여전히 알려지지 않고 주목을 받지 못한다. 세례자 요한은 신랑의 음성으로 인해 서서 크게 기뻐하는 신랑의 친구에 자신을 비교하였다. 비슷하게 성령은 그 자신의 사랑과 사역을 계시하시지 않고, 혼을 그리스도께로 향하게 하시며, 예수를 믿는 기쁨으로 마음을 충만케 하신다.

어린아이 같은 신자가 성령에 대해 거의 알지 못하는 또 하나의 이유는 성령께서 너무나 온유하시기 때문이다. 성령의 다가오심은 너무나 부드러우며, 우리의 성격적 특이성에 대한 그분의 적응은 너무나 완벽하고 그의 영향력은 너무나 깊이 뚫고 들어오므로, 우리는 우리의 이성과 상상력과 의지와 양심이 자기들끼리 일치를 이루어 완전히 자발적으로 행하였다고 생각한다.

성령께서 모든 능력, 모든 감정, 모든 사고 과정에 영향을 미쳤음을 우리는 얼마나 제대로 깨닫지 못하는가. 그 위대하신 영은 그토록 소리없이 상냥하게 내적으로 활동하셨고, 솔로몬이 성전을 건축할 때 아무 소리도 들리지 않은 것처럼 모든 건축 돌을 예비하시고 끌로 다듬으시며 맞추셨다. 완전한 지식과 무한한 사랑으로 성령은 우리의 영혼을 대하시며, 창조적인 뜻을 제시하실 때, 흔히 그것은 엘리야에게 지진과 우레와 불 이후에 임한 세미한 음성과 같다.

하지만 신자는 그가 하나님의 은혜와 능력을 체험했음을 깨닫는다. 하나님은 그에게 그리스도를 계시하셨다. 하나님은 그를 새로이 창조하셨다. 그것은 신자가 의식하고 있는 초자연적인 감화력이며, 그것은 독특하기 때문에 그 진리에 대한 보증을 준다. 그의 마음 속에는 이제 참된 빛이 비친다는 증언이 있다. "나는 내가 믿는 분을 안다." 이제 우리 자신은 알고 있

304

다. 하지만 "우리 자신이 아는 이유는 우리 지식이 우리 자신이 아니라 하나님께 속한 것이기 때문이다." 여기서 우리는 그분이 주신 성령으로 말미암아 우리가 그를 알고 있음을 안다. 그리고 이 빛은 감미롭다. 아버지와 아들에 대한 이 지식 속에 복이 있다. 그것은 마음을 만족하게 하고 불멸의 영혼을 충만하게 하는 평화와 기쁨이다. 그래서 완전한 안식이 있다. 왜 그런가? 하나님께서 우리에게 거저 주신 것들을 하나님이신 성령께서 우리에게 계시하시기 때문이며, 또한 성령으로 말미암아 우리가 아빠 아버지라, 예수를 주라 부르기 때문이다.

신자가 진보하면서 그의 길이 더욱 복잡하게 될 때 그는 성령에 대해 더 많은 가르침을 받는다. 왜냐하면 그는 그의 평안과 성장을 위해 이 가르침이 점점 더 필요하기 때문이다. 그의 믿음은 그가 생각하는 것처럼 강하지 않으며 굳건하지 못하다. 그의 사랑의 열정은 곧 사라지고, 애초에 완전히 파괴되었다고 생각되었던 죄의 능력이 자신을 다시 드러낸다. 기도는 활력을 잃고 기쁨은 달아난 것처럼 보인다. 다시 말해서, 하나님께서 그를 골짜기로 인도하신 것이며, 신자가 자기 믿음의 그리스도를 만들지 않으며 저수지의 수원을 만들지 않도록 스스로 배우는 것이다. 처음에는 고통스럽고 굴욕적이며 영혼을 당혹감으로 가득 채우는 그리스도인의 삶의 이 두 번째 단계에 대해 누가 모르겠는가? 그래서 우리는 우리 마음을 새롭게 하신 성령께서 또한 새로운 생명을 지속해 주셔야만 한다는 것을 배운다. 즉, 우리를 그리스도께로 이끌 뿐 아니라 항상 그분 안에 있게 하는 하나님의 은혜와 능력에 전적으로 의존하기를 배우는 것이다.

그러므로, 하나님의 모든 경륜에서와 마찬가지로, 주기적으로 부단히 향상되고 확장되며 깊어지는 가운데 진보가 일어난다. 신자는 그가 회심할 때에 받은 가르침을 더 확장되고 심오한 방식으로 다시금 체험한다. 그는 이제 인간의 죄악성과 무력함을 더욱 분명하게 깨닫는다. 아울러 우리를 사랑하시는 아버지와 자신의 피를 흘리심으로 우리를 구원하신 구주와 영혼을 소생시키시고 깨우치시며 하나님의 사랑으로 충만케 하시는 하나님의 영에 대한 우리의 전적인 의존성을 깨닫는다. 그는 이제 더욱 깊은 겸손과 더욱 참된 기쁨을 지니고 구원은 하나님께 속한 것이며, 하나님의 은혜가 기초를 놓고 그리스도의 날까지 우리 속에서 선한 일을 이룬다는 것을 깨닫는다. 그때 그는 성령의 은사와 내주하심을 바라본다. 이와 같이 첫 제자들도 예수의 현존하심 가운데 그와 교제하면서 어린아이와 같이 평화롭고 기쁜 시절을 보낸 후에 구주를 잃었고, 그분과 함께 영혼의 동산을 잃었으며, 나무들과 꽃들과 새소리가 사라지고, 모든 것이 얼어붙어 겨울과 같이 되었다. 그리고 나서 예수는 그들에게 다시 돌아오셨으며 그들을 결코 떠나지 않으셨다. 오순절에 그분은 보혜사의 인격 속에 강림하셔서 만물을 새롭게 하셨고, 향기와 찬란함으로 충만한 여름이 왔다. 그들은 성령을 갈망하며 그의 오심을 즐거워하기 위하여 잠시 동안 예수를 잃어야만 했다.

성령을 선물로 주심은 아버지께서 그의 사랑하는 아들을 위해 그리고 우리가 그의 아들을 사랑하며 그가 하나님께로부터 오신 것을 믿음으로 인해, 우리에게 주시는 가장 고귀한 사랑의 선물이다. 그것은 우리를 향한 하나님의 목적이 성취되고 완성되는 선물이다.

메시아와 성령은 늘 동행하신다. 그리고 성령의 은사는 메시아께서 오신 위대한 목적이며 그의 사역의 첫 열매이다.

"나는 분명한 믿음과 평화에 대한 깨달음을 결코 잊지 못할 것이다. 그것은 내 체험 가운데 죄인의 화목제물로서 십자가에 못 박히신 분을 처음으로 단호하고도 정당하게 바라본 이후에 온 것이었다. 즉, 그것은 성령의 인격에 대해 더욱 명확하고 총명하게 이해하는 데서 왔으며, 성령의 자비로우심을 통해서 영혼은 복된 시야를 갖게 되었다. 그것은 하나님의 사랑을 통찰하는 데에 새로운 발전이자, 안에서 영원히 운동하는 구속의 은총과의 새로운 접촉이었으며, 하나님의 원천에 대한 새로운 발견이었다. 감사와 사랑과 경배는 새로운 자각의 이유와 샘과 안식을 찾았다. 깨우시고 거듭나게 하신 이는, 고난 당하시고 구속하신 분과, 또 자기 아들을 주시고 영원한 은혜의 계획을 세우셔서 그것을 전적인 자비로 성취하시고자 뜻하신 분과 서로 혼동되지 않으면서도 말로 표현할 수 없는 연합을 이루어 나란히 서셔서, 인격적이고도 영원한 친절과 애정의 미소로 영혼 앞에서 비추셨다" — 무울(H. C. G. Moule)

주해 5

진리의 영(제9장)

우리는 언제나 진리라는 단어가 교리를 의미한다고 생각한다. 그러므로 우리 주님은 그것을 이와 전혀 다른 훨씬 더 고차원적인 의미에서 사용하셨다는 것을 인식하려면 자주 반복적으로 분명한 노력을 기울여야만 한다. 요한은 은혜와 진리가 충만하신 그리스도에 대해 말하고 나서, 율법은 모세로 말미암아 주신 것이요 은혜와 진리는 예수 그리스도로 말미암아 온 것이라고 말함으로써 이것을 설명한다. 우리는 여기서 요한이 율법의 무력한 그림자와 모양을 그리스도께서 가져오신 살아 있는 실체 즉, 하늘에서 온 하나님의 영원한 생명과의 실제적 교제와 대비하고 있음을 당장에 알 수 있다. 베크(Beck)의 글에서 발췌한 다음 내용은 진리는 참으로 그 자체의 생명과 나라를 소유하고 있다는 생각을 갖게 하는데 도움을 줄 것이다.

영적으로나 육체적으로 인간의 창조력이 어떤 참되고 실제적인 생명을 창조하려면, 이미 주어져서 받은 어떤 대상이 있어서 그것을 가지고서 계속 일하고 마무리해야만 한다. 인간의 창조력은 항상 물질적인 외적 창조로 나타난다. 이와 같이 본래 우리는 이미 형성된 자체적 생명력을 지닌 원 재료를 소유해야만 우리의 능력으로 어떤 산물을 획득할 수 있으며, 영적으로나 육적으로 참다운 의미에서 우리는 결코 생산할 수 없고 단지 재생산할 수 있을 뿐이다. 자연은 독립된 나라로서, 우리는 그 안에서 살며 일하지만, 그 속에서 어떤 것을 존재하게 하거나 창조할 수는 없다. 마찬가지로 영적 세계인 진리도 독립된 나라로서, 우리의 영으로 그것을 산출할 수 없지만, 그것은 자체적 존재 속에서 그 스스로를 우리에게 보여 주어 우리가 어떤 영적인 것을 생산하기 이전에 우리가 그것으로부터 참된 생명의 본질과 요소를 받도록 해야만 한다. 우리가 우리 내부로부터 무엇인가를 생산하기 전에 실제적 존재는 그 자체의 본래적 능력 속에서 자신을 우리에게 드러내야 하며, 자체의 창조적 힘으로써 우리에게 들어와야 한다. 이 실제적 존재 즉, 진리의 생명 나라는 어디에 있는가? 이 질문은 정직한 사색가라면 누구나 다 자신의 고립된 자아로부터 빠져 나오도록 하며, 이 객관적 세계 (그것은 실제적 객관적 존재를 소유하고 있는 한, 내적인 것일 수도 있다) 속에서 진리에 대한 계시를 구하게 하여서, 그가 자기 영을 진리에 개방하여 진리가 그의 앞에 제시해 놓은 것을 재생산하도록 한다. 그러므로 믿음은 기독교 진리의 본질이고, 사람 속에 그의 영적 재산으로 들어가서 생명의 능력으로 그의 안에 내재하게 한다. 믿음으로서의 기독교는 사상이나 법이나 감정이 아니라 생명으로서, 깊이 침투하여 전체로 퍼지는 생명이다.

예수께서는 하나님의 진리의 이 생명 나라인 실제적인 하나님의 생명의 육화로서 이 땅에 오셨다. 성령께서 이 진리에 대해서 생명을 불어넣는 원리 즉, 생명 자체이시다. 그리고 내가 곧 진리요라고 말씀하신 그리스도로부터 성령께서 나오실 때 그리스도 안에 있는 만유를 품은 자로 나오셔서, 우리 속에서 그리스도가 진리가 되게 하시며 살아 있는 실제 소유물로 만드신다. 그래서 우리가 진리이신 그리스도를 소유할 때만이 교의적 진리에 대한 우리의 지식이 살아 있고 유익한 것이 될 것이다. 진리의 성령은 우리 안에 생명 진리를 주시고, 거기로부터 행위와 성품의 진리로 이끄신다. 우리가 이 생명 진리 속에서 그분에게 굴복할 때만이 우리가 갖고 있는 교의적 진리는 우리에게 있어서 참으로 하나님의 진리가 될 것이다. 교회나 혹은 개인은 하나님의 영을 소유한 만큼만 하나님의 진리도 소유하게 될 것이다.

주해 6

성령의 선교 (제9장)

조지 보언, 『계시된 사랑: 요한복음 13~17장의 제자들을 향한 예수의 고별말씀 묵상』(George Bowen, *Love Revealed: Meditation on the Parting Words of Jesus with His Disciples in John 13-17*). 이것은 내가 일부분 발췌하고자 하는 책의 제목이다. 이 책은 많은 그리스도인들이 오순절 이전 수준으로 살고 있다는 것과, 그리스도께서 그의 백성을 통하여 자기의 능력을 세상에 나타내 보이시겠다는 약속이 우리의 체험 속에서 아직도 여전히 성취되기를 기다리고 있다는 것을 밝힌다. 아직 이 책을 알지 못하는 사람들에게 영적 교훈이 충만한 책으로서 가장 자신 있게 권한다.

"나도 그를 사랑하여 그에게 나를 나타내리라"(요 14:21).

그러므로, 만약 우리가 '그에게 나를 나타내리라' 하신 약속의 깊이를 조사해 보고자 한다면 성령의 능력을 믿음으로써 그리스도와 성부와 성령을 영화롭게 해야만 한다. 그리스도에 대한 믿음을 갖고 있으면서도 성령에 대한 믿음을 갖지 않는 것은 크게 모순되는 것처럼 보이지만, 과연 그리스도의 추종자임을 고백하는 거의 모든 사람들이 이런 모순을 충격적으로 드러내고 있지는 않은지 공정한 조사관에게 조사를 의뢰할 일이다. 우리가 아버지를 알기 위해서는 아들을 알아야만 한다. 우리가 그리스도를 알기 위해서는 성령을 알아야만 한다. 그리스도께서는 '그가 나를 영화롭게 하리라' 하고 말씀하셨다. 당신을 이것을 믿는가? 이것이 그리스도의 영광에 대한 당신의 생각인가 — 그것이 하나님의 성령께서 당신으로 하여금 볼 수 있게 하신 영광이라고 생각하는가? 전능하신 성령께서 우리의 믿음이 그리스도의 계시 안에서 그분의 충만한 정도까지 이르게 하셨을 때, 그것은 우리가 그분으로부터 출발하여 그리스도를 우리에게 가까이 모시는 좀 더 완전한 길로 향하기에 좋은 시기가 될 것이다.

　우리 주님은 자기가 오셔서 친히 세우신 나라인 천국에서 가장 작은 자가 주님이 오시기 전에 세상에 있었던 어떤 예언자보다 더 크다고 친히 말씀하신다. 왜. 그럴까? 그는 성령을 통하여 하나님이 거주하시는 거주지이기 때문이며, 또 그리스도께서 죽으시면서 우리를 위해 획득하신 크나큰 선물을 수여 받았기 때문이다.

　이제 이 시대의 영광에 대한 이 모든 견해들은 우리가 이것들을 그리스도인들의 일반적인 실제 체험에 비교할 때 희미해지는 것 같다. 그럼에도 우리는 그 관점들에 대해 이런 식으로 불공정하게 대한다. 우리는 오히려 그리스도인들의 체험을 성령의 검증에 회부해야 한다. 그렇게 해 보면 교회가 오순절 이전의 상태로 퇴보한 것이 보이지 않는가? 그리고 교회가 속한 시대에서 미끄러져 나간 것이 보이지 않는가? 그리스도의 죽음과 부활 이전에 제자들은 미약하나마 어느 정도의 영적 영향력을 누릴 수 있었다. 그렇지 않았다면 그들은 예수를 주라 부를 수 없었을 것이다. 그러나 그것은 그들이 오순절에 받았던 것과 비교할 때 아무것도 아니었다. 오순절은 본보기가 되는 날이었다. 이 시대의 모든 날은 그와 같거나 그것을 능가해야 할 것이다. 그러나 그렇지 않다. 교회는 이 복을 받기 전의 상태로 전락해 버렸고, 우리는 그리스도께서 다시 시작하시기를 간구해야 하게 되었다. 우리는 물론 지식에서 — 영적인 일에 대한 지적인 지식을 말한다 — 제자들이 오순절 이전에 있었던 지점보다 훨씬 더 앞서 있다. 하지만 진리가 일단 완전하게 계시되고 정통성의 일부가 되었을 때, 그것을 보유한다는 것이 반드시 하나님의 영의 역사를 내포하는 것은 아님을 유의해야 한다. 우리가 성경 전체를 가지고 있으며 그 위대한 진리를 잘 알고 있기 때문에 하나님의 영이 우리 속에서 역사하고 계신다는 것이 확실하다고 생각할 때, 우리는 의심할 여지없이 그런 방식으로 자신을 속이고 있는 것이다. 그리스도께서 부활하셨을 때 사도들이 그랬던 것처럼 우리에게도 성령 세례가 필요하다. 그리스도의 측량 못할 부요함이 성전에서 이사야에게 계시되었던 것보다 더욱 풍성하게 우리에게 계시되어야 할 필요가 있다.

우리는 그분을 사랑한다고 고백한다. 그러므로 — 이 추론은 불가피한
것인데 — 우리는 지금까지 우리에게 주어진 것보다도 더 수준 높고 더욱
만족스럽게 그분의 현현을 향유하기를 갈망한다고 고백한다. 그리고 나서
우리는 성령의 부어 주심을 구해야만 한다는 의무감의 압력을 대단히 크
게 느끼지 않을 수 없다. 하나님, 송축받으소서! 많은 교회에 성령을 부어
주심이 일어나고 있으며, 많은 그리스도인들이 바로 이 시간 그리스도께서
기이한 기쁨과 사랑과 능력으로 충만하게 하신다는 생각으로 즐거워하고
있다. 그러나 우리는 아직도 이 영광스런 시대의 충만함에 이르지 못했다.
우리가 그리스도를 사랑한다면, 그 안으로 더 깊숙이 밀고 들어갈 것이며,
우리가 지금까지 상상치 못한 영적 세계 속에서 그분의 전능함이 계시되
리라는 것을 믿을 것이다.

"그러나 내가 너희에게 실상을 말하노니 내가 떠나가는 것이 너희에게
유익이라. 내가 떠나가지 아니하면 보혜사가 너희에게로 오시지 아니할 것
이요, 가면 내가 그를 너희에게로 보내리라"(요 16:7).

이 말이 너희에게 생소하고도 거의 믿을 수 없는 것으로 보일 수도 있
다. 그럼에도 불구하고, 나는 너희에게 순전한 진리를 이르나니, 내가 아버
지께로 올라가서 보혜사 성령을 너희에게 보내어 너희의 영속적인 인도자
로 삼는 것이 너희에게 유익하리라는 것이다. 그리고 그것이 너희에게 유
익하다고 말할 때, 나는 성령이 나보다 더 큰 분이라거나 또는 그가 너희
에게 더욱 참된 친구가 되리라는 것을 의미하는 것이 아니다. 사실, 성령의
특별한 직무는 이제까지 너희 의식에 계시되었던 것보다 너희와 내가 더
욱 친밀하고 복된 연합을 이루게 하는 것이다. 내가 이 땅을 두루 다니던
요 몇 년 동안 너희가 나와 동행했다 해도 우리 사이에 도덕적 간격이 크
게 벌어져 있었다는 것을 감출 수는 없었다. 사람의 모양으로 나타나신 하
나님이신 이가 너희들에게 매우 작은 양의 감화력을 행사했다고 생각하면
서 너희들은 틀림없이 아주 심한 고뇌를 자주 느꼈을 것이다. 아버지의 독
생자로 선포되었고, 너희 앞에서 변모했었고, 천사들의 수종을 받았고, 바

람과 물결을 복종케 하신 이의 말씀과 행위가 너희 마음 속에서는 너무 미약하게 역사했다고 해서 너희는 슬퍼했다 — 그런 분의 강화와 행위가 너희들 마음에 그처럼 미약하게 영향을 주어야만 했다는 데 대해서 너희는 슬퍼했다. 성화를 향한 갈망이 너희에게 있지만, 너희 마음 속에 들어온 새롭고 고상한 성결의 개념이 너희의 커다란 도덕적 결함을 더 잘 알아차리게 했을 뿐이다. 이적들이 너희로 하여금 죄에 대해 승리하게 할 수 있었다면, 너희는 지금 지극히 거룩한 자들이 되어 있을 것이다. 너희들 가운데 하나가 내 발 앞에 엎드려 "나를 떠나소서. 나는 죄인이로소이다"라고 소리친 이후에, 너희가 내 능력의 영광스러운 현시를 얼마나 많이 보았던가! 그렇지만 슬프게도 너희는 여전히 교만과 야심과 현세적인 것에 지배당하고 있음을 깨닫고 있지 않느냐?

삼 년 반 동안 크나큰 능력을 보여 주었음에도 불구하고 너희가 여전히 지금처럼 거룩하지 못하다면, 십 년 동안 그런 식으로 보여 준다 한들 그것으로 너희가 죄악된 본성을 이기고 승리하지 못할 것이다. 삼 년 반 동안 너희는 솔로몬보다 더 큰 이가 말하는 것을 들었다. 말하는 것이 여느 사람과 같지 않은 이를 통하여 하나님의 지혜를 들었다. 그리고 너희는 죽어 마땅한 사람이 이전에 결코 누려보지 못한 기회들을 누리면서 하나님이 어떤 섬김을 받기를 원하시는지 알게 되었다. 그 결과는 무엇이냐? 그 결과가 대단히 불만족스럽다는 것을 너희 스스로 기어이 인정하지 않을 수 없을 것이다.

선생을 소유하는 것과 가장 이해하기 쉽고 분명하게 제시된 하나님의 지혜의 교훈을 받는 것이 사람에게 필요한 전부라면 너희야말로 지금 비교할 수 없이 가장 성결한 자들이 되어 모든 세상적 세력을 능가하고 모든 유혹에 대항하는 증거가 되어 있어야 할 것이다. 그러나 실제로는 어떠하냐? 오늘 저녁 내가 너희 발을 씻음으로써 가르침의 사역을 다시 시작해야 하지 않겠느냐? 너희는 누가 가장 큰 자인가 하는 문제로 오늘 저녁 너희들끼리 다투고 있지 않느냐? 너희는 오늘 밤 나의 고난의 때에 나를 버림으로써 믿음 없는 세상마저 놀라게 할 것 아니냐?

왜 내가 이것들을 강조하겠느냐? 지상에 있는 내 생명은, 하나님께서 너희를 그분 자신에게로 이끄시는 하나님의 체계의 일부로서 아무리 기이하고 영광스러운 것이라고 해도, 그 자체로는 여전히 너희의 영적 구속을 이룰 수 없다는 것을 너희가 깨닫도록 도와주기 위한 것일 뿐이다. 하나님의 형상이 너희 앞에 있었다는 것과 너희가 그 형상으로 변화되어야 한다는 것은 전혀 별개의 문제이다. 사람은 어리석게도 진리와 선과 미를 구현하려면 그것들을 알기만 하면 된다고 주장한다. 하늘이 땅으로 내려왔고 하늘의 임금이 사람들 사이에 거하셨다. 이사야가 보았던 분, 높이 들려 스랍들의 찬양을 받던 이가 그의 보좌에서 내려오셔서 스랍들을 하늘로 물러가게 하시고 이사야의 백성들과 매년 함께 거하셨다. 그렇지만 매우 뛰어난 사람들이 성결함과 사랑으로 스랍들처럼 되지 않았다. 그렇다면, 사람들이 하나님의 형상을 알 뿐만 아니라 또한 그와 같이 변화되려면 무엇인가 다른 것이 필요하다.

너희는 내가 너희에게 말하고 보여 준 모든 것을 거의 기억하지도 익히지도 않았고 거기에 순종하지도 않았다는 것을 깨달아야만 할 뿐 아니라, 내 종이자 내 복음의 해석자인 너희의 감화력이 형편없다는 것을 통렬하게 깨우쳐야만 한다. 강퍅하고 반항적인 족속 앞에서 너희는 용기를 잃고 스스로 묻기를 "우리가 어떻게 사람들을 전향시켜 우리처럼 그리스도를 믿게 하겠는가?"라고 말한다. 너희는 사람들의 마음을 진리에 순종하도록 만들어 줄 어떤 미지의 능력이 필요하다는 것을 느낀다. 너희는 너희의 깊은 확신을 전달할 길이 없어 어쩔 줄 모르고 있다. 너희는 이제 이렇게 물으려 한다: "기적을 능가하는 것이 있지 않을까? 성결한 삶의 능력을 넘어서는 것이 있지 않을까?" 하나님의 자산 속에 사람들의 마음으로 다가가 성결한 삶과 복된 복음의 증거를 받아들이지 못하게 가로막는 적대감을 제압할 수단이 없겠느냐? 아니다. 있다. 나는 너희가 생명을 얻되 더 풍성히 얻게 하려고 죽는다. 보혜사가 너희에게 오시도록 하려고 나는 하늘로 올라간다. 그러면 너희는 이제까지 너희가 알지 못했던 능력으로 굳세어질 것이다. 흐르는 물, 그 생수의 강이 너희로부터 흘러나올 것이다. 그리고 황무지가 기뻐하고 사막이 즐거워하며 장미꽃같이 피어날 것이다.

"그가 와서 죄에 대하여, 의에 대하여, 심판에 대하여 세상을 책망하시리라"(요 16:8).

'그가 와서.' 희랍어 원문에서 '그'는 강조할 때 쓰는 낱말이다(이 구절의 희랍어 원문의 문맥상 '그'라는 지시어는 쓰지 않아도 무방하지만 굳이 사용하였다 — 역자주). 이 낱말은 '그분'으로 옮길 수도 있을 것이다. 그분은 오셔서 죄에 대해 인류를 책망하실 바로 '그'이다. 그분의 강림은 죄에 대한 그들의 생각에 혁신을 일으키실 것이며, 예수께서 세례 받으실 때 하늘에서 들려온 음성이 증언했던 것보다도 더욱 분명하게 십자가에 못 박히신 예수께서 다름 아닌 영광 받으신 그리스도라는 사실에 대한 증언이 될 것이다. 세상이 예수와 반대편에 자리잡았다는 단순한 사실에 의해서 예수께 대한 증언은 곧 세상에 대한 증언이 될 것이다. 성령에 대한 약속은 제자들에게 주신 것이었음을 주목하라: "내가 그를 너희에게로 보내리니." 그리고 여기서 사람들의 마음 속에서 이루어질 것으로 암시된 변화는 하나님의 성령이 제자들 위에 강림하심으로써 일반적으로 이루어지도록 되어 있는 것이었다. 복음이 선포되어 사람들을 죄에 대하여, 의에 대하여, 심판에 대하여 책망하게 될 것이다. 그리스도의 제자들은 사람들의 죄와 하나님의 심판 그리고 그리스도의 의로 말미암아 그 심판에서 벗어날 수단을 알려고 세상에 있는 것이다. 그러나 여기서 우리가 듣는 것은, 이런 문제들에 관한 확신을 사람들의 마음 속에 심어주는 사역은 하나님의 성령에 의해 완성된다는 것이다. 따라서 사도들은 자신들에 대해서 말하기를, 하늘로부터 보냄을 받으신 성령과 더불어 복음을 선포해 왔다고 한다.

그런데, 여기서 약속된 것은, 성령을 부어 주셔서 제자들의 의식 속에 자기를 계시하실 뿐만 아니라 방관적인 세상이 이해하도록 부인할 수 없고 놀라운 사실로서 자기를 확증하시겠다는 것이다. 오순절의 성령 강림은 그런 것이었다. 베드로는 "그가 약속하신 성령을 아버지께 받아서 너희가 보고 듣는 이것을 부어 주셨느니라"라고 무리에게 말했다. 그들이 보고 들은 성령은 모든 이적들과 비할 데 없는 말씀과 예수의 흠 없는 삶으로 이루

314

지 못했던 것을 해냈다. 이제 처음으로 이 이적들이 보이기 시작했고 그 하나님의 말씀이 들리기 했다고 말할 수 있다. 제자들 위에 성령을 부어 주심으로써 예루살렘 사람들은 예수를 우러러보기 시작했고, 하늘의 주권 자 오른편에 계신 예수를 알아보기 시작했다. 그들은 상상할 수 없으리 만 치 극악한 자신들의 죄를 깨달았고, 자기들이 죽인 생명의 임금의 의를 깨 달았으며, 그 의에 대해 인간이라는 족속 전체가 저항하였고, 가장 사악하 게 응수했음을 알게 되었다. 그리고 그들은 그리스도를 반대하는 것으로 드러난 모든 자들에 대한 하나님의 심판이 불가피하고 무섭다는 것을 알 았다. 그것은 마치 그들이 하늘로 들려 올라가서 심판좌와 펴놓은 책 그리 고 그 무시무시한 광경을 샅샅이 밝히는 빛 아래 드러난 자신들의 행위를 보는 것처럼 느낀 것과 같다.

측량할 수 없는 지혜를 지닌 분의 장대한 계획이 아닌가! 하나님의 백 성은 성령의 약속에 함의된 모든 것을 전적으로 깨닫고 있는가? 자기 이 웃들에게 복음을 알리며 다양한 방법을 통해 복음이 선포되도록 해야 할 그들의 책임에 대한 나태한 인식이 지긋지긋할 정도가 아닌가? 위대한 일 은 이런 사실에 요구되지 않는가? 즉, 하나님의 성령이 그리스도의 백성들 위에 부어지심으로 사람들은 그리스도께서 그들에게 현존하고 계신 것과 또한 하나님의 우편에 현존하고 계신 것을 깨닫게 되어야 할 것 아닌가? 그렇게 성령을 부어 주심으로, 송축 받으실 하나님과 스스로 그분에게서 떨어져 나간 세상이 어떤 의미에서는 함께 나아옴이 있어야 하지 않겠는 가? 다가올 세상의 능력이 사람들을 붙들어 그들로 하여금 '형제들아 우 리가 어찌할꼬?'라고 부르짖게 해야 하지 않겠는가?

희랍어 원문은 하나님의 영이 단번에 임하는 것으로 표현하지 않고 지 속적으로 임하는 것으로 표현한다는 데에 대단히 적절하다. 오셔서 깨닫게 하실 이는 바로 그분이시다. 그분은 지금도 내리고 또 다시 내려야만 하는 비처럼 하늘로부터 임하시며, 불고 또 다시 불어야 하는 바람처럼 임하신 다. 우리는 우리의 오순절로 뒷걸음질쳐서는 안 된다. 사도행전의 오순절 은 이 시대에 속한 특권을 그리스도의 교회로 하여금 알게 하기 위하여 주어진 것일 뿐이다. 그것은 세상과 그리스도의 나라가 함께 올라가야 할 오순절 사닥다리의 첫째 단계일 뿐이다! 그것은 약속에 수반된 본보기로서, 우리가 감동을 받아 그 약속을 아주 열정적으로 구하도록 하려는 것이다.

하나님께서 성령의 능력에 대한 고결한 관념으로 우리에게 영감을 주시고자 그처럼 많은 것을 행하시는 날 우리가 여전히 이 약속의 영광스럽고도 한량없음을 알려고 하지 않는다면 그것은 용서할 수 없는 일일 것이다. 그 약속을 깊이 생각하라. 우리는 그분의 능력을 올바르게 바라보기 위해서 여기서 성령께서 맡으신 사역을 살펴보아야 한다. 이 땅을 널리 바라보고, 열방과 족속들과 방언들이 하나님께서 그분의 섭리 가운데 수천 년 동안 그들에게 가르치신 모든 것을 따라 그리고 선교사들이 끝이 임박한 이 때에 그들에게 죄와 의와 심판에 대해 가르치고 있는 모든 것에 따라 깨우침을 얻기를 거부하는 것을 보라. 사악함이 짙은 죽음의 대기와 같이 이 지구를 둘러싸고서 의로운 해가 발하는 빛이 거의 비치지 못하게 차단하는 것을 마음에 그려보라. 하나님의 성령은 세상에 깨우침을 비처럼 내리시고자 약속되며, 우리는 그분의 발출을 간구하도록 가르침 받는다는 것을 생각하라. 그리고 사람들로 하여금 열방의 소망이신 그리스도의 의를 바라보도록 이끎으로써 지극히 장대하고 복된 종말 곧, 최후의 심판을 대망하라.

"이것을 비유로 너희에게 일렀거니와 때가 이르면 다시는 비유로 너희에게 이르지 않고 아버지에 대한 것을 밝히 이르리라"(요 16:25).

상징이 담화에 사용될 때는 외적인 의미와 내적인 의미가 있다. 껍질이 알맹이를 숨기고 보호하는 것처럼, 원론적으로 전달된 진리를 처음에는 깨닫지 못할 수도 있다. 후에, 새로운 조명이 비칠 때 그것은 드러나게 되고, 말씀의 수수께끼는 풀린다. 복음은 그리스도께서 고난을 당하시고 자기 영광으로 들어가시기까지는 제대로 이해될 수 없었던 비유들로 가득 차 있다. 그리스도의 제자들 위에 하나님의 영을 부어 주셨을 때 예수의 말씀 위에 덮여있던 휘장이 사라지고 그 안에 있던 진리가 그들 위에 선명하게 보였다. 그리스도 자신이 그러한 비유였다. 그분의 거룩한 영광이 한 번 빛을 발하여 제자들이 보고 놀라기도 했으나 그것은 예견을 위한 것으로서 그들의 마음의 혼란을 일소해 주지는 못했다. 그들이 유대교의 엄격하고 억압된 골짜기에서 벗어나 새로운 시대의 고양된 단상 위에 오르기까지는 그리스도에 대한 그 어떤 것도 그들에게 정당하고도 온전한 영향력을 행사할 수 없었다.

하나님의 성령은 사람들의 마음을 이전에 그들에게 아무런 의미도 없던 진리로 가득 채우신다. 여기서 다소 중요한 관찰이 이루어질 것으로 보인다. 성령께서 우리에게 가르쳐 주신 진리는 단지 타고난 기억력에 의해 마음 속에 보유될 수도 있다. 그렇다면 우리에게는 우리가 누리는 영적 능력의 분량에 대해 자신을 기만할 위험이 있지 않은가? 우리는 그리스도께서 죽으시기에 앞서 제자들이 가지고 있던 것과 같이 불충분한 양의 성령의 감화력을 소유하고 있으면서도 삶의 방식에 관한 우리의 지식의 양에서는 그들을 크게 앞설 수도 있다. 아직 진정한 부흥이 찾아오지 않은 교회의 일각에서 그리스도인들이 오순절이 아닌 그 이전 제자들의 상태에 비교된다는 것은 두려운 일이 아닌가? 비교된다는 것은, 우리가 의미하는 바로는, 그들이 누리는 실제적인 거룩한 감화력에 관한 것이다. 그들은 진리를 가지고 있으므로 진리의 영도 가지고 있는 것으로 생각한다. 아마도 그들에게 주신 그리스도의 말씀은 이러할 것이다: "너희는 위로부터 내리는 능력을 덧입을 때까지 예루살렘에 머물라." 우리는 사람들로 하여금 죄에 대하여, 의에 대하여, 다가올 심판에 대하여 깨닫게 하기에는 우리가 전적으로 무력하다는 것으로 인해 좌절하고 당황하며 혼란에 빠진다. 그것은 우리가 성령의 능력 있고 분명한 강림이 우리에게 절대적으로 필요하다는 것을 깨닫지 못함이 아닌가? 그리스도는 성령께서 우리들 위에 강림하시는 것을 보이게 하셔서 오직 이 사실에 의해 주위 세상으로 하여금 하늘이 열린 것과 하나님의 아들이 하나님 우편에 서 계신 것을 발견하게 하신다.

오늘날 많은 사람들은 사도들이 처음에 지녔던 가장 열등한 상태보다 더 나은 위치를 전혀 갖지 못하고 있다. 예수께서 사도들 가운데 거하시는 동안 그들이 성령의 감화를 전적으로 결여하고 있지는 않았다. 그러나 그 감화력은 현재의 어둠을 보게 하며 먼 거리에서 어슴푸레하게 미래의 빛을 보게 하는 데 불과한 것이었다. 이것을 깨닫지 못한 채, 이 시대와는 다른 시대에 속한 미약하고도 의심스런 분량의 감화력을 지니고서, 자신들이 특권을 받기 이천 년 전에 속해 있음을 보여 주는 그리스도인들이 많다. 우리는 이것을 말해 왔고 부끄러움 없이 다시 말한다. 그들은 오순절 이전의 교회가 갖고 있지 않던 지식을 가지고 있다. 그들로 하여금 영적 빈곤을 모르고 있도록 하는 것은 이런 지적 우월감이다. 그들의 위치는 소름끼치게 하는 것이다. 그들은 영감된 약속들을 잘 알고 있지만 그 약속들 안에 제시된 영광스런 일들을 어렴풋이 바라볼 능력이 없기 때문이다. 그들은 실제로 이 약속들이 그들 자신의 냉담하고 불명예스러운 체험에 어울리는 것보다 더 숭고한 해석을 담고 있다고 생각하지 않는다. 하나님, 송축 받으소서. 우리는 이 시대 속에서 단 하나의 오순절에 제한되어 있지 않다. 현재 우리가 속해 있는 비정상적 상태를 깨닫고 하나님이 우리를 초청하시는 고귀한 체험에 대한 지식을 가져야 한다. 오순절은 산의 정상이라기보다는 높은 산길 혹은 고원과 같아서, 교회는 그 길을 따라 새 예루살렘으로 가야 한다. 견실하게 위를 쳐다보고, 구름 속에서 이 높은 성결의 길을 바라보며, 그리고 구주의 능력이 우리를 그곳으로 이끎을 드러내자.

주해 7

위로자(보혜사)라는 이름 (제10장)

위로자(영어로는 Comforter 즉, '위로자'. 이 글에서 저자는 우리말 명칭인 '보혜사'에 대해서가 아니라 Comforter 즉, '위로자'라는 의미에 대하여 글을 쓰고 있음에 유의하라 — 역자주)라는 낱말이 희랍어 파라클레토스(παρακλητos)의 완전한 의미를 전달하지 못한다는 것이 인정된다. 능동태인 파라클레토르(παρακλητωρ)가 있는데 그것을 올바로 번역한 것이 위로자이다. 수동태인 파라클레토스는 라틴어의 아드보카투스(advocatus)처럼 도움을 주거나 재판의 변호를 맡거나 소송을 제기하는 일을 하도록 부름 받은 자를 의미한다. 여기서 유래된 영어 advocate(옹호자, 대변자, 변호자)를 올바른 번역이라고 여기는 사람들 사이에서는 그 낱말을 여러 가지 의미로 적용한다.

어떤 이들은 그분이 제자들과 세상을 향한 그리스도의 뜻을 떠맡도록 부름 받았기 때문에 이 이름을 지녀야 할 것으로 생각한다. 다른 사람들은 제자들에게 조언이나 힘이 필요할 때 부를 수 있는 분으로 여긴다. 변호자(advocate)라는 표현이 주님의 의도를 충분히 표현한다고 생각하는 이들의 동조에도 또한 다양한 견해가 존재한다. 오웬(Owen)은 말하기를, "그는 세상 속에서 세상과 함께 세상에 대하여 교회를 위한 변호자이다"라고 한다. 그리고 하우(Howe)는 말하기를, "그분은 위대한 변호자요 변론가로서 세상에 대항하여 그리스도와 교회의 소송을 담당한다"고 한다. 이런 관점에서 볼 때 신자의 개인적 필요에 응하는 성령의 사역은 충분히 부각되지 않는다. 다른 사람들은 성령을 신자들에 대한 그리스도의 변호자로 생각한다. 따라서 보언은 이렇게 표현한다: "그리스도는 아버지에 대해 우리를 변호하는 분이시고, 성령은 우리에 대해 그리스도를 변호하는 분이시다. 그리스도께서 우리를 위해 은혜의 보좌에서 변호하시는 것처럼 성령은 우리 마음 속에서 그리스도를 위해 변호하신다. 성령은 우리의 허망한 생각에 대해 그리스도를 옹호하시며 그리스도가 무수한 자들 중에 으뜸이 되시며, 전적으로 고귀한 분임을 보여 준다."

이런 견해들은 찬양 받으실 보혜사의 사역 가운데 부분적인 면을 보여줄 뿐이다. 파라클레토스라는 낱말은 한편으로는 변호자(Advocate)에 또 한편으로는 위로자(Comforter)에 비할 수 없는 더 큰 의미를 지닌다. 그것은 양쪽을 모두 포함하고 있지만 그것들보다 훨씬 더 많은 의미를 포함하고 있다. 그것은 우리의 유익에 관여하는 분, 우리를 위해 모든 소송을 담당하는 분, 우리의 모든 난관에서 우리를 보살필 책임을 맡은 분, 모든 면에서 우리를 대신하는 분, 우리를 위해 우리의 일을 처리하시는 위대한 개인적 중개자를 의미한다" ― 켈리, 『성령의 사역』(W. Kelly, *The Work of the Spirit*)

그렇지만 이마저도 전체를 다 포괄하는 것으로는 보이지 않는다. 변호자는 참으로 대리자이다. 그러나 성령의 사역에서 가장 포괄적이고도 값진 측면은 그분이 예수의 대리자가 되시리라는 것이었다. 그분은 예수께서 항상 우리와 함께 계시게 하실 터였다. 이것은 제자들의 슬픔이었으니 즉, 그들은 자신들의 주님을 잃어야 했던 것이다. 이것은 예수께서 약속하신 위로 즉, 그들은 예수의 현존을 회복하실 분을 갖게 될 것이기 때문이었다. 그리고 이것이 성령을 다른 한 분의 변호자가 되시도록 했으며, 그분은 예수를 대신하시고 예수의 임재를 제자들에게 실재하는 임재로 만드시며 또한 우리 주님을 계시하시고 나누어 주시도록 하기 위해 예수에 의해 부르심을 받으셨고 또 주신 바 되셨다.

예수께서 다른 보혜사를 말씀하실 때, 그분이 으뜸가는 분임을 암시하신다. 그리고 그분이 요한복음 2:2에서 그 이름을 지닐 때, 우리는 그분을 아버지와 우리 사이의 교제를 매개하는 분으로서 아버지에 의해 임명되어 주어진 분이며, 아버지의 복을 받아서 전해 주시는 분으로 간주해야 한다. 보혜사 혹은 변호자라는 낱말은 하나님의 생명과 사랑을 우리에게 매개하시는 그분의 모든 사역과 인격을 포함하며, 그분은 아버지께서 주시고자 하는 모든 것을 우리를 위해 확보 하시고 우리가 드리고자 하는 모든 것을 아버지께 전해 주신다. 이것이 그리스도께서 변호자로서 하신 일의 참되고도 전적인 의미이며, 그의 중재는 그의 사역의 한 측면일 뿐이다. 그리고 그가 다른 변호자로서 보혜사를 주실 때, 그것은 그분의 사역이 그리스도 자신의 사역을 전폭적으로 다 받아서 그것을 우리 속에서 생명과 실체로 만들어야만 한다는 것이다. 그리스도께서 변호자로서 아버지에 대해 중재하시는 것과 같이 성령께서는 그리스도께 대해 중재하셔서, 그리스도의 변호를 통해 우리에게 확보된 모든 것을 영생의 능력 가운데 현재적이고 또한 지속적 체험으로서 우리 마음 속에 계시하신다. 성령은 또 다른 변호자 즉, 하늘에 계신 그리스도에 대한 우리 마음 안에 있는 또 하나의 자아이다.

위로자(Comforter)라는 영어 이름을 버리기는 어려울 것이다. 제자들의 슬픔은 예수의 임재를 상실했기 때문이며, 주어질 위로는 그들의 거룩한 변호자인 그분의 임재를 더 큰 능력 가운데 회복하는 것이 될 것임을 우리가 기억하기만 한다면 그것을 굳이 버릴 필요는 없을 것이다. 성령이 또 다른 변호자 혹은 위로자이신 것은 예수의 대리자로서 내재하시면서 하늘의 변호자이신 예수를 우리 마음 속에 언제나 임재하게 하시기 때문이다.

주해 8

그리스도의 영광 (제11장)

하나님의 영광은 그분이 처하신 주위 상황이나 환경에 있는 것이 아니다. 그분의 영광은 그분의 거룩한 뜻의 완성이자 능력이며, 그분께서 존재하시고 활동하시는 방법의 거룩성이다. 하나님께서 그리스도를 자신 안에서 영화롭게 하셨을 때 그리스도는 그의 지상 생활의 환경을 천상세계의 환경으로 바꾸신 것뿐만이 아니라 전적으로 새로운 존재 양식으로 들어가신 것이다. 그는 육체 즉, 시간과 공간에 제약을 받기보다는 인간으로서 영이신 하나님의 생명 속으로 들어가셨다. 지상에서 그분은 자기 자신과 가장 가까우면서도 자신과는 분리된 사람들인 자기 제자들에게 말씀과 본보기를 수단으로 삼아 일하실 수 있었는데, 그들의 정신과 애정을 움직일 수 있었을 뿐 그들의 영을 새롭게 하실 수는 없었다. 하늘에서 그분은 그의 신적 영광으로부터 성령의 능력으로 전혀 다른 방식을 통하여 그들 속에서 시작하시고 역사하실 수 있었으며, 그들의 감추어진 생명 속에 들어가셨고 성령을 통하여 그들 마음 속에 오셔서 거하셨다. 그분은 영광 받으신

이로서 영광의 영이신 성령을 주신다 — 그분은 외적 노력과 감화력을 지닌 제한된 생명을 그분이 만물에 충만하게 하신 능력 있는 내적 생명으로 바꾸어 놓으신 분이다. 이 성령의 사역은 예수를 영화롭게 하시는 것이다. 그것은 하늘에 계신 그분의 영광의 어떤 의미를 우리에게 주는 것을 뜻하지 않으며, 예수의 존재와 능력을 우리에게 인격적으로 전해 주심을 의미하고, 예수는 자기의 신적 영광에 의해 이제 우리 속에 그것을 나타내실 수 있다. 그러나 성령의 가르치심에 전적으로 내어 맡기는 영혼만이 이와 같이 영광의 주를 알 수 있다.

영광의 주님께서 영광의 성령을 통하여 우리 속에서 영광을 받으신다는 생각은 일단 이해하기만 하면 매우 간단하게 보인다. 그렇지만 그것은 그리스도께서 그의 영광에 이르신 방법에 따라 그분의 고난과 그분의 십자가의 교제에 따름을 통하여 다다를 수 있는 심오한 영적 비밀이다. 그분의 영광을 각각 새롭게 나누어 주시는 것은 하나님의 영광의 풍성함과 성령의 능력으로 강건케 하심에 따른 것이며, 그의 사랑의 은사를 영혼에 대해 유지하며 더하는 하나님의 말할 수 없는 은혜의 가장 실제적이고 직접적인 행위이다.

이 영광이 역사하는 방법을 이해하려면 우리는 고난과 영광 사이의 관계를 신중하게 살펴보아야 한다. 그리스도가 고난을 받고 자기 영광에 들어가야 할 것이 아니냐?[1] 지상에 계신 그리스도는 영광의 주님이셨으나 (요 1:14; 고전 2:8), 그 영광은 비천한 인간적 외양 아래 감추어져 있었다. 그래서 영광 받으신 주님의 영이 우리에게 들어오셔서 우리 안에서 그분을 영화롭게 하실 때 그 영광은 우리 본성의 연약함과 부끄러움 가운데 감추어진다. 그리고 흔히 우리가 육체 가운데서 고난을 당할 때에야, 소생케 하시는 성령을 체험한다.

유대인들의 치명적인 잘못은 메시아의 영광을 가시적인 것인 동시에 그들의 세상적 생각에 부합되는 것으로 기대했다는 것이다. 심지어 제자들조

---

1) 로마서 8:17; 18:2; 고후 4:16-17; 히 2:9-10; 벧전 4:13-16 비교해 보라.

322

차 이런 것을 겪었으며 그들 모두 자신들의 주님께 과오를 저질렀다. 그리스도께서 들어가셔서 지금 그 속에서 역사하시는 바 성령의 생명의 영광은 감추어진 비밀 즉, 신성한 비밀로서, 그것은 외적인 것이나 지각 수 있는 것 속에서 역사하지 않고 눈에 보이지 않는 내적 생명 속에서 역사한다. 우리가 자신을 나타내시는 그리스도와 그분이 마음 속에 거하신다는 것에 대해 읽을 때는, 임금이 자기 도성에 입성하는 것을 대하듯이, 항상 기쁨과 승리로 생각하게 마련이다. 그리고 예수는 하늘 나라는 씨앗과 같다고 말씀하였다. 씨앗은 가망 없어 보이는 형태를 가진 거의 죽은 것 속에 생명을 감추고 있는 것이다. 씨앗이 자라난다는 것을 결코 들어본 적이 없는 사람이 그 씨앗 속에 숨겨진 무화과나무나 소나무에 대해 상상할 수 있겠는가? 더구나 그 씨앗은 거기에 감추어진 생명과 함께 다시 땅 속에 숨겨져야 한다. 하늘 나라는 너무나 작고 마치 죽은 듯이 보여서 누구도 거기에서 능력을 기대하지 않는 말씀의 씨앗 속에서 우리에게 임한다. 그것은 우리가 지각하고 지켜볼 수 있는 생각이나 감정 속에 감추어져서는 안 되며 더 깊이 들어가 영의 신비로운 심처에 감추어져야 한다. 거기서, 보이지 않는 아버지의 영의 생명 속에 계신 그리스도는 깊은 곳에 보이지 않게 있는 우리 영의 생명을 발견하시고 그리로 들어가신다. 그분 자신이 살아 있는 말씀, 살아 있는 씨앗이시며, 성령은 그 씨앗의 생명이시다.

영광이 무엇인가에 대한 그릇된 관점은 유대인들과 교회의 제자들 그리고 신자들 개개인에게 걸려 넘어지게 하는 장애물이었다. 하나님의 영광은 그분의 선하고 완전한 뜻 속에 계시된 그분의 거룩함이다. 그리스도의 영광은, 그분이 하나님의 뜻 속으로 들어가셔서 그것을 행하시고 받으심으로써 하나님을 영화롭게 하시고 하나님의 영광에 참여하는 것 즉, 하나님이 거하시는 거룩함과 능력의 생명에 참여하도록 이끌림을 받으시는 것이다. 그리스도는 우리가 그분의 뜻 안에 들어가 그것에 순종하며 행할 때 우리 속에서 영광을 받으시며, 하나님의 능력으로 우리 속에 그분의 현존을 계시하신다. 그리스도 안에서 연약하고 멸시받았던 것, 인간의 영광에 반대되는 십자가의 비천함과 고난은 그분의 거룩한 영광의 감추어진 씨앗이었다. 비천함과 순종 가운데, 영의 가난함과 가시적이고 감각적인 것의 부재 가운데, 육체의 죽음과 하나님을 기다리는 인내 가운데, 성령을 통하여 영광을 받으시는 그리스도의 씨앗이 우리 속에 있다.

주해 9

교회 안에 임재하시는 성령 (제14장)

"지금 성령을 누리는 것은 다만 다가올 성취에 앞서서 받은 진실한 선물이며 약속이다. 바울은 '성령의 처음 익은 열매'를 소유한 자들에 대해서 말하며(롬 8:23), 또 다른 서신에서도 동등한 표현을 사용한다(엡 1:13; 4:30; 고후 1:22; 5:5). 이 말씀들은 영적 생명이 그 확장되는 용량으로 하나님의 지혜와 거룩함의 은사들을 더 풍성하게 받아들여 지속적으로 성장해야 한다는 뜻 이외에 무엇을 의미할 수 있겠는가? 교회는 영적인 복을 평가해 볼 때 유아기적 상태에 빠져 있다. 교회는 또한 논쟁에 너무 심하게 매달려서, 거룩한 약속의 완성을 위해 거의 준비하지 못하고 있다. 작은 부분의 은혜를 받은 것에 불과함에도 전부를 받은 양 오인함으로써 교회는 마치 기도의 가능성을 다 소진한 것처럼 성급한 만족에 안주할 위험에 처해 있다! 교회가 모든 세상적인 것들 가운데 가장 악하고 부패한 것, 즉 어떤 교파를 다른 교파보다 상위에 올려놓는 일과, 잠정적 편의를 주는 데 불과한 형식들을 심하게 방어하는 일에 너무 지나치게 몰두하고 있다고 주장한다면 무자비한 것일까? 무엇이 성령을 충만히 부어 주심을 지연시키는가? 참으로 훨씬 더 냉엄한 조사가 있는데, 이는 감정 없이는 제시할 수 없다. 그럼에도 그것을 정말이지 은폐할 수가 없다. 오늘날 교회에서 성령의 임재가 사도시대에 비해서 덜 분명하지 않은가? 확실히 오늘날의 기독교에는 오순절의 감동을 받은 모습이 많지 않다. 왜 1800년이나 된 교회가 1세기의 교회보다 성령의 증언을 더 충만하게 깨닫지 못하고 있는가? 교회는 하나님의 모든 목표를 완수하고 그 빛과 아름다움의 절정을 영원히 넘어갔는가?" ― 『보혜사』(*The Paraclete*)

주해 10

성령을 부어 주심 (제15장)

나는 성령과 그의 사역에 관한 베크 교수의 또 다른 해설을 제시하려고 하는데, 그 사역은 모든 육체 위에 부어 주심을 통하여 세상 속에서와 아울러 신자와 교회 안에서 행하시는 것이다(*Chr. Ethik*). 성령의 부어 주심을 예비하는 데 무엇이 필요했는지 ― 그 목적이 무엇이며 이제 그분이 그 사역을 어떻게 행하실 것인지 ― 상고하도록 도움을 주는 것은, 우리로 하여금 성령이 누구신가 그리고 그분이 우리 안에서 어떤 복된 일을 행하려고 오셨는가에 대해 매우 제한된 관념에서 벗어나도록 하는 데에도 도움을 줄 것이다.

그리스도에 대한 성령의 관계에서, 성령은 그리스도께서 간직하시고 소유하신 것을 취하셔서 우리에게 가져오시고, 그럼으로써 그리스도를 계시하시며 영화롭게 하시는 증인이시다(요 15:26; 16:7, 14). 성령의 증언은 이런 독특함을 갖고 있다. 즉, 그분은 위에서 내리는 능력으로서 행동하시고, 그분의 증언이 들어오는 곳에서 생명이 하나님의 능력으로 임한다. 그러므로 성령은 역동적 원리로서, 그리스도에게서 흘러나오는 모든 생명의 능력들이 성령 안으로 집중되며, 그것들은 성령으로부터 나뉘어져 각 개인들에게 독특한 능력인 은사와 은혜가 된다. 그분은 이처럼 형성 능력이며, 그 능력은 그리스도 안에 있는 것의 본질적인 실재로부터 각 개인의 생명을 낳고 발달시킨다. 성령의 증언은 출생을 매개한다. 역동적 원리이신 그분은 또한 생성 원리이기도 한 것이다. 성령을 통하여 그리스도께서 우리 안에서 나시며, 성령의 은혜의 생명으로써 우리 마음 속에서 인격적 생명

이 되시므로 우리는 위로부터 온 능력 즉, 초자연적인 생명 능력으로 옷
입게 된다. 우리는 우리 밖에 있는 대상으로서 그리스도의 은혜를 소유할
뿐만 아니라 우리 안에 있는 하나님의 능력으로서도 그것을 소유한다. 성
령 안에서 하나님의 은혜의 능력이 우리 속에 거하며, 그 능력 안으로 새
생명의 모든 능력도 집중된다. 그러므로 성령과 생명과 능력은 성경에서
상호 연관된 개념이며, 그 반면에 육체와 연약함과 죽음도 하나이다. 영원
한 생명 체계는 오직 천상적 동력원리에 의거하여 천상적 생명의 능력인
성령의 행동 위에 구축될 수 있다. 그 거룩한 머리로부터 비롯된 그 체계
는 육체의 세계인 이 땅을 영적 세계와 다시 연합시키려 한다.

  하지만 성령의 이 행동은 오직 예수 그리스도께서 이루신 화해와 그가
받으신 영광으로 인해 세상에 전달된다. 이 화해에 앞서 하나님의 성령은
이 땅에서 자연 속에 계신 성령 즉, 지상적인 생명의 능력으로서 역사하셨
으며 또한 예언자들의 경우처럼 특별한 기능들을 위해 일시적으로 특별히
현현하시는 신정의 영으로 역사하기도 하셨다. 아직 그것은, 영생이 하나
님의 성품에 속하고 아버지와 아들 속에 거하면서 사람의 인격적 생명인
그의 가장 내밀한 본연의 특성이 될 수 있었던 그러한 방법으로 역사한
것이 아니었다. 이 특별한 측면에서 구약의 성령은 그리스도 안에서 실현
될 약속일 뿐이었고, 그러므로 그는 약속의 성령이라는 이름을 지니신다.
신약의 성령 안에서 그 약속은 성취되었고 실제적으로 수여되고 소유되었
다. 하지만 이 일이 사람 개개인에게 일어나기 이전에 우선 성령께서 인간
본성 속에서 스스로 한 중심을 형성하고 확보하셔서, 그 중심으로부터 자
신을 전달하실 수 있도록 해야만 했다. 이런 중심적 본성 속에서 성령은
육체 속에 존재하는 인간의 심리적 육체적 본성과 자유로운 유기적 연합
을 이루셔야만 했으며, 이와 마찬가지로 그 육체적 본성은 성령의 기관 속
으로 편입되어야 했다. 한마디로 말해 성령으로 기름부음을 받아 흠뻑 젖
은 사람 즉, 기름부음 받으신 이로 형성되어야 했다. 그리고 나서 육체는
영적으로 완전해진 예수 그리스도의 중심 인격 속에서 기꺼이 희생적 죽
음을 통하여 신적 존재의 참된 영적 실존으로 변화되어야만 하거나 혹은

영화롭게 되고 하나님께로 들려 올리움을 받아서 하나님과 세상의 화목이 성취되어야만 한다. 오직 이런 방법으로만 가시적인 생명체 즉, 실제적 혼 — 생명의 유기체가 화목케 하시는 이로부터 그분을 통하여 하나님의 성령의 작용과 참여에 법적 윤리적으로 접근 가능하게 된다. 오직 이런 방법으로만 성령께서 그분의 새로운 특성 속에서 이제 하나님 안에서 영화롭게 되신 그리스도의 본성으로부터 자유롭게 나오셔서 천상적 생명 즉, 영생의 능력으로서 모든 육체 위에 부어지실 수 있었다.

이제 "어떻게 우리가 이러한 성령의 부으심을 확인하고 해석할 것인가" 하는 문제가 제기된다.

성령의 부으심은 그분의 개인적 내주하심과 동일하지 않으며 오히려 뒤에 것의 보편적 근거인데, 이유는 그것이 모든 육체 위에 부어 주는 것으로서 (ἐπί는 방향을 지시한다) 언급되고 있으며(행 2:16을 참조하고, 33절과 비교하라), 성령의 개인적 충만함은 단지 그 결과일 뿐이기 때문이다. 개인적으로 성령의 충만을 받는 것은 오직 성령의 부으심의 결과이고, 성령이 개인에게 들어가시는 것은 보편적 부으심에 의해 매개된다. 그 관계는 보편적 화해와 개인적 화해 사이의 관계와 같다. 개인은 보편에 의해 매개된다. 세상과의 화해 그리고 성령을 부으심 이들 각각은 단 한 번에 성취된 것을 모두 포괄하는 사실이다. 그것들은 각각 객관적 보편성이며, 반면에 주관적으로 실현될 때는 소수의 사람들만이 어느 하나에 참여할 수 있다. 그러므로 모든 육체 위에 부으심은 모든 육체 안에 부어 넣으심이 아니며 또한 몇몇 개인들 속에 부어 넣으심에 대한 단순한 수사적 표현이 아니라, 모든 사람들을 위한 방향과 목적지를 가리킨다. 그러나 그것은 구약에 있는 것처럼 단순히 이상적인 목적지로 제시된 것이 아니라, 신약 안에서 이미 일어난 사실이다(행 2:33). 그분은 아버지의 약속을 받으신 다음, 이것을 널리 부으셨다. 모든 육체를 위한 그 목적에 상응하여, 세상을 전체적으로 포괄하는 성령의 작용이 있다. 우리 주님 자신이 성령의 오심과 부으심에 대해 말씀하시면서, 비록 세상 사람들이 개인적으로 성령을 받아들이지 않은 때라 할지라도 불신의 세상에서 행하시는 사역을 성령께 돌리셨다(요 16:8). 그러므로 그것은 성령을 받아들이는 일, 그 법적인 일과는 별개의 사역이다.

그래서 우리는 이 문제를 다음과 같은 관점으로 대하게 된다. 보냄 받으시고 부어지신 성령은 이전의 초월적 상태로부터 강림하심으로써 이제 세상을 포괄하고 감화하는 능력 즉, 그리스도께로부터 나오는 새로운 보편적 능력이 되시며, 이것은 그리스도 안에서 완성된 세상의 화해에 근거한다. 반면에 성령은 개인적 은사이며 주관적 소유로서 단지 몇몇 사람에게만 인격적으로 내재하신다. 부어지신 성령은 특별한 개인들 속에 내주하시는 것과는 별개로 세상 속에 계시면서 역사하신다. 이는 높임을 받으신 그리스도께서도 역시 천지를 충만케 하시는 주님으로서 즉, 우주적 능력으로서 임재하시면서 역사하시는 것과 마찬가지이다.

성령을 모든 육체 위에 부어 주심과 더불어 새 생명능력이 위로부터 내려 이제 영으로서 눈에 보이지 않게 그 자체의 법칙에 따라 세상 체계에 침투한다. 그것은 이제까지 세상을 지배해온 거짓과 파멸의 영의 능력에 맞서는 성령의 우주적 능력의 대항이다. 거짓 영은 개인들 속에 내재하는 영으로서 존재할 뿐 아니라 독립된 능력으로서 이 세상의 제왕으로 존재한다. 이와 같이 새롭고 거룩한 영적 세계의 능력은 한편으로는 일반적 의미에서 세상에서 역사하고 또 한편으로는 특수하고 개인적인 의미에서 그리스도의 교회 안에서 역사한다. 세상에서의 일반적인 역사하심에서 우리는 세상을 심판하시는 성령의 사역을 보게 된다. 성령은 위로부터 땅 위에 떨어진 불로서 역사하신다. 그는 선별하고 심판하는 능력으로 도덕적 세계뿐만 아니라 육체적 세계를 포괄한다(눅 12:49, 51; 3:16; 불세례와 태움, 계 4:5).

이것은 한층 특별하게 작업하시기 위한 기초이고 준비로서, 이 안에서 성령은 위로부터 흐르는 새 생명의 강으로서 주님과 연합된 각 개인 속으로 흘러들어 그들을 충만케 하신다(요 3:5; 7:38; 4:10, 14). 여기서 성령은 마치 그가 그의 심판의 능력으로 불과 연합하시는 것처럼 그의 소생케 하시는 능력으로 물과 연합하신다. 창세기 1:2(물, 영, 빛), 마태복음

3:11(영, 불, 물), 요한 계시록 4:5; 15:2; 22:1을 비교해 보라.

이처럼 성령께서 물과 불로 표현된 곳에서 그분은 자연 속에 있는 능력 — 그러나 그것은 보편적 능력으로서 물리적 세계 속에서 스스로를 나타 내는 자연의 신적이며 영적인 능력이다 — 처럼 보인다. 이는 세상과 관련 된 일상적 과업을 위한 것이 아니라 특별한 시기에 하나님의 나라와 관련 된 과업을 위한 것이다. 그러한 보편적 능력으로서 부어진 성령은 세상의 구주 그리고 육체 세계의 구속 그리고 자연적 상태로부터 실제 영적 세계 로의 변화 사이에 연결고리를 형성하신다. 이렇게 성령을 부어 주심은 바 로 화해로서 — 그것은 화해의 직접적인 결과이다 — 성령의 거룩한 감화 를 받는 이 지상적 세계 속에서의 실제적이고 완성된 계획이며, 이를 통하 여 본질적인 천국의 신령한 생명이 더러운 영의 영향력에 맞서서 인간성 속으로(엡 1:3; 히 6:4), 그리고 마침내 모든 자연으로(롬 8:19) 들어가 는 일이 매개되고, 그리하여 사탄의 권세를 완전으로 궤멸시킨다(요일 3:8; 12:31; 16:8, 12).

주해 11

선교의 영 (제16장)

성대한 국제선교대회(International Missionary Conference)가 막 개 최되었고, 뒤이어 스코틀랜드에서는 이른바 선교십자군(Missionary Crusade) 대회가 열렸다. 나는 많은 사람들과 합심하여 그 회의에 우리 주님께서 임재하시기를 기도했으며 성공을 허락하신 데 감사드리고 그 결 실들로 인해 그분을 찬양했다. 하지만 나는 한 가지 견해를 개진해야만 하 겠다고 느끼고 있다. 나는 그 대회 전에 발행된 피어슨 박사(A. Pierson) 의 『그리스도인』(*The Christian*)이라는 글에서, 그런 모임에서 기대할 수 있는 것을 지적하고 그 모임이 결국 큰 기도의 세례가 되지 않는다면 비교적 실패한 것이 될 것이라고 결론을 내리는 것을 흥미롭게 보았다.[1] 나는 성직에 있는 하나님의 종들이 모인 대규모 집회에서 느꼈던 것을 여기서 또한 느끼게 되었다. 그것은 즉, 성령의 능력에 대한 필요와 기대와 믿음에 대한 일치된 고백을 위하여 시간을 너무 적게 투자한다는 것이다. 성령이 교회와 선교사역에 대해서 갖는 관계는 증기가 기차를 끄는 엔진에 대해 갖는 관계나 불이 화약과 포탄을 장전한 대포에 대해서 갖는 관계와 같다는 것을 우리 모두 인정한다. 우리는 왜 여드레 혹은 열흘에 걸친 그런 모임에서 가장 좋은 날을 따로 떼어서, 모임의 참석자들과 대표를 파견한 하나님의 종들 가운데에서 성령께서 능력있게 내주하시고 역사하시도록 기도할 뿐만 아니라 성령이 계시하시는 그리스도의 내주적 임재만이 단 한 가지 필요한 것임을 전 교회가 더욱 깊이 확신하도록 기도해서는 안 되었는가? 기도모임이 가장 작은 것이어서는 안 되며 오히려 가장 크고 중요한 것이 되어야 한다! 연약한 제자들의 무리가 예루살렘과 로마의 권세에 도전하여 승리했던 그 싸움을 싸우기 위해 준비한 것은 승귀하신 주님의 발등상 앞에서 한마음으로 기도하며 간구하기를 열흘 동안 계속한 것이었다. 우리는 무엇보다도 서로 도와 계속하여 기도함으로써 하나님의 영으로 말미암아 능력으로 강건해질 수 있어야 한다.

그런 모임에서 하나님을 기다리는 일을 우리의 최우선 과제로 삼는다면 그때 복이 참석한 자들을 위하여 내릴 뿐만 아니라, 또한 우리의 송축 받으실 주님께서 신자 각 사람을 충만케 하시는 성령을 통하여 세상에 복주시려고 기다리신다는 복된 진리의 이루 말할 수 없는 가치를 생생하게 증언하게 되리라는 것을 확신한다.

---

1) 우리가 다른 모든 결과들을 합한 것보다 더 큰 확신과 소망을 가지고 바라보는 것이 한 가지 있다. 교회에 다른 어떤 것보다 더욱 필요한 것은 기도의 세례이다. 그런던 대회가 새로운 기도의 세례로 귀결되지 못한다면 최상의 결실을 얻을 수 없을 것이다. 그리스도의 교회 전체가 하나의 강하고 감동적인 간구 속에 연합함으로써, 이 마지막 날에 하나님이 모든 육체에 자기의 영을 부어 주시고 요엘의 예언이 드디어 완전히 성취되는 것을 교회가 맛보도록 하자.

스코틀랜드에서 열린 선교십자군 대회의 감동적인 보고서를 읽을 때 그와 같은 생각이 다른 모양으로 나타났다. 선교에 대한 거룩한 열정으로 충만한 몇몇 사람들이 많은 청중들에게 이야기할 때, 그들은 청중들에게 그들의 불을 전하는 데 어느 정도 성공할 수도 있다. 그들 속에 계신 성령께서 그들의 영향을 받는 사람들을 깊이 감동시키신다. 하지만 항구적인 결과는 매우 작은 경우가 허다하며, 그 과정이 부단히 반복된다.[2] 교회가 필요로 하고 주님께서 요구하시며 또 주기를 원하시는 것은 이보다 더 큰 것이다. 연약하고 병약한 그리스도인의 삶을 살아가고 있는 그리스도인들이 때때로 감동 받는 것만으로는 부족하다. 선교에 대한 신자 각 사람의 관심이 주님을 매우 기쁘시게 하는 것이며 세상 속에서의 실제적인 영적 힘이라면, 그것은 밖으로부터 계속되는 호소에 의한 것이어서는 안 되며 예수의 영이 거하시는 마음에서 자발적으로 흘러나오는 것이어야 한다. 포도나무의 각 가지들은 생명을 주는 수액인 성령을 직접 받아들임으로 열매를 맺는다. 우리가 선교랍시고 행했던 요사이 몇 해 동안의 끔찍한 실책들과 신실치 못함에 대하여 고백한 것이 무언가 의미 있는 것이 되려면 우리는 신자마다 마땅히 성령으로 충만해야 한다는 거의 망각된 진리를 회복하기 위해 힘써야 한다. 지원과 기도를 위한 모든 교회의 호소는 성령의 능력 가운데 다음과 같은 가르침과 병행해야 한다. 즉, 성령이 거하시고 다스리시는 곳에서 그리스도를 위한 희생과 그분의 관심에 대한 전적인 헌신이란 건강한 그리스도인의 삶으로부터 유래하는 자연스런 결과라는 것이다. 그리스도께서 교회를 부르셔서 온 세상에 대한 그분의 증인으로 삼으실 때는 교회 위에 임하는 성령의 능력을 우선적으로 반드시 약속하셨다.

내가 이 한 가지 생각만을 너무나 자주 반복하는 것처럼 보인다 해도

---

2) 피어슨(A. Pierson) 박사는 같은 글에서 이렇게 말한다. 사람이 만든 조직을 의지하는 일이 자주 있었다. 일시적으로 일어난 열정은 아침 구름이나 새벽 이슬과 같아서 이내 사라져 버린다.

용서해 주시기를 바란다. 나는 전할 메시지를 가지고 있으면서도 자신이 말을 더듬고 있다는 것을 의식하여 그 메시지가 올바르게 받아들여지지 않을 것을 두려워하는 사람과 같다. 우리는 모두 성령을 믿는다는 것과 성령의 작용이 불가결하다는 것을 너무나 확신한 나머지, 우리의 전능하신 주 예수께서 모든 신자 속에서 성령을 통하여 역사하시려고 기다리고 계신다고 하는 심오한 영적 진리를 신중하게 살펴보지 않는다. 그분이 자기가 약속하셨던 더 큰 일 즉, 우리가 구하고 생각하는 것보다 훨씬 더 풍성한 것을 우리 안에 역사하고 있는 능력을 따라 이루시는 것은 그분의 성령을 통해서 하시는 일이다. 변화의 시작은 일상적인 말씀의 사역을 통해서 시작되어야 한다. 모든 신자 개개인은 참된 열매를 맺고 하나님을 기쁘시게 하는 삶을 위해 성령으로 충만해지는 것이 절대적으로 필요한 것임을 충분히 의식하는 가운데 가르침을 받아야만 한다. 멸망하도록 우리가 방치했던 수억의 사람들을 생각할 때, 선교를 위한 모든 호소와 모든 노력으로 말미암아 교회가 자기 허물을 깨닫고 영광스런 부르심에 굴복하기를 바란다. 말하는 것과 저술하는 것 그리고 기도하는 것, 이 모든 것을 통하여 우리의 모든 모임과 교회 기구들이 다음과 같이 더욱 심화된 확신을 갖게 되기를 바란다 ― 성령만이 교회가 그 모든 사역과 선교를 행할 수 있게 하는 능력이며, 성령의 소유가 되어 그분의 인도하심을 받고 그리스도의 영께 쓰임을 받도록 자신을 헌신하는 신자들 개개인의 수가 증가함에 따라서 교회의 능력도 활동할 것이다.

주해 12

양심 (제21장)

사람은 성전의 대형(antitype)이며 그의 영이 하나님이 거하시는 지성소라면, 양심을 예표하는 집기의 위치와 의미를 확인하는 일은 어렵지 않다. 이것은 다름 아닌 언약궤이다. 그 동일성을 나타내는 세 가지의 표지가 있다. 하나님의 율법이 궤에 담겨서 옮겨졌다. 양심은 그 안에 하나님의 법이 기록된 능력이다. 하나님의 법이 이방인의 마음에 기록되어 있건 혹은 성령을 통하여 신자의 마음에 기록되어 있건 간에, 그 법이 마음에 존재하는 정도만큼 양심도 그 사역을 수행할 수 있다. 양심은 언약궤와 마찬가지로 법을 담는 용기이다. 그리고 그 궤 위에는 속죄소가 있었고, 피뿌림이 행해졌으며, 하나님께서 경배 받으시도록 은혜의 보좌가 놓여 있었다. 그러므로 우리 속에서 피가 적용되며 성령께서 하나님을 기쁘시게 하는 일에 대해 증언하시는 것은 특별히 양심에 대해서 이루어진다. 궤는 하나님의 율법 혹은 이스라엘에 대한 하나님의 증언을 담고 있었기 때문에 증거궤라고 불렀다. 그러므로 마음 속에 생명의 법을 기록하시는 성령은 구속받은 자기 백성에 대한 하나님의 증언이시며 하나님의 뜻과 사랑 두 가지 모두를 증언하는 증인이시다. 그리고 피뿌림을 받고 늘 깨어 어린아이 같은 순종의 삶을 고수하는 양심은 우리의 영 속에 있는 영적 기관으로서, 성령은 그것에 대해 그것을 통하여 증언하신다: "내 양심이 성령 안에서 나로 더불어 증언하노라."

이스라엘이 언약궤에 얼마나 많은 관심을 쏟으며 소중히 여겼던가! 가나안과 그 거민들을 정복하기 위해 요단을 건널 때 무리들이 얼마나 큰 확신으로 따랐던가! 여리고 성 둘레를 아무 말 없이 얼마나 큰 기대를 가지고 돌았던가! 언약궤를 위한 장소가 예비될 때 얼마나 기뻐했으며 하나님께서 언약궤와 함께 하시기를 간구했던가(시 132편)! 그리스도인이여, 당신 속에 있는 증거궤를 무엇보다도 귀하게 여기라! 성령의 법이 그 안에 있으며 피가 그 위에 있다! 그것이 당신의 하나님께서 거하시고 좌정하시며 당신과 교제하시는 곳이다. 그것은 하나님과 영혼이 만나고 접촉하는 장소요 믿음의 자리이고 하나님의 자리이다. 무엇보다도 궤 위에 좌정하신 거룩한 현존에 두려움과 경외함으로 엎드리라. 흠 없는 양심을 지키라.

주해 13

성령의 빛 (제22장)[1]

하지만 이런 의문이 제기될 수도 있다: 하나님은 그리스도 안에서 자기 자신과 자기 뜻을 계시하셨다. 왜 또 다른 빛과 또 다른 교사가 필요한가? 역사적으로 볼 때 그 필요성은 명백하다. 이방세계는 지혜로 하나님을 알지 못했다. 그리고 그리스도께서 오셨을 때는 그분은 배척당하셨다. 그를 영접한 자들은 그것이 초자연적인 조명 즉, 하나님의 성령으로 인한 것이었음을 고백했다. 하나님의 영감을 받는 거룩한 사람들에 의해 가르침을 받은 이스라엘은, 오실 분의 완전한 초상화인 성경을 소유했다. 그렇게 이스라엘은 큰 호의를 입고 충분히 가르침을 받고서도 모세와 선지자들 그리고 이스라엘의 모든 제도가 증언했던 그 용모의 거룩한 모습을 분별하지 못했다. 그분은 자기 백성에게 왔지만 자기 백성은 그분을 영접하지 않았다. 그들은 그분을 십자가에 못 박았다. 성령께서 그리스도를 계시하시지 않는다면 그리스도 자신은 보이지 않는 빛으로 남는다는 것에 대해 더 큰 증거를 얻을 수 있을까?

그러나 우리 주님의 제자들을 보라. 그들은 성부께 이끌림을 받아 주님께 인도되었다. 예수가 메시아이며 하나님의 아들이라는 그들의 지식은 자연적으로 온 것이 아니라 살과 피를 통하여 위로부터 온 것이다. 그들은 애틋한 마음으로 그를 향해 나아가면서 자기들의 전심을 다하여 예수를 사랑했다. 그러나 예수께서 여기 계신 동안에도 그들은 성경을 완전하게 이해하지 못했다. 찬양 받으실 주님의 가르침을 놀라움과 애정으로 받았지만, 그것으로는 불충분했다. 그들은 진리의 문턱에 서 있었다: 오로지 성령만이 우리를 진리로 인도하신다. 하나님이 그리스도 안에 계신다. 그러나 성령만이 그분을 하나님의 현시로 계시하신다.

그러나 실제 역사와 체험이 증거하는 것을 넘어서자. 하나님은 자기의

---

1) 아돌프 사피르 박사의 『십자가에 달리신 그리스도』(*Christ Crucified*, by Dr. A. Saphir)에서 발췌.

사랑 안에서 자신을 계시하신다. 내가 그분을 아는 것이 그분의 은혜로운 뜻이다. 그리스도 예수 안에서 그분은 자신을 완전하게 계시하신다. 예수는 빛이시며, 밝음과 온유하심으로 충만하다. 그렇지만 나는 그 참빛을 보기 위하여 다른 한 빛을 요구한다. 왜 그런가?

그것은 단지 성부와 성자와 성령 즉, 삼위일체 이외에 다른 하나님은 없기 때문이다. 하나님은 자신의 영 안에서 자신을 아신다. 하나님은 하나님의 영 안에서 스스로 빛이시며, 그러므로 성령을 통하여 세상과 자기 백성들의 마음 속에 빛을 비추신다.

하나님은 자신을 계시하신다. 그러나 누가 계시된 하나님인가? 아들 외에 누가 있는가? 그리고 아버지께서는 누구를 통하여 아들을 아시고 사랑하시는가? 하나님 자신을 사람에게 계시하셨던 바로 그 성령을 통해서 하신다. 성경은 성부에 대한 책이며, 그 핵심은 그리스도이고, 그것은 성령을 통해 계시된다. 계시하시는 하나님, 계시되시는 하나님은 참하나님이시며, 성부와 성자와 성령이시다.

그것은 구속하심 속에 있다. 우리가 성부와 성령을 잊어버릴 때, 주 예수를 높일 수 없고 그분께 가까이 나아갈 수 없다. 그리스도의 영화로우심은 아버지를 계시하시고 성령으로 세례를 베푸시는 것이다. 성부와 성자와 성령은 그 위엄과 영화로우심 안에서 하나이시며, 사랑과 은혜 안에서 하나이시다.

기억하라. 이 세상으로부터 영광의 땅으로 건너가는 다른 다리는 없으며, 이 지상에서 천국으로 올라가는 다른 사닥다리는 없다. 만약 그 기슭에서, 그 높은 곳에서 삼위일체 하나님이 몸소 내려오셔서 구원을 가져다주시지 않는다면 말이다. 옛말에 이르기를, '사랑이 강림하셨도다'(Amor descendit)라고 하였다. 사랑은 하늘에서 내려온다. 무한한 사랑과 지혜와 능력 가운데 계신 하나님이 예수 그리스도 안에서 소중히 간직하신 그것을 그분이 친히 성령의 능력을 통하여 우리에게 주셔야만 한다. 이것을 통하여 우리는 아무것도 우리를 그리스도 안에 있는 하나님의 사랑으로부터 갈라 놓을 수 없다는 것을 알고 확신한다. 그리스도는 우리 차지이다. 그것은 우리들 자신의 신실함으로 얻는 것이 아니라, 영원한 하나님 자신이시며 우리로 하여금 영원히 자기 것이 되도록 주 예수에게 매어 주시는 분이신 성령께서 친히 이루어 주시는 것이다.

성령은 아버지와 아들의 본질적이고 완전한 교통 속에 계시는 분으로서, 우리에게 영원한 실재들을 계시하신다. 그분만이 홀로 우리를 사랑하시는 하나님의 그 무한한 사랑을 아신다. 그분만이 이 사랑의 깊이를 아시기 때문이다. 그러므로, 성령께서 계시하시고 나누어 주시는 것은 하나님 안에서 영원한 실재에 대한 지식이다.

그분은 살아 있는 지식이며 그분의 빛은 생명의 빛이다. 그것은 진리에 대한 정보나 통찰이 아니며, 진리의 아름다움과 장엄함에 대한 평가도 아니다. 사람이 그런 광범위하고도 심오한 지식을 가질 수도 있겠으나, 그렇다고 해도 하나님의 은혜에는 빈곤하며 거룩한 영은 거하시지 않을 것이다. 하나님과 하나님이 보내신 예수 그리스도를 아는 것이 영생이다. 하나님을 아는 이 지식은, 그분과 그리스도를 바라볼 때, 신령하고도 끝이 없는 생명으로서, 성령께서 우리 속에 창조하시는 것이다. 휴면 중이며 활동이 없고 고립된 지식, 그런 죽은 지식은 성령의 사역이 아니다. 성령이 주신 지식은 교통(communion)이기 때문이다. 우리는, 성부와 성자께서 우리를 아시는 것처럼, 그분들을 안다. 그분들이 무한한 사랑과 은혜를 우리에게 주심으로써 우리를 바라보시는 것처럼, 우리는 성령의 계시를 통하여 그분들을 바라본다. 그분들이 우리를 아시기 때문에 우리는 그분들을 안다. 성부여, 성자여, 당신들이 나를 아십니다. 이것이 하나님을 영적으로 지각하게 될 때 우리 혼의 즉각적인 자각이다. 달리 말하면, 경배와 사랑과 간구와 하나님의 음성을 듣는 것과 그리스도의 사랑과 평화를 받아들이는 것과 교통, 이 모든 것들이 이 지식 속에서 일어난다.

그러므로 이 지식은 또한 하나님을 체험하는 것이다. 우리가 알 때, 우리는 하나님과 그분의 은사를 받아서 소유한다. 우리는 성부를 알며, 그분은 우리 아버지이시다. 우리는 그리스도를 알며, 그분의 중보하심을 안다. 우리는 새 언약의 피에 도달하였고 그리스도를 소유하며 그분의 죽음과 부활의 능력와 효과를 체험한다. 우리는 천상에서 신령한 복을 내리심을 알며, 그 복들을 알고 소유한다. 우리는 단지 그림이나 심상을 가진 것이 아니라 신성한 실재의 본질을 가지고 있다.

가르치시고 조명하시는 분은 성령 자신이시다. 진리 자체와 복음 선포와 성경 읽기는 영혼에 지식을 가져다주는 생래적 능력이 없다. 이것들은 단지 도구일 뿐이며 성령이 그것을 다루시는 행위자이시다. 그것들은 단지 검일 뿐이며, 성령이 힘과 손이 되셔서 그것을 휘두르신다. 하나님께서 그들을 가르치실 것이다. 하나님은 복음의 빛이 우리 마음 속에서 빛나게 하신다. 이처럼 위로와 용기를 주는 진리를 우리가 얼마나 깨닫지 못하고 있는가! 성령께서 사용하시는 은사와 도구들 속에서 우리는 막상 살아계신 성령을 잊어버리기가 얼마나 쉬운가! 성부의 자리 아니면 그리스도의 자리를 차지하고, 그리스도의 자리 아니면 성령의 자리를 차지하고서, 우리 자신이 하나님의 위치에 앉기를 얼마나 좋아하는가!

주해 14

교회를 인도하시는 성령 (제23장)

성령의 계시의 필요성에 대하여 고린도 사람들에게 준 사도의 모든 가르침은 — 비록 진리가 그 신적 능력과 신선함을 지속하고 있으며, 우리가 진리 가운데로 더 깊이 인도함을 받고자 한다 할지라도 — 성경 진리를 인간적으로 표현할 위험이 있음을 우리에게 보여 준다. 교리는 교회 신앙을 잠정적이고 부차적으로 구체화한 것으로서 매우 높은 가치를 지니고 있는 반면에, 이론적으로는 우리가 오직 하나님의 말씀에만 부여한 자리를 사실상 아주 쉽게 빼앗을 수도 있다. 교리는 말씀이 우리에게 가르쳐야만 하는 것을 충분히 완전하고도 최종적인 공식으로서 간주될 때 특별히 해가 될 수 있다. 그리고 말씀 속에 계시된 것을 더욱 분명하고 충분하게 드러내기 위해 성령께서 더 많이 가르쳐 주시기를 기대하는 마음을 무의식 중에 닫아버릴 수도 있다. 성령은 교회를 모든 진리 가운데로 인도하시기 위해 교회 전체에 주어졌다. 우리는 처음 5세기 동안 인간의 논쟁과 연약함 가운데서도 몇 가지 크게 두드러진 계시의 진리가 습득되고 정식화된 방법을 추적해야만 한다.

시야에서 사라져 버리고 오류로 대치되었던 진리들을 종교개혁 때에 회복한 것에 대해 우리는 하나님께 감사한다. 그러나 많은 사람들이 종교개혁 신조가 확립된 이후로는 성령의 인도하심이 덜 필요하게 되었다고 생각하는 위험이 있지 않은가? 많은 사람들이 성령께서 그분의 교회를 더 많이 가르치셔야 한다거나 우리의 표준에서 발견되는 것보다 더 분명하고 충분하게 하나님의 진리가 제시되기를 기대할 수 있다는 생각을 거의 갖지 못한다. 성령과 그 가르치심을 향한 이러한 태도는 매우 위험하다. 이것은 배우려고 기대하는 영혼에 대해 ― 하나님의 영은 오직 이런 영혼에게 하나님의 진리를 능력으로 계시하실 수 있다 ― 마음을 닫는다. 그것은 우리의 정통교리의 정확성에 자만하는 영혼을 길러내며, 우리가 그것에 충실하려고 고집할 때에 무의식 중에 성경의 권위를 빼앗게 된다. 이것은 그리스도 당대에 유대인들의 태도로 나아가려는 것으로서, 그들은 하나님의 말씀이 자신들의 모든 것이라고 즐겨 생각한 반면, 그것은 하나님의 말씀에 대한 인간적 해석 즉, 하나님의 진리에 대한 인간적 묘사였으며, 그들은 그것을 위해 그토록 열심을 품었다. 우리는 오늘날의 신학에서 더욱 성령을 신뢰하기를 배워야 한다. 성령은 여전히 우리에게 가르치실 것이 많다. 교역의 생활과 사역이 더욱 성령의 능력 아래로 오고 모든 신자 속에서 성령의 인도하심이 필요한 것이자 특권으로서 인정될 때 우리는 성령께서 교회를 진리 가운데로 인도하신다는 생각에 친숙하게 될 것이며, 우리가 사전에 인지할 수 없는 방식으로 성령께서 그분의 일을 행하신다는 확신을 들여다보게 될 것이다.

많은 사람들로 하여금 이 진리를 받아들이기를 주저하게 만드는 것은 그것과 결부된 외견상의 위험이다. 그들은 수많은 사람들이 계시의 진리를 인간정신의 본능과 시대정신 그리고 과학적 요구와 조화시키는 과업에 종사하고 있는 것을 본다. 더 순전한 성경적 신학의 회복을 위해서가 아니라 신앙체계 속에 있는 모든 제한으로부터 벗어나 이른바 인간 이성의 경건 의식을 충족시키도록 이 모든 것들은 교리로부터의 해방을 추구한다. 양쪽 편이 모두 교리로부터의 자유를 옹호한다 할지라도 서로 얼마나 멀리 서 있는지 알기는 어렵지 않다. 하나는 판단의 자유를 옹호하면서 우리의 현명한 이들이 말한 이성적 지시에 기꺼이 따르려 하는 것이다. 다른 하나는 성령의 자유를 옹호하면서, 성령의 다스리심 아래 있으면서 성령께서 담지하신 것을 보여 주시기를 기다리는 교회에 계시된 성령의 가르치심을 자진해서 받아들이고 따르려는 것이다. 교회의 관심 속에서 이 둘을 신중하게 구분함이 좋다. 종교개혁의 진리 속에 고귀한 기초가 놓여졌음을 인정하면서도 상부구조를 구축하기 위해서는, 성령께서 성경의 진리 전체를 계시하시는 가운데, 여전히 성령께서 행하실 필요가 있고 또한 기꺼이 행하시리라는 것을 믿는 이들이 교회와 신앙의 가장 참된 친구들이다. 교회가 성령의 인도하심을 기꺼이 듣고 복종하고자 함을 그분이 아신다면 그분은 성경의 진리의 전체 분량을 계시하신다.

다음 글은 의문의 여지없이 건전한 교리의 형식과 성경에 대한 심오한 통찰에 천착해 온 사람에게서 나온 것으로서 신중하게 검토할 만한 가치가 있다. 사피르 박사는 그의 저서인 『그리스도와 성경』(*Christ and the Scriptures*)에서 다음과 같이 말한다.

"우리들 가운데는 불안한 느낌이 있는데, 이는 무언가 잘못되어 있다고 하는 드러나지 않는 의식이다. 인간의 마음과 경험에 하나님의 능력을 입증해 온 복음에 분명히 맞서는 교리의 발전이 불안의 한 요인이다. 그리고 종교개혁의 교리와 신학의 보루로 회귀하는 것에 자연스럽게 의지한다. 그러나 이에 대해 두 가지 점을 고려하도록 촉구해야만 한다. 먼저, 이스라엘은 뒤돌아보거나 되돌아가서는 결코 안 되었다. 주님 자신이 ― 주님에 대한 하나의 심상이 아니라 ― 우리를 둘러싸는 화염벽이시다. 오직 생명만이 죽음의 그릇된 것들에 맞서 싸울 수 있다. 그러나 두 번째로, 만약 교리들이 생명을 유지하고 보존하지 못한다면 — 역사는 그것들이 그렇게 할 수 없었음을 보여 준다 — 죽어가는 불꽃을 살리고 죽은 자들을 생명으로 옮기는 일은 더더욱 할 수 없다는 것은 말할 나위도 없다. 발전이건 반대이건 간에 오늘날의 사태는 이 교리로부터 온 것이며, 우리는 자체적으로 드러난 이 질병의 원인이 이 교리들에 성경적인 요소가 결여되어 있기 때문인지 혹은 어떤 성경적 요소를 그릇되게 표현하고 강조하기 때문인지 찾아내는 것을 목표로 삼아야만 한다.

근본적으로 철저히 다른 두 부류가 여기서 만난다는 것이 분명하다. 한 쪽은 교리가 매우 많은 성경적 요소들을 포함하고 있다는 측이며, 또 한 쪽은 그것이 너무 적거나 혹은 충분히 순수하게 포함하고 있지 않다는 측이다. 교리에 대한 반대자들은 교리가 너무 셈족적 성격을 띤다거나 혹은 충분히 셈족적이지 못하다거나 하는 이유로 반대한다."

다른 사람의 말을 더 들어보자. 라이덴의 망명 청교도 회중의 목사였던 존 로빈슨(John Robinson)이, 메이플라워호를 타고 뉴잉글랜드로 떠나는 일단의 이주자들을 — 이들은 장차 필그림 파더즈(Pilgrim Fathers)라는 이름으로 칭송받을 사람들이었다 — 보내면서 이런 기억할 만한 고별 인사를 했다. "나는 여러분이 보아왔던 바 내가 주 예수 그리스도를 따라 간 지점까지만 나를 따르는 것을 책망합니다. 주님은 그분의 거룩한 말씀으로부터 쏟아져 나오는 더욱 많은 진리를 가지고 계십니다. 나는 개혁교회들의 상태에 통탄을 금치 못합니다. 개혁교회들은 경건의 막바지에 이르고 말았으며, 이제는 교회 개혁의 도구들이었던 개혁자들을 넘어서려고 하지 않습니다. 루터와 칼빈은 당대의 위대하고 찬란한 빛이었습니다. 그렇지만 그들이라도 하나님의 계획 전체를 꿰뚫어 보지는 못했습니다. 루터교회 사람들은 루터가 본 것을 넘어서도록 이끌림을 받지 못합니다. 칼빈주의자들은 그 위대한 하나님의 사람이 그들을 이끌다가 남겨두고 떠난 곳을 고수하려고만 합니다. '너는 하나님의 말씀으로부터 어떤 진리를 알게 되더라도 그것을 기꺼이 받아들일지어다.' 이것이 여러분 교회의 서약 가운데 한 조항이라는 것을 기억하도록 여러분에게 부탁합니다."

주제 전체는 대단히 중요하면서 동시에 어려움이 많은 것이다. 교회를 위한 유일한 안전책은 오직 믿음을 갱신하는 것과 교회 지체들의 삶 속에서 성령이 역사하시기를 쉬지 않고 대망하는 것이다. 이로부터 교회의 능력을 소생케 하실 분에 대한 진지한 헌신이 자라날 터인데, 그 능력은 곧 성경의 진리 전체를 받아들이는 것이며, 성령께서 가르치시는 말씀으로 삶과 증언 가운데 그 진리를 재현하는 것이다.

주해 15

성령을 신뢰함(제27장)

나는 오토 슈톡마이어(Otto Stockmayer) 목사의 강연이 들어 있는 1879년의 『케직 대회의 회고』(Reminiscences of the Keswick Convention)라는 소책자에서 우리가 자기에 대해서 죽고 그리스도를 우리의 생명으로 취할 수 있게 하시는 성령의 사역에 대하여 가장 유익한 생각을 몇 가지 발견하였다. 이것들을 보존하기 위하여 그리고 달리 이것들을 접할 수 없는 독자들에게 소개하기 위하여 나는 다소 긴 발췌문을 여기에 싣는다. 부흥의 복이 항구적인 것이 될 수 있는 유일한 길은, 신자 개개인이 성도들과 교제하는 가운데 받은 것이 그에게 인격적으로 확고해지고 또 증가할 수 있음을 아는 것이며 또 이것은 그의 안에 내주하시나 그가 잘 알지 못하고 있는 성령의 복된 사역을 통해서 이루어진다는 것을 아는 것이다.

"그러므로 나의 사랑하는 자들아 너희가 나 있을 때뿐 아니라 더욱 지금 나 없을 때에도 항상 복종하여 두렵고 떨림으로 너희 구원을 이루라. 너희 안에서 행하시는 이는 하나님이시니 자기의 기쁘신 뜻을 위하여 너희에게 소원을 두고 행하게 하시나니 …'(빌립보서 2:12-13). 우리는 불순종을 두려워할 것이다. 왜냐하면 우리는 인간의 사역이나 인격 앞에 있는 것이 아니라 성령 앞에 있기 때문이다. 우리 안에서 행하는 이는 우리 자신이 아니라 성령이시기 때문이다.

모세가 불붙은 떨기나무 앞에 왔을 때 주께서 그에게 말씀하셨다, '네가 선 곳은 거룩한 곳이니 네 발에서 신을 벗으라.' 이것은 거룩한 땅이다. 뜻 하시고 행하시는 분이 성령이시기 때문이다. 성화와 섬김의 모든 문제에서 우리는 우리 자신 앞에 있지 않고 거룩한 땅 곧, 하나님 앞에 있다. 우리 속에서 역사하셔서 소원을 두고 행하게 하시는 분은 하나님이시니, 두려움 과 떨림으로 당신 자신의 구원을 완성하라. 우리들 자신의 구원을 완성한 다는 것이 무엇인가? 바울 사도는 본문에서 우리에게 말한다. '그러므로, 나의 사랑하는 자들아, 너희가 항상 복종하라.' 내 생각에 '그러므로'라는 낱말은 우리를 8절의 그리스도의 사역으로 되돌아가게 한다. 그리스도는 죽기까지 복종하셨다. 5-11절에서 우리는 그리스도께서 자기를 낮추신 사 역을 본다. 그리고 그분이 자기를 낮추셨으므로, 높임을 받으셨다. 그러므 로 우리도 또한 순종해야 한다.

12-13절에는 예수의 사역을 이어가는 성령의 사역이 있다. 예수는 죽기 까지 복종하셨다. 죽음은 우리의 본성에 반한다. 우리는 우리의 생명을 지 키려고 가능한 한 무슨 일이든지 다 한다. 그러나 그리스도께서는 영원한 성령을 통하여 자신을 흠 없이 하나님께 드리셨고, 자신의 죽음으로 그 희 생제물의 사역을 끝내신 것처럼, 성령의 사역은 죽음 당하시는 그리스도와 의 사귐으로 우리를 인도하신다. 성령은 우리가 그리스도의 능력으로 기꺼 이 죽게 하신다. 성령은 그리스도의 죽음이 우리를 데리고 간 위치에 우리 가 자리잡게 하신다. 그리스도께서 죽으신 것은 '산 자들로 하여금 다시는 저희 자신을 위하여 살지 않고 오직 저희를 대신하여 죽었다가 다시 사신 자를 위하여 살게 하려 함'이었다. 그리스도로 말미암아 우리에게 주어진 위치로 자발적으로 들어가려는 사람은 아무도 없을 것이다.

우리의 손을 잡고 우리를 우리 자신의 생명에서 이끌어내어, 우리가 부 활하신 그리스도의 죽음과 기꺼이 교제하기를 즐거워하고 구하게 하는 이 는 성령이시다. '이제 나 없을 때에도' 성령께 맡기기를 계속하라. 그분이 당신들을 가르쳐서 아린양을 따르게 하실 것이며 그리스도와 더불어 기꺼이 죽게 하실 것이다. 이것은 여러분이 새 생명 가운데 섬기며 사랑하며 행하게 하시려는 것이다. 그리고 두려움과 떨림으로 이 모든 것을 행하라. 행하시는 분은 하나님이시기 때문이다. 우리가 단 한 가지 두려움으로 원하는 것은 성령의 모든 역사 속에서 그를 따르며 자기를 단념하고 성령께 굴복하는 것이다. 이것은 하나님의 영광을 위하여 일하시도록 함이며 모든 것을 그분의 손에 맡기기 위함이다. 그리고 우리가 두려워하는 바가 구주를 근심하게 하지 않는 것, 그 점에 모아지는 즉시 우리는 두려워할 것이 더 이상 없게 된다. 그때 우리는 처음으로 하나님의 나라와 그 의를 구할 수 있으며, 그 외의 모든 것도 우리에게 더하여 주실 것이다. 왜냐하면 하늘이 땅의 사면을 다 둘러싸고 있는 것처럼 성령의 사역은 모든 것을 그의 다스림과 변화시킴의 능력 아래로 가져와 우리의 존재 속에서 그분의 능력이 미치지 않는 것을 아무것도 남겨두지 않을 것이기 때문이다.

우리는 우리가 떠났던 거룩한 땅으로 돌아가야 한다. 하나님은 자신의 것을 소유하셔야만 한다. 우리는 그에게서 나왔으며 그에 의해 지음을 받았다. 우리는 성령을 영화롭게 하는 것을 배워야 하며 그의 사역을 우리가 가지고 있는 가장 귀한 것으로 여길 줄 알아야 한다. 그리고 그분이 일러주시는 것을 한 가지라도 놓칠까봐 두려워해야 한다. 성령이 하시는 모든 일은 무한한 수고를 담고 있으며 우리가 성령의 어떤 사역을 사랑한다면 우리가 알고 있는 것보다 더 무한한 수고를 사랑하는 것이기 때문이다. 우리가 하나님의 사랑을 더 많이 아는 정도만큼 하나님을 두려워할 줄 안다는 것은 체험의 문제이다. 앞에 것은 뒤에 것을 포함하며 제어한다. 거기에는 어떤 모순도 없다.

우리는 야고보서 4:1에서 '너희 지체 중에서 싸우는 정욕들'(lusts)에 대해 읽는다. 그러나 같은 단락(5절)에서 성령의 소욕(lust)에 대해서 읽는다. 그러므로 그 낱말에 대해 일반적으로 부여하는 것과 똑같은 의미를 부여해서는 안 된다. 이 낱말이 여기서는 죄의 소욕을 의미하지 않는다. 하나님의 영은 죄의 소욕을 가지실 수 없다. 여기서 우리는 공통적인 것이 아무것도 없이 하늘과 땅처럼 완전히 분리된 두 가지 성향이요 두 가지 능력이며 두 가지 세계인 육체와 성령을 본다. 우리는 책임 있는 도덕적 존재이다. 이는 우리가 우리의 내적 외적 삶 속에서 이 두 개의 적대적인 것들 가운데 어떤 것에 지배권을 허락할 것인가 선택해야 한다.

나는 불순한 감정으로부터 일어나는 어떠한 것도 마음에 생기지 않거나 또는 일순간이라도 빛의 모양을 지닐 수 없는 자리를 알고 있다. 이런 자리의 그리스도인은 불순한 욕구로부터 그리스도를 통하여 자신을 지키는 것을 배웠다. 더 이상 그런 것이 일어나지 않지만 이 동일한 그리스도인들도 고개를 드는 육체의 성향을 자각한다.

순수함에는 무한한 등급이 있고 우리가 불순한 충동에서 완전히 건짐을 받아야 비로소 성령께서 그분의 정결케 하시는 사역으로 더욱 더 깊이 들어가실 수 있다. 이것은 표현될 수 없으며 깨달아야만 하는 것이다. 그리고 우리의 체험과 여타 사람들의 체험 혹은 교회에서 그리스도인들의 삶의 수준이 성경 해석에 얼마나 큰 영향을 주는지 잘 알지 못한다. 성령 하나님께서 점점 더 가까이 끌어당기시는 것만큼 당신의 내적 상황은 변화하고 신선한 산 속 공기를 마시는 순간에 이르는 체험이 없이 케직(Keswick)과 옥스퍼드 대회 같은 집회에 참석해본 적이 있는가? 또한 우리가 성령의 그늘 아래로 들어오는 정도만큼 우리의 삶 속에서 성령의 능력은 여느 때보다 강해질 것이다. 우리가 예루살렘 교회의 첫 시기를 체험하는 데로 되돌아 갈 때 우리는 우리의 육체의 성향을 피하도록 막아주는 성령의 능력을 알게 될 것이다. 그러나 우리는 가족이며, 나머지 사람들이 우리를 따르기를 바랄 수 없다면 우리가 머리되신 예수 그리스도의 충만함을 개인적으로 경험할 수 없다. 우리가 모든 지체들의 삶을 원하는 것은 성령의 삶을 구현하기 위함이다. 당신이 병든 그리스도인들, 잠자는 그리스도인들, 자기들의 구주를 전적으로 신뢰하지 않는 그리스도인들에게 둘러싸여 있을 때 전능자의 그늘 아래 거하기는 어렵다.

우리의 일상생활, 우리의 대화, 우리의 표정은 우리가 선한 목자 안에서 풍성한 생명을 찾았음을 증언해야만 한다. 친애하는 그리스도인들이여, 당

344

신의 생명을 지키려고 하지 말며 당신 자신의 생명에 의존하지 말라. 성령
께서 당신의 옛 생명을 모두 죽게 하시려고 역사하신다. 사랑하는 형제자
매들이여, 우리는 너무나 세상적이다. 우리의 세상적인 삶은 회심의 큰 장
애물이며 복음이 성공을 거두지 못하게 하는 커다란 원인이다. 하지만 기
억해야 할 것은 그리스도인이라면 누구나 주님께 모든 것을 내어드리는
때가 있었다는 것이다. 그때에 당신은 행복했다. 그런데 지금 당신이 불행
한 바로 그 이유는 자신의 모든 생명을 내어드리지 않기 때문이다. 일상생
활과 대화와 일상적 선택에서 때때로 당신은 자신의 뜻과 하나님 뜻 사이
에서 주저하고 있다는 것이다. 나의 형제자매들이여, 나는 어떤 인간적 기
대나 욕망에 내 마음을 열기를 더 이상 원치 않는다. 그것은 나로 하여금
나의 하나님의 얼굴을 뵙지 못하게 할 것이기 때문이다. 나는 어느 오후
한 나절이나 한 시간이라도 결코 내 수중에 두지 않으려 한다. 그것은 불
행한 날, 불행한 시간일 것임을 알고 있기 때문이다. 나는 너무 행복하여
매일 매시간을 내 하늘 아버지의 손에 두려 할 것이며, 너무 행복하여 다
시는 내 인생의 실마리를 내 속에 두려고 하지 않을 것이다.

요한복음 16:7-11, 그리고 사도행전 2:36과 그 이하 구절들에서 우리
는 약속의 성취를 본다. 자, 사랑하는 형제자매들이여, 요한복음의 본문에
는 우리의 거룩한 주님께서 제시하신 성령의 독특한 두 가지의 직무가 나
온다. 제자들에 대한 그분의 이름은 보혜사이다. 그는 또한 세상을 책망하
는 직무를 가지신다. 그러나 더 많은 제자들이 성령의 충만을 받아야만 그
분이 제자들을 통하여 세상을 책망하실 수 있다. 오순절에 그 약속이 성취
되었다. 제자들은 성령으로 충만해졌고, 보혜사가 그들 속에 거하셨기 때
문에 그들은 하나님의 손에서 불신앙의 죄에 대해 세상을 책망하는 도구
가 되었다. 성령께서 보혜사의 직무를 가진 것을 아는 제자가 얼마나 적은
가! 그리고 그분의 위로하심은 무엇인가? 성령은 무엇보다도 우리가 아들
의 능력으로 아버지를 기쁘시게 해 드리고 있다는 생각, 우리는 아버지를
기쁘시게 하는 화목하게 된 자녀들이라는 생각을 우리 마음에 가져다주실
것이다.

오, 그리스도인들은 얼마나 오랫동안 성령의 직무를 안에 가두어 두며, 성령께서 그들의 일상생활 속에서 위로하시기보다는 책망하시게 할 작정인가? 나는 요즈음 깊이 느끼는 것이 있으므로 그것을 하나님 앞에서 말해야만 하겠는데, 성령께서 우리 가운데서 하셔야 할 일은 일반적으로 말하자면 위로하시는 것보다는 오히려 책망하시는 사역 즉, 죄에 대한 책망이라는 것이다. 어떤 죄인가? 불신앙의 죄이다. 매우 많은 그리스도인들이 하루나 한 주일 혹은 한 해를 되돌아 볼 때 하나님을 기쁘시게 했다는 증언을 그들 안에 갖고 있지 않은 것은 오직 불신앙의 결과이다. 불신앙으로 인하여 성령께서는 죄를 책망하시는 그분의 사역을 거듭해서 떠맡으셔야만 하며, 하나님의 자녀들은 결국 하늘에 계신 아버지를 기쁘시게 하는 삶으로 나아가게 될 것임을 믿는 믿음의 능력을 잃어버린다. 케직 (Keswick)이나 혹은 다른 어떤 곳에서 열리는 집회라 할지라도 하나님께 인정을 받으려면 다음과 같은 열매를 맺어야 한다 — 즉, 집회가 끝난 뒤 일 주일 후, 한 달 후, 일 년 후까지도 믿음으로 하나님을 기쁘시게 할 줄 아는 약간의 그리스도인들이 있어야 할 것이다. 입으로는 예수의 능력을 말하면서도, 삶 속에서 그리스도의 능력을 나타내었는지 질문을 받게 되면, 늘 하나님을 기쁘시게 해 드리지 못했고 위로자이신 성령의 임재를 언제나 소유하지 못했다고 고백할 수밖에 없는 그리스도인들로서 내년에 여기에 다시 돌아오는 일이 없어야 한다.

우리는 거룩한 땅 위에 서 있으나, 우리가 하나님의 능력을 체험하지 못하고 있다면 그것에 대해 이야기할 권리가 없다는 것을 기억하라. 나는 내가 믿는 모든 것을 또한 체험하고 있음을 한 순간이라도 깨닫지 못한다면 한 걸음도 앞으로 나아가지 않겠다.

그리고 이제 베드로전서 2:5-9 한 단락만 더 살펴보자. 사랑하는 교우들이여, 당신들도 하나님께서 우리에게 주신 그 영광된 과업을 완수할 수 있다! 불신앙의 죄에 대해 책망받고 불신앙의 죄에서 영원히 떠나자마자, 우리는 성령께서 보혜사로서 우리 영혼 속에서 활동하고 계심을 알 수 있다. 오순절에 그 삼천 명의 사람들, 그들이 어떻게 자기들의 죄를 깨달았는

346

가! '우리가 어찌할꼬?' '회개하라.' 다시 말해 너희의 죄 즉, 예수 그리스도에 관한 불신앙의 죄에서 떠나라. 그들은 그렇게 했다. 그 순간에 그들은 자기들이 십자가에 못박은 예수를 주님이요 그리스도로서 영접하였다. 그러므로 내가 부탁하려는 것은, 하나님의 자녀들에게 기름을 부으셔서 그들을 제사장들로 삼고자 기다리시는 예수를 기름부음을 받으신 주님으로 알기 위하여 여러분은 불신앙의 두려운 죄에서 떠나라는 것이다. 그분이 우리의 일상 생활을 통하여 우리로 하여금 신뢰하게 하시며, 믿음 속에서 그리고 하나님을 기쁘시게 하는 행위 속에서 우리를 지키실 수 있다는 것을 믿음으로써 시작하자. 우리가 아버지를 기쁘시게 하지 않는 삶을 더 계속할 수 있겠는가?

빌립보서 2:12-13. 우리 앞에 제시된 이 영광스런 진리를 하나님의 자녀들이 한층 더 실제적으로 깨닫지 못하고 있다면, 그것은 예수의 사역은 명확히 신뢰하지만 성령은 그만큼 신뢰하고 있지 못하기 때문이라고 생각한다. 성령은 신자의 마음 속에서 끊임없이 역사하시면서 우리의 구원에 관하여 모든 것에 소원을 품고 행하게 하시는 능력이다. 이 순간에 나는 호흡할 공기가 있다는 것과 나의 하나님께서 매 순간마다 내게 그것을 허락하시리라는 것을 안다. 그와 마찬가지로 성령께서도 내 영혼의 가장 깊은 부분에서 그분의 사역을 그치지 아니하실 것이다. 나는 그분의 성전이며, 그분은 내 속에서 역사하시고 있다. '너희 안에 행하시며, 너희에게 소원을 두고 행하게 하시는 이'는 성령 하나님이시기 때문이다.

이제 여러분은 어떻게 신뢰할 것인가를 묻고자 한다. 나를 죄로부터 지키시는 예수를 내가 지금 신뢰하고 있다는 것을 어떻게 확신할 수 있는가? 오늘 오후, 오늘 저녁에 내가 하나님과 계속 교통할 것이라는 것, 예수 안에 거하리라는 것, 내가 끊임없이 신뢰하리라는 것을 어떻게 확신할 수 있는가? 사랑하는 형제자매여, 당신이 이런 의문을 제기하는 순간에 당신은 성령을 불신하고 있다. 당신이 그것을 묻는 한은 결코 하나님과의 교통을 지속시키지 못할 것이다. 왜냐하면 당신은 신뢰의 비결을 자신 속에서 찾고 있으며, '우리 안에서 행하시고, 소원을 두고 행하게 하시는 이'는 성령이시기 때문이다.

이것을 깨닫는 그리스도인들이 그토록 적은 이유는 그들이 예수의 사역에 대해서 갖고 있는 것과 같은 뚜렷한 신뢰감을 성령의 사역에 대해서는 갖고 있지 않다는 것이다. 우리는 그리스도께서 자기 사역을 통하여 우리에게 공급하신 것을 모두 깨닫는 삼위일체 신자여야만 한다. 그러나 우리가 성령의 섭리 속에 있다 해도 성령을 영화롭게 하지 않는 한 실제적인 그리스도인들이 될 수 없다.

일상생활의 세목들을 모두 가지고 성령께로 나아가야 할 것이다. 성부와 성자와 성령은 모두 함께 역사하신다. 성부께서는 성령과 손을 잡고 역사하고 계신다. 성령은 내 영혼 속에서 역사하시도록 위임을 받으셨고, 그분은 내가 예수를 바라보고 있는 동안만 내 영혼 속에서 자유롭게 역사하실 수 있다. 내가 성령의 사역을 바라보기 시작하는 순간 나는 그 사역를 방해하기 시작하는 것이다. 성령의 사역의 처음과 마지막은 나로 하여금 예수를 바라보게 하는 것이다. 내가 예수를 바라보고 있을 때, 나는 성령께서 내 안에서 역사하실 수 있도록 하는 자리에 있는 것이다. 성부께서는 아침부터 저녁까지 성령과 더불어 역사하고 계신다. 만약 성부께서 역사하시지 않았다면 내가 견뎌낼 수 없는 유혹이 있었을 것이다. 나는 고린도전서 10:13에 기록된 상태에 머물지 못했을 것이다. 아버지께서 자기 자녀를 위해 다음 날 필요한 것들을 매일 저녁 예비하고 계시기 때문에 우리가 감당할 수 없는 시험이란 있을 수 없다. 그리고 내가 예수를 바라봄으로써 소유하는 영적 능력을 초과하여 안이나 밖에서 폭풍이 몰아치는 것을 그분이 결코 허용하시지 않으리라는 것을 나는 안다. 머리에서 머리카락 한 올이라도 떨어지려면 반드시 하늘 아버지께서 허락하셔야 한다. 외적 삶의 모든 사항들을 정하셔서 자기의 능력이 성령의 사역과 손을 잡고 함께 역사하게 하시는 성부의 지키시는 능력에 의해서 성령의 사역은 우리 영혼 속에서 자유롭고도 충분하게 그리고 점진적으로 계속될 것이다.

당신은 다음과 같이 질문할 수도 있을 것이다. 성화를 위해서 신자는 요한복음 7:37-39과 14:16-17에서 언급된 성령을 받아야 하는가 혹은 성령은 성화와 별개의 은사인가?

사랑하는 교우들이여, 성화가 무엇인가? 한마디로 말하자면 의롭다 하심으로 말미암아 성령에 의해 예수 그리스도께로 옮겨지는 것이다. 하나님은 당신의 죄짐을 벗기시고, 당신을 예수 그리스도 안에 있는 새로운 세계 속에 두셨다. 내게 성화란 예수 그리스도 안에 거하는 것, 성령께서 나를 두신 장소에 머무는 것 이외의 다른 것이 아니다. 우리는 성령을 처음 받은 순간부터 우리 속의 성령을 존중할 수 있을 따름이다. '두렵고 떨림으로 너희 구원을 이루라. 너희 안에 행하시는 이는 하나님이시니 자기의 기쁘신 뜻을 위하여 너희로 소원을 두고 행하게 하시나니.' 그러므로 많은 하나님의 자녀들이 진실로 생명수로 충만하지 않으며, 또 만약 생명수가 그들에게서 흘러 나오고 있지 않다면, 그 이유는 그들이 모든 면에서 실제로 성령을 존중하지 않기 때문이다. 어떤 일에든지 성령께 순종하지 못할까봐 두려워하면서 '두렵고 떨림으로 이루라' — 우리는 안에서 역사하시는 성령께 순종해야 하기 때문이다. 그러면 우리는 다른 사람들에게 생명수가 되기 시작할 것이다. 우리 안에서 역사하시는 성령께 모든 일에 우리의 존재를 내어드리는 순간부터 하나님은 우리의 본성을 순종시키시고, 나뭇가지 속에 수액이 작용하듯이 하나님은 우리 안에서 활동하실 것이다.

그렇다면, 그리스도 안에 있는 이 믿음의 삶이, 가령 아침에 일찍 일어나 아침 식사를 들기 전에 성경을 읽고 기도 시간을 갖기 어려운 것과 같은, 일상적인 유혹에서 우리를 어떻게 도울 것인가?

여기서 가르친 것을 일상적 경험 속에 실현하는 비결은 모든 일에서 성령이 온유하게 인도하시도록 맡기는 것이다. 성령은 우리 안에서 자기 노예를 다루는 주인처럼 행세하시지 않는다. 그분은 우리를 그리스도의 신부로 만드실 것이다. 남편과 아내의 올바른 관계는 아내가 남편과 동등하게 되는 것이다. 그리고 우리는 성령과의 관계 속에서 지극히 사소한 암시, '세미한 소리'만 있어도 복종하는 것을 배워야 한다. 우리가 사는 동안 하나님의 그런 세미한 소리에 우리의 귀를 점점 더 열어 놓기를 배우는 것이 얼마나 귀한 교훈인가? 우선, 그 세미한 소리에 익숙치 않은 그리스도인들에게는 어려움이 있다. 왜냐하면 악한 본보기의 음성과 성령에 따르지 않은 가르침의 음성 그리고 그 밖의 다른 음성들이 생각과 혼을 가득 채우고 있기 때문이다. 그들은 다른 목소리에 귀 기울이지 않고 그런 세미한 음성에만 귀 기울이기를 배워야 한다. 그 목소리를 분별하기를 배우는 것은 거룩한 일이며, 당신의 영혼과 당신의 생각과 당신의 소원이 하나님 편에 있을 때 당신은 그 목소리를 분별할 것이다.

우리의 선한 목자의 선하심과 인자하심, 온유함과 자상하심을 신뢰할 때 우리는 듣기를 배우게 될 것이다. 다른 목소리들을 들을 때 우리는 반드시 그릇된 길로 나아갈 것이다. 로마서 8:11과 데살로니가전서 5:23에서 하나님의 방법의 결말을 볼 수 있다. 그 사역은 우리의 몸 속에 나타남으로써 종결되는 것이다. 우리는 그리스도인들의 얼굴 속에서, 그들의 눈의 표정 속에서 그들이 성숙하지 못한 그리스도인들이 아님을 즉, 그들이 오랫동안 하나님과 함께 살아왔음을 읽을 수 있다. 우리가 세미한 소리 듣는 것을 배우는 데 비례하여, '예수를 죽은 자 가운데서 살리신 이의 영'이 또한 우리의 죽을 몸 속에서 역사하셔서 그 안에 생명을 불어넣으실 것이다. 때로 우리는 일찍 일어나고 우리의 몸을 이기려고 애쓰지만 하지 못한다. 그러나 우리가 성령께 내어드리기를 배우는 정도만큼 성령의 소생케하시는 능력이 우리의 몸 속에서 드러나고, 우리의 몸은 하나님을 섬기기에 가장 좋은 모든 것들을 위한 활력을 얻게 될 것이다. 우리는 하나님께서 우리로 하여금 행하게 하시려는 것을 그분의 음성 가운데 깨닫도록 배울 것이다. 하나님의 성령은 우리의 타고난 활력이 활동하도록 하려고 우리 몸을 소생시키시지는 않을 것이다. 그러나 내가 매일 시시때때로 알고 깨닫는 바, 하나님은 내게 주신 모든 사역을 위해 이 죽을 몸에 생기를 불어넣으실 것이다. 나는 영어에 대단히 서투르긴 하겠지만, 하나님의 성령께서 허락하시지 않는다면 나는 오 분도 말할 수 없을 것이다. 그러므로 일찍 일어나는 것이나 그 외의 어떤 것에 대해서도 성령은 매순간 꼭 필요한 만큼의 능력을 주실 것이다.

하나님을 전적으로 의지하고 살아가는 사람은 자신이 지쳤거나 힘이 있거나, 건강하다고 느끼거나 병들었다고 느끼거나 걱정하지 않는다. 그는 그의 하나님으로부터 섬김을 위한 격려를 받는 법을 배운 것이다. 그가 만약 자기가 일찍 일어나야만 한다고 느낀다면, 그에게 그것은 하나님의 뜻으로서, 하루 동안 무사히 행하기 위해 필요한 일이다. 그는 어린아이처럼 아버지께 나아가 아뢰기를 '내가 일어나는 순간부터 내 일용할 양식을 주소서'라고 하는데, 그것은 하나님께서 인간의 몸 속에서 역사하시는 성령을 주실 것까지 포괄하여 구하는 것이며, 그리하여 몸과 혼과 영은 매 순간마다 주님이 그분의 섬김을 위해 그들에게 원하시는 바 대로 되는 것이다.

빌립보서 2:8에서 당신은 예수 그리스도께서 '죽기까지 복종하셨다'는 말씀을 읽는다. 몇 절 더 내려가면 사도가 '너희가 나 있을 때뿐 아니라 더욱 지금 나 없을 때에도 항상 복종하여 두렵고 떨림으로 너희 구원을 이루라. 너희 안에서 행하시는 이는 하나님이시니 자기의 기쁘신 뜻을 위하여 너희로 소원을 두고 행하게 하시나니'라고 말하는 것을 발견한다. 소원을 두고 행하게 하신다는 것이 무엇인가? 죽기까지 복종하신 예수와 같은 마음을 품는다는 것이다. 성령은 우리로 하여금 기꺼이 죽게 하시고, 모든 점에서 아침부터 저녁까지 우리의 거룩한 하나님의 제단 위에 산 제물이 되게 하시며, 영화로운 새 언약의 법으로 자유로이 들어가게 하신다. 우리는 우리 자신의 생명을 버리는 것과 똑같은 분량만큼 그분의 생명을 얻을 수 있다.

예수 그리스도의 생명이 우리 자신의 생명보다 한없이 더 귀하다는 것을 우리가 믿는다면, 그리스도께서 얼마나 영광스러운 생명을 우리에게 가져다주셨으며, 성령께서는 우리 안에 얼마나 영광스러운 생명을 이루고 계시는가!

왜 그토록 많은 그리스도인들이 그리스도를 위한 사역에서 그토록 자주 기운을 잃는가? 그들이 자신들의 사역 속에서 자신의 생명을 추구하고 있기 때문이다. 우리의 사역은 그 속에서 우리의 생명이나 기쁨을 구하지 아니하며 그리스도의 영광과 이익을 구할 때에만 열매를 맺을 수 있다. 우리가 그리스도와 함께 장사되어 오직 그의 생명 속에서 사는 한, 부활 생명을 소유할 수 있다.

요한복음 5:39에서 '성경을 연구하여라' 하신 말씀을 본다(헬라어 원문상 명령법으로 읽는 것과 직설법으로 읽는 것 둘 다 가능하다. 저자가 채택한 영역 성경의 독법과 달리 한글 개역판과 개역개정판은 직설법으로 읽어서 '성경을 연구하거니와' 로 옮겼다 ― 역자주). 예수께서는 엠마오의 제자들에게 모든 성경이 예수의 이름으로 가득 차 있음을 보여 주셨다. 예수를 전적으로 신뢰하는 사람들이 적은 것은 성경에 나타난 참모습의 예수를 아는 사람들이 적기 때문이다. 우리는 상상에 의한 그리스도나 감정에 따른 그리스도에게서 벗어나 성경 속에 나타난 그리스도에게로 돌아가야만 한다. 그분은 우리의 죄를 위하여 죽으시고 우리로 하여금 자신의 의의 삶을 살게 하시려고 다시 살아나신 참된 생명의 구주이시다.

'성경을 연구하여라.' 그리고 사셨고 죽으셨으며 부활하신 예수의 인격을 성령께서 당신 눈 앞에서 높이시게 하라. 그리고 성령께서 우리의 기도에 응답하시면서 예수의 인격 위에 새로운 빛을 비추어 주실수록 당신은 예수를 어떻게 신뢰할지 묻지 않아도 될 것이다. 이 친구와 더욱 친밀하게 지내라. 그러면 어떻게 예수를 신뢰할 것인가 더 이상 묻지 않게 될 것이다. 다른 방법은 없다. 믿음으로 말미암는다고 하는 이 한 가지 방법만을 기억하라. 예수는 그분의 모든 사랑을 처음부터 나타내지 않으시며 우리가 그를 신뢰할 것을 요구하신다. '너는 내 생명이 네 생명보다 더 귀하다고 믿을 수 있느냐? 그렇다면 네 생명을 내게 다오. 그러면 나는 네게 다른 생명을 주마.' 예수는 기다리고 계신다. 성령은 예수의 인격 위에 빛을 던지고 계신다. 우리의 죄악됨으로 인하여 우리는 성령께서 예수를 보여 주실 때에야 우리 자신을 되돌아본다. 오, 사랑하는 형제자매여, 이것이 풍성한 삶이다. 누구에게 그러한가? 살아 계신 구주께서 갈보리에서 자신의 사역 즉, 우리가 우리 자신의 생명을 얽어매었던 사슬과 결박을 끊으신 사역을 깨닫도록 성령으로 하여금 자신들을 인도하시게 하는 자들에게 그러하다. 우리는 죽지 못했고, 우리의 거룩한 목자와 함께 푸른 초장뿐만 아니라 사망의 음침한 골짜기까지라도 가려는 생각을 하지 못했다.

복음서에서 예수께서는 마리아에 대해서 '이 여자가 내 몸에 이 향유를 부은 것은 내 장례를 위하여 함이니라. 이 여자가 행한 일도 말하여 그를 기억하리라' 하고 말씀하셨다. 마리아는 죽으실 예수를 받아들였다(여성은 감수성이 예민한 존재이다). 그 여인은 시몬 베드로가 받아들이지 못한 것 즉, 그리스도께서 십자가로 가셔야만 한다는 것을 받아들였다. 그 여인은 자기의 가장 값진 향유를 그리스도께 부어서 그분의 장례를 준비했다. 우리 자신이 살려고 더 이상 주장하지 말고 죽으신 그리스도를 전적으로 받아들여야 한다. 예수 그리스도는 죽으셨고 죽음을 통하여 부활에 이르셨다. 그리스도의 생명의 그늘 아래 거하라. 우리는 안식과 평화를 원한다. 그것을 푸른 초장과 잔잔한 물가에서만 구하지 말라. 가장 큰 위로는 사망의 음침한 골짜기 속에 있다. '사망의 음침한 골짜기' 가운데에서 '내가 해를 두려워하지 않을 것이다.' 나는 죽음으로 말미암은 생명, 죽음 안에 있는 생명을 선포한다. 나는 그것 외에 다른 생명을 알지 못한다. 만약 예수께서 '전부'가 되신다면, 내 생명을 그분의 생명에 내어 드려야 한다. 그분의 생명은 나의 생명에 대해 우위에 있어야만 한다.

성경을 연구하는 데에 더욱 깊이 들어가고, 그리스도의 모든 발자취를 따르라. 그리고 그분이 죽으심으로 죽음의 권세와 두려움을 제거하심으로 인해 우리가 더 이상 얽매이지 아니함을 기억하라. 이제 자신에 대해 죽는 것은 더 이상 두려운 일이 아니다! 그것은 생명이다 ― 내 존재 전체를 충족시킬 단 하나의 생명이다. 아무것도 아닌 것이 될 때, 그리스도를 소유하게 된다. 예수께서 당신을 그분의 죽으심에 완전하게 참여하게 하실 것을 믿어라! 그분을 신뢰하고, 당신의 본성, 당신의 감정을 바라보지 말라. 사망의 골짜기 뒤에는 생명의 풍성함이 있으며, 당신이 자신을 예수의 팔에 안기게 함으로써 모든 것을 내어드릴 때 죽음의 두려움은 사라질 것이다. 그분 안에만 참생명이 있음을 나는 체험하였다. 그리고 자신을 예수께 전적으로 드리는 사람은 누구나 그것을 체험한다. 일상 생활 속에서 연합을 원한다면 생명을 구하지 말라. 따로 생명만을 구하고 있다면 당신은 결코 생명을 발견하지 못할 것이다. 생명이란 오직 자신의 생명을 지닐 때에만 존재한다. 당신이 구하고 있는 것이 생명이라면 우리는 언제나 그리스도 안에서 우리 자신에 대해서 죽을 능력을 구해야 한다. 우리가 죽지 않는다면 열매를 맺을 수 없을 것이다.

내가 이런 전적인 신뢰의 결과로 무엇을 보고 느꼈는가 말해 주기를 원하는가? 그것은 다음과 같다. 나는 구주를 이전보다 더욱 잘 알게 됨으로써 그분이 뜻하시는 모든 것을 체험하게 되었다. 그는 나로 하여금 깊은 물을 지나가게 하셨다. 불로 정결케 되지 않을 하나님의 종은 없다. 주님은 레위 자손들을 불 아래로 통과하게 하셨고, 거기서 그들을 섬김에 합당하도록 정결케 하셨다. 주님은 열매 맺는 봉사를 위해서 오직 정결한 그릇만을 사용하시기 때문이다. 언제나 하나님은 깨끗하지 않은 그릇은 사용하지 않으신다. 나는 또한 사망의 음침한 골짜기에서 내 구주를 알았으며 이전에는 결코 느껴보지 못한 그분의 위로를 체험했다. 그러므로 정녕코 나의 거룩한 목자께서 나로 깊은 물과 어둔 골짜기를 지나게 하고자 하실 때 나는 결코 잔잔한 물가나 푸른 초장으로 가려고 하지 않을 것이다. 한 쪽에는 푸른 골짜기가 있고 다른 쪽에는 어두운 골짜기가 있으며, 그분은 특별한 필요에 따라서 각각의 양들을 인도하신다. 예수 바라보는 것을 배우라. 그렇게 할 때 예수께서 자신의 모습으로 성령의 지도 아래 당신을 인도하신다는 것을 발견할 것이다. 그리고 머지않아 그것은 당신의 영혼이 자연스럽게 신뢰하는 자세가 될 것이며, 예수를 신뢰하는 것이 당신에게 그 어떤 것보다 쉬운 일이 될 수 있을 것이다.

어떤 이들은 이렇게 물을 것이다. 실제적으로 성결한 삶이 진지하고 활동적인 사업활동, 예를 들어 한 주간 중에 엿새를 오전 9시부터 저녁 7시까지 장사에 몰두하면서, 열 건의 거래 중 아홉 건은 회심하지 않은 사람들과 거래해야 하는 생활과 양립할 수 있는가?

한 사업가를 소개하겠다. 다니엘 6장의 처음 몇 절에서 다리오의 왕국에 120명의 방백들과 세 명의 총리 그리고 모든 방백들 중 가장 신임을 받던 한 인물인 다니엘이 있었다는 것을 본다. 이 사람은 하루에 세 번 생명의 위험까지도 무릅쓰고 자기 침실로 돌아가 하늘을 향해 창을 열고 '하늘의 공기를 호흡했다.' 우리에게 할 일이 많으면 많을수록 더욱 더 하늘의 공기가 필요하다. 허영과 탐욕에 몰두한 사람을 보라. 이런 사람은 일상 생활의 모든 면에서 그의 삶의 중대한 사업인 돈 버는 일에서 결코 눈을 떼지 않을 것이다.

그러나 하나님의 영과 하나가 된 자녀는 그의 일상생활의 주된 목적인 하나님을 영화롭게 하는 것에서 눈을 떼지 않을 것이다. 그리고 그런 삶을 살려면 자신에 대해서 죽어야 한다. 그리스도인 사업가는 자기 자녀들을 위해 일하지 않으며 자기 하나님을 위해 일한다. 하나님이 그의 자식들을 위한 양식을 그에게 내려주신다. 내 말을 믿어라. 하늘에 계신 아버지는 사업을 이해하고 계시며, 그분의 자녀들 중 어느 누구라도 필요한 것을 받지 못하고서 하루를 지내도록 내버려두지 않으신다. 하나님이 '얘야, 이리 오너라. 할 이야기가 있다. 네게 위험한 일이 닥쳤구나. 이리 오너라. 네가 그것에 맞설 수 있도록 채비하게 해 주겠다'고 하는 암시를 주실 때 하나님의 자녀는 언제라도 멈추어 서야만 한다.

'평안히 가라.' 당신은 거룩한 목자의 팔을 의지하여 편히 쉴 수 있다. 당신이 어떻게 쉼을 지속할 수 있는지 묻지 말라. 기억하라. 당신이 악한 마음을 신뢰하는 능력이 아니라 성령을 신뢰하는 능력을 구한다면 당신이 매일 매시간마다 항상 신뢰하게 하시는 분은 성령이시다. 그러므로 아버지의 마음과 능한 손으로 인도하심을 받아 삼위일체의 사역의 거룩한 터전에 굳게 서라 — '평안히 가라.' 아멘.

사역과 봉사의 기쁨 속에서 천국 생명의 위대한 교훈인 사랑의 교훈을 적용하라. 우리의 사역이 아닌 다른 이들의 사역 속에서 즐거워할 줄 알아야 한다. 단지 우리 자신의 슬픔의 눈물만을 닦고 우리의 개인적 기쁨을 위해서만 즐거워할 것이 아니라, '즐거워하는 자들로 함께 즐거워하고, 우는 자들로 함께 우는 것'을 배우자. 사랑으로 다른 이들을 섬기겠다는 단 한가지 목표를 가지고 우리 주님의 손 아래로 가자. 여기에 생명의 비밀이 있다. 성령은 결코 자신의 영광을 구하지 아니하고 스스로 말하지 아니한다. 그분의 단 하나의 목표는 그리스도를 영화롭게 하시는 것이다. '이 안에서 내 기쁨이 충만함이니', 그것은 천국의 기쁨이다. '그는 흥하여야 하겠고 나는 쇠하여야 하리라' — 그것은 의무가 아니라 마음의 갈망이었다."

주해 16

그리스도의 영과 그분의 사랑 (제29장)

"내가 성육신한 사랑임을 알라. 나는 네 마음을 다스리고자 스스로 육신을 입었노라. 내가 너희를 사랑한 것 같이 너희도 서로 사랑하라. 그러면 너희는 내 현존을 잃지 않을 것이다. 내 모든 삶과 고난은 이 목표를 향한 것이었으니 곧, 하나님의 사랑이 사람들 가운데 영원히 거하게 하는 것이다. 나는 육체로 나타났고, 또 교회로 나타나야만 한다. 내가 너희를 사랑한 것 같이 너희도 서로 사랑하라. 그래서 내가 승천하는 것을 보고 놀랄 세상이 너희에게로 와서 너희 속에 있는 그리스도를 보고 기쁨과 위로를 얻을 것이다. 사랑은 지금까지 소유한 계시들 중에 최고의 계시를 가질 것이다. 그러나 너희가 십자가를 바라볼 때, 특히 너희가 십자가를 보도록 성령께서 명민한 눈을 허락하실 때, 거기에 계시된 사랑이 너희의 본보기임을 깨달아라. 십자가 위에서 죽는 것이 너희 안에서 사는 것이다. '이로써 모든 사람이 알리라' : 사랑은 그 누구도 부인할 수 없는 증거로서, 하나님의 자녀들 사이의 표지이다.

사랑이 예수의 인격 속에서 우리의 평범한 인간성 안으로 들어오면 벗어나려 하지 않고 영속하려고 한다. 제자들이 십자가에서의 그리스도의 죽으심과 성령을 부어 주심을 통하여 그리스도의 사랑에 대해 깨닫게 되어 있던 모든 것은 그들 서로 간에 보여 주어야만 될 사랑의 깨달음이었다. 그들 각자는 예수의 사랑의 삶을 계속 이어가도록 위임받았다.

그러나 이것이 어떻게 가능한가? 신자가 그리스도와 연합함으로써 신자의 마음이 자기 백성을 위해 구주의 사랑의 저장고가 된다. 모든 신자의 사명은 그리스도의 사랑의 계시자가 되는 것이다. '너희가 내 안에 거하고 내 말이 너희 안에 거하면 무엇이든지 원하는 대로 구하라 그리하면 이루리라.' 그리스도의 백성들의 기도가 더 신속하게 이루어지지 않는 이유를 찾기가 어려운가? 그들은 그분의 말씀이 자기들 안에 거하지 않으며, 그분이 그들을 사랑하신 것처럼 그들도 서로 사랑하라고 하신 그 의무를 실제로 깨닫지 못하고 있다. 우리가 서로에게 그분의 사랑을 전하라고 하신 예수의 온유한 명령을 유기함으로써 우리를 향한 아버지의 사랑의 귀한 표현들이 실제로 얼마나 억제되고 있는지 어느 누가 알고 있는가? 우리는 성령을 부어 주시기를 간절히 바란다고 고백한다. 그러나 성령께서 우리 안에서 이루시고자 하는 것들 중에 하나는 형제자매들을 향한 그리스도 같은 사랑임을 우선 주목해야 한다. 내 그리스도인 형제자매들은 그들의 육체의 눈으로는 구주를 보지 못한다. 그러나 내가 구주께 위탁받은 것은 어떤 의미에서 그들에게 이런 결핍을 보충해 주라고 하신 것이다. 나는 예수의 인간적 인격 속에 나타났던 사랑을 이제 내 삶 속에서 나타내도록 명령받았는데, 그것은 변함없이 사랑하시는 그분이 자기의 사랑을 기꺼이 내 속에 두시고자 하지 않는 한은 아무 쓸모 없는 명령이다. 그 명령은 결국 참포도나무의 가지가 되라는 것이다. 나는 내 자신의 사랑과 삶을 그만 두고 나 자신을 바쳐 그리스도의 사랑을 표현하고자 한다" — 조지 보언, 『계시된 사랑』(George Bowen, *Love Revealed*)

주해 17

성령 강림 (제5장)

"성령의 사역에 관한 예수 그리스도의 가르침은 매우 특별한 것이어서 다음과 같은 질문이 제기된다: 인자의 지상 사역 기간 동안 성령은 어디에 계셨는가? 수면 위에 운행하셨고 이스라엘 백성들 위에 부은 바 되셨던 그 성령은 어디에 계셨는가? 그분의 사역은 일시 보류되었는가? 구약의 교회가 성령의 충만함을 깨닫지 못했었다는 대답이 나올 수도 있을 것인데, 그것이 사실임은 의문의 여지가 없다. 그러나 그것이 사실이라 하더라도, 성령의 강림이 왜 하나님의 새로운 방문이자 은총으로 간주되는가 하는 점을 설명하기에는 불충분하다. 오히려, 성령께서 예수 그리스도 자신 속에 계셨고, 성육신의 첫 기간이 인자의 승천으로 완성되기까지는 성령이 그리스도인의 선물로 분명하게 교회에 주어질 수 없었다고 하는 것이 그 대답이 될 것이다. 인자 속에 신성의 모든 충만함이 육신적으로 거하였다. 그 신성의 감화력이 교회 위에 부어졌을 때, 그것은 바로 그리스도의 마음으로부터 나온 것이요, 성육신의 비밀과 은총을 구성하였던 모든 요소들로 충일하였다" — 『보혜사』(*The Paraclete*)

● **독자 여러분들께 알립니다!**
'**CH북스**'는 기존 '**크리스천다이제스트**'의 영문명 앞 2글자와
도서를 의미하는 '**북스**'를 결합한 출판사의 새로운 이름입니다.

세계기독교고전 30

그리스도의 영

1판 1쇄 발행 2002년 1월 5일
2판 1쇄 발행 2016년 6월 1일
2판 4쇄 발행 2024년 7월 17일

지은이 앤드류 머레이
옮긴이 강연준
발행인 박명곤 **CEO** 박지성 **CFO** 김영은
기획편집1팀 채대광, 김준원, 이승미, 이상지
기획편집2팀 박일귀, 이은빈, 강민형, 이지은, 박고은
디자인팀 구경표, 구혜민, 임지선
마케팅팀 임우열, 김은지, 전상미, 이호, 최고은

펴낸곳 CH북스
출판등록 제406-1999-000038호
전화 070-4917-2074 **팩스** 0303-3444-2136
주소 서울시 강서구 마곡중앙6로 40, 장흥빌딩 10층
홈페이지 www.hdjisung.com **이메일** support@hdjisung.com
제작처 영신사

ⓒ CH북스 2016

크리스천의 영적 성장을 돕는 고전
세계기독교고전 목록